Friedrich Ueberweg

Untersuchungen über die Echtheit und Zeitfolge platonischer Schriften und über die Hauptmomente aus Platos Leben

Friedrich Ueberweg

Untersuchungen über die Echtheit und Zeitfolge platonischer Schriften und über die Hauptmomente aus Platos Leben

ISBN/EAN: 9783742816580

Hergestellt in Europa, USA, Kanada, Australien, Japan

Cover: Foto ©Thomas Meinert / pixelio.de

Manufactured and distributed by brebook publishing software (www.brebook.com)

Friedrich Ueberweg

Untersuchungen über die Echtheit und Zeitfolge platonischer Schriften und über die Hauptmomente aus Platos Leben

Untersuchungen

über die Echtheit und Zeitfolge

Platonischer Schriften

und über die Hauptmomente

aus

Plato's Leben.

Von

Dr. Friedrich Ueberweg,

Docent an der Universität zu Bonn.

———————

Eine von der kais. Akademie der Wissenschaften in Wien gekrönte Preisschrift.

Wien.

Druck und Verlag von Carl Gerold's Sohn.

1861.

Vorwort.

Die Zeitfolge und der durch sie bedingte innere Zusammenhang der Platonischen Schriften ist eins jener grossen Probleme, die nur durch eine gemeinsame Arbeit von Generationen stufenweise ihrer Lösung näher gebracht werden können, die aber auch die Theilnahme an eben dieser Arbeit einem jeden Einzelnen durch einen reichen geistigen Gewinn zu lohnen vermögen.

Die vorliegende Schrift ist wesentlich auf Kritik und elementare Grundlegung eingeschränkt, strebt aber innerhalb dieser Grenzen der höchstmöglichen wissenschaftlichen Strenge nach, um gemäss dem Platonischen Ausspruch (Theaet. p. 187 E) „lieber weniges gut, als vieles unzulänglich zu leisten". Möge es ihr gelingen, nach dem Masse ihrer Kraft heilsam und förderlich den Platonischen Forschungen der Gegenwart sich einzureihen!

Bonn, im Juli 1861.

Dr. Friedrich Ueberweg.

Inhalts-Verzeichniss.

Einleitung.

Erster Theil.

Allgemeine kritische Geschichte der neueren Forschungen über die Ordnung der Platonischen Schriften.

Zweiter Theil.

Spcclal-Untersuchungen über Plato's Leben und über
die Echtheit und Zeitfolge seiner Schriften.

Untersuchungen über die Zeitfolge der Platonischen Dialoge! Wozu solche? Ist und bleibt nicht auf diesem schlüpferigen Boden beinahe jeder Schritt mit Unsicherheit behaftet? Und liesse sich auch mit urkundlicher Gewissheit die Folge der Dialoge, ja selbst die Abfassungszeit eines jeden einzelnen constatiren, was wäre Grosses damit gewonnen? Die gelehrte Neugier wäre befriedigt; aber wäre auch echte Wissenschaft gefördert? Würde nicht die Aufmerksamkeit von dem Wesentlichen, dem Inhalt der Lehre und der Form der Darstellung, auf etwas Nebensächliches abgelenkt? Und möchte nicht der Geist Plato's die Huldigung verschmähen, die wir ihm durch solche Untersuchungen darzubringen gedächten? Denn es dürfte wohl der Platonische Sokrates in seiner gewohnten Weise zunächst zwar manches an unserem Vorhaben billigen, was ihm als billigenswerth erschiene, er möchte den Eifer und Fleiss unserer Forschung rühmen und die strenge Genauigkeit, die wir uns angelegen sein lassen, darnach aber Rechenschaft von uns fordern, was das Wesen und der Zweck unserer Untersuchung sei, zu welcher Art von geistiger Thätigkeit sie gehöre, und ob wir denn auch wüssten, dass es besser sei, dieselbe anzustellen, und nicht einen vortrefflicheren Zweck kennten, auf den wir unsere Bestrebungen zu richten hätten. Es gestaltet sich in uns die Erinnerung an seine Weise so, als ob wir ihn zu uns sagen hörten: Wisset ihr wohl, ihr Trefflichen, wie ich die Athener zur Rede zu stellen pflegte, dass sie um Reichthum zwar und Gesundheit des Leibes und um Ehre bei ihren Mitbürgern sich kümmerten und wohl wüssten, wie diese Dinge zu erlangen seien, um Tugend aber, die doch für die Seele das Beste sei, und um Einsicht und Weisheit sich nicht kümmerten und nicht zu sagen vermöchten, was diese seien und wie zu erlangen? Gewiss, ihr spätlebenden, vielgelehrten Männer, kennt ihr diese meine Worte; denn ihr pflegt ja durch deutliche Zeichen augenfällig zu bekunden euere Belesenheit in den Schriften mei-

ner Volksgenossen und derer insbesondere, die Jünglinge waren,
da ich als Greis mit ihnen philosophirte, von euch aber als die
weisen Alten und Lehrer verehrt werden; ihr würdet es für eine
Schande halten, wenn euch auch nur eine dieser Schriften, ja
auch nur eine Stelle in diesen Schriften unbekannt wäre, und
eifrig traget ihr Sorge, dass ja nicht einmal irgend Jemand euch
einer solchen Unwissenheit überführe. Haltet ihr es denn aber
für keine Schande, wenn ihr zwar diese Polymathie besitzt, den
Nus aber nicht erworben habt? Wohl halten wir es dafür, sagt
ihr, und meint, auch des Nus nicht untheilhaftig zu sein. So antwortet mir denn: Ist es nicht Sache des Nus, das Gute zu erkennen? Ja. Wer aber das Gute erkennt, muss der nicht auch
das Bessere von dem Geringeren zu unterscheiden wissen? Allerdings. Wer also die Vernunfteinsicht hat, muss auch die Werthverhältnisse erkennen? Er muss es. Wer aber das Geringere dem
Grösseren vorzieht, hat der das Wissen um das Gute und um die
Verhältnisse des Werthes? Er hat es nicht. Ist er also nicht
des Nus ermangelnd? Er ist es. Wie aber ist es mit der Polymathie? Ist sie nicht ein gewisser Reichthum an Erkenntnissen?
Ja. Aber an welchen doch? Oder macht das keinen Unterschied,
und pflegen wir etwa auch denjenigen einen Vielwisser zu nennen, der da weiss, was das Gute sei und das Schöne und alles,
was in diese Classe gehört? Das wohl nicht. Sondern einen solchen würden wir einen Weisen nennen, wenn er durchaus diese
Erkenntniss besässe; einen Philosophen aber nennen wir den,
welcher, recht forschend, derselben theilhaftig zu werden sucht?
Allerdings. Derjenige aber ist uns der Polymathes, der viele einzelne schöne Dinge kennt, die das Auge ergötzen oder das Ohr,
und überhaupt vermittelst der Sinne wahrgenommen werden? und
der viele einzelne Dinge kennt, die ihm gut scheinen oder wahr,
das Gute selbst aber und das Wahre und das Schöne nicht erkannt hat und nicht zu sagen weiss, was es sei? Ja, einem solchen pflegen wir den Namen eines Vielwissers zu geben. Also
nicht jeder Reichthum an Erkenntnissen ist Polymathie, sondern
nur der an gewissen Erkenntnissen? Ja. An welchen denn?
Nicht an solchen, die auf das Einzelne gehen, was sinnlich
wahrnehmbar ist, und zu einer gewissen Zeit und an einem gewissen Orte existirt, ein anderes Mal aber und an einem anderen Orte nicht gefunden wird? Allerdings an solchen. Ist nun

dasjenige das Bessere, was jetzt zwar ist, zu einer anderen Zeit
aber nicht, und hier zwar ist, dort aber nicht, und immer wechselt, und nicht mehr dieses ist, als das Entgegengesetzte, oder
ist dasjenige das Bessere, was immer unwandelbar das ist, was es
ist, und an keinen Ort gebunden ewig sich selbst gleich beharrt?
Offenbar das Letztere. Und welche Erkenntniss ist die bessere?
Die, welche auf das Bessere, oder die, welche auf das Geringere
gerichtet ist? Die, welche auf das Bessere geht. Also ist die
Philosophie besser als die Polymathie? Gewiss. Worauf aber
ging doch die Untersuchung, zu der ihr euch anschicktet? Nicht
auf die Abfassungszeit gewisser Bücher? Allerdings. Ist aber
die Entstehung eines Buches etwas Ewiges und Beharrliches, oder
wie es ja auch das Wort *Abfassungszeit* schon anzeigt, etwas
Zeitliches und Vorübergehendes? Es ist das Letztere. Euere
Untersuchung gehört also wohl zur Polymathie? Freilich, nach
dem Zugegebenen. Und nicht zur Philosophie? Es scheint, nicht.
Nun sagtet ihr doch vorhin, dass ihr nicht nur die Polymathie
erstrebtet, sondern auch des Nus theilhaftig zu sein meintet? So
sagten wir, und meinen es auch jetzt noch, und behaupten, mit Vernunft nach den vielen Erkenntnissen zu streben; denn auch dieses Streben, o Sokrates, gilt uns als vernunftgemäss. Es war
uns aber doch die Polymathie das Geringere, die Philosophie dagegen das Grössere? Ja. Ihr zieht also, indem ihr mit euerer
Untersuchung vielmehr Polymathie, als Philosophie treibt, in eben
diesem euerem Treiben das Geringere dem Grösseren vor? Das
freilich scheint sich zu ergeben. Wurde nicht auch vorhin zugegeben, dass, wer das Geringere dem Grösseren vorziehe, die
Werthverhältnisse nicht erkenne und des Nus ermangele? Oder
erinnert ihr euch dessen nicht? Wir erinnern uns. Nun aber
schien es uns, dass auch ihr das Geringere dem Grösseren vorzieht. Scheint ihr also nicht auch selbst des Nus zu ermangeln?
Denn wie sollte wohl derjenige der gesunden Vernunft theilhaftig
sein, der die Athener zwar gern der Verkehrtheit und Unvernunft
überführt sieht, da sie den Reichthum der Tugend vorziehen, das
Geringere dem Grösseren, selbst aber die Polymathie der Philosophie vorzieht, das Geringere dem Grösseren, und das Werth-
verhältniss nicht erkennt, dass, wie der Geldreichthum zur Tugend sich verhält, so der Reichthum an den vielen Einzelkennt-
nissen zu der philosophischen Einsicht, was das Wahre und Schöne

1 *

und Gute sei und ein jegliches an und für sich selbst Seiende; denn diese Einsicht ist das grösste Mathema.

Sollen wir denn also ganz auf die Untersuchung verzichten, die in unserem Plane lag? Fordert dies von uns der Geist des Platonischen Sokrates? Sehen wir wohl zu, dass nicht voreilig eine halbe Wahrheit für die volle genommen werde! Vielleicht ist ja auch diese Argumentation gegen die verbreitete Hochschätzung der Polymathie nur so gemeint, wie zuweilen in den Platonischen Dialogen die Widerlegung einer Thesis zu verstehen ist (z. B. die Definition des Nikias von der Tapferkeit im Laches), dass nämlich dieselbe in einem gewissen Sinne zwar falsch sei, richtig verstanden aber wahr, so dass nichts Widersprechendes darin liegt, wenn an anderen Stellen die gleiche Behauptung vertheidigt und dem Zusammenhange des Platonischen Gedankensystems eingereiht wird. Treibt man die chronologische Untersuchung und überhaupt die Erforschung des Einzelnen und Zeitlichen in dem Sinne, als ob ihr eine selbstständige Bedeutung zukomme, und so, dass sie der Erkenntniss des Allgemeinen und Ewigen als gleich oder höher berechtigt zur Seite, wo nicht gar als einzig berechtigt an deren Stelle gesetzt wird: dann freilich gilt durchaus das vorhin begründete Sokratisch-Platonische Verwerfungs-Urtheil. Jedoch, was nicht an und für sich als Selbstzweck Berechtigung hat, kann ja immer noch gelten als Mittel zu einem Andern, welches Selbstzweck ist, als ξυναίτιον nach der Redeweise des Platonischen Sokrates. Denn dieser missbilligt ja selbst jenen exclusiven Idealismus, der in der Theorie neben der Idee gar nicht das Einzelne und Zeitliche als theilhaftig der realen Existenz und als berechtigtes Object, irgend welcher um des Wissens willen zu unternehmenden Forschung gelten lässt, in der Praxis aber dem an und für sich Guten alle Mittel zu seiner Verwirklichung im weltlichen Leben entzieht. Er stellt vielmehr die zeitliche und mannigfach gestaltete Erscheinung in den Dienst der ewigen und einheitlichen Idee. Soll ja doch nach ihm der Philosoph auch die empirischen Wissenschaften durchforschen, und auch aus der Theorie zeitweilig herabsteigen zur Praxis des politischen Lebens (Rep. VII, 519; Phileb. 62). Es würde zu weit führen, wollten wir hier die Argumente wiederholen, mit denen Plato die Principien der Eleaten und der Cyniker widerlegt, und wir möchten uns diese Argumentation wohl nicht unverändert aneignen können; es mag hier auch dahingestellt bleiben, ob nicht die Aristotelische Umbildung der Platonischen Anschauung von dem Verhältniss der empirischen Forschung zur speculativen eine noch vollere Wahrheit und Berechtigung habe; es genügt uns die Gewissheit, dass eine Ansicht, welche den chronologisch-historischen Untersuchungen eine zwar nur untergeordnete, aber doch unabweisbare Bedeutung einräumt, ebensowohl dem Geiste des Platonismus entspricht, wie sie andererseits für unser eigenes Bewusstsein, und also, wie wir dafür halten müssen, auch an sich selbst eine unumstössliche Wahrheit hat. Als ξυναίτιον der Erkenntniss der Platonischen Philosophie soll uns die chronologische Untersuchung dienen, so wie die Erforschung der Platonischen Philosophie ihrerseits wiederum als ξυναίτιον unserer eigenen Erhebung zum philosophischen Wissen. In diesem Sinne aufgefasst, geht die Frage nach der Entstehungszeit der Platonischen Dialoge nicht auf die Befriedigung einer müssigen Neugier, sondern auf die Erreichung eines vollberechtigten wissenschaftlichen Zweckes.

Und mehr als jemals bedarf es dieser chronologischen Erörterungen bei dem heutigen Stande der Platonischen Forschung. Bekanntlich ist nicht nur das richtige Verständniss einzelner Platonischer Lehren und einzelner Dialoge, sondern auch die richtige Gesammt-Auffassung von Plato's System und schriftstellerischer Thätigkeit von jeher zwar streitig gewesen, in den letzten Decennien aber ganz besonders zum Object der eingehendsten Untersuchungen geworden. Hat Plato in seinen Schriften sein philosophisches System dargelegt? und in welcher Art? Oder haben dieselben nur propädeutische Bedeutung? Hat er wenigstens einiges von seinem System, vielleicht gerade den Kern seiner Lehre, die letzten und höchsten Principien, der mündlichen Unterweisung allein vorbehalten? Sind die Schriften, oder die Hauptschriften wenigstens, durchgängig methodisch untereinander verbunden, und wie? Oder bildet im Gegentheil die methodische Verknüpfung, die bei einzelnen stattfindet, die Ausnahme, und die Selbstständigkeit der einzelnen Dialoge die Regel? Gibt es einen in den Schriften sich offenbarenden Entwickelungsgang der Platonischen Philosophie, und von welcher Art ist derselbe? Oder besteht eine durchgängige Gleichmässigkeit der Lehre mit nur wenigen Discrepanzen bei einzelnen Puncten von geringerer Bedeutung? Diese Fragen und eine Reihe speciellerer, welche sich anschliessen, beschäftigen die Forscher. Offenbar sind diese Probleme für das richtige Verständniss des Platonismus von der entscheidendsten Bedeutung. Ihre Lösung aber, sofern sie möglich ist, steht mit der fortschreitenden Erforschung der Zeitfolge der Schriften in durchgängiger Wechselbeziehung. Es lässt sich mit Grund erwarten, dass die chronologische Erörterung, so weit sie unabhängig von jenen Streitfragen geführt werden kann, zur Entscheidung derselben einen nicht unwesentlichen Beitrag liefern werde, wie sie umgekehrt durch eine bereits anderweitig gewonnene, wenigstens partielle Lösung derselben auch ihrerseits gefördert werden mag. Wie weit die gegenseitige Förderung reichen werde, kann nicht v o r der Special-Untersuchung gewusst werden; so lange es aber für wahrscheinlich oder auch nur für möglich gelten muss, dass aus der approximativen Erkenntniss der Zeitfolge der Schriften unserem Verständnisse der Platonischen Philosophie in irgend einem Sinne ein wesentlicher Gewinn erwachse, ist die betreffende chronologische Forschung unzweifelhaft eine wissenschaftliche Pflicht.

Auch darf uns von solcher Forschung die Unsicherheit nicht abschrecken, welche den meisten der bisher erzielten Resultate anhaftet und sich schon in den vielfachen und zum Theil sehr wesentlichen Discrepanzen derselben untereinander kundgibt. Allmählicher Fortschritt durch successive Ueberwindung des Irrthums und durch manche Stufen der Annäherung zu immer reinerer und vollerer Erkenntniss der wissenschaftlichen Wahrheit ist ja das Loos aller menschlichen Forschung. Der Spätere tritt ein in die gesicherten Errungenschaften seiner Vorgänger, vermeidet nach Möglichkeit die erkannten Abirrungen und verfolgt die als zuverlässig bewährten Spuren. Und wenn selbst im äussersten Falle eine fortschreitende Annäherung an das positive Erkenntnissziel nicht möglich sein sollte, so wäre doch auch das vorwiegend negative Resultat, welches zum mindesten muss erreicht werden können, nämlich der Nachweis der Unsicherheit vermeintlich gesicherter Annahmen und im Zusammenhang damit die genauere Bestimmung des Wahrscheinlichkeitsgrades mancher nicht völlig verwerflicher Vermuthungen, ein unverächtlicher Gewinn und ein ausreichender Lohn für die Mühe der erneuerten Untersuchung.

Erster Theil.

Die von älteren Grammatikern, wie auch von neueren Gelehrten vor Tennemann versuchten Anordnungen der Platonischen Dialoge zeigen, wenigstens grösstentheils, zu wenig die historische Tendenz der Wiederherstellung einer von Plato selbst, sei es mit Absicht und Plan, sei es unabsichtlich durch die blosse Zeit des Erscheinens, begründeten Folge, als dass es für unseren Zweck erforderlich oder auch nur irgendwie erspriesslich wäre, hier näher darauf einzugehen. Es handelte sich mehr um die Ordnung, in welcher aus Gründen didaktischer Zweckmässigkeit Plato's Schriften zu lesen seien, oder um andere zum Theil sehr äusserliche Rücksichten, als um die Ordnung, in welcher er selbst sie verfasst habe; oder wenn man ja für die aufgestellte Ordnung diesen historischen Charakter in Anspruch nahm (wie Diog. Laërt. III, 56 von Thrasyllus in Bezug auf dessen Tetralogien berichtet), so blieb dies doch nur eine ganz unzuverlässige Behauptung, die im besten Falle, wenn sie nämlich doch wenigstens auf subjectiver Ueberzeugung beruhte, eine blosse Meinung enthielt. Nur die Anordnung des Aristophanes von Byzanz, welche der Platonischen Zeit noch ziemlich nahe steht, verdient darauf angesehen zu werden, ob sie etwa (wie Munk will) die betreffenden Schriften nach der Zeitfolge ihrer Entstehung, so weit darüber Zeugnisse vorliegen mochten, zusammenstellte und dabei wenigstens zum Theil auf guten Nachrichten ruhe. Wir kommen hierauf unten zurück.

Der erste unter den neueren Forschern, der über die Zeitfolge der Platonischen Schriften und über die Vorfrage nach der Echtheit der in der überlieferten Sammlung enthaltenen Werke eine Abhandlung verfasst hat, ist Tennemann, der bekannte Kantianische Geschichtschreiber der Philosophie, in seinem Werke: „System der Platonischen Philosophie", Leipzig 1792 bis 1795. Tennemann will, wie er selbst erklärt (Syst. Bd. I.

Vorr. S. XIV ff.), in dem angeführten Werke alles dasjenige, was Plato über irgend einen Gegenstand der Philosophie selbst gedacht hat, rein und vollständig wiedergeben, und zwar in einer solchen systematischen Ordnung, „wodurch die Materialien in ihrer Verbindung am wenigsten von dem eigenthümlichen Charakter verlieren, welchen sie von der Denkart des Philosophen erhalten haben". Zum Behuf der reinen Darstellung scheidet Tennemann strenger als irgend einer seiner Vorgänger, spätere und insbesondere neuplatonische Deutungen aus, und hält sich allein an Plato's eigene Schriften, deren Echtheit er (Bd. I, S. 87 ff.) einer Untersuchung unterwirft, die freilich in den meisten Beziehungen sehr oberflächlich bleibt. Fast alle unter Plato's Namen auf uns gekommenen Schriften hält Tennemann mit naivem Vertrauen für echt. Die Unechtheit jedoch der dem Timaeus Locrus von der Unkritik beigelegten Schrift über die Weltseele hat Tennemann durch eine gründliche Untersuchung mit meist richtigen und schlagenden Argumenten erwiesen, obschon dabei einzelne Verkehrtheiten mit unterlaufen. Die Verheissung der systematischen Vollständigkeit unterliegt einer gewissen Beschränkung, sofern Tennemann die sämmtlichen erhaltenen Schriften Plato's für exoterisch und propädeutisch hält, und den (vermeintlichen) Verlust einiger seiner Schriften bedauert, die „vielleicht über seine ganze Philosophie und über viele verwickelte Fragen nicht wenig Licht verbreiten würden", insbesondere der διαιρέσεις, die Aristoteles de generat. et corrupt. II, 3 citire, und der ἄγραφα δόγματα, die von demselben Phys. IV, 2 erwähnt werden, wenn anders die letzteren eine Schrift und nicht vielmehr bloss Plato's mündliche Vorträge über die esoterischen Lehren gewesen seien (Bd. I, S. 114). In den noch vorhandenen Schriften hatte Plato nicht die Absicht, sein Gedanken-System völlig klar und rein darzustellen (S. 128); wir treffen darin nicht seine vollständige Philosophie an, sondern nur Bruchstücke aus derselben, und auch diese nicht rein, sondern mit vielem Zufälligen vermischt und nach besonderen Rücksichten auf Zeitumstände modificirt (S. 264). Er hatte „eine gedoppelte Philosophie, eine äussere und innere oder geheime", und nur die erstere liegt uns in den Schriften vor (S. 137, 264); er wollte hier hauptsächlich nur Vorurtheile erschüttern, den Verstand an selbständige Forschung gewöhnen und seine Zeitgenossen auf

Wahrheiten aufmerksam machen, welche mit der Bestimmung des
Menschen überhaupt zusammenhängen (S. 143); sein eigenthümliches Gedanken-System scheint in den späteren Arbeiten etwas
mehr als in den übrigen durchzuschimmern, ist aber auch hier
nicht vollständig und deutlich ausgeführt (S. 137). Ein Grund
für dieses schriftstellerische Verfahren, den Plato auch selbst
(im Phaedrus) angebe, liege in seiner Ansicht, dass die Schrift
sich nicht zur Darlegung speculativer Wahrheiten eigne; die
Hauptursache aber, von der Plato vorsichtig schweige, glaubt
Tennemann errathen zu haben: Plato hatte Scheu vor der
Unfähigkeit und vor dem Fanatismus des Volkes, das „allzu steif
an seinem Glauben und Vorurtheilen hänget" (S. 137 f.). Nichtsdestoweniger glaubt Tennemann das Platonische System aus
den vorhandenen Schriften befriedigend ermitteln zu können durch
Beobachtung gewisser exegetischer Regeln, als deren vorzüglichste
er die Forderung bezeichnet, „dass man die Gedanken von ihrer
Einkleidung und ihrem äusseren Gewande absondere" (S. 154).
So gedenkt er aus Plato's Schriften „den Stoff und Inhalt seines
philosophischen Lehrgebäudes" mit ausdrücklicher Abstraction
von der ästhetischen Form zu entnehmen (S. 125). Die Meinung
(von Meiners), dass Plato selbst zu einem zusammenhängenden System seiner Gedanken niemals gelangt sei, weist Tennemann entschieden zurück (S. 151 ff.). Die Idee einer vollständigen Bearbeitung der Platonischen Philosophie umfasse ein Zweifaches: theils die Darstellung des Systems, und theils die seiner
Entstehung und seiner Folgen; Tennemann's Plan aber in seinem Werke geht nur „auf das System selbst, mit Anschliessung
der historischen Betrachtungen"; doch beschränkt er diese Aeusserung dahin, dass er wegen der Eigenthümlichkeit der Quellen
und des Vortrages dieser Philosophie sich genöthigt gesehen habe,
auch einen Theil der Geschichte derselben in seinen Plan aufzunehmen (S. XV). Diese historische Untersuchung richtet sich
darauf, wie Plato's System entstanden sei, d. h. „durch welche
Facta und Umstände seine Art zu philosophiren äusserlich bestimmt worden sei" (S. XVI). Hiermit steht im Zusammenhang
die Untersuchung „über die Zeitfolge der Platonischen Schriften"
(S. 115—125). Tennemann hält folgende Ordnung für die
wahrscheinlichste. In den acht Jahren, während welcher Plato
Schüler des Sokrates war, schrieb er den Lysis, Laches, Char-

mides, Hipparchus, Ion, die zwei Hippias, Euthydem und Protagoras, lauter sokratisch-propädeutische und antisophistische Dialoge. Vielleicht gehören zu dieser Classe auch noch Theages, Erastä, die beiden Alcibiades (der erste jedoch könnte auch später geschrieben worden sein, oder gehört mindestens zu den spätesten der ersten Reihe, wegen der in ihm auftauchenden Idee einer reinen Sittenlehre), und endlich Kratylus. Unmittelbar nach dem Tode des Sokrates schrieb Plato die mit besonderer Lebhaftigkeit das Andenken seines grossen Lehrers feiernden Dialoge: Apologie, Krito, Phädo, Meno, darnach den Gorgias. Nun folgt eine Reihe von Dialogen, worin ohne alle Nebenzwecke wissenschaftliche Gegenstände untersucht werden: zuerst Theätet, dann vier, wahrscheinlich während seiner Reisen oder gleich nach denselben geschriebene Dialoge: Sophist, Politicus, Philebus und Parmenides. An diese reihen sich die zugleich gewisse sittliche Nebenzwecke verfolgenden Dialoge an: Symposium und Phädrus, ferner Menexenus, Die Reihe seiner Schriften beschliessen: Republik, Kritias, Timäus, Gesetze und Epinomis. Die Frage nach einem inneren Zusammenhange unter den Platonischen Schriften hat Tennemann noch kaum berührt. Er benutzt die verschiedenen Dialoge als einander ergänzende Abhandlungen über die verschiedenen Hauptzweige und über einzelne Probleme der Philosophie. Eine durchgängige methodische Verknüpfung oder andererseits eine stufenweise Entwickelung des Gedankengehaltes in Plato's Geiste hat Tennemann nicht aufgezeigt. Er weist diese Gesichtspuncte nicht ausdrücklich ab, macht vielmehr manche bei derartigen Untersuchungen wohl verwendbare Bemerkungen über die Form des Platonischen Philosophirens (S. 125 ff., 263 f.), insbesondere über widersprechende Behauptungen in verschiedenen Dialogen (S. 139, 160 ff.), nimmt einen Unterschied zwischen früheren und späteren Meinungen Plato's an und spricht von dem „Gang, welchen die Entwickelung seines philosophischen Geistes nahm" (S. 86); aber zu einer eingehenderen Untersuchung und zu einer consequenten Durchführung der einen oder anderen Ansicht ist er nicht fortgeschritten. Wir würden in einen Fehler verfallen, der freilich auf mehr als einem Forschungsgebiete nur allzu häufig begangen wird, wollten wir bei Tennemann, dem früher lebenden Schriftsteller, eine bestimmte Antwort auf eine Frage suchen, deren bestimmte Aufstellung und Erörterung doch erst

einer späteren Zeit und einer anderen Entwickelungsstufe der Untersuchung angehört. Die Platonischen Lehren ordnet Tennemann in seiner Darstellung des Systems nach folgendem Schema.
Erster Theil des Systems: Theorie des Vorstellens, des Erken-
nens, des Denkens. Zweiter Theil: theoretische Philosophie.
Erstes Hauptstück: reine Metaphysik. Zweites Hauptstück: an-
gewandte Metaphysik (Prädicate der Dinge an sich; Prädicate der
Erscheinungen; Somatologie; Psychologie; Theologie; Kosmo-
logie; Teleologie). Drittes Hauptstück: empirische Psychologie.
Dritter Theil: praktische Philosophie. Erstes Hauptstück: Moral.
Zweites Hauptstück; Politik. Drittes Hauptstück: Erziehungs-
Wissenschaft. Anhang: Plato's Ideen über das Schöne (Bd. II-IV).
Der Darstellung des Systems folgt bei Tennemann eine kurze Be-
urtheilung aus dem Kantischen Standpuncte (Bd. IV, S. 277—301).

Tennemann's Schrift, ein Werk treuen Fleisses, sorgsamer Umsicht und eines in vielen Beziehungen richtigen Blickes,
war nicht ohne wissenschaftlichen Werth; aber es fehlte ihr jegliche Genialität in der Conception, jeglicher Glanz in der Darstellung, und trotz eines anerkennenswerthen Strebens nach rein
historischer Haltung die wahrhafte Befreiung von modernen Voraussetzungen. Ist es die höchste Anforderung an den Historiker,
dass er als solcher, bevor er zur philosophischen Würdigung
einer geschichtlichen Erscheinung übergeht, zuvörderst seinen
Geist zum reinen Spiegel des darzustellenden Gegenstandes werden lasse, so dass die subjective Auffassung ein treues Abbild
der objectiven Wirklichkeit sei: so war die Lösung dieser Aufgabe Tennemann kaum besser, als seinen Vorgängern gelungen; es war nur eine Versetzung mit anderen Elementen, nüchternen statt der überschwenglichen, bei dem Kantianer zu finden.
Die Begriffe und Lehrsätze der Vernunftkritik bilden bei ihm ein
Medium, welches die historische Anschauung der Philosophie Plato's
fast eben so sehr trübt, wie bei einem grossen Theile der Früheren
die neuplatonischen Phantasmen. Diese Trübung findet nicht nur da
statt, wo Tennemann Platonische Gedanken mit Kant's eigenen Theoremen, sondern auch da, wo er sie mit solchen identifirt,
welche Kant verwirft, aber doch eben nur nach seiner Denkweise als irreführende Abwege von gewissen Stellen seines Gedan-
kenganges aus zu charakterisiren weiss. Viele Lehren Plato's hat
Tennemann missverstanden, so namentlich die bei Plato durch-

aus fundamentale (von einigen anderen damaligen Forschern, wie Plessing und Dammann viel richtiger aufgefasste) Ideenlehre, weil er sie nur durch das farbige Glas des Kantianismus in „milder" (s. Kant, Kritik d. r. Vern., 2. Aufl., S. 371, Note), d. h. modernisirender Deutung anzuschauen weiss, ein Verfahren, gegen welches Herbart das treffende Wort gerichtet hat (Werke XII, S. 74): „*Dici vix potest, quantum detrimenti philosophiae attulerit perversa illa benignitas, quae falsa interpretationis uti, quam duriorem in aliquem sententiam ferre mavult*". Ganz besonders aber tritt das modern subjective, dem Plato fremdartige Element bei Tennemann in der Weise seiner Anordnung der Platonischen oder vermeintlich Platonischen Gedanken hervor, wie schon bei der vorhin von uns mitgetheilten Inhaltsübersicht der bestimmende Einfluss nachplatonischer Metaphysik einem Jeden in die Augen springt. Indem so der materiale Gehalt der Platonischen Lehren seiner ursprünglichen Form enthoben und nach einem modernen Schema zusammengestellt wird, erscheint Form und Inhalt als gleichgiltig gegeneinander, die ursprüngliche Platonische Form nicht als der adäquate Leib des beseelenden Gedankens, sondern als eine blosse „Einkleidung", als ein „äusseres Gewand", wie Tennemann (Bd. I, S. 154 und öfter) sie ausdrücklich bezeichnet, als ein Element also, durch dessen Ahtrennung nichts Wesentliches verloren gehe, sondern vielmehr der Geist der Platonischen Philosophie zu einem reineren Dasein gelange. Es war vornehmlich diese Vergleichgiltigung der Form, diese Zersetzung gleichsam eines lebendigen Organismus in Inhalt und Form als trennbare Bestandstücke, wogegen Schleiermacher sich erhob, um in seiner Uebersetzung der Platonischen Werke und den zugefügten Einleitungen den Gedankengehalt und die Kunstform des Platonismus in der ursprünglichen Einheit, den beseelenden Geist in dem von ihm selbst zu seinem Organe gestalteten Leibe, dem modernen Bewusstsein wiedererscheinen zu lassen. (Platon's Werke von F. Schleiermacher, Theil I. Bd. 1, 2. Theil II. Bd. 1, 2, 3. Berlin 1804 bis 1809. 2. Aufl. 1817 bis 1827. Theil III. Bd. 1. 1828. Die nachfolgenden Citate beziehen sich auf die erste Auflage.)

Schleiermacher, dem die neuere Theologie, Philosophie und zum Theil auch die Philologie die fruchtbarsten Anregungen, ja in mehrfacher Beziehung durchaus epochemachende Umgestaltungen verdanken, hat auch die Platonische Forschung in genialer Weise gefördert. Plato, der begeisterte Idealist, dessen von erhabener Poesie durchflochtene Dialektik den Geist zur Erkenntniss einer überirdischen Sphäre des Daseins zu erheben strebt, und Spinoza, der nüchterne, nur die reine Erkenntniss der gegebenen Wirklichkeit erstrebende Denker, der in strenger, durch das mathematische Vorbild bedingter Argumentation die Immanenz der Einen ewigen Gottheit in der räumlich-zeitlichen Ausbreitung der erscheinenden Wirklichkeit zu erweisen bemüht ist, der Antagonist Platonischer oder Platonisirender Lehren von der transscendenten Gottheit und dem feindlichen Gegensatze zwischen der Welt und den göttlichen Dingen: beide Philosophen fesselten mit gleicher Macht Schleiermacher's denkenden Geist, gleichwie sein reiches Gemüth in die verschiedenartigsten Formen des religiösen Lebens sich hineinzuempfinden und sie alle, jede in ihrer eigenthümlichen Bedeutung, werthzuschätzen vermochte. Schleiermacher's Grösse liegt darin, dass er überall von der Aeusserlichkeit einer gegebenen Erscheinung auf den Mittel- und Kernpunct derselben zurückzugehen wusste, um diesen in seinem eigenthümlichen Wesen zu verstehen, dann von hier aus die organische Entfaltung des Ganzen zu verfolgen, den Ort jedes Einzelnen im Ganzen und seine Beziehung zu den übrigen Theilen aufzufinden und so seine wahre Bedeutung zu erkennen und seinen Werth abzuschätzen, falsche Formen von echten zu unterscheiden, endlich auch den Ort des Ganzen innerhalb eines umfassenderen Gesammt-Organismus zu finden, so dass nach ihrer Bedeutung in diesem neben dem einen Gebilde auch andere, sehr heterogene und in ihrer äusseren Erscheinung. jenem feindliche Elemente mit vielseitiger, liebevoll sich hingebender und doch nie selbstlos sich verlierender Empfänglichkeit von ihm gewürdigt werden konnten. Es sind ja überhaupt die bedeutendsten Epochen im geistigen Entwickelungsgange der Menschheit durch solche Vertiefung und Verinnerlichung bezeichnet, durch ein immer wieder erneuertes Zurückgehen von einer fest gewordenen äusseren Form, in welcher ein bestimmter Entwickelungszustand fixirt ist, auf den verborgenen lebensfähigen Keim, der sich dann zu einem neuen Organismus ausgestaltet. Die Persönlichkeiten, die wir vornehmlich als die Träger der geistigen Entwickelung auf den verschiedenen Lebensgebieten verehren, haben solche Reformen vermit-

telt. Kant ging von den festen Lehrsätzen des Leibnitzisch-
Wolffischen Dogmatismus auf die ursprünglichen Elemente des
theoretischen und praktischen Bewusstseins zurück, um von hier
aus die Motive zu versteben, die zu jenen Lehrsätzen geführt
hatten, und so das Echte in denselben von dem Irrigen zu sondern. So ging auch Schleiermacher von den festen Lehrsätzen eines theologischen Dogmatismus auf das religiöse Bewusstsein zurück, das dieselben erzeugt hatte, fand im Gefühl die
Quelle aller Religion, und begriff die kirchlichen Organismen
aus den verschiedenen Modificationen des religiösen Gefühles.
Er suchte die unmittelbaren und reinen Aeusserungen dieses Gefühles auf als wahrhaft göttliche Offenbarungen; die Gestaltung
zum Lehrsatz war ihm ein Secundäres, minder Wesentliches und
mit der Gefahr des Missverstandes in hohem Masse Behaftetes;
die Verknüpfung der Lehren endlich zum schulgerechten Dog-
men-System ein künstliches, zwar an seinem Orte nothwendiges
und relativ berechtigtes, aber doch dem Urquell des religiösen
Lebens ganz fern liegendes Product des theologischen Denkens.
Ganz in analoger Weise verfuhr Schleiermacher in seinen
Platonischen Studien. Die Aushebung der einzelnen Lehrsätze
aus dem Zusammenhang, in welchem sie bei Plato erscheinen,
und ihre Zusammenstellung zum schulgerechten Gedanken-System
achtete er gleich der anatomischen Zerlegung eines lebendigen
Organismus zwar für ein in seiner Art berechtigtes und verdienst-
liches Werk, aber doch nur für ein untergeordnetes Hilfsmittel
des Verständnisses. Es sei „allerdings ein lobenswerthes Unternehmen, den philosophischen Inhalt aus den Platonischen Werken
zerlegend herauszuarbeiten, und ihn so zerstückelt und einzeln,
seiner Umgebungen und Verbindungen entkleidet, möglichst form-
los vor Augen zu legen"; man könne nämlich „so die baare Aus-
beute übersehen, und sich urkundlich überzeugen, sie sei wirklich
dorther genommen", und dies möge insbesondere auch dazu dienen, den Wahn einer besonderen esoterischen Weisheit Plato's
zu zerstreuen, die nicht in den Schriften enthalten sei (Platon's
Werke I, 1, S. 16). Schleiermacher zollt der Arbeit Tennemann's — denn ohne Zweifel ist diese gemeint — die Anerkennung, dass wir in ihr „jene zerlegende Darstellung in einer die vori-
gen Versuche weit übertreffenden Vollkommenheit" besitzen (ebend.
S. 16). Von Tennemann's Versuch, die chronologische Folge der

Platonischen Gespräche zu entdecken, um sich dadurch gegen die
Mitaufnahme früherer Unvollkommenheiten in die Darstellung der
gereiften Philosophie Plato's zu sichern, sagt Schleiermacher,
dieses sei „allerdings ein kritisches und eines Geschichtsforschers,
wie der Urheber jenes Werkes, ganz würdiges Bestreben" (S. 27).
Jedoch dies alles genüge noch keineswegs, um Plato als Philosophen und Künstler zu verstehen. Wenn irgendwo, so sei in
der Platonischen Philosophie „Form und Inhalt unzertrennlich,
und jeder Satz nur an seinem Orte und in den Verbindungen
und Begrenzungen, wie ihn Plato aufgestellt hat, recht zu verstehen" (S. 16). Zu der systematischen Zusammenstellung des Lehr-
gehaltes sei daher ein nothwendiges „Gegenstück" (S. 27) oder
„Ergänzungsstück" (S. 17), wie Schleiermacher bescheiden
sich ausdrückt, sein eigenes Unternehmen, den Organismus
der Platonischen Werke herzustellen, und die einzelnen Glieder
nicht anatomisch zerlegt, sondern an ihrem natürlichen Orte in dem
Ganzen und in ihrer wesentlichen Verbindung untereinander aufzuzeigen. Schleiermacher will nicht nur die einzelnen Sätze
aus der Oekonomie des Dialogs, dem sie angehören, in ihrer wahren Bedeutung verstehen, sondern sucht auch die wesentliche Beziehung zu entdecken, wodurch die Dialoge selbst untereinander
verknüpft seien. Seine Absicht ist, „die einzelnen Werke in ihren
natürlichen Zusammenhang herzustellen, wie sie als immer voll-
ständigere Darstellungen seine (Plato's) Ideen nach und nach entwickelt haben, damit, indem jedes Gespräch nicht nur als Ganzes für sich, sondern auch in seinem Zusammenhange mit den
übrigen begriffen wird, auch er selbst endlich als Philosoph und
Künstler verstanden werde" (S 17; vergl. S. 27). Wie aber
Schleiermacher von den Lehren auf den Organismus der
Werke zurückgeht, so sucht er diesen Organismus wiederum in
der Entfaltung aus seinem Keime zu verstehen, den er im Dialog
Phaedrus zu finden glaubt. „Der wahre Philosoph hebt nicht mit
irgend etwas Einzelnem an, sondern mit einer Ahnung wenigstens
des Ganzen" (S. 75); nun aber sind „die Keime von Plato's gan-
zer Philosophie fast im Phädrus freilich nicht zu läugnen, aber
ihr unentwickelter Zustand ist auch so deutlich, dass hoffentlich
nach genauer Erwägung die Kenner über den Ort, welcher diesem Gespräch anzuweisen ist, übereinstimmen werden" (S. 76).
In eben diesem Dialog hat Plato jene Erklärung über die

Bedeutung schriftstellerischer Thätigkeit gegeben, aus welcher im Vergleich mit der thatsächlich vorliegenden Form der Platonischen Schriften Schleiermacher nicht nur die Existenz eines durchgängigen methodischen Zusammenhanges unter den Dialogen zu erweisen, sondern auch den methodischen Plan selbst zu ermitteln und die Stadien desselben zu bestimmen sucht, um sodann den einzelnen Schriften ihre Stelle in der Ordnung des Ganzen als Haupt- oder Nebenwerken anzuweisen, einzelne auch als blosse Gelegenheitsschriften in ihrer loseren Verbindung mit den übrigen zu erkennen, und um endlich, nachdem die Echtheit fast aller der wichtigsten Platonischen Schriften durch Aristotelische Zeugnisse gesichert ist, hinsichtlich der übrigen „den sichersten Kanon zur Beurtheilung ihrer Echtheit" (S. 40) und zur Anscheidung der nur halbechten und unechten aus der methodischen Reihe in der Ausübung oder Nichtausübung der methodischen Bestimmungen zu finden, welche sich aus den im Phaedrus aufgestellten Grundsätzen über die Wirkungsart der Schrift folgern lassen.

Phaedr. 275 A lässt Plato den Aegyptischen König Thamus dem Gotte Theuth, dem Erfinder der Schrift, der seine Kunst für ein φάρμακον μνήμης τε καί σοφίας gehalten habe, die Antwort geben, 1. er habe nicht für das Gedächtnis, sondern nur für die Wiedererinnerung ein Hilfsmittel gefunden (οὐ μνήμης, ἀλλ' ὑπομνήσεως φάρμακον εὗρες), und 2. er vermöge dadurch nicht die Weisheit, sondern nur den Schein der Weisheit in seinen Schülern zu erzeugen (σοφίας δὲ τοῖς μαθηταῖς δόξαν, οὐκ ἀλήθειαν πορίζεις). Darnach erklärt auch Sokrates im eigenen Namen unter Beistimmung seines Mitunterredners (p. 275 C, D) denjenigen für einen Menschen voll Einfalt, der geschriebenen Reden irgend einen weiteren Nutzen zutraue, als nur den, den schon Wissenden wiederzuerinnern an das, wovon die Schrift handle (πλέον τι οἰόμενος εἶναι λόγους γεγραμμένους τοῦ τὸν εἰδότα ὑπομνῆσαι περὶ ὧν ἂν ᾖ τὰ γεγραμμένα). Die Gründe, worauf Sokrates dieses Urtheil über die Schrift stützt, sind folgende: 1. die Schrift, einmal veröffentlicht, schweife wahllos umher und wisse nicht zu denen nur zu reden, die die geeigneten Hörer seien, gegen Andere aber zu schweigen; 2. sie vermöge nicht, das Wahre genügend zu lehren, da sie auf Fragen der Lernbegierigen keine entsprechende Antwort habe, sondern nur

immer wieder das Nämliche sage; wer sie ihr zu lernen meine,
erlange nicht die echte Erkenntniss, die nur langsam reife, sondern ein trügerisches Scheinwissen, das den rasch aufgeschossenen
Pflanzen im Adonisgarten gleiche; 3. sie vermöge nicht, gegen
ungerechte Vorwürfe sich selbst zu vertheidigen (Phaedr. 275,
276). Zur Wiedererinnerung aber dient die geschriebene Rede
ihrer Natur gemäss als das Abbild (εἴδωλον, 276 A) der gesprochenen. Die mit Einsicht gesprochene, gleichsam in die Seele
des Lernenden geschriebene Rede hat die Vorzüge: 1. dass sie
mit Auswahl sich an die geeigneten Schüler wendet; 2. dass sie,
mit dialektischer Kunst geführt, etwas Deutliches hat und Vollendetes, und, selbst lebend und beseelt, auch fruchtbar sich in
anderen Seelen immerfort wiederzuerzeugen vermag und so Unsterblichkeit hat und die vollste Glückseligkeit gewährt; 3. dass
sie sich und ihren Urheber gegen Angriffe zu vertheidigen vermag (276, 277, 278). Der mündliche Unterricht des Wissenden
über das Gerechte, Schöne und Gute ist eine ernsthafte Beschäf-
tigung; das Schreiben darüber ist nur ein Spiel, ein edles freilich
und herrliches, das aber doch dem vollen Ernste jenes Unterrichtes nachsteht (276 C, D; 277 E), und auch ein mündlicher
Vortrag in der Weise des rhapsodischen (d. h. wohl: in fortlaufender Rede), um der Ueberredung willen ohne Untersuchung und
Belehrung gesprochen, fällt unter das gleiche Urtheil (277 E);
das Schreiben dient dem Wissenden nur dazu, dass er für sich
selbst einen Schatz von Erinnerungsmitteln sammle auf das ver-
gessliche Alter, falls er es erreiche, und so auch für jeden Andern,
der dieselbe Spur verfolgt habe (276 D). Somit sind die besten
unter den Schriften nur bestimmt und befähigt zur Wiedererinnerung der Wissenden (ἀλλὰ τῷ ὄντι αὐτῶν τοὺς βελτίστους
εἰδόταν ὑπόμνησιν γεγονέναι 278 A).

So lauten Plato's eigene Erklärungen über die Bedeutung
der Schrift. Plato unterscheidet hiernach zwei Classen gespro-
chener Reden: a) die dialektischen, b) die rhetorischen, ohne
Untersuchung und Belehrung rhapsodisch hergesagten; nur in
jenen findet er ein des Philosophen vollkommen würdiges, ernst-
haftes Werk. Auch unter den geschriebenen Reden macht
Plato einen Unterschied, aber nicht im gleichen Sinne. Er statuirt nicht eine Classe geschriebener Reden, die als belehrend
etwas des vollen Ernstes Würdiges seien, neben solchen, die viel

Spielendes in sich haben, sondern behauptet das Letztere von allen geschriebenen Reden ausnahmslos, und zeichnet nur unter diesen als die besten diejenigen aus, welche dem Wissenden zur Wiedererinnerung dienen. Offenbar gebührt diese Auszeichnung denen, welche Abbilder der wahrhaft belehrenden unter den gesprochenen Reden sind; als blosse Abbilder aber reichen sie trotz ihres Vorzugs vor den übrigen geschriebenen Reden an den vollen Ernst jener gesprochenen, die ihre Urbilder sind, nicht heran. Eine Classe philosophisch belehrender Schriften gibt es nach Plato nicht.

Die Schleiermacher'sche Uebersetzung der Stelle Phaedr. 277 E—278 A gibt einen hiermit nicht ganz übereinstimmenden Sinn, und zwar einen solchen, wodurch Plato's Aeusserungen den von Schleiermacher gezogenen Folgerungen näher rücken würden. Da es von wesentlicher Bedeutung nicht nur für die Darlegung der Schleiermacher'schen Ansicht, sondern für den gesammten Fortgang unserer Untersuchung ist, dass der Sinn jener Platonischen Worte mit grösster Genauigkeit festgestellt sei, so mag gleich hier die Richtigkeit dieser Uebersetzung geprüft werden.

Die Stelle lautet: Ὁ δέ γε ἐν μὲν τῷ γεγραμμένῳ λόγῳ περὶ ἑκάστου παιδιάν τε ἡγούμενος πολλὴν ἀναγκαῖον εἶναι, καὶ οὐδένα πώποτε λόγον ἐν μέτρῳ οὐδ' ἄνευ μέτρου μεγάλης ἄξιον σπουδῆς γραφῆναι, οὐδὲ λεχθῆναι ὡς οἱ [ὅσοι conj. Schleierm. asentiente Heindorf.] ῥαψῳδούμενοι ἄνευ ἀνακρίσεως καὶ διδαχῆς πειθοῦς ἕνεκα ἐλέχθησαν, ἀλλὰ τῷ ὄντι αὐτῶν τοὺς βελτίστους εἰδότων ὑπόμνησιν γεγονέναι, ἐν δὲ τοῖς διδασκομένοις καὶ μαθήσεως χάριν λεγομένοις καὶ τῷ ὄντι γραφομένοις ἐν ψυχῇ περὶ δικαίων τε καὶ καλῶν καὶ ἀγαθῶν ἐν μόνοις ἡγούμενος [*τούτοις] τό τε ἐναργὲς εἶναι καὶ τέλεον καὶ ἄξιον σπουδῆς κ. τ. λ.

Schleiermacher übersetzt: „Wer aber weiss, dass in einer geschriebenen Rede über jeden Gegenstand vieles nothwendig nur Spiel sein muss, und dass keine Rede, sei sie nun in gemessenen oder ungemessenen Silben gesprochen oder geschrieben, sehr ernsthaft zu nehmen sei, unter allen, welche ohne tiefere Untersuchung und Belehrung nur des Ueberredens wegen zusammengearbeitet und gesprochen worden, sondern in der That auch die besten unter ihnen nur zur Erinnerung gedient haben für den schon Unterrichteten; in denen hingegen, welche gelehrt und des Lehrens wegen gesprochen oder wirklich in die Seele hineingeschrieben worden, vom Gerechten, Schönen und Guten, in diesen allein etwas Wirksames sei und Vollkommenes und der Anstrengung Würdiges" etc.

Diese Uebersetzung ist nicht sehr klar. Der erste Theil des Satzes sagt von den geschriebenen Reden überhaupt aus, dass sie alle viel Spielendes haben; der zweite spricht nur solchen geschriebenen oder gesprochenen Reden, welche ohne tiefere Untersuchung und Belehrung verfasst seien, den vollen Ernst ab, lässt also daneben eine andere Classe nicht nur von gesprochenen, sondern auch von geschriebenen Reden zu, welche die Kraft der Belehrung besitzen und daher als ein durchaus ernstes Werk anerkannt werden müssen. Dieser Widerspruch knüpft sich daran, dass Schleiermacher den beschränkenden Zusatz: ὡς οἱ (oder, wie er, unter Beistimmung Heindorf's und Anderer, sehr gut conjicirt: ὅσοι, welche Conjectur auch seiner Uebersetzung zum Grunde liegt) ῥαψῳδούμενοι bis ἐλέχθησαν nicht nur auf das zunächst vorangegangene λεχθῆναι, sondern auch auf γραφῆναι bezieht, obschon das Verbum des Zusatzes nur ἐλέχθησαν lautet. Aus diesem Verbum liesse sich nun zwar der allgemeinere Begriff des Verfasstseins herausheben, und in diesem Sinne wäre Schleiermacher's Auffassung grammatisch wohl möglich; aber sie ist keineswegs grammatisch nothwendig, und sie erweist sich als unzulässig durch den Widerspruch, auf welchen sie führt. Es ist vielmehr ὅσοι κ. τ. λ. auf λεχθῆναι allein zu beziehen. Dazu kommt: Das Pronomen αὐτῶν in der Verbindung αὐτῶν τοὺς βελτίστους muss auf die bis dahin erwähnten Reden gehen, denen in den nächstfolgenden Worten: ἐν δὲ τοῖς διδασκομένοις καὶ μαθήσεως χάριν λεγομένοις andere entgegengesetzt werden. Wird nun das zunächst Vorangegangene so verstanden, dass darin sowohl von geschriebenen wie von gesprochenen Reden nur eine Classe, nämlich die der bloss überredenden, erwähnt worden sei, so wäre der Sinn: von den überredenden Reden, geschriebenen oder gesprochenen, sind die besten nur zur Erinnerung des Wissenden an das schon Erkannte bestimmt. Die besten der überredenden dienen in Wahrheit zur Wiedererinnerung des Wissenden? — Das will schon an sich gar nicht passen; dann aber drängt sich auch unabweisbar die Frage auf: Wie ist es denn nun mit den noch besseren geschriebenen Reden, die es ja nach dieser Deutung auch geben muss, mit denen nämlich, welche nicht bloss des Ueberredens wegen ohne tiefere Untersuchung und Belehrung zusammengearbeitet worden sind, sondern dem Zwecke der wissenschaftlichen Ueberzeugung dienen? Ueber diese müsste sich Plato doch auch aussprechen. Aber wir suchen vergeblich. Ueber die überredenden, geschriebenen oder gesprochenen Reden erklärt sich Plato nach jener Deutung; auch über die gesprochenen belehrenden; warum nicht über die geschriebenen, die zur Ueberzeugung bestimmt sind? Er müsste auch diese als ein ernstes Werk anerkennen. Davon aber ist er so weit entfernt, dass er vielmehr von den belehrend gesprochenen sagt: ἐν μόνοις τούτοις (denn es ist wahrscheinlicher mit Heindorf τούτοις hinzuzufügen, als mit Anderen ἐν auszuwerfen) τό τε ἐναργὲς εἶναι καὶ τέλεον καὶ ἄξιον σπουδῆς, und hinsichtlich aller anderen von dem Einsichtigen sagt: τοὺς δὲ ἄλλους χαίρειν ἐᾶν. Also geschriebene belehrende Reden gibt es nach Plato nicht. Auch diese Betrachtung führt uns demnach wieder auf das Resultat, dass die Worte: ὅσοι ῥαψῳδούμενοι bis ἐλέχθησαν nur aus den gesprochenen Reden eine Classe herausheben, und zusammen mit den vorangehenden: οὐδὲ λεχθῆναι als eine parenthetische Bemerkung zu nehmen sind. (Ganz mit Recht hat K. F. Hermann in seiner Ausgabe hinter γραφῆναι ein Komma gesetzt.) Von den geschriebenen Reden überhaupt gilt, was von einer gewissen Classe der gesprochenen gleichfalls gesagt werden muss, dass sie nicht wahrhaft zu belehren vermögen; die besten unter allen nicht belehrenden Reden aber dienen dem Wissenden zur Wiedererinnerung. Welche Form dieselben tragen müssen, um diesen Zweck zu erreichen, sagt Plato zwar nicht; dass aber, wenn die Schrift überhaupt εἴδωλον der Rede ist (Phaedr. p. 276 A), die besten, der Wiedererinnerung des Wissenden dienenden Schriften nach Inhalt und Form εἴδωλα der besten mündlichen Reden, d. h. der wahrhaft untersuchenden und belehrenden, also der dialektischen Reden sein müssen, ist eine ganz nahe liegende Folgerung.

Schleiermacher zieht in den einleitenden Betrachtungen diese Consequenz. Er sagt (Bd. I, S. 19): „Denn wenn wir auch nur an jene unmittelbare Absicht denken, dass die Schrift für ihn und die Seinigen eine Erinnerung sein solle an die ihnen schon geläufigen Ideen, so betrachtet Plato alles Denken so sehr als

Selbstthätigkeit, dass bei ihm eine Erinnerung an das Erworbene von dieser Art auch nothwendig eine sein muss an die erste und ursprüngliche Art des Erwerbes. Daher schon um desswillen die dialogische Form, als nothwendig zur Nachahmung jenes ursprünglichen gegenseitigen Mittheilens, auch seinen Schriften eben so unentbehrlich und natürlich ist, als seinem mündlichen Unterricht. Indessen erschöpft diese Form keineswegs das Ganze seiner Methode". — Um nun aber näher die Platonische Methode in ihrem Wesen zu begreifen, was durch Construction derselben aus ihrem Zwecke geschehen muss, nimmt Schleiermacher zu dem von Plato selbst Ausgesprochenen ein Anderes wie etwas Selbstverständliches hinzu, nämlich: „dass Plato doch auch den noch nicht wissenden Leser wollte zum Wissen bringen, oder wenigstens in Bezug auf ihn besonders sich hüten musste, dass er nicht eine leere Einbildung des Wissens veranlasse".

Hier ist der Punct, wo der an Schleiermacher's Uebersetzung des citirten Passus sich leicht anknüpfende Schein, als ob Plato eine Classe von Schriften statuire, deren Zweck sei: „den noch nicht wissenden Leser zum Wissen zu bringen", als blosser Schein erkannt sein muss, damit genau unterschieden werden könne, wieviel Plato selbst ausspreche, und was über seine Aussagen hinausgehe, und in wiefern das Letztere ein mit seinen Aeusserungen vereinbarer Zusatz sei, oder eine denselben widerstreitende Annahme. Es muss Schleiermacher die Anerkennung gezollt werden, dass er an der angeführten Stelle in seinen einleitenden Betrachtungen (S. 19) den Zweck der Belehrung noch nicht wissender Leser nicht als einen von Plato selbst ausgesprochenen bezeichnet, sondern vorsichtig die Wendung gebraucht: „wenn man hinzunimmt", dass Plato auch jenes wollte. Da aber nach Plato die besten unter den geschriebenen Reden ihren Zweck doch nur in der Wiedererinnerung des Wissenden haben, und ganz allein die gesprochenen zur Belehrung dienen, so folgt, dass Plato, damals wenigstens, als er den Phaedrus schrieb, den von Schleiermacher angenommenen didaktischen Zweck mit der Schriftstellerei nicht verbunden habe. Nur Wissende, nur zuvor schon Belehrte, sei es durch eigene Forschung oder von Andern in mündlichem Unterricht, Schüler und Schüler der Schüler, — und warum sollte Plato nicht für seine Schule und für andere daran sich irgendwie anschliessende philosophische Schulen eine

Fortdauer durch Generationen hindurch in steter Wiedererzeugung
des philosophischen Gedankens (Phaedr. 278 A, B) hoffen? —
nur solche sind die geeigneten Leser. Dasselbe Thema oder ein
ähnliches muss in gleicher oder ähnlicher Weise lebendig durch-
gesprochen worden sein, wenn die Lectüre wahrhaft Frucht tragen soll. Allerdings, wenn nicht bloss für Mitunterredner, die an
der Verhandlung, welche Plato durch die Schrift fixirt, selbst
Theil genommen haben, sondern auch für solche, die nur bei ähnlichen Unterredungen gegenwärtig waren, die Schrift zum Lesen
bestimmt ist, oder wenn Plato eine Unterredung fingirt, die weder
der historische Sokrates noch auch er selbst so oder ähnlich gehalten hat, dann tritt der Charakter einer eigentlichen Erinnerung
zurück und der einer ursprünglichen Anregung und Belehrung
in gewissem Masse hervor; gleichwie auch die ὑπομνήματα des
Arztes oder Gesetzgebers (Politic. 295 C) über Erinnerung im
engsten Sinne hinausgehen; doch möchten Plato's Schriften, wenigstens die nach dem Phaedrus verfassten zum grössten Theil, bei
weitem mehr wirklich von ihm (obschon nicht gerade mit den
benannten Personen) geführte Unterredungen mit relativer Treue
wiedergeben, als man anzunehmen pflegt. Auch zu der künstlerischen Gestaltung der Dialoge, die uns vorliegen, waren theils
der innere Drang, der in Plato's künstlerischer Natur begründet
lag, theils die Bestimmung der Schriften für die Schule ausrei-
chende Motive, ohne dass es der Annahme einer Bestimmung der
Schriften zur Anregung und Belehrung Fremder bedarf. Dagegen
widerstreitet Plato's Aeusserungen nicht Schleiermacher's
andere Annahme, dass von Plato Sorge getragen worden sei, falls
die Schriften Unberufenen in die Hände fallen sollten, durch die
Form derselben diese vor einer leeren Einbildung des Wissens
möglichst zu bewahren. Die weiteren Aufstellungen Schleiermacher's sind übrigens von jenen bestreitbaren Voraussetzungen
ziemlich unabhängig, da sie sich fast durchaus auch als Consequenzen aus der Absicht der Wiedererinnerung des früher Belehrten betrachten lassen, oder andererseits auf die thatsächlich
vorliegende Form der Platonischen Schriften gegründet sind.

Jedenfalls ist die philosophische Schrift nach Plato Abbild,
εἴδωλον, des mündlichen Unterrichtes, mag sie bloss wiedererin-
nern oder etwa in irgend einem Sinne auch ursprünglich, wie
Schleiermacher will, belehren sollen. Plato hat als den Vor-

zug des mündlichen Verkehrs hervorgehoben: dass dabei die Befähigten ausgewählt, die Fragen der Wissenwollenden beantwortet,
die Angriffe der Gegner bekämpft werden können. Im Sinne
Plato's bezeichnet S c h l e i e r m a c h e r den Vorzug so: „dass hier
der Lehrende in einer gegenwärtigen und lebendigen W e c h s e l -
w i r k u n g stehe mit dem Lernenden, und jeden Augenblick wissen könne, was dieser begriffen, und so der Thätigkeit seines
Verstandes nachhelfen, wo es fehlt. Dass aber dieser Vortheil
wirklich erreicht werde, beruht, wie Jeder einsieht, auf der Form
des Gespräches, welche ein lebendiger Unterricht nothwendig haben
muss". Also nicht nur zufällig, durch Ueberlieferung und Ange-
wöhnung, sondern nothwendig und naturgemäss sei Plato's Methode in seinem mündlichen Unterricht eine sokratische gewesen,
oder vielmehr eine Potenzirung der Sokratischen Dialektik zu
einer ununterbrochen fortschreitenden Wechselwirkung mit dem
Lernenden.

Plato musste seine s c h r i f t l i c h e Darstellung als Nachbildung der mündlichen soweit als möglich der gleichen Form theilhaftig werden lassen, um so mehr, da er, wie seine reichhaltige
schriftstellerische Thätigkeit selbst beweist, auf die παγκάλη παιδιά
(Phaedr. 276 E) philosophischer Schriften einen nicht geringen
Werth gelegt hat. In diesem Sinne sagt S c h l e i e r m a c h e r ,
offenbar müsse Plato gesucht haben, auch die schriftliche „Belehrung" jener besseren, der mündlichen, so ähnlich zu machen als
möglich (Bd. I, S. 19). Näher findet er hierin folgende methodische Elemente (S. 19—21):

A. In den e i n z e l n e n Schriften:

1. die dialogische Form überhaupt „als nothwendig zur
Nachahmung jenes ursprünglichen Mittheilens" (S. 19):

2. eine solche Anwendung der dialogischen Form, „noch
mehr" in der schriftlichen Nachbildung, als in dem „wirklichen
Unterricht", „dass der Leser entweder zur eigenen Erzeugung
der beabsichtigten Idee, oder dazu gezwungen werde, dass er sich
dem Gefühl, nichts gefunden und nichts verstanden zu haben,
auf das allerbestimmteste übergeben muss". Hierzu dienen Plato
nach S c h l e i e r m a c h e r folgende Mittel:

a) das Ende einer Untersuchung wird nicht geradezu ausgesprochen, sondern es wird aus Widersprüchen ein Räthsel ge-

woben, zu welchem die beabsichtigte Idee die einzig mögliche Lösung ist;

b) die eigentliche Untersuchung wird mit einer andern „nicht wie mit einem Schleier, sondern wie mit einer angewachsenen Haut" so überkleidet, dass der Unaufmerksame das Ziel und den Zusammenhang der Untersuchung nicht erkennt, dem Aufmerksamen aber der Sinn dafür nur noch geschärft und geläutert wird;

c) wo es auf die Darstellung eines Ganzen ankommt, wird dieses nur durch unzusammenhängende Striche angedeutet, die aber der selbstthätig Folgende leicht ergänzen und verbinden kann;

B. In der Totalität der Dialoge:

eine Darstellung der Philosophie, welche fortschreitet „von der ersten Anregung der ursprünglichen und leitenden Ideen bis zu einer, wenn auch nicht vollendeten Darstellung der besonderen Wissenschaften".

An einer anderen Stelle (Dd. I, S. 41) nennt Schleiermacher folgende Eigenthümlichkeiten der Platonischen Composition als entsprungen aus der Absicht, die Seele des Lesers zur eigenen Ideenerzeugung zu nöthigen: öfteres Wiederanfangen der Untersuchung von einem anderen Puncte aus, scheinbar willkürliche, in der That absichtsvolle und künstliche Fortschreitung, Verbergen des grösseren Zieles unter einem kleineren, „indirectes" Anfangen mit etwas Einzelnem, dialektisches Verkehren mit Begriffen, worunter jedoch die Hinweisung auf das Ganze und auf die ursprünglichen Ideen immer fortgehe. Gehört dies zu A, 2 (Art des dialogischen Verfahrens in den einzelnen Schriften), so ist dagegen die „mythische Anticipation von solchem, was erst später in seiner wissenschaftlichen Gestalt erscheint" (S. 47) auf die Folge der Dialoge (D) zu beziehen.

Mit der wissenschaftlichen Form ist verflochten die ästhetische: „jene mimische und dramatische Zuthat, welche Personen und Umstände individualisirt, und nach allgemeinem Geständniss als eine reiche Quelle so viel Schönheit und Anmuth in die Dialoge des Plato ausströmt" (S. 40).

Dass Plato in der Totalität seiner Schriften von einer vorwiegend anregenden zu einer vorwiegend darstellenden Weise fortgehe, schliesst Schleiermacher nicht aus den im Phaedrus geäusserten Grundsätzen allein, sondern entnimmt es mit aus dem

Charakter der Platonischen Werke, so dass jene Grundsätze ihn
nur dazu bestimmen, da sich wissenschaftlich darstellende Werke
thatsächlich vorfinden, diese für die späteren zu halten. Aus den
Platonischen Grundsätzen folgert Schleiermacher (S. 21), dass
Plato im mündlichen Verkehr mit seinen Schülern auf die Anregung, sofern diese ihren Zweck erreicht hatte, eine systematische
Darstellung konnte folgen lassen. Ob Plato von der Schrift
bei ihrer untergeordneten Bedeutung und der Gefahr des Missverstandes eine systematische Entwickelung seiner philosophischen
Ansichten ausgeschlossen habe, so dass sein Schreiben nur sein
exoterisches Handeln gewesen sein würde und das unmittelbare
Lehren allein sein esoterisches, oder ob er ihr dennoch eine „wenn
auch nicht vollendete" Darstellung von scientifischem Charakter
anvertraut habe: das hat Schleiermacher nicht a priori entscheiden wollen, sondern beide Möglichkeiten gesetzt; thatsächlich
aber ergibt sich ihm, dass die zweite derselben von Plato verwirklicht worden ist, und dass also nicht ein esoterischer Denkinhalt von der Schrift ausgeschlossen worden ist, sondern ein auf
Esoterisches und Exoterisches gehender Unterschied nur den Leser
betreffen könnte, je nachdem er sich zu einem Hörer des Inneren
erhebe oder nicht (S. 21). Wollte aber Plato einmal auch in der
Schrift philosophische Lehren niederlegen, so konnte er diese,
seinen Grundsätzen gemäss, nicht anders, als nur in Beziehung
auf vorangegangene propädeutische Anregung. In diesem Zusammenhange, also beruhend auf der Combination der Thatsache,
dass systematische Darstellungen (in Rep., Tim., Critias) vorhanden
sind, mit dem, was sich aus den im Phaedrus ausgesprochenen
Grundsätzen als für Plato möglich oder unmöglich ergibt, nicht
aber als ein willkürlich aufgestellter und nur auf sich selbst ru-
hender Satz ist Schleiermacher's Aeusserung (S. 21) aufzufassen, es müsse „eine natürliche Folge und eine nothwendige
Beziehung dieser Gespräche (der anregenden und darstellenden)
auf einander geben"; „denn weiter fortschreiten kann er (Plato)
doch nicht in einem anderen Gespräche, wenn er nicht die in
einem früheren beabsichtigte Wirkung als erreicht voraussetzt, so
dass dasselbe, was als das Ende des einen ergänzt wird, auch
muss als Anfang und Grund eines anderen vorausgesetzt werden".

Es fragt sich, ob es eine einzige Folge, oder mehrere neben
einander fortlaufende Reihen Platonischer Gespräche, etwa eine

ethische und eine physische, gebe. Auch diese Frage entscheidet
Schleiermacher nicht *a priori* bloss aus den Platonischen
Grundsätzen über den philosophischen Unterricht, sondern mittelst
der Thatsache, dass Plato die einzelnen philosophischen Wissenschaften als ein verbundenes Ganzes darstelle. Wie Plato diese
Disciplinen überall als wesentlich verbunden und unzertrennlich
denke, so seien auch die Zurüstungen zu ihnen eben so vereint,
und es gebe daher nicht mehrere, sondern nur eine einzige, alles
in sich befassende Reihe Platonischer Gespräche (S. 22).

Um nun diese Reihe durch eine Reconstruction her-
stellen zu können, „welche die Wahrscheinlichkeit für
sich hat, dass sie von der Ordnung, in welcher Plato
sie schrieb, am wenigsten abweiche" (S. 44), unterscheidet Schleiermacher die verschiedenen Gruppen der Platonischen Schriften nach ihren eigenthümlichen Charakteren. Der
allgemeine Gesichtspunct ist der Fortschritt von propädeutischer
Anregung zu wissenschaftlicher Darstellung; auf Grund des in
den Schriften Gegebenen stellt Schleiermacher aber noch eine
Classe in die Mitte zwischen die zur Ideenerzeugung aufregenden
und die auf Grund der Ideen systematisch construirenden Schriften,
solche nämlich, worin von der Anwendbarkeit der ideellen Principien auf die Realität gehandelt werde. Näher bezeichnet Schleiermacher die drei Abtheilungen so (S. 44—52):

I. Elementarischer Theil der Platonischen
Werke. Die hierher gehörigen Dialoge enthalten „Elementar-
Untersuchungen über die Principien" (S. 47). In ihnen „entwickeln
sich die ersten Ahnungen von dem, was allen folgenden zum
Grunde liegt: von der Dialektik als der Technik der Philosophie,
von den Ideen als ihrem eigentlichen Gegenstande, also von der
Möglichkeit und den Bedingungen des Wissens" (S. 49). Was
ihre Form betrifft, so lässt sich an ihnen mehr oder minder deutlich „ein ganz eigenthümlicher Charakter der Jugendlichkeit"
(S. 48) erkennen. Sie sind „zwar nicht absichtlich und künstlich
(wie die constructiven Dialoge) in ein Ganzes verarbeitet, aber
sich dennoch auf's Genaueste verwandt durch eine fast nie so
wieder zu findende Aehnlichkeit der ganzen Construction, durch
viele gleiche Gedanken und eine Menge einzelner Beziehungen"
(S. 49). „Sie werden von allen anderen Dialogen vorausgesetzt, und
mancherlei Beziehungen auf sie als frühere sind in den anderen

anzutreffen"; auch die einzelnen Gedanken erscheinen in ihnen
„am jüngsten" (S. 49). „Praktisches und Theoretisches ist in
ihnen mehr als irgendwo sonst im Plato geschieden" (S. 49). In
ihnen ist manches Mythische, was später in Wissenschaftliches,
welches dadurch anticipirt worden war, übergeht (S. 47—48).
Die Mythen selbst aber entwickeln sich aus Einem (im Phaedrus
enthaltenen) Grundmythus (S. 48).

II. Werke, welche den Zwischenraum zwischen
dem elementarischen und dem constructiven Theile
füllen. Diese handeln in methodischem Fortschritt „von der
Anwendbarkeit jener Principien, von dem Unterschied zwischen
der philosophischen Erkenntniss und der gemeinen in vereinter
Anwendung auf beide aufgegebene reale Wissenschaften, die
Ethik und die Physik" (S. 49). „Die Erklärung des Wissens und
des wissenden Handelns ist das Herrschende" (S. 50). Ihre Form
ist die „indirecte", indem sie fast überall mit dem Zusammenstellen
von Gegensätzen anheben; sie zeichnen sich aus „durch eine besondere, fast schwere Künstlichkeit sowohl in der Construction
der einzelnen Gespräche, als auch in ihrem fortschreitendem Zusammenhange" (S. 50).

III. Constructiver Theil der Platonischen Werke.
Diese Schriften allein enthalten „eine objective wissenschaftliche
Darstellung" (S. 45). Sie beruhen auf den früher geführten ele-
mentarischen und erkenntnisstheoretischen Untersuchungen. Ihr
innerer Charakter ist der der höchsten Reife und des ernsten Alters
(S. 45). Ihrer Form nach sind sie „untereinander absichtlich und
künstlich in Ein Ganzes verarbeitet" (S. 49), und so ist in ihnen
„Praktisches und Theoretisches durchaus eins" (S. 49).

Ergeben sich so drei Abtheilungen der Platonischen Werke,
so sucht Schleiermacher ferner die einzelnen Dialoge, die
einer jeden angehören, unter sich methodologisch nach den vorhandenen Kennzeichen zu ordnen, mit dem Zugeständniss jedoch,
dass in Absicht auf diese nähere Anordnung nicht alles gleiche
Gewissheit habe (S. 50). Die Kriterien sind: 1. „Die natürliche
Fortschreitung der Ideenentwickelung"; 2. „mancherlei einzelne
Andeutungen und Beziehungen" (S. 50).

Die Einreihung der einzelnen Dialoge in die drei Abtheilungen setzt noch eine andere Unterscheidung, nämlich die der
Rangordnung nach Echtheit und Wichtigkeit, voraus.

In dieser Beziehung unterscheidet Schleiermacher drei Stufen. Es gibt Schriften, die durch Aristoteles auf eine fast durchaus zweifellose Weise als Platonische bezeugt sind; eben diese sind im Allgemeinen auch die bedeutsamsten, weil Aristoteles in seiner Beurtheilung des Platonischen Systems sich an die wichtigsten Momente vorzugsweise hielt und diese auch mit einer gewissen Vollständigkeit in's Auge fasste; eben dieselben Schriften sind auch als die Hauptträger des methodischen Zusammenhanges mit der grössten Sicherheit nicht nur an die drei Abtheilungen zu vertheilen, sondern auch in einer jeden derselben schon auf Grund des ersten der beiden erwähnten Kriterien nach ihrer Reihenfolge zu ordnen. Schleiermacher rechnet zu dieser ersten Classe folgende Dialoge:

In Abtheilung I.: Phaedrus, Protagoras, Parmenides.

In Abtheilung II.: Theaetetus, Sophista, Politicus, Phaedo, Philebus.

In Abtheilung III.: de Republica, Timaeus, Critias.

Diese Hauptwerke „bilden einen Stamm, von welchem alle übrigen nur Schösslinge zu sein scheinen, so dass die Verwandtschaft mit jenen das beste Merkmal abgibt, um über ihren Ursprung zu entscheiden" (S. 35). Die Verwandtschaft muss sich bekunden in Sprache, Inhalt und Composition. Das sicherste unter diesen Kriterien ist die Composition, um so mehr, da dieselbe nicht bloss aus den Hauptwerken sich abstrahiren lässt, wobei immerhin noch die Berechtigung der Erwartung einer durchgängigen Analogie in Frage kommen könnte, sondern schon aus Plato's schriftstellerischen Grundsätzen, wie er diese im Phaedrus äussert, mit Nothwendigkeit folgt. Indem auf die Betrachtung der Composition sowohl die Prüfung der Echtheit, als auch die Ermittelung der Reihenfolge gegründet wird, müssen diese beiden Bemühungen einander auch gegenseitig unterstützen. Je sicherer ein Gespräch echt ist, um so leichter muss es einzuordnen sein; je leichter es einzuordnen ist, um so sicherer muss es echt sein. Hiernach bilden neben jenen Hauptwerken eine zweite Classe Platonischer Schriften solche zum Theil gleichfalls durch Aristoteles bezeugte Gespräche, „bei denen Platonischer Inhalt mit Platonischer Form in dem rechten Verhältniss vereinigt und beide deutlich genug sind" (S. 42). Die Anordnung derselben innerhalb der einzelnen Abtheilungen ist minder sicher, als bei den Hauptwerken, und hauptsächlich auf das zweite, mehr äusserliche, der oben erwähnten Kriterien zu gründen. Schleier macher rechnet zu dieser zweiten Classe:

Als Nebenwerke in Abth. I.: Lysis, Laches, Charmides, Euthyphro.

Als Nebenwerke in Abth. II.: Gorgias, Meno, Euthydemus, Cratylus, Convivium.

Als Nebenwerk in Abth. III.: Leges.

Eine dritte Classe von Stücken der Platonischen Samm lung umfasst theils solche Schriften, die nicht einen wesentlich philosophischen Zweck verfolgen, und deren Echtheit, mag sie auch feststehen, nicht nach einerlei Regeln mit den übrigen kann beurtheilt werden, theils Schriften, bei denen mit der Klarheit der Form auch von allen Seiten die Ueberzeugung von der Echtheit abnimmt, und die, wenn ja echt, doch auf jeden Fall nur solche „Gelegenheitsschriften" sein können, die nicht in den Zusammen hang der methodischen Reihe gehören. Zu dieser dritten Classe rechnet Schleiermacher:

Als Anhang zu Abth. I: Apologia, Crito (diese beiden als echte, aber nicht frei componirte Werke von nur historischer, nicht philosophischer Tendenz, blosse „Gelegenheitsschriften" im strengeren Sinn dieses Wortes); ferner als halbecht oder unecht: Io, Hippias minor, Hipparchus, Minos, Alcibiades II.

Als Anhang zu Abth. II.: Theages, Erastae, Alcibiades I., Menexenus, Hippias major, Clitopho.

Die zeitliche Folge, in welcher die Gespräche von Plato veröffentlicht worden seien, müsse, meint Schleiermacher, im Allgemeinen mit der methodischen Ordnung zusammenstimmen, so dass, wenn sie aus äusseren Merkmalen ermittelt werden könnte, hierin die natürliche Probe zu jener Anordnung läge; nur dürfe ein vollkommenes Zusammenstimmen in allem Einzelnen doch nicht erwartet werden, „weil nämlich die äussere Entstehung eines Wer kes noch anderen äusserlichen und zufälligen Bedingungen unter worfen ist, als seine innere Entwickelung, welche nur inneren und nothwendigen folgt" (S. 27). Was innerlich eher vorhanden war, kann äusserlich später erscheinen. Aber die Abweichungen werden gering sein. Nur glaubt Schleiermacher nicht, dass sich auf diesem Wege vieles Sichere ergeben werde, kaum mehr, als was Tennemann bereits ermittelt habe. Der Hauptwerth solcher historischen Untersuchungen werde darin liegen, dass die Reihenfolge, die aus den methodischen Beziehungen sich ergebe, an einzelnen Puncten auch auf bestimmte Jahre bezogen und mit den äusseren Begebenheiten in Verbindung gesetzt werden könne.

Wenn Schleiermacher von „Entwickelung" der Platonischen Gedanken redet (I, 1, S. 27, 42, 48; II, 3, S. 13 u. öfter), so ist darunter, dem Zusammenhange gemäss, die methodische zu verstehen. Einen stufenweisen Fortschritt des philosophischen Bewusstseins bei Plato selbst während der Zeit, in welcher er seine Werke verfasste, so dass sich derselbe in den Werken kund gäbe, statuirt Schleiermacher nicht, und eine solche Ansicht würde sich auch nicht mit dem Princip der methodischen Gestaltung des ganzen Complexes der Dialoge von dem frühesten an vertragen, welches durchgängige Gleichheit der Grundgedanken zur Voraussetzung hat. Wohl aber erkennt Schleiermacher an, dass Plato in dem langen Zeitraum seiner schriftstellerischen Thätigkeit im Einzelnen vielfach seine Gedanken berichtigt oder auch gegen andere vertauscht haben möge, und ist keineswegs geneigt, anzunehmen, „was nach Beobachtung unserer heutigen Philosophen so wunderlich scheinen muss, dass es nicht ohne den strengsten Beweis geglaubt werden dürfte: dass er vom Antritt seiner lehrenden Laufbahn und noch früher immer so gedacht habe, wie hernach" (I, 1, S. 38). Und an einer sehr bemerkenswerthen Stelle in der Einleitung zum Phaedo sagt er (II, 3, S. 12 f.), Plato lege uns im Phaedo in der Person des Sokrates Rechenschaft ab von seinen Fortschritten in der Speculation und von den Wendungen seiner philosophischen Laufbahn, wie er den Anfang (?) mit Anaxagoras gemacht habe, wie er durch diesen die Idee des Guten und die Herrschaft der Vernunft erkannt habe, dann (?) nach Verwerfung der Empedokleischen Physik, durch Kritik der Eleatischen und Heraklitischen (?) Philosophie zu dem Resultate gelangt sei, dass nur die ewigen Formen das Beharrliche seien zu dem Wechselnden und die wahren Einheiten zu dem Mannigfaltigen, und das Fundament aller echten Erkenntniss und Wissenschaft. (Hiermit hat freilich Schleiermacher den Inhalt der Stelle im Phaedo nicht genau wiedergegeben.) Ueber die Zeit, in welche dieser philosophische Entwickelungsprocess Plato's gefallen sein möge, spricht sich Schleiermacher nicht mit Bestimmtheit aus; um der Harmonie mit seiner allgemeinen methodologischen Ansicht willen muss angenommen werden,

was auch die Worte selbst am nächsten legen, dass diese Selbst-
bildung vor dem Antritt der „lehrenden Laufbahn" falle. Doch
kann Schleiermacher nicht gemeint haben, dass sie hiermit
völlig beschlossen gewesen sei; denn er spricht auch von späteren
„Bildungsstufen" (II, 3, S. 10), er sagt, es sei leicht zu sehen,
dass dem Plato, indem er die Rechenschaft über seinen Bildungsgang niedergeschrieben (im Phaedo, also einem der späteren
Dialoge, der vielleicht auf sicilische Erlebnisse anspiele) „auch
die Idee des Guten nicht mehr zu fremd gewesen oder
zu unklar, um aus ihr beide Wissenschaften (die Ethik und
Physik) aufzubauen" (S. 11 ff.). Aber dieses Klarerwerden und diese
wachsende Vertrautheit ist nicht sowohl eine Aufnahme neuer
Elemente, als vielmehr eine Entfaltung der schon gewonnenen.
Die „Entwickelung" der Lehre von der Seele (S. 13) ist
doch wieder mehr planmässige Darstellung, als eigener Fortschritt.

Da unsere gegenwärtige Hauptaufgabe in der Darstellung
und Kritik des Gegensatzes zwischen der Schleiermacher-
schen und Hermann'schen Ansicht liegt, so mögen die nach
Schleiermacher und vor Hermann aufgetretenen Forscher,
namentlich Ast, Socher und Stallbaum, hier nur in der
Kürze erwähnt werden.

Friedr. Ast („Platon's Leben und Schriften", Leipz. 1816)
erkennt mit Schleiermacher an, dass bei Plato „Form und
Stoff der Dialoge aus Einem Keime erwachsen und darum unzertrennlich in einander verwebt sind" (S. 36). Aber er bezieht im
Gegensatze zu Schleiermacher diese Einheit von Stoff und
Form wesentlich nur auf die einzelnen Dialoge und auf diejenigen
Verbindungen mehrerer untereinander, welche von Plato selbst
ausdrücklich als solche bezeichnet sind: Theæt., Soph., Politic.
(nebst Philosophus); — Politia, Tim., Critias (nebst Hermocrates),
nicht auf das Ganze der Dialoge. Ast erklärt sich gleich sehr
gegen die Ansicht der Früheren, als habe Plato sein „System",
das man fälschlich so nenne, in seinen Schriften niederlegen und
in jeder derselben einen besonderen Theil seiner Philosophie ab-
handeln wollen, wie gegen die Meinung „einiger unter den Neueren" (d. h. Schleiermacher's und seiner Anhänger), als habe
er „seine Grundsätze und Ideen nach und nach bis zur vollständigen Darstellung zu entwickeln" beabsichtigt. Nach Ast ist
„jedes der grösseren Gespräche ein so in sich selbst geschlossenes,

organisch gebildetes Ganzes ($\zeta\tilde{\omega}o\nu$), dass es nur, wenn es in seinem eigenthümlichen Leben aufgefasst wird, begriffen und richtig beurtheilt werden kann" (S. 38 f.). Die Einheit, welche die sämmtlichen Dialoge mit einander verbinde, liege nur in dem „Geist der Platonischen Weltanschauung" (S. 40); die verschiedenen Dialoge wollen „die Centralidee des Platonismus, das $\varkappa\alpha$-$\lambda\acute{o}\nu$ und $\dot{\alpha}\gamma\alpha\vartheta\acute{o}\nu$, in den verschiedenen Sphären des Lebens nachweisen". Scheint Ast durch diese letztere Aeusserung der früher herrschenden Ansicht einer systematischen Gliederung sich anzunähern, so bleibt doch der Gegensatz gegen dieselbe bestehen, dass Ast nicht in der Erkenntniss, sondern in der künstlerischen Darstellung den obersten Zweck der Platonischen Dialoge findet. „Allseitig gebildete, vollendete Menschheit darzustellen" (S. 37) sei Plato's Tendenz. Dieses Ziel hat Plato nach der Ansicht von Ast durchaus erreicht. Ast identificirt Platonismus und Vollkommenheit. Plato ist entfernt von jeder Einseitigkeit der Speculation, seine Eigenthümlichkeit ist die Auflösung aller relativen Eigenthümlichkeit in der Idee der Philosophie selbst, und so sind auch seine Schriften über alle Einseitigkeit der Darstellung erhaben (S. 4 f.; S. 37). Das theoretische und praktische Element durchdringen einander in der künstlerischen Darstellung, die den wahren Weisen als den vollendeten Menschen schildert (S. 37). Es gibt Schriften von didaktischer Tendenz, wie die Gruppe des Theaetet; es gibt andere, worin „der philosophische Zweck fast ganz verschwindet und nur das Geschichtliche und Politische hervortritt", Ast glaubt hierfür den Protag. und Gorg. als Beispiele nennen zu dürfen, und rechnet dahin überhaupt die Jugendwerke; in den vollendetsten Schriften aber durchdringen sich auf's Vollständigste das poetische und das dialektische Element. Ast findet in Plato's vollendetsten Werken die Producte seines gereiftesten Alters; in den „dialektischen" Dialogen, in denen das poetische Element zurück-, das didaktische in den Vordergrund tritt, die Werke der mittleren, Megarischen Periode; in den Dialogen aber, worin das Poetische und Dramatische vorherrschend ist, Schriften aus der Sokratischen Periode, d. h. aus der Zeit vor und kurz nach dem Tode des Sokrates. Ast ordnet demnach (S. 53) die Dialoge, die er für die allein echten hält, nach Auswerfung sehr vieler anderer, die ihm für unecht gelten, in folgende Gruppen:

    1. Sokratische: Protag., Phaedr., Gorg. und Phaedo;

2. dialektische; Theaet., Sophist., Politicus; Parmenides und Cratylus;

3. rein wissenschaftliche oder Sokratisch-Platonische: Phileb. Sympos., Politia, Tim. und Critias.

Aus dem Angeführten geht hervor, dass, so nahe sich diese, Eintheilung in ihrem Resultate mit der Schleiermacher'schen berührt, so wenig der Gesichtspunct, aus welchem die Dialoge von Ast betrachtet und eingetheilt werden, mit dem Schleiermacher'schen übereinkommt. Was die Weise der Polemik betrifft, so hat sich Ast fast durchaus damit begnügt, seine Gesichtspuncte denen seines grossen Vorgängers gegenüberzustellen, ohne Schleiermacher's Auffassung eingehend zu reproduciren und seine Argumentation der Kritik zu unterwerfen. Ast fragt z. B. an der Hauptstelle (S. 39), wo er, die Sache ziemlich leicht nehmend, gleichzeitig und wie mit Einem Schlage die Ansicht der Systematiker und die der Methodologen (so mag um der Kürze willen zu sagen verstattet sein) bekämpft und seine Ansicht von dem ästhetischen Elemente als Selbstzweck rechtfertigen will: Hätte Plato eine bloss philosophische Tendenz gehabt, wie ist es denkbar, dass er seinem eigenen Zweck durch die dramatische Behandlung und poetische Ausschmückung hätte entgegenwirken sollen? Diese wäre dann nur müssiger Prunk. Wie liesse sich ferner dieses damit in Verbindung setzen, dass wir in den meisten der Platonischen Gespräche kein philosophisches Resultat, keinen bestimmten Anfangs- und Endpunct der Untersuchung finden, und dass in den mehrsten nichts entschieden wird? Dass Plato den Leser, statt ihn zu belehren, nur verwirrte und ihm selbst seine vorige gewisse Meinung und Ueberzeugung zweifelhaft machte, ohne ihm eine andere und bessere darzubieten? (S. 39 f.) — Nun, auf alle diese Fragen hat ja doch Schleiermacher eine Antwort gegeben, und eine sehr ausgeführte, die jedes thatsächlich gegebene Moment berücksichtigt und auf ein bestimmtes Princip, das methodologische, bezieht; Schleiermacher hat in eben jenem Charakter der Platonischen Dialektik ein Argument für seine Ansicht von einem methodischen Bande, das die verschiedenen Dialoge alle unter einander verknüpfe, zu finden geglaubt. Möglich, dass er irrte; aber so wäre es die Aufgabe von Ast gewesen, zu zeigen, warum Schleiermacher's Antwort nicht genüge. Ast ist so weit davon entfernt, diese Aufgabe befriedigend zu lösen, dass er sich derselben nicht einmal irgendwie unterzieht. Er gibt nicht Schleiermacher's Antwort an; vielweniger sagt er ein Wort zu ihrer Widerlegung; ja, was schlimmer ist, indem er jene Fragen als rhetorische hinstellt, erweckt er den Anschein und argumentirt gestützt auf den Anschein, als ob eine Antwort, wenigstens eine irgendwie beachtenswerthe, die auf ein anderes Resultat, als das seinige, führe, überhaupt nicht existire, noch existiren könne. Gewiss die leichteste, aber auch die unbefriedigendste Weise, mit Schleiermacher's Antwort fertig zu werden. Man hat oft A s t „hyperkritisch" genannt im Blick auf seine Resultate, insbesondere auf die vielen Verwerfungsurtheile hinsichtlich der Echtheit mancher unter Plato's Namen auf uns gekommenen Dialoge; hier aber liegt uns in seiner Methode ein Beispiel nicht etwa von einer durch Ueberspannung in Unkritik umschlagenden Hyperkritik, sondern ganz einfach von Nicht-Kritik, von Kritiklosigkeit vor.

Ein viel gründlicherer und besonnenerer Forscher als A s t war Joseph Socher, der (nach K. F. Hermann's glücklichem Ausdruck) mit einem „nüchternen und handfesten Verstande" begabt, zur Ermittelung äusserer historischer Beziehungen wohlbefähigt, treu suchte und oft mit glücklichem Erfolge Richtiges fand, freilich der Würdigung der Platonischen Speculation nicht gewachsen war. Er ist von den Neueren zum Theil mehr benutzt als genannt und anerkannt worden. In seinem Werke: „Ueber Platon's Schriften", München 1820, unterwirft er die Echtheit und die Zeitfolge der Platonischen Schriften einer erneuerten Untersuchung. Bei dem Bestreben, die Zeitfolge zu ermitteln, ist sein ausgesprochener Zweck die Erkenntniss des philosophischen Entwickelungsganges Plato's, die „Biographie seines Geistes in den Perioden des Wachsens, der Vollendung, und, sei es auch, der Abnahme" (S. 5). „Es mag wahr sein, dass der grosse Mann in Jugend und Alter aus Einem Stücke bestehe und sich selbst gleich sei; aber in der Erscheinung vor sich selbst und vor Anderen entsteht er nach und nach, und das Gesetz der successiven Entwickelung und Vollendung gilt auch bei Genien" (S. 69). Als Kriterien der Zeitordnung nennt Socher (S. 39 f.): 1. die Geschichte der Zeit Plato's; 2. die seines Lebens; 3. die innere Beschaffenheit seiner Schriften. Er meint nicht mittelst derselben

„jeder Platonischen Schrift von Jahr zu Jahr ihre Zeitstelle anweisen zu können", sondern bescheidet sich, in einer Anordnung nach Perioden, etwa nach Decennien, und in einer theilweisen Bestimmung der Folge der Schriften innerhalb solcher Perioden schon einen lohnenden Gewinn der Untersuchung zu finden (S. 46). Wie die Erkenntniss der Zeitfolge der des Entwickelungsganges dienen soll, so auch umgekehrt diese, soweit sie mittelst äusserer Data oder aus der Natur der Sache sich ermitteln lässt, der genaueren Bestimmung der Zeitfolge. Den letzteren Weg schlägt Socher ein, wenn er z. B. zum Behuf der Erforschung der Abfassungszeit des Phaedrus argumentirt (S. 318): Man stelle Plato's Ideenlehre so: Meno, Phaedo, Phaedr., Tim., und man hat aufsteigende Stufenfolge, Erweiterung, Vollendung. Man fange aber mit Phaedr. an, so nimmt Leere, Unterbrechung, Abnahme die Mitte ein!" Socher nimmt im Allgemeinen eine frühere und mehr auf inneren Gründen beruhende Entwickelung Plato's an, als Hermann. Er legt den Reisen nicht eine so entscheidende Bedeutung bei, sondern meint, dass Plato wohl schon um sein dreissigstes Lebensjahr im Besitz der Grundlagen seines Systems gewesen sein möge, die er im Phaedo aufstelle: der Lehre von den Ideen, von der philosophischen Tugend und der weltordnenden Vernunft, dass aber diese Elemente sich nur langsam entfaltet haben (S. 62—84). Doch bleiben solche Betrachtungen bei Socher mehr sporadisch, und so stark er auch den Begriff der Entwickelung betont, so wenig hat er doch den Gang der Entwickelung in bestimmten Zügen dargestellt, so dass nicht ganz mit Unrecht K. F. Hermann (Gesch. u. Syst. d. Pl. Ph. S. 368) ihm „Mangel an eigener klarer und methodischer Einsicht in Plato's philosophische Entwickelung" vorwerfen mag. Die Echtheit der Dialoge misst Socher an folgenden „Normal-Werken" ab, „denen der Stempel eines eigenthümlichen Geistes in grösseren, unzweifelbareren Zügen eingeprägt ist": Phaedo, Prot., Gorg., Phaedrus, Conviv., Politia, Timaeus, wobei freilich die Aristotelischen Zeugnisse, die vor allem massgebend sein müssten, nicht erörtert werden, sondern statt dessen die blosse Berufung auf die beständige, allgemeine Anerkennung eintritt. Socher hat diese „Normalwerke" zugleich mit der Rücksicht gewählt, dass sie „verschiedenartig genug seien, um verschiedenartigen zweifelhaften als Regel der Beurtheilung zu dienen" (S. 24), und die Präsum-

3*

tion für sich haben, „weit genug von einander entfernte Zeitpuncte in seiner Schriftenfolge darzubieten" (S. 26); er will nicht
„allen eine gleiche Behandlungsart vorschreiben" und „weniger
reife" Werke nicht gleich verwerfen, da sie vielleicht „in den
Jahren der noch nicht ganz ausgebildeten Jugend" verfasst sein
mögen (S. 27 f.); er gibt im Einzelnen die Charaktere der verschiedenen Perioden an (S. 88 bis 92, 190 ff., 299 ff.). Demnach
hat S o c h e r den Gesichtspunct der „stufenweisen Entwickelung"
nicht nur bei der Frage nach der Zeitfolge der Schriften zuerst
zur Geltung gebracht, sondern demselben auch bei der Frage
nach der Echtheit keineswegs (wie es nach H e r m a n n 's ab-
schwächender Darstellung S. 367 scheinen möchte) unbeachtet
gelassen, und wenn er „der unechten Werke fast so viele wie der
echten aufzählt" (H e r m a n n a. a. O.), so ist theils das Verhältniss auch bei S t a l l b a u m und H e r m a n n nicht sehr viel andere
(wenn, wie bei S o c h e r, die schon im Alterthume verworfenen
oder bezweifelten mitgezählt werden), theils liegt der Grund von
S o c h e r 's Verwerfungen nicht in einer Nichtunterscheidung der
Stufen. Zum Behuf der Prüfung und Anordnung der einzelnen
Schriften stellt S o c h e r vier Perioden auf: 1. bis zum Tode des
Sokrates und um weniges über denselben hinaus; dieser Periode
gehören an: Theag., Lach., Hipp. min., Alc. I., de Virtute,
Meno, Cratylus, Euthyphro, Apol., Crito, Phaedo; 2. bis zur Er-
richtung der Lehranstalt in der Akademie: Io, Euthyd., Hipp.
maj., Protag., Theaet., Gorg., Phileb.; 3. bis zur Grenze des
Mannes- und Greisen-Alters: Phaedr., Menex., Sympos., Politia,
Timaeus; 4. die Zeit des hohen Alters: Leges.

Auf dem von S o c h e r betretenen Wege chronologischer
Forschung finden wir auch G o t t f r. S t a l l b a u m in seinen verschiedenen Ausgaben Platonischer Dialoge (Gesammtausgabe in
12 Bänden Leipz. 1821 bis 26; Dial. select. in 9 Bänden als Theil
der Biblioth. Graeca cur. Frid. Jacobs et Val. Chr. Frid. Rost,
Gotha u. Erfurt 1827 ff., mit einer Disputatio de Plat. vita, ingen.,
scriptis; neue Ausgabe der Opera omnia 1833 ff.; dann auch in
mehreren einzelnen Abhandlungen). S t a l l b a u m zieht S o c h e r 's
zweite und dritte Periode in eine einzige zusammen und findet
die Grenze derselben gegen die letzte in der zweiten sicilischen
Reise (307 v. Chr.). Er setzt in die erste Periode: Lysis, Hipp.
min., Hipp. maj., Charm. (um 405), Laches, Euthydem. (403),

Crat., Alc. I., Meno, Protag., Euthyphro, Io, Apol., Crito, Gorgias. Der zweiten Periode rechnet er zu: Theaet., Soph., Politic., Parm. (als zwischen 399 und 388, dem Tode des Sokrates und der Rückkehr Plato's von der ersten sicilischen Reise geschrieben, aber erst nach 388 veröffentlicht); Phaedrus (als „Antrittsprogramm" zum Beginn der Lehrthätigkeit in der Akademie, Dial. sel. IV. 1. S. XIX. ff., was der Sache nach und zwar mit grösserer Bestimmtheit und Gründlichkeit schon Socher, S. 301 ff., gesagt hatte; in den Prolegg. zum I. Bande S. XXV. hatte Stallbaum die Vermuthung geäussert, die er a. a. O. zurücknimmt, der Dialog Phaedrus sei erst nach dem Sympos. verfasst worden), Sympos. (bald nach 385), Phaedo, Philebus, de Republ. (Olymp. 99—100, in den Prolegg. zur Ausgabe in den Dial. sel., und Rechtfertigung dieser Bestimmung gegen die von Tchorzewski nach dem Vorgange von Morgenstern und Anderen, behauptete frühere Abfassung vor den Ecclesiazusen des Aristophanes, in Jahn's Jahrbüchern, Bd. LVIII., S. 248—268), Timaeus. In die dritte Periode, nach der zweiten sicilischen Reise bis zu Plato's Tod, setzt Stallbaum die Leges und den Critias; den letztgenannten Dialog, von dem Plutarch sagt, dass Plato an seiner Vollendung durch den Tod gehindert worden sei, soll Plato vor den Gesetzen begonnen haben, um ihn nachher zu Ende zu führen (Opp. VII, 377).

Stallbaum's Untersuchungen über Echtheit und Reihenfolge der Platonischen Dialoge sind, obschon ihnen der Gedanke einer stufenweisen Entwickelung der Philosophie Plato's zum Grunde liegt, doch vorwiegend Einzelforschung. Das Verdienst die chronologische Untersuchung über die Abfassung der Platonischen Schriften durchweg in den Dienst der Ermittelung des Entwickelungsganges der Philosophie Plato's gestellt zu haben, gebührt Karl Friedrich Hermann (in seinem Werke: „Geschichte und System der Platonischen Philosophie," erster Theil, die historisch-kritische Grundlegung enthaltend, Heidelberg 1839, und in zahlreichen Monographien). Er ist der Erste, der einen solchen „Entwickelungsgang" nicht bloss behauptet und in wenigen Einzelheiten nachzuweisen, sondern in allen seinen Stadien darzulegen versucht hat, indem er denselben in seinen Grundzügen schon aus dem Lebensgange Plato's abnehmen zu können, im Einzelnen aber in der Folge der Dialoge, deren Chronologie sich mit einer für diesen Zweck genügenden Vollständigkeit und Sicherheit ermitteln lasse, ausgeprägt zu finden glaubt.

Doch hatte schon vor K. F. Hermann ein ausgezeichneter, aber von den Meisten und auch von Hermann selbst kaum beachteter Forscher einen in den Schriften Plato's sich kund gebenden Entwickelungsgang seiner philosophischen Ansichten angenommen und in der Fundamentaldoctrin, der Ideenlehre, nachzuweisen gesucht, obschon ohne vollständige specielle Beziehungen auf die einzelnen Schriften und ohne philologisch-historische Untersuchungen über deren Abfassungszeit. Dieser Forscher ist der Philosoph Johann Friedrich Herbart. Schon 1805 in einer noch heute keineswegs veralteten Abhandlung: „De Platonici systematis fundamento commentatio" (wieder abgedruckt in den „Sämmtlichen Werken", Leipzig 1850 bis 52, Bd. XII., S. 61 bis 81), und darnach in erläuternden Zusätzen (ebendas. S. 81 bis 88; S. 88 bis 96), und wiederum an einzelnen Stellen seines Lehrbuchs zur Einleitung in die Philosophie (1. Auflage, 1813, 4. Aufl. 1837, wieder abgedruckt im ersten Bande der „Sämmtlichen Werke") sucht Herbart die Bedeutung, die Genesis und die stufenweise Umbildung der Ideenlehre darzulegen, jedoch so, dass er in der Umwandlung nicht (wie Hermann) einen Fortgang zu höheren Stufen, sondern vielmehr eine Mitaufnahme heterogener Bestimmungen in Folge nothgedrungener Rücksicht auf anfangs Unbeachtetes zu finden meint. An ihn hat sich insbesondere Strümpell, „Geschichte der theoretischen Philosophie der Griechen", Leipz. 1854, angeschlossen. Es erscheint als angemessen, diese Herbart'sche Ansicht, obschon Hermann nicht an dieselbe anknüpft, da doch im Verfolge unserer Erörterungen darauf Bezug genommen werden muss, an dieser Stelle vor der Exposition der Hermann'schen Doctrin zu skizziren.

Was ist, fragt Herbart, die Platonische Idee? Herbart will ebensowenig, wie Schleiermacher, die Platonischen Lehren dem Schematismus irgend eines unserer modernen Systeme einordnen, sondern Plato's eigenen Ausgangs- und Zielpunct erforschen und daraus das Ganze seiner Philosophie begreifen. In welcher Region philosophischer Forschung Plato sich befinden mag, immer blickt er hin und lenkt den Blick seiner Schüler auf die Ideen, das Gute, das Wahre, das Sein, die Bewegung an sich und die Ruhe, das Wissen an sich und die Wahrheit etc. Zur Ideenlehre ist Plato gelangt, da er einen Ausweg suchte, um den metaphysischen Schwierigkeiten zu entgehen, in welche seine Vorgänger, insbesondere Heraklit und die Eleaten, sich verwickelt hatten. Aus dieser Entstehungsart der Ideenlehre wird ihre Bedeutung verständlich. Das Werden, welches in die Sinne fällt, und welches als Charakter aller Wirklichkeit von Heraklit angesehen worden war, ist mit dem inneren Widerspruche behaftet, dass das Nämliche eine gewisse Qualität und doch auch deren Gegentheil an sich tragen soll. Es gibt einiges in unseren Wahrnehmungen, sagt Plato de Rep. p. 523 A, was uns durchaus nöthigt, die Vernunft zur Untersuchung mit herbeizurufen, und zwar dadurch, dass sich zeigt, wie die Wahrnehmung nichts Gesundes hat. Dieses Hinausweisen der Wahrnehmung über sich selbst erfolgt da, wo die eine Wahrnehmung in die entgegengesetzte umschlägt, so dass dem Wahrgenommenen irgend eine bestimmte Qualität, in der es zunächst erscheint, mit nicht vollerem Rechte, als auch deren gerades Gegentheil, beigelegt werden kann. Jedes wahrgenommene Schöne oder jedes der vielen schönen Individuen zeigt sich irgendwie auch als hässlich, und jede gerechte Einzelhandlung bei einer anderen Betrachtungsweise oder unter anderen Umständen auch als behaftet mit irgendwelcher Ungerechtigkeit, das Grosse im Vergleich mit noch grösseren Dingen auch als klein, das Schwere auch als leicht u. s. w. Was aber mit solchen Widersprüchen behaftet ist, das ist nicht, sondern wird nur; es schwebt zwischen dem Sein und Nichtsein in der Mitte. Auf diese widerspruchsvolle Mitte geht die Meinung. Was aber ist, muss so, wie es ist, durchaus sein, und darf nicht aus seiner Qualität heraustreten. Auf ein solches widerspruchsloses Sein muss das Wissen gehen. Wie aber finden wir ein solches Sein? Das Werden, bei dem Heraklit stehen bleibt, hat zwei Elemente, gleichsam zwei Factoren in sich, deren jeder für sich die gesuchte Constanz aufweist. Demselben Seienden sollen im Werden einander entgegengesetzte Qualitäten zukommen. Somit sind einerseits das Sein, andererseits die Qualitäten die Factoren des Werdens. Da nun das Widersprechende verworfen werden muss, und doch, um der Absurdität, dass nichts sei, zu entgehen („ne nihil omnino sit", Herbart. l. l. p. 49 = 81), etwas als seiend anerkannt werden muss, und zwar etwas, was [sich nicht selbst widerspricht, so bedarf es einer Zerlegung des Werdens in seine Factoren. Für den, der den Widerspruch erkannt hat und vermeiden will, eröffnen sich zwei Wege: man kann ausschliesslich den einen, oder ausschliesslich den anderen jener Factoren gelten lassen, deren jeder für sich allein, aber auch nur so, widerspruchslos ist, das Sein, oder die Qualitäten. Jenes ist die Lehre des Parmenides, dieses die des Plato. Und so bezeichnet Herbart durch einen der Arithmetik entlehnten Ausdruck bildlich das Verhältniss der Platonischen Ideenlehre zu dem metaphysischen Princip des Heraklit und zu dem des Parmenides mit folgenden Worten:

„*Divide Heracliti* γίνεσιν *ουσία Parmenidis: habebis ideas Platonis* !"

Dieser Herbart'sche Satz ist nur innerhalb des angegebenen Zusammenhanges verständlich, von demselben abgelöst, lässt er unklar, wie denn die Division mit der ουσία, welche doch als Einheit erscheint, einen von dem Dividendus verschiedenen Quotienten ergeben könne, so dass die Frage Zeller's (Philosophie der Griechen. Bd. II, 1. Aufl., 1846, S. 192): „warum nicht lieber umgekehrt"? — sowie die spätere Aeusserung desselben (2. Aufl., 1859, S. 420): „wofür man aber auch ebensogut umgekehrt sagen könnte: divide ουσίαν Parmenidis etc." nahe lag, aber doch auch in jenem Gedankenzusammenhang ihre volle Lösung findet. (Mit Recht setzt übrigens Strümpell, Geschichte der theoretischen Philosophie der Griechen, S. 112, hinzu: „Plato erweiterte den Satz: 'Die Qualitäten sind' als giltig für das in allen logischen Begriffen Gedachte".)

„Substanzen" sind nach Herbart die Platonischen Ideen nicht, sofern unter „Substanz" das Ding zu verstehen ist, welchem mehrere, und zwar veränderliche, Eigenschaften anhaften. Wohl aber kommt ihnen ein reines Sein, eine absolute Selbstständigkeit, und eine von allem Sinnlichen gesonderte Existenz zu. Sie sind die Objecte des Wissens in ganz analoger Weise, wie die sinnlichen Dinge die Objecte der Wahrnehmung sind. Die Platonischen Ideen sind absolute (als absolut gedachte, hypostasirte) Qualitäten.

Wie weit Herbart in dem Angegebenen Plato's ursprüngliche Ansicht getroffen, wie weit namentlich die Genesis der Ideenlehre richtig angegeben habe, ob er nicht, etwa durch seine eigene Metaphysik verleitet, Plato aus dem Satze des Widerspruchs und dem Begriffe des Seins allein habe Folgerungen ziehen lassen, welche historisch bei diesem vielmehr durch die Sokratische Begriffslehre vermittelt sind, mag später (in dem Abschnitt über innere Beziehungen Platonischer Schriften auf einander) untersucht werden. Hier fügen wir die Annahmen bei, welche H e r b a r t über die späteren Umbildungen, die er in der Platonischen Lehre findet, theils in den „Zusätzen" zu jener Abhandlung, theils in dem „Lehrbuch" aufstellt. Er selbst bezeichnet die Aeusserungen in den „Zusätzen" (Werke, XII, S. 89) als eine „Ergänzung der Andeutungen in seiner Schrift, gereift mehr im ferneren Ueberdenken als durch wiederholte Lectüre".

H e r b a r t unterscheidet in der Platonischen Lehre drei „Stufen ihrer Entwickelung". Auf der ersten findet sich das Ursprüngliche, Allgemeine, rein Charakteristische und meistens Vorherrschende; einzelne Untersuchungen führen zur zweiten und dritten, wo es Umbildungen, Zusätze und Inconsequenzen gegen das Ursprüngliche gibt, welches jedoch in denselben immer noch sichtbar bleibt. (Unter den von H e r b a r t statuirten „Stufen" sind demnach nur die verschiedenen Formen und Seiten der Lehre, die nach einander entstanden seien, zu verstehen.) Als die erste „Stufe" oder das Fundament des Ganzen bezeichnet H e r b a r t die Lehre von den Ideen als selbstständigen Wesen, und von ihren ursprünglichen logischen und realen Verhältnissen unter einander. (Vom H e r b a r t'schen Standpuncte aus ist übrigens S t r ü m p e l l's Zerlegung der so gefassten „ersten Stufe" in eine erste und zweite, wovon jene auf die Ideen als einfache, absolute Qualitäten, diese auf die von jenem Princip aus schon inconsequente Annahme einer Gemeinschaft der Ideen unter einander geht, unverkennbar eine formale Verbesserung.) Die zweite Stufe der Platonischen Lehre ist nach H e r b a r t die Lehre vom Guten als dem Haupte erstlich des Ideenreiches und dann der Sinnenwelt. Die Idee des Guten bleibt nicht eine in der Mitte der übrigen, sondern wird dem Plato die Gottheit selbst; darüber verlieren die anderen ihre strenge Selbstständigkeit, ihr Von-Selbst-Sein; das $\dot{\alpha}\gamma\alpha\theta\acute{o}\nu$ wird zum $\alpha\check{\iota}\tau\iota o\nu$ ihrer beharrenden Existenz, wozu die Definition passt: $\dot{\alpha}\gamma\alpha\theta\grave{o}\nu$ $\alpha\check{\iota}\tau\iota o\nu$ $\sigma\omega\tau\eta\rho\acute{\iota}\alpha\varsigma$ $\tauo\grave{\iota}\varsigma$ $o\check{\upsilon}\sigma\iota$, Def. p. 296. Alle übrigen Verhältnisse bleiben. Die Ideen werden nicht etwa zu Gedanken der Gottheit, sondern bleiben etwas objectiv-Reales; nur nehmen

sie jetzt ihre Realität zu Lehen von der aus ihrer Mitte empor-
gestiegenen höchsten Idee. Es sind ästhetische, ethische und
religiöse Rücksichten, welche zu dieser Umbildung Anlass gegeben
haben. Weil Plato, meint Herbart, die Unabhängigkeit der ästhetischen Urtheile von aller Theorie, die wesentliche Verschiedenheit
des Wahren und des Vortrefflichen, gleich den meisten Philosophen
nicht erkannte, so hat das Theoretische unter dem Praktischen
gelitten, ist die Ideenlehre durch Erhebung des Guten zum Real-
princip „in ihren ersten Gründen verdorben" worden, und andererseits hat auch das Praktische unter dem Theoretischen gelitten, ist der Musterbegriff des Guten nicht klar und allseitig
entwickelt worden, weil die absolute Selbstständigkeit, die dem
obersten metaphysischen Princip zugestanden werden musste, auf
den ethischen Charakter der Güte fälschlich übertragen und somit
die Güte ungenau nur als Wohlthun, und zwar als absolutes
Wohlthun gefasst wurde, welches diejenigen selbst schaffe, denen
es wohlthue. (Uebrigens bemerkt doch Strümpell auch vom
Herbart'schen Standpuncte aus mit Recht, dass die Unterordnung aller anderen Ideen unter die Idee des Guten nur ein wei-
terer Fortgang auf einer aus rein dialektischen Gründen schon
betretenen Bahn, nämlich der Statuirung einer Gemeinschaft und
Rangordnung unter den Ideen, entsprechend der in allen nicht
identischen Urtheilen sich kund gebenden Gemeinschaft der [sub-
jectiven] Begriffe untereinander sei.) Als dritte Stufe der Platonischen Lehre fasst Herbart den Versuch Plato's, von der
Sinnenwelt mit Einschluss des physischen Lebens „eine annehm-
liche Meinung vorzubringen". Zu den auf dieser Stufe ausgebildeten Lehren gehören die von der Materie und dem Raume
als der Bedingung gleichartiger Vielheit, von den Einzelseelen
und den sinnlichen Dingen' als Mittelwesen, die zwischen Sein
und Nichtsein schweben, entstanden durch eine unerklärbare
Theilnahme der Materie an den Ideen. Auch bei der Annahme
eines Mitteldinges zwischen Sein und Nichtsein, die freilich gegen
die logischen Gesetze verstösst, ist Plato durch ethische Rücksichten mitbestimmt worden; denn das Handeln geht nicht auf die
Ideen, welche sind, sondern auf die Einzeldinge, welche werden
und wechseln. Die Ansichten über das Reich der sinnlichen Erscheinungen legt Plato hauptsächlich in ein der spät verfassten Schrift,

dem Timaeus, dar, indem er bemerkt, dass hier nur ein Meinen, nicht ein Wissen möglich sei.

(Auf die letzte Gestalt, welche nach den Berichten des Aristoteles die Platonische Ideenlehre unter Pythagoreischen Einflüssen angenommen hat, geht nicht Herbart, sondern nur Strümpell näher ein.)

Kehren wir nach diesem Rückblick auf den ersten unter den neueren Versuchen, verschiedene Stufen in der Philosophie Plato's zu unterscheiden und dieselben in den erhaltenen Schriften documentirt zu finden, zu Hermann's durchgeführterem Unternehmen zurück, so fällt neben der weit vollständigeren Beziehung auf die einzelnen Schriften und der Anknüpfung an Plato's Lebensverhältnisse sogleich der wesentliche Unterschied in die Augen, dass Hermann die successive Umbildung der Platonischen Philosophie weit mehr auf den Einfluss der verschiedenen äusseren Bildungs-Momente, insbesondere der philosophischen Richtungen, zu denen Plato nach und nach in innigere Beziehung getreten sei, Herbart dagegen durchweg auf innere, philosophische Gründe zurückführt. Aber nicht nur der Grund der „Entwickelung", sondern auch das Wesen und die Art der „Entwickelung" wird von Beiden verschieden bestimmt. Den Terminus gebrauchen Beide (Herbart z. B. Werke XII., S. 89); aber bei Herbart liegt in demselben keine Beziehung auf Vollkommenheit, nicht der Sinn eines Fortschrittes zum Besseren; Herbart sucht nur die Genesis als solche zu verstehen, was auch dem Gesammtcharakter seiner Philosophie, sofern dieselbe auf die Erkenntniss der Wirklichkeit gerichtet ist (also in den nicht ästhetischen Disciplinen), entspricht; Hermann dagegen versteht unter „Entwickelung" den Fortschritt zu höheren Stufen; er nimmt in die geschichtliche Betrachtung im Ganzen und Einzelnen das teleologische Element mit auf, den Glauben an einen stufenweisen Fortgang zum Besseren; er findet in den historischen Erscheinungen den „Beweis einer höheren weltgeschichtlichen Nothwendigkeit, die die Geschichte der Menschheit ebenso, wie die der Wissenschaft umfasst", und zwar einer Nothwendigkeit von nicht bloss causalem, sondern auch finalem Charakter, die beide Gruppen, politische Gestaltungen und wissenschaftliche Doctrinen, „mit wunderbarer Uebereinstimmung verknüpft, um jede an der anderen neuen Aufschwung und frischen Stoff gewinnen zu lassen" (S. 192 f.)."

In diesen Anschauungen, wie auch in vielen einzelnen Annahmen (z. B. in dem Urtheil über manche ältere Philosophen,
dann besonders über die Sophistik, deren berechtigte Seite in
dem „Festhalten an dem formalen Charakter der Herrschaft des
Geistes über den Stoff" liege, über die Sokratik, die den Menschen „nicht in seiner selbstbestimmten Vereinzelung, sondern die
Menschheit in ihrer von der Gottheit erhaltenen ewigen Bestimmung" zum Maassstab aller Dinge erhebe, über den Platonischen
Staat als einen Versuch der Restauration des althellenischen Princips der natürlichen, reflexionslosen Einheit des Einzelnen mit
der Gemeinschaft, also des Princips der „substantiellen Sittlich-
keit"), ist Hermann, vielleicht mehr, als er selbst es sich gesteht,
durch den Einfluss des Hegelianismus bedingt, an den selbst
die Terminologie vielfach erinnert. Freilich erinnert auch nur
Gedanke und Terminus oft an jene Philosophie; Hermann setzt,
und wohl nicht bloss zum Behuf der Darstellung für eine „zahlreiche Menge von Gebildeten", deren Begehren er auch zu begegnen hofft (Vorr. S. XV.), populärere Ausdrücke und Gedan-
kenformen an die Stelle der Hegel'schen, und auf der anderen Seite
besitzt Hermann die umfassendere und genauere Kenntniss der Einzelheiten, einen weit geübteren, ungleich schärferen kritischen Blick
und auch mehr historische „Unbefangenheit", obschon diese nach
ihrem echten Sinne weder ihm selbst in so vollem Maasse eignet,
noch auch Hegel und seinen besseren Schülern in dem Grade
fehlt, dass die Schärfe der Hermann'schen Aeusserungen gegen
die „Bannformeln der Schulsprache" bei den „über Zeit und
Raum erhabenen Philosophen", die „Hochgewässer des Zeitge-
schmacks" und die hinfälligen „Prachtgebäude der Gegenwart"
(S. XVI ff.) durchaus als gerechtfertigt erscheinen könnte.
Uebrigens erkennt Hermann auch mit offenem Danke das „wesentliche Verdienst der neuesten Systeme" an (der Plural wird
wohl so zu fassen sein, wie bei Plato die Zusammenstellung: ein
sicilischer oder italischer Mann, und vielleicht bei Isokrates in
der Rede an Philipp von Macedonien der Plural: ταῖς νόμοις καὶ
ταῖς πολιτείαις ταῖς ὑπὸ τῶν σοφιστῶν γεγραμμέναις), „die geschichtliche Betrachtung emancipirt und durch den Nachweis des
nothwendigen Zusammenwirkens aller Momente zu dem grossen
Ganzen einem jeden von diesen an seiner Stelle sein eigenthümliches Recht zuerkannt zu haben" (S. XVI f.). Der zunächst

bloss negative Ausdruck der „Emancipation", der auf ein vermeintlich glückliches Loskommen von aller Philosophie deuten zu sollen scheinen möchte, erhält seine Ergänzung und positive Bestimmung durch den beigefügten Zusatz von der Anerkennung des eigenthümlichen Rechtes eines jeden Momentes, die ja doch nicht ohne Philosophie, sondern nur auf Grund der durchgebildetsten Philosophie erfolgen kann, welche über die einfache Messung am eigenen System (wie sie z. B. von dem Kantianer Tennemann geübt wurde) hinausführt und die Bedeutung der Stufenfolge verstehen lehrt.

Eine Emancipation von jener modernisirenden Weise früherer „Systematiker" in der Darstellung und Würdigung des Platonismus setzen sich jene neueren Forscher alle, Schleiermacher, Herbart und Hermann, zum Zweck, aber jeder von ihnen in seiner Weise. Bei Schleiermacher ist das Streben nach historischer Objectivität wesentlich auf das Ganze der Platonischen Philosophie in seiner Einheit gerichtet. Es soll der reine Gehalt des Platonismus in der ihm adäquaten, von seinem Urheber selbst ihm ertheilten Form reproducirt werden. Die Momente dieses Ganzen sind nicht Entwickelungsstufen, sondern Glieder des Organismus, zu welchem der ursprüngliche Keim sich entfaltet. Inhalt und Form sind in der Schleiermacher'schen Betrachtung die herrschenden Kategorien. *Causa efficiens* und *causa finalis* sind noch in ungeschiedener Einheit beisammen, indem Plato nach Schleiermacher's ausdrücklicher Erklärung mit „grosser Absichtlichkeit" (I. S. 7) alles Einzelne geordnet hat; die Absicht aber, sofern sie sich realisirt, ist ein wirkender Zweck, und zwar ein bewusster Zweck. Entscheidende Bedeutung hat nach dieser Betrachtungsweise der Anfang. Er bestimmt alles Folgende mit gleicher Nothwendigkeit, wie der Grundriss den Bau. Herbart dagegen und Hermann versuchen auch noch wiederum innerhalb des Platonismus verschiedene historische Stufen aufzuzeigen, jede von eigenthümlichem Gehalte, und demgemäss auch von eigenthümlicher Form. Der Anfang bedingt, aber bestimmt nicht nach der Weise des Grundrisses alles Folgende. Herbart steht Schleiermacher immer noch näher, sofern auch ihm das Ursprüngliche bei Plato das Bedeutsamste ist, nämlich das Reinste und Consequenteste, und sofern ihm das System, da dessen Umbildungen aus inneren Gründen erfolgen, ein zwar

loseres, aber doch immer noch in sich selbst beschlossenes Ganzes ausmacht. Hermann aber ist in allen diesen Beziehungen
Schleiermacher's eigentlicher Antagonist. Das Ursprüngliche
ist ihm das Niedrigste, mindest Vollkommene. Plato gibt sich in
seinen frühesten Schriften als einen Sokratiker kund, als einen
genialen Schüler freilich, bei dem schon überall Tendenzen durch-
brechen, die über den Standpunct des Meisters hinausführen müssen, falls sie zur ungehemmten Entfaltung gelangen, aber doch
als einen Schüler, der noch nicht wesentlich über dem Meister
ist. Der Unterschied der Stufen in Plato's Entwickelung ist um
so grösser, da Sokrates historisch ein solcher war, wie er bei Xenophon erscheint, womit das Bild übereinstimmt, das man sich aus
den historischen Partien Platonischer Schriften von ihm entwerfen kann, nämlich ein Vertreter „der andern Seite des sophistischen Princips der Relativität der Begriffe", das von ihm in Folge
der Tüchtigkeit seiner moralischen Gesinnung gegen den Dünkel
vorschneller Urtheile ebenso gewandt wurde, wie von den Sophisten gegen die wahrhaft moralischen Grundsätze; er vollzog den
Fortschritt von der individuellen zu der allgemeinen Subjectivität,
aber ohne ein entwickeltes speculatives Bewusstsein, so dass, um
antimoralische Consequenzen fern zu halten, die Persönlichkeit
des Lehrers die Blösse der Lehre überstrahlen musste (S. 231 ff.;
S. 236, vgl. n. 291, S. 323; S. 254 ff.). Plato's eigene Fortentwickelung aber war nicht eine blosse Entfaltung des Sokratischen und
auch nicht eines ursprünglich Platonischen Princips aus sich selbst,
sondern eine successive Assimilirung der philosophischen Errungenschaften aller früheren Denker, bei welcher Receptivität
und Spontaneität, Aneignung und Verarbeitung, Bestimmtwerden
durch das Gegebene unter Umbildung des eigenen Standpunctes
und Umbildung des Gegebenen vermöge der volleren Einsicht,
die der jedesmal schon errungene Standpunct gewährte, beide
gleich wesentlich waren. Es besteht in allen diesen Beziehungen
zwischen Schleiermacher's und Hermann's Ansichten derselbe Gegensatz einer den Anfang und einer den Fortschritt be-
tonenden Richtung, der sich in vielen lebhaften wissenschaftlichen
Kämpfen sowohl innerhalb der Philologie, als auch auf mehr als
einem der an die Philologie angrenzenden Gebiete zu aller Zeit,
ganz besonders aber in unserer Gegenwart, kundgegeben hat und
kundgibt. Aus diesem Verhältniss erwächst der Platonischen Frage

neben der Bedeutung, die sie an sich selbst beanspruchen darf,
noch ein wesentliches allgemeineres Interesse.

Hermann ist sich seines antagonistischen Verhältnisses zu
Schleiermacher, ebenso aber auch des gemeinsamen Bodens,
den der Gegensatz voraussetzt, wohl bewusst. Er erklärt ausdrücklich, „das Gelingen seiner ganzen Arbeit von der Begründung
seines Widerspruchs gegen Schleiermacher abhängig zu
machen" (S. 347); ebenso aber auch, „dass damit den wirklichen
Vorzügen dieses grossen Mannes nicht zu nahe getreten werden
solle, der jedenfalls zuerst ein tieferes Eindringen in den Geist
der Platonischen Schriften angeregt habe" (S. 347 f.). Auch erklärt
er sich mit Bestimmtheit darüber, worin seine Uebereinstimmung
mit Schleiermacher liege, und worin die Differenz. Gemeinsam ist, wie Hermann anerkennt, ihm selbst und Schleiermacher „der oberste Grundsatz", das Streben nach einer rein
geschichtlichen Betrachtungsweise. Hermann setzt hierin
sein eigenes oberstes Ziel (S. XI ff.; S. XVII f.; S. 8 ff.;
S. 368 ff. und öfter), und er gesteht auch Schleiermacher
zu, dass dieser richtig gesehen habe, wie eine fruchtbare Betrachtung der Platonischen Schriften nicht anders möglich sei, als
indem man die falschen von den echten ausscheide und diese sodann in der Ordnung verfolge, in welcher sie aus Plato's Geiste
hervorgegangen seien (S. 348). Schleiermacher's Vorgänger
hüllten Platonischen Inhalt in ein modernes Gewand; gleichzeitig
brachten Andere ihre eigenen trivialen Gedanken in schlecht nach-
geahmter Sokratischer Gesprächsform zu Markte; Schleiermacher unternahm es, „zum ersten Male wieder Platonischen Geist
in Platonischer Weise erscheinen zu lassen" (S. 362). Hermann
gesteht, dass dieses Unternehmen gross und berechtigt genug gewesen sei, um „trotz seiner Fehlgriffe" nicht nur den mächtigen
Einfluss der Schleiermacher'schen Betrachtungsweise auf die
Zeitgenossen zu erklären, sondern „auch uns gerechte Bewunderung abzunöthigen" (S. 362). Aber auch nur in dem „obersten
Grundsatze" stimmt Hermann mit Schleiermacher überein;
er meint diesem Grundsatze (rein historischer Betrachtung) die
entschiedenste Bekämpfung der Schleiermacher'schen Theorie
schuldig zu sein (S. 348). Hatten die Früheren den Körper
der Platonischen Lehre gleichsam anatomisch zerstückelt, so hat
Schleiermacher die berechtigte Tendenz der Einheit, der Ver-

einigung der zerstreuten Theile zu einem organischen Ganzen, in unberechtigter Weise überspannt und so „der natürlichen Mannigfaltigkeit der Platonischen Muse den Typus einer erkünstelten Einheit aufzudringen" versucht (S. 364). Schleiermacher's Theorie zielt darauf ab, die Schriften des Philosophen „in das Prokrustesbett eines durchgängigen methodischen Zusammenhanges hineinzuzwängen" (S. 348); Schleiermacher will, dass bei Plato, wie bei Sokrates, die Methode Hauptsache sei und gewissermaassen die Stelle systematischer Anordnung vertrete, und „schliesst uns so in die engen Grenzen eines methodischen Stufenganges ein" (S. 347); sämmtliche Platonische Gespräche sollen sich ohne Zerstückelung von selbst zu einem methodisch gegliederten Ganzen aneinanderreihen, das die drei Stufen eines elementarischen, eines dialektischen und eines constructiven Theiles in sich befasse; aber diese methodische Einheit hat erst Schleiermacher's Dialektik hineingetragen, welche durch die Schlaglichter, die sie auf einzelne Puncte fallen lässt, oft den Blick vom wahren Mittelpuncte ab auf Aussendinge leitet; die Nothwendigkeit geschichtlicher Abstufung wird dabei verkannt (S. 362 f). Hermann erkennt zwar im Allgemeinen jene drei Classen Platonischer Schriften an (bei wesentlich verschiedener Einreihung der einzelnen Dialoge), aber nicht als Formen einer methodischen Entwickelung der Lehre für den Leser, sondern als Stufen einer historischen Entwickelung Plato's selbst (S. 385 ff.). Die Annahme Schleiermacher's, dass ein und der nämliche Typus sich durch alle Schriften Plato's hindurchziehe, ist falsch; die Einheit der Schriften ist nur eine losere, begründet in dem „individuellen Geistesleben des gemeinschaftlichen Urhebers derselben, welches durch die Verschiedenheit seiner Durchgangsstufen eine viel grössere Mannigfaltigkeit seiner Erscheinungen rechtfertigt, als jene Annahme sie für möglich halten kann" (S. 366 f.). Der Inhalt der Platonischen Schriften kann genau und lebendig nicht ohne die Annahme einer stufenweisen Fortbildung ihres Verfassers reproducirt werden (S. 369); die Verschiedenheiten, die unter den Schriften obwalten, sind in wirklichen Veränderungen der philosophischen Anschauungsweise Plato's begründet (S. 370). Für die Entwickelung Plato's sind die Einflüsse, die er in seinem bewegten Lebensgange nacheinander auf sich wirken liess, mass-

gebend gewesen: sein Umgang mit Sokrates, seine Reisen, auf
denen er sich allmählich mit den verschiedenen älteren Systemen
an den Orten, wo diese ihre noch lebenden Vertreter fanden, in
mündlichem Verkehr vertraut machte; endlich noch die Rückkehr
nach Athen und das in gewissem Masse doch auch lernende Lehren in der Akademie. Demgemäss unterscheidet Hermann bei
Plato drei schriftstellerische Perioden. Die erste umfasst die Zeit des Umgangs mit Sokrates und als „Uebergangs-
Periode" die nächste Zeit nach dessen Verurtheilung und Hinrichtung bis zur Uebersiedelung Plato's nach Megara; die z w e i t e
geht von da bis zur Rückkehr Plato's von seiner grossen, nach
Aegypten, Unteritalien und Sicilien gerichteten Reise, die d r i t t e
von dieser Zeit, Plato's vierzigstem Lebensjahre, wo er auch seine
Lehranstalt in der Akademie gründete, bis zu seinem Tode. Der
Form nach sind die Dialoge der ersten Periode S o k r a t i s c h
o d e r e l e m e n t a r i s c h, die der zweiten v e r m i t t e l n d o d e r
d i a l e k t i s c h, die der dritten d a r s t e l l e n d o d e r c o n s t r u c t i v
(S. 385 ff.). Auf Hermann's nähere Charakteristik dieser drei
Perioden werden wir unten bei der Vergleichung seiner Ansicht
mit der Schleiermacher'schen eingehen.

Der e r s t e n Schriftstellerperiode Plato's gehören nach
Hermann an: Hipp. min., Jo, Alc. I., Charm., Lysis, Laches,
Protag., Euthydemus;

der Uebergangs-Periode: Apol., Crito, Gorgias, Euthyphro,,
Meno, Hipp. major;

der z w e i t e n (Megarischen) Periode: Cratylus, Theaet.
Soph., Politicus, Parmenides;

der d r i t t e n Schriftstellerperiode: Phaedrus, Menex., Conviv., Phaedo, Philebus; Rep., Tim., Critias, Leges.

Wir haben uns in dem Bisherigen streng auf die Darlegung
der A n s i c h t Hermann's, insbesondere in ihrem Verhältniss
zur S c h l e i e r m a c h e r'schen beschränkt, ohne noch seine A r -
g u m e n t e mitzuerwähnen. Ehe wir hierzu übergehen, mögen
einige Bemerkungen über die e t h i s c h e F o r m seiner P o l e -
m i k hier eine Stelle finden, da dieselbe zu auffällig ist, als dass
ganz davon abstrahirt werden könnte. Es liegt der merkwürdige
Contrast vor, dass Hermann einerseits von S c h l e i e r m a c h e r
mit unverkennbarer Hochachtung redet, in ihm einen „grossen
Mann" von „wirklichen Vorzügen" (S. 347) verehrt, dessen Lei-

atung auch ihm „gerechte Bewunderung abnöthigt" (S. 362), sein
Verfahren aus dem Gegensatz des Zeitbedürfnisses gegen ge-
schmacklose und unkritische Zerstückelung ableitet, wodurch
(doch wohl nach H e r m a n n's Meinung auch bei S c h l e i e r m a c h e r
selbst unwillkürlich) eine Ueberspannung der Einheits-Tendenz her-
vorgerufen worden sei, die auch bei Andern sich zeige (S. 364 f.),
„Fehlgriffe" (S. 362, also doch unwillkürliche Versehen) bei ihm
findet und den Vorwurf so fasst, dass S c h l e i e r m a c h e r trotz
gewisser Umstände doch nicht an der Richtigkeit seiner eigenen
Ansicht irre geworden sei (S. 350); und doch auf der andern
Seite S c h l e i e r m a c h e r wieder wie einen Sophisten behandelt,
der sich in absichtlicher Unwahrhaftigkeit gefalle, mitunter fast
als einen Mann, der innerlich wohl wisse, wie die Sache stehe
(nämlich dass sie so sei, wie H e r m a n n lehrt), der sich aber, etwa
aus Lust, seine überlegene Dialektik zu beweisen, Mühe gebe, sie
in einem andern Lichte erscheinen zu lassen, also: τὸν ἥττω λόγον
κρείττω ποιεῖν, recht in rhetorisch-sophistischer Manier. H e r -
m a n n wirft S c h l e i e r m a c h e r „Entstellungen und Willkürlich-
keiten" vor (S. 348), und als sollte recht die Absichtlichkeit dieses Verfahrens in's Licht gestellt werden, bedient sich H e r m a n n
des Ausdruckes, es habe desselben „bedurft, um die Schriften des
Philosophen in das Prokrustesbette jenes methodischen Zusammenhanges hineinzuzwängen" (S. 348); S c h l e i e r m a c h e r, meint
H e r m a n n (S. 350), suche eine von ihm wohl gefühlte Anomalie
mit vagen Möglichkeiten zu „bemänteln"; S c h l e i e r m a c h e r
„schiebt" Platonischen Stellen einen unrichtigen Sinn „unter"
(S. 353); er „klammert sich an" an Sätze, die doch nichts beweisen
können, verfährt also nach H e r m a n n wie Einer, der sich innerlich der Unhaltbarkeit seiner Thesen und Argumente und der
Niederlage, die er erleiden muss oder bereits erlitten hat, wohl
bewusst ist, keineswegs aber bereit dies einzugestehen, nach Aus-
flüchten sucht; ja, mit dürren Worten wirft H e r m a n n seinem
grossen Vorgänger in der Platonischen Forschung nicht etwa
nur „Fehlgriffe" (S. 362), sondern auch „Trugschlüsse und Verdrehungen" (S. 364) vor. Demnach kann die „gerechte Bewunderung", die H e r m a n n der Arbeit des „grossen Mannes" zollt,
doch nur eine sehr beschränkte sein; die Leistung wäre ein kunst-
volles Sophisma im grossen Style, und die Persönlichkeit des
„gewandten und redekräftigen Dialektikers" (S. 363) wäre bei

allen ihren intellectuellen Vorzügen durch den ethischen Makel
der Unehrlichkeit, der Lüge, des mit vollem Bewusstsein durch
die schlimmsten Mittel künstlich durchgeführten Betruges ge-
schändet. Dies also ist das Bild, das wir uns von Schleiermacher's Persönlichkeit entwerfen sollen?! Müssen wir so den
Mann verurtheilen sehen, den wir als eine Zierde unserer Nation
zu verehren gewohnt waren, nun so mag auch ein Schüler Schleiermacher's, des „Unvergesslichen", und Anhänger seiner Platonischen Ansichten nach deren wesentlichem Gehalte es sich gefallen
lassen, wenn Hermann ihm, dem Milden und Humanen, sogar
„Arglist" (S. 332, n. 340) vorwirft; vergisst ja doch auch, wenn
ein Staat von schwerer Bedrängniss betroffen worden ist, der treue
Bürger persönliche Kränkung leicht bei dem Gedanken an die
Schmach, die man seinem Führer und Fürsten angethan hat.
Aber, fragen wir, wie beweist denn Hermann jene schweren sittlichen Beschuldigungen, die nie ohne die triftigsten Argumente
vorgebracht werden sollten? — Er stellt gar keinen Beweis auf.
Er scheint es nicht für nöthig zu halten. Ist denn aber etwa
Schleiermacher ein Mann, bei dem man sich von vorn herein des Schlimmen zu versehen hätte? Oder ein *corpus vile* (um
nicht den noch stärkeren Ausdruck zu wiederholen, den Lessing
in Bezug auf Spinoza gebraucht hat), mit dem man verfahren
mag, wie es Einen eben gelüstet? — Fast möchte es scheinen,
als hielte Hermann ihn dafür, nach dem Vorgange einiger nicht
unbedeutenden Männer, die geneigt sind, in ihm als Theologen
ebensosehr den denkkräftigen Dialektiker zu bewundern, wie den
vielgewandten, das Entgegengesetzte zu beweisen gleich bereiten
Sophisten zu verdammen. Als ob mit solcher einseitigen Trennung zwischen Kopf und Herz, Verstand und Charakter eine grosse
Persönlichkeit begriffen werden könnte! Wer sich in Schleiermacher's philosophische und theologische Gesammtansicht hin-
eingedacht und gelebt hat, der weiss, dass solche Beschuldigungen
im besten Falle aus einem nur partiellen Verständniss hervorgehen; an Andere aber mag man die Frage stellen, die einst Schleiermacher selbst an Delbrück zu richten sich genöthigt sah,
was in aller Welt ihn denn zu solchem hinterlistigen Verfahren
bewegen solle? welchen Vortheil er denn irgend davon erwarten
möge? Man muss sie auf die Stelle der „Monologe" verweisen, wo
er das Verhältniss des vielseitig Gebildeten zu Freunden erörtert,

die mit ihrer Bildung in einzelnen von den Kreisen stehen, welche jener zusammen beherrscht, damit sie die scheinbaren Discrepanzen in seinen Aeusserungen für verschiedenartig vorgebildete Personen und auf verschiedenen Wissensgebieten aus besseren Motiven, als sophistischen, ableiten lernen. Ein Heuchler mag sich Mühe geben, schön über die Tugend zu reden; man wird am Ende doch leicht den Declamator herausfinden. Dass aber Jemand die feinsten sittlichen Beziehungen ohne eigene innere Durchbildung und Selbsterfahrung so darzulegen vermöge, wie es von Schleiermacher in zahlreichen ethisch-religiösen Reden und wissenschaftlichen Werken geschieht, das wäre ein plumpes Vorurtheil. Was doch, mag man Hermann fragen, hätte Schleiermacher bewegen sollen, falls er in der Platonischen Forschung von der Unrichtigkeit der von ihm selbst aufgebrachten Ansichten überzeugt war, lieber diese aufzustellen und durch „Trugschlüsse" zu vertheidigen, als andere und richtigere, die er mit gutem Gewissen vertreten mochte? Wenigstens müsste doch, wenn die Sache irgend eine Wahrscheinlichkeit gewinnen soll, nachgewiesen werden, dass Schleiermacher von einem gewissen Zeitpuncte an inne geworden sei, wie er sich verrannt habe, und nun aus Hartnäckigkeit und falschem Stolz lieber zu „Trugschlüssen und Verdrehungen" habe greifen, als das einmal Veröffentlichte zurücknehmen wollen. Nichts von dem allen geschieht. Hermann bezieht jene sittlichen Beschuldigungen gleich mit auf die Argumentation, die Schleiermacher in dem zuerst erschienenen ersten Bande, in der Einleitung zu dem Ganzen, aufstellt. Hermann, der in Bezug auf Plato die Forderung streng historischer Forschung urgirt, übertritt die Gesetze dieser Forschung ungescheut, wo es die Ermittlung der inneren Stellung Schleiermacher's zu seiner Platonischen Leistung gilt.

Doch schränken wir auch den Vorwurf, der hier Hermann unzweifelhaft trifft, auf sein gerechtes Maass ein! Jene verletzenden Ausdrücke scheinen Hermann mehr im Eifer der Polemik entfallen und aus einer fahrlässigen Nichtbeachtung des ethischen Momentes geflossen zu sein, als aus der Absicht zu stammen, Schleiermacher der Unwahrhaftigkeit zu beschuldigen. Hermann scheint der inneren Stellung Schleiermacher's zu seinem Werke keine prüfende Aufmerksamkeit gewidmet zu haben; denn wie hätte er sonst die Nothwendigkeit eines Beweises, und

zwar eines sehr strengen Beweises, für die Behauptung einer absichtlichen Täuschung übersehen können? Nur dem Objecte seiner
Forschung zugewandt, wurde er sich, so scheint es, der schweren
Kränkung kaum bewusst, die er durch seine Insinuationen der
sittlichen Ehre des grossen Todten anthat, und die tief von allen
denen empfunden werden musste, denen sein Andenken theuer
war. Die Ueberzeugung von der Unwahrheit der Schleiermacher'schen Lehren setzte sich bei Hermann zu der Annahme einer inneren Unwahrhaftigkeit ihres Vertreters
um, nicht in Folge einer Untersuchung, sondern in Folge der
unbewussten, aus psychologischen Gesetzen fliessenden Neigung,
das Thun des Andern auf dessen Absicht zu deuten und den
Charakter der Absicht nach dem Charakter des Thuns zu bestimmen. Dem natürlichen, an die niedere psychologische Nothwendigkeit gebundenen Sinne gilt der Urheber der fremden, falschen
Religion als Lügenprophet, und der Gegner des eigenen Systems
als Wahrheitsfeind. Diese Bemerkung kann nicht Hermann's
Verfahren entschuldigen, da der Mensch jenen natürlichen Hang
durch die Macht des freien Gedankens und der sittlichen Bildung
überwinden kann und soll, lässt es aber doch als minder auffällig erscheinen. Anerkennenswerth ist bei Hermann der Eifer
und Ernst, mit dem er um die Lösung des historischen Proble-
mes ringt und die volle Kraft seines Geistes an das Werk der
Forschung setzt; diese Hingabe, dieser Fleiss und diese Ausdauer,
diese Energie der theoretischen Arbeit sind ethische Elemente von
höchstem Werthe. Möge unter uns solche Tüchtigkeit, eines der
kostbarsten Erbtheile auch gerade unserer deutschen Nation, nimmer
fremder Glätte weichen! Aber die natürliche Kraft bedarf der sittlichen Zucht, um nicht in Rohheit zu entarten, sondern sich zur
echten Humanität zu entfalten, und diese Zucht hat Hermann
nicht in genügendem Masse an sich selbst geübt.

Hermann hat die Argumente, durch welche er seine
Ansicht der Schleiermacher'schen gegenüber zu rechtfertigen
sucht, in folgender Weise geordnet. In einem Abschnitt:
„Leitende Principien" (Buch III, Cap. I.) will Hermann
mit Vorbehalt der späteren Einzelbetrachtung der Schriften Plato's zunächst nur das Fundament der Schleiermacher'schen
Theorie prüfen, welches in Schleiermacher's Ansicht
von dem Verhältniss der Form der Platonischen

Schriften zu deren Inhalt liegt. Er bringt zuerst gegen
diese Ansicht, theils sofern sie auf die Wesentlichkeit der
dialogisch - dialektischen Form überhaupt, theils
sofern sie auf eine durchgängige methodische Verknüpfung
der Dialoge unter einander geht, verschiedene Bedenken
vor, die er der an den Schriften Plato's nachweisbaren Form entnimmt (S. 348—352), und verflicht hiermit eine Gegeneinander-
stellung seiner Ansicht und der Schleiermacher'schen in der
Tendenz, die seinige als die naturgemässere darzustellen (S. 351 f.,
vgl. S. 348). Darnach kommt er auf Schleiermacher's Hauptargument für seine methodologischen Ansichten
überhaupt, nämlich die Aeusserungen Plato's im Phaedrus über
die Bedeutung der Schrift, um dasselbe durch eine andere Deutung der betreffenden Stelle zu widerlegen (S. 352—355), womit
jedoch wiederum Erwägungen der gegebenen Form der Schriften
und historische Bemerkungen über die dialogische Form antiker
philosophischer Schriften überhaupt Hand in Hand geben. Darnach bringt Hermann (S. 355 f.) mit einem „Ueberhaupt"
wiederum Einwürfe gegen Schleiermacher's Annahme einer
durchgängigen methodischen Verknüpfung der Platonischen Dialoge untereinander vor, und führt namentlich einen Einwurf gegen diese Ansicht weiter aus, welchen er schon vor der
versuchten Widerlegung der Argumente bei der Darstellung seiner
eigenen Ansicht als der naturgemässeren (S. 351) angedeutet hatte
(dass nämlich Plato nach Schleiermacher Ziel und Zweck des
Ganzen, um den Plan entwerfen zu können, schon von vorn
herein vor Augen gehabt haben müsse, was sich doch schwer
denken lasse). Hierbei kommt er noch einmal (S. 356) auf die
Argumentation Schleiermacher's aus der Stelle im *Phaedrus*
zurück, um seine Gegenbemerkungen nach einer Seite hin (betreffs
der Entstehungszeit des Phaedrus) zu ergänzen, und schliesst nun,
dass durch diese möglichst „bündige" Darlegung, die er so
eben gegeben habe, Schleiermacher's ganzes Gebäude in
dem Masse erschüttert sei, dass er selbst trotz der Verschiedenheit seiner Ansicht von der Schleiermacher'schen dieser
„gleichwohl" entgegenzutreten wagen dürfe (S. 356). Die Ordnungslosigkeit in Hermann's Zusammenstellung seiner Einwürfe
gegen Schleiermacher's Ansicht von der Form der Platonischen Schriften überhaupt und insbesondere gegen

die Annahme einer durchgängigen methodischen Verknüpfung, und gegen Schleiermacher's Beweisversuche für seine Ansicht springt in die Augen, und spiegelt sich auch ab in der etwas wüsten Salzbildung Hermann's. In dem nächstfolgenden Abschnitt: „Aeltere Eintheilungen" (Buch III, Cap. 2.) stellt Hermann, dem Thema dieses Abschnitts gemäss, Schleiermacher's Unternehmen in seinem geschichtlichen Zusammenhange mit den Versuchen Früherer und mit den Bedürfnissen der Zeit dar, wie auch in seiner Einwirkung auf die spätere Forschung. Was Hermann an dieser Stelle noch gegen Schleiermacher's Theorie einwendet, betrifft den Gesammtcharakter derselben als einer Ueberspannung der Einheits-Tendenz, als eines nicht naturgemässen Verfahrens, das eine „erkünstelte Einheit" an die Stelle der „natürlichen Mannigfaltigkeit" setze, wodurch auch zu viele Schriften als unecht erscheinen mussten. In dem darauf folgenden Abschnitt: „Nothwendigkeit geschichtlicher Abstufung; Entstehungszeit des *Phaedrus*" (Buch III, Cap. 3.) gibt Hermann die positiven Argumente für seine „geschichtliche" Ansicht von Plato's schriftstellerischer Thätigkeit, d. h. für die Annahme einer stufenweisen Fortbildung Plato's, die sich in seinen Schriften documentire, und behandelt hierbei besonders eingehend die Frage, ob der Dialog Phaedrus für Plato's erste Schrift und ob er überhaupt für ein Jugendwerk des Philosophen zu halten sei, oder für ein Werk des reiferen Alters; er entscheidet sich (mit Tennemann, Socher und Stallbaum) für die Annahme, dass Plato denselben um sein vierzigstes Lebensjahr, bei dem Antritt seiner Lehrthätigkeit in der Akademie verfasst habe, gleichsam als sein „Antritts-Programm". Daran schliesst sich (Cap. 4) eine „Charakteristik der hauptsächlichsten Schriftsteller-Perioden" und (Cap. 5) eine Betrachtung des „schriftstellerischen Charakters Plato's", worin stellenweise auch auf Schleiermacher polemisch Bezug genommen wird. Dann folgt die Einzelbetrachtung der Platonischen Dialoge, welche nicht nur die Tendenz hat, einen bereits gewonnenen Standpunct im Einzelnen zu verwerthen, sondern auch die, den Standpunct selbst zu sichern, indem auch die Harmonie seiner Consequenzen mit den unabhängig von der Principienfrage zu gewinnenden Ergebnissen der Einzelforschung aufgezeigt werden soll.

Mit den Ausführungen in Hermann's „Gesch. und Syst.
der Platon. Philosophie" ist ganz besonders die Abhandlung:
„Ueber Plato's schriftstellerische Motive" zu verbinden,
die sich in seinen „Gesammelten Abhandlungen und Beiträgen
zur class. Litteratur und Alterthumskunde", Göttingen 1849, S. 281
bis 305, vorfindet. Hermann behandelt hier die Frage, ob und in
welchem Sinne Plato zu seiner schriftstellerischen Thätigkeit durch
die Absicht bestimmt worden sei, seine philosophischen Gedanken
mitzutheilen, oder ob er vielleicht durch die Schrift nur habe
Irrthümer bekämpfen und philosophische Propädeutik üben wollen.
Hermann entscheidet sich dafür, dass Plato von der Gründung
einer Lehranstalt an die wissenschaftliche Darlegung der Principien seines Systems, welche in der „übersinnlichen Ideenlehre"
liegen (S. 292), dem mündlichen Vortrage vorbehalten habe; die
„Anwendung" der Principien aber auf Fragen und Zustände der
erscheinenden Welt bilde den Inhalt der Schriften, die mithin in
psychagogischer Absicht verfasst seien; in dieser Anwendung seien die Principien andeutungsweise und beiläufig, nicht
ausdrücklich und im systematischen Zusammenhange, mitberührt,
so dass sorgsame Forschung sie daraus ermitteln könne und dann
ganz den gleichen Lehrgehalt finde, der auch, nur etwa vollständiger, in den mündlichen Vorträgen, in diesen aber ohne Hülle
in adäquater Form mitgetheilt worden sei. Um aber dem Einwurf zu begegnen, dass gerade die dialogische Form, die wir in
den Schriften finden, in dem innersten Wesen der Platonischen
Philosophie gegründet und gleichsam ihr eigenthümliches, genau
anpassendes Gewand sei, bringt Hermann hier mehrere Bemerkungen bei, welche das in dem Hauptwerke: „Gesch. und
System" etc. Gesagte zum Theil wiederholen, zum Theil erwei-
tern oder näher bestimmen.

Schon darum, weil Hermann's Argumente sich in verschiedenen Schriften und in verschiedenen Abschnitten derselben
Schrift, zum Theil nicht ohne Wiederholungen, finden, dann aber
auch, weil sie in demselben Abschnitt (besonders Plat. Phil.,
Buch III, C. 1.) nicht immer in der besten Ordnung auftreten, geht
es nicht wohl an, dieselben in der nämlichen Folge, in welcher
sie bei Hermann erscheinen, kritisch zu erörtern. Wir werden
strenger unterscheiden müssen: Hermann's Einwürfe gegen
Schleiermacher's Argumentation aus der Stelle im

Phaedrus, und gegen seine Ansichten selbst, und hier
wiederum die verschiedenen Puncte, die dabei in Betracht kommen: Wesentlichkeit der dialogisch-dialektischen Form
überhaupt in Plato's Schriften, Unterschiede der
Form in den verschiedenen Gruppen von Schriften und durchgängige methodische Verknüpfung; endlich Hermann's
positive Gründe für seine eigene Theorie. In dieser
Folge gedenken wir die Argumente zum Behuf ihrer Kritik zu
erörtern.

Gegen Schleiermacher's Hauptargument für seine
methodologische Ansicht überhaupt, welches aus der bekannten Stelle
im Phaedrus (S. 275, 276) gezogen ist, bemerkt Hermann zwar
unter Anderm auch (Plat. Phil., S. 356; schriftst. Motive, S. 299), wer
den Phaedrus nicht als Jugendschrift anerkenne, werde alle darauf gestützten Deductionen höchstens nur für die späteren Schriften giltig finden können, lässt aber mit Recht diesen Punct vorläufig dahingestellt sein, und wendet gegen die Deduction selbst
ein, Schleiermacher habe die Worte Plato's unrichtig gedeutet; er habe mit Unrecht die Erklärung, die Plato gegen alle
(philosophische) Schriftstellerei gerichtet habe, lediglich auf die
zusammenhängende systematische Einkleidung im Gegensatze zu
der dialogischen bezogen.

Hermann meint (Plat. Phil., S. 353), die Mängel, die Plato
im Phaedrus an der Schrift finde, seien nur folgende: ihr schädlicher
Einfluss auf Gedächtniss und concentrirte Aufmerksamkeit und
ihre Unfähigkeit, sich gegen Einwendungen und Vorwürfe zu
vertheidigen, was alles „begreiflicherweise" auf die Gesprächsform
dieselbe Anwendung finde, wie auf jede andere; mit Unrecht aber
habe Schleiermacher der Stelle einen Sinn untergeschoben,
der einen Vorzug der dialogischen Form in Schriftwerken begründen könnte, dass nämlich die „Selbstthätigkeit" des Lesers
bei der Nachbildung der in der Schrift niedergelegten Gedanken nicht in gleichem Maße in Anspruch genommen werde,
wie die des Mitunterredners im mündlichen Unterricht. Allein
mag auch in einer anderen Beziehung, nämlich in Betreff eines
lehrhaften Charakters der Schrift, Schleiermacher über
Plato's eigene Ansicht hinausgegangen sein und von dem, was
Plato gegen alle Schriftstellerei sagt, die geschriebenen Dialoge
ausgenommen haben (wie oben nachgewiesen worden ist), so ist

doch in den hier berührten Beziehungen unzweifelhaft S c h l e i-
e r m a c h e r im Recht. Es hat vielmehr H e r m a n n den Sinn der
Stelle abgeschwächt, als S c h l e i e r m a c h e r denselben erweitert.
In einem Puncte besteht kein Zweifel: die Schrift dient nur der
Wiedererinnerung, nicht dem Gedächtniss. Diese Aeusserung
Plato's ist an sich selbst klar und gleichmässig von S c h l e i e r-
m a c h e r und H e r m a n n anerkannt. Ebenso klar und anerkannt
ist, dass Plato die Schrift aus d e m Grunde der Unterredung
nachsetze, weil jene nicht gegen Einwürfe und Schmähungen von
Gegnern und Uebelwollenden sich selbst zu vertheidigen vermöge.
Die Differenz der S c h l e i e r m a c h e r'schen und H e r m a n n'-
schen Auffassung betrifft das Verhältniss der Rede und Schrift
zu dem lernbegierigen Wahrheitsfreunde. Hier weiss H e r m a n n
in Plato's Aeusserungen nur zu finden, dass der schädliche Einfluss auf „concentrirte Aufmerksamkeit" (S. 353) gerügt werde.
Aber offenbar bleibt er weit hinter Plato's Gedanken zurück,
falls er nicht „Aufmerksamkeit" in einem so prägnanten Sinne
nimmt, dass die S c h l e i e r m a c h e r'sche „Selbstthätigkeit" ganz
mit darin liegt, wo dann aber der Grund zur Polemik gegen
S c h l e i e r m a c h e r wegfallen würde. Plato sagt, die Schrift ge-
währe den Schülern nicht echte Weisheit, sondern nur den Schein
der Weisheit und leeren Dünkel, da dieselben vieles passiv vernehmen ohne Schulung; sie sei unvermögend, die Wahrheit hinreichend zu lehren; sie wähle die geeigneten Lehrlinge nicht aus, und
habe (nicht nur auf die Einwürfe der Gegner, sondern auch) auf die
Fragen der Lernbegierigen keine Antwort. (Zur Prüfung des Sinnes
und der Giltigkeit niedergeschriebener Behauptungen findet der Träge
keinen Sporn und der Eifrige keine Hilfe.) Was hier Plato zur Erreichung des Lehrzweckes fordert, ist mehr als eine mit passiver Treue
sich hingebende „Aufmerksamkeit" auf das lehrende Wort; es ist ein
selbstthätiges Miteingehen des Lehrlings auf die Untersuchung unter
der Leitung des der Dialektik kundigen Meisters. Die Sokratisch-
Platonische Weise der Bildung zur Philosophie ist durchaus verschieden von dem Bilde, welches die Ueberlieferung uns von der
Pythagoreischen Schule entwirft. Die Folgerung, welche S c h l e i-
e r m a c h e r anknüpft, dass die von Plato gerühmten Vorzüge des
mündlichen Unterrichtes wesentlich an die Form der Gesprächsführung sich knüpfen, ist unabweisbar. Ganz ohne Recht hat
H e r m a n n diejenigen Momente in Plato's Aeusserungen zu-

rückgedrängt, welche den mündlichen Unterricht als Gespräch
erscheinen lassen, und die Aufmerksamkeit nur auf solche gelenkt,
welche auch auf den Gegensatz fortlaufender mündlicher Vorträge
gegen die Schrift passen können. Beruft sich Hermann mit
auf die historischen Zeugnisse, dass Plato in der That vor seinen
Schülern zusammenhängende Vorträge gehalten habe (Aristox. Harm.
II, f. 30; Simplic. ad Ar. Phys. f. 32 B), so kann es sich bei
einer ἀκρόασις περὶ τοῦ ἀγαθοῦ nur um Mittheilungen an die
Gefördertsten handeln, die eine lange Schule der Dialektik in
mündlicher Gesprächsführung durchgemacht hatten, und weder an
den Anfängern, noch zu den Gegnern, sondern zu den schon sehr
gereiften Genossen gehörten. Freilich bedarf Schleiermacher's
Aeusserung (I, 1, S. 16), gegen welche Hermann polemisirt, dass
Plato bei seinem inneren mündlichen Unterricht sich der langen
Vorträge durchaus nicht habe bedienen können, in diesem Sinne
einer Beschränkung, dass er zwar nicht für Anfänger, aber doch für
Gereiftere sich derselben bedienen konnte, nicht für die durchaus
erst noch zu Schulenden, wohl aber für die schon in hohem Masse
Geschulten, um so mehr, je vollständiger bereits an ihnen die
dialektische Schulung ihren Zweck erreicht hatte. (Erkennt ja
doch Schleiermacher selbst in den Dialogen einen methodischen Fortgang von einer ersten Anregung zu einer Darstellung
an, die sich der zusammenhängenden systematischen Entwickelung
mehr und mehr annähert.) Für den Unterricht aber, sofern er die
Bildung zur Philosophie nicht schon als fast vollendet voraussetzt, sondern erst gewähren will, bleibt Schleiermacher's
Folgerung aus den Platonischen Aeusserungen im Phaedrus durchaus in Kraft, und wird keineswegs durch irgend ein historisches
Zeugniss widerlegt. Muss aber dies zugegeben werden, so lässt
sich auch die weitere Folgerung gar nicht abweisen, dass es für
die schriftliche Darstellung nicht gleichgiltig sein konnte, ob sie in
dialogischer Form und mit dialektischer Kunst oder in irgend
einer anderen Weise gegeben wurde. Das geschriebene Wort
nennt Plato Abbild, εἴδωλον, des gesprochenen. Das Abbild
steht nach Platonischen Grundsätzen stets dem Urbilde an Werth
nach; aber es ist um so besser, je treuer es ist. Was also irgend
der Natur der Sache nach von den Vorzügen des Urbildes in das
Nachbild miteingeben kann, muss darin aufgenommen werden,
damit dasselbe seinem Zwecke entspreche. Das εἴδωλον ist ja

nach Plato (wie auch Hermann, schriftst. Motive, S. 293, sehr
wohl weiss, aber ohne daraus die vollen Consequenzen zu ziehen)
nicht etwas Wesenloses, Nichtiges, nicht ein μὴ ὄν, sondern es
participirt an der Vollkommenheit des Urbildes in gewissem Masse,
als ein Mittleres zwischen dem wahrhaft Realen und dem Realitätslosen, dem ὄν und dem μὴ ὄν. Ist also dem mündlichen
philosophischen Unterricht die Gesprächsführung wesentlich, so ist
es auch dem geschriebenen philosophischen Werke die dialogische
Form. Hermann's Bemerkung, Plat. Phil., S. 558, Anm. 11),
jede Art der Schrift, und nicht der schriftliche Dialog allein, sei
nach Plato εἴδωλον τοῦ ζῶντος καὶ ἐμψύχου λόγου, und sei οὐ
μνήμης, ἀλλ' ὑπομνήσεως φάρμακον, und mehr Spiel als Ernst, ist an
sich zwar richtig, gegen Schleiermacher gewendet aber müssig und nichts beweisend; denn es handelt sich hier nicht um beliebige, sondern um philosophische Schriften; für diese fordert Schleiermacher im Sinne Plato's die dialogische und dialektische Form,
aber nicht, sofern sie Nachahmungen der mündlichen Rede überhaupt, sondern nur, sofern sie Nachahmungen der mündlichen philosophischen Rede seien, welche Gesprächsführung sein müsse.

Als Nachahmung dient die Schrift nach Plato zur Wiedererinnerung. Schleiermacher schliesst nun (I, 1, S. 19),
Plato betrachte alles Denken so sehr als Selbstthätigkeit, dass
bei ihm eine Erinnerung an das Erworbene von dieser Art auch
nothwendig eine sein müsse an die erste und ursprüngliche Art
des Erwerbes. Hermann tadelt diesen Schluss und gebraucht
den wegwerfenden Ausdruck, dass Schleiermacher an den
Satz von der Wiedererinnerung „sich anklammere"; aber die
Argumente, die er dagegen vorbringt, sind schwach und beruhen
auf einer unklaren Vermischung idealer Platonischer Anforderungen mit historischen Thatsachen. Plato fordert, die Schrift
solle Nachahmung der mündlichen Rede sein, um zur Wiedererinnerung zu dienen, also offenbar Nachahmung derjenigen Form,
die der mündliche Unterricht an sich tragen soll, die ihm der
mit den Platonischen Grundsätzen einverstandene und zu ihrer
richtigen Anwendung befähigte Lehrer, die ihm Plato selbst
gegenüber seinen Schülern nach Möglichkeit gibt; Plato wird
nicht in seinen Dialogen diejenigen Formen nachahmen wollen,
in denen ihm selbst zufällig dieses oder jenes Philosophem Früherer zuerst mitgetheilt worden ist. In Hermann's Argumen

tation aber (Plat. Ph., S. 353 f.) wird nicht klar, ob ihm eine Nachahmung der einen oder der anderen Art vorgeschwebt habe. Mit den
nicht der Sokratik entstammten Elementen der Platonischen Lehre,
meint Hermann, musste eine ganz andere „Mittheilungsweise", als
die Sokratische, verbunden sein. In welchem Sinne soll dies gelten?
Dem Plato selbst waren Pythagoreische und andere Lehren nicht
in dialogischer Form mitgetheilt worden? Sehr wahrscheinlich
nicht; aber daraus folgt nichts für Plato's schriftstellerische Behandlung dieser Elemente, die nicht diese historisch bedingte Weise
seines eigenen Studiums, sondern die auf seinen idealen Anforderungen beruhende Weise der Erwägung dieser Elemente, welche
er im eigenen Geiste und mit seinen Schülern vollzog, nachahmen
will. Meint aber Hermann etwa, auch dieser Erwägung sei
die dialektische Form nicht wesentlich gewesen, sondern Plato
habe ohne dieselbe jene Elemente sich angeeignet und seinen
Schülern „mitgetheilt", so wäre dafür doch erst ein stichhaltiger
Beweis zu führen, der bei Hermann fehlt, da die Zeugnisse
über ἀκρόασις περὶ τοῦ ἀγαθοῦ, worauf allein sich Hermann beruft,
nach dem oben Ausgeführten denselben nicht liefern. Plato konnte
seinen Grundsätzen gemäs kein Element philosophischer Wahrheit, auf welche Weise auch immer seine eigene Erkenntniss desselben historisch bedingt sein mochte, ohne dialektische Prüfung
selbst annehmen oder Anderen zum Bewusstsein bringen; die äussere Form der Dialektik aber war ihm der Dialog, sei es der
wirklich geführte, oder der im eigenen Geiste vorgebildete, oder
der einem wirklichen Gespräch mit künstlerischer Idealisirung
nachgebildete. Sofern also Schleiermacher's Argumentation
auf dem Nachweis der wesentlichen Bedeutung der Gesprächsführung für Plato's mündlichen Unterricht, und auf Plato's eigenen
Aeusserungen über den Charakter der philosophischen Schrift als
Nachahmung des mündlichen Unterrichtes zum Behuf der Wiedererinnerung beruht, ist sie durchaus wohlbegründet und durch
Hermann's Angriffe nicht erschüttert. Was dagegen Schleiermacher von schriftlicher „Belehrung" sagt, stimmt nicht mit
Plato's eigenen Erklärungen zusammen und könnte nur etwa
durch die gewagte Annahme scherzhafter Uebertreibung im Phaedrus gerettet werden, eine Annahme sehr misslicher Art, wozu
der Ton an der betreffenden Stelle des Phaedrus nicht berechtigt,
und die, hier oder in irgend einem ähnlichen Falle ohne den

strengsten Beweis aufgestellt, gänz geeignet wäre, der urkundlichen Forschung den sicheren Boden zu entziehen und dieselbe in ein Spiel der Willkür aufzulösen. Indess gerade jenen Punct, wo Schleiermacher schwach ist, hat Hermann am wenigsten angegriffen ; auch nach ihm soll die Schrift „lehren", obschon nicht die Principien, sondern die „Anwendung der Principien", eine Annahme, worauf wir unten zurückkommen werden. Hier aber sei noch bemerkt, dass Hermann's Deutung der ὑπόμνη-σις, zu welcher die Schrift diene, auf Wiedererinnerung an die in der Präexistenz geschauten Ideen (schriftst. Motive, S. 305), statt auf Wiedererinnerung an die mündliche Belehrung, den klaren Worten Plato's widerstreitet. Wiedererinnerung in jenem Sinne geschieht durch mündliche Dialektik ; die Schrift ist Wiedererinnerung an diese, also potenzirte ὑπόμνησις. Hermann's Deutung ist Aenderung des Platonischen Gedankens. Uebrigens sind, was hier die Hauptsache ist, die Ansichten Schleiermacher's über die Form der Platonischen Schriften von jenem bestreitbaren Puncte, nämlich von seiner Ansicht über den lehrhaften Charakter der Schrift, nicht abhängig.

Aber alle schriftstellerischen Producte, meint Hermann, werden von Plato an jener Stelle im Phaedrus ausdrücklich blosse Zierpflanzen genannt, die der Besonnene nicht in ernster Absicht, sondern nur spielend zieht und pflegt, obschon das Spiel ein edles ist; als blosses εἴδωλον trägt alle Schrift einen „unphilosophischen Charakter" ; für ein unphilosophisches Product aber kann es keinen wesentlichen Unterschied machen, ob es die eine oder andere Form hat, ob ein Gespräch oder eine fortlaufende Rede darin zum Petrefact geworden ist. Plato's Erklärung geht gegen alle Schriftstellerei ; die dialogische Form kann nichts bessern. Dass die schriftlichen Kunstgebilde stumm und still dastehen und den Fragenden ohne Antwort lassen, passt ja auf Dialoge ebensowohl, wie auf sonstige Bücher, da jene doch nicht alle denkbaren Fragen und Antworten erschöpfen können, und sich nicht voraussetzen lässt, dass der fingirte Mitunterredner alle möglichen Einwürfe schon gemacht habe. Die dialogische Form ist nur als eine „beliebte und hergebrachte Einkleidungsweise" anzusehen; die Gesprächsform war für Plato keineswegs eine frei gewählte, sondern eine geschichtlich gegebene; dass er ihr eine höhere Bedeutung abgewonnen hat, beweist nichts für ihre Wesentlichkeit und den ursprünglichen Grund der Wahl. Allerdings finden sich manche Gespräche, in welchen die Methode Hauptsache und in sofern die dialogisch-dialektische Form wesentlich ist; aber dies gilt jedenfalls nur von dem einzelnen Dialog in sich; man darf der Dialektik nur die Bedeutung eines der drei von Plato zuerst verbundenen Theile der Philosophie einräumen; die künstlerische Weihe der Platonischen Werke ist von ihr unabhängig.

Die hier wiedergegebene Reihe Hermann'scher Bemerkungen geht nicht mehr bloss auf die Haltbarkeit des von Schleiermacher aus der Stelle im Phaedrus gezogenen Argumentes für seine Ansicht über die Form der Platonischen Schriften, sondern bereits auf die Haltbarkeit dieser Ansicht selbst, und zwar der Ansicht über die dialogische Form überhaupt, und speciell in den einzelnen Dialogen, noch nicht auf die Verschiedenheit der Form in den verschiedenen Schriftengruppen und nicht auf die Verknüpfung mehrerer oder aller Dialoge untereinander.

Für blosse Zierpflanzen, für unphilosophische Producte kann die Form nicht wesentlich sein, war die erste dieser Bemerkungen. Hier ist genauer zu bestimmen, in welchem Sinne Plato die Schriftwerke den Adonisgärten vergleicht, die nur spielend um einer edlen Ergötzung willen angelegt werden. Offenbar nur, um ihren Werth im Vergleich mit dem höheren Werthe des mündlichen Unterrichtes, der wahrhaft belehrende Kraft besitze, als gering erscheinen zu lassen, aber nicht, um ihren Werth schlechthin aufzuheben. Sokrates billigt das begeisterte Wort des Phädrus: „Ein gar herrliches Spiel nennst du neben den gewöhnlichen, das Spiel dessen, der von der Gerechtigkeit und was du sonst erwähntest, dichtend mit Reden zu spielen weiss". Dazu kommt, dass Plato thatsächlich gar nicht wenig Zeit und Kraft auf die Dialoge verwandt haben muss, die uns als so herrliche Erzeugnisse seines denkenden und dichtenden Geistes vorliegen. Wie sollte er, der so sehr gewohnt war, sein Verhalten der vernünftigen Einsicht zu unterwerfen, diese Zeit und Kraft an Producte verschwendet haben, die er selbst für so werthlos hielt, dass es sich der Mühe nicht verlohnte, für sie die adäquate Kunstform zu suchen, sondern bei denen irgend eine überlieferte Manier, eine hergebrachte und beliebte Einkleidungsweise schon genügen mochte? Sagt Hermann: das künstlerische Element

fehlt nicht, nur ist es es in anderen Beziehungen zu suchen, so schlägt
er sich selbst. Denn hat Plato seine schriftstellerischen Producte
gewürdigt, ihnen durch künstlerische Weihe den Stempel seines
Genius aufzuprägen, so hat er eben damit bewiesen, dass diese
Werke ihm nicht gleichgiltig waren und ihre Form ihm nicht als
unwesentlich galt; dann aber war es auch für einen Künstler, wie
Plato, schlechthin unmöglich, irgend ein einzelnes Element der
Form als unwesentlich zu vernachlässigen, und irgend eine hergebrachte Manier zu adoptiren. Die dialogische Form ist vielmehr
den geschriebenen Werken wesentlich als Nachbildung des gesprochenen Dialoges und so als Trägerin der dialektischen Gedanken-
entwickelung. Der Ausdruck Hermann's, alle Schrift habe
einen „unphilosophischen Charakter", trifft nicht Plato's
Ansicht; dieser erkennt ihr nur nicht einen lehrhaften Charakter zu. Die Schrift ist nach Plato nicht unfähig, das Gefäss
zu bilden für einen echt philosophischen Gehalt, sondern nur
unfähig, den Nichtphilosophen wahrhaft zum Philosophen zu bilden.
Plato sagt nicht, dass ihr nicht auch die tiefsten Wahrheiten anvertraut werden dürften, sondern nur, dass das Niedergeschriebene
bloss für den schon Wissenden, schon philosophisch Geschulten
Werth habe, bei Anderen, wenn es ihnen in die Hände falle,
nur Dünkelweisheit hervorrufe.

Hermann meint („Plat. schriftst. Motive", ges. Abh.,
S. 292) den scheinbaren Widerspruch zwischen Plato's reicher
schriftstellerischer Thätigkeit und seiner Protestation gegen solche
auf's einfachste lösen zu können, indem er die Principien
und deren Anwendung unterscheidet und annimmt, dass
jene als die reine philosophische Wahrheit nach Plato's Ueberzeugung dem sinnlichen Ausdrucksmittel der Schrift eben so
widerstreben, als diese seiner bedürfen musste. Jener anscheinende Widerspruch löst sich in der That dadurch, dass Plato
gegen eine reiche schriftstellerische Production nicht schlechthin,
sondern nur in einem gewissen Sinne protestirt; die Art aber, wie
Plato diesen Sinn bestimmt, ist wesentlich verschieden von derjenigen,
welche Hermann annimmt. Plato unterscheidet nicht objectiv
nach den Gebieten, sondern subjectiv nach den Personen
und Zwecken, für welche Rede und Schrift bestimmt seien: jene
für die zu Bildenden zur Belehrung, diese für die Gebildeten
zur ὑπόμνησις. Nur so viel lässt sich mit Recht annehmen, dass

in gewissem Masse die Beschränkung der Schrift auf den Kreis
der schon Geschulten eine Enthaltung von directer und ausführlicher Exposition der Principien zur Folge haben musste, sofern
durch eine unverhüllte Darlegung derselben am ehesten Unberu-
fene zu der thörichten Einbildung, eine Weisheit zu besitzen,
die doch von ihnen nicht selbstthätig errungen war, hätten verführt
werden können, den Wissenden aber hinsichtlich der Principien An-
doutungen genügen mochten. In der That geben diejenigen unter
Plato's Schriften, welche sich am meisten dem systematischen Charakter annähern, insbesondere der Timaeus, über manche Puncte
von principieller Bedeutung nur kurze Andeutungen, deren Verständniss eine genaue Vertrautheit mit dem Platonischen Systeme
voraussetzt, während doch viele Einzelheiten in aller Ausführlich-
keit behandelt werden. Die Unterscheidung zwischen einer förm-
lichen Mittheilung der obersten Principien und blossen Andeutung derselben scheint demnach Hermann (Schr. Mot., S. 305) mit
Recht zu machen, und Zeller's Widerspruch gegen diesen Punct
(Ph. d. Gr. II., 2. Aufl., S. 324) erscheint nicht als sachlich begründet, sondern hat nur dem etwas crassen und missverständli-
chen Ausdruck Hermann's gegenüber ein relatives Recht. Doch
ist es nicht sowohl die Ideenlehre, als vielmehr die Lehre von
den Elementen der Ideenwelt und von den Elementen der Seele,
was Plato bloss andeutend in seinen Schriften behandelt, und ausführlicher nur im mündlichen Vortrag erörtert zu haben scheint.
Hermann's Begriff einer „Anwendung der Princi-
pien", die vor der Darstellung der Principien selbst, ja für die
Mehrzahl der Leser, für welche Hermann die Platonischen
Schriften bestimmt glaubt, sogar ohne nachfolgende Erörterung
der Principien gemacht werden soll, ist höchst unklar. Nimmt
man den Ausdruck beim Wort, so ist es absurd, die Anwendung
der Principien zeigen zu wollen, ohne sie selbst aufgestellt zu
haben. Wie geht es denn an, den Leser mit Elementen operiren
zu lassen, die für ihn noch nicht existiren? Wie kann Jemand
z. B. angewandte Geometrie vortragen, ohne die Sätze der reinen als bekannt vorauszusetzen? Diese müssen mindestens angegeben worden sein, obschon nicht gerade durchaus die Beweise
für dieselben geführt zu sein brauchen. Es lassen sich wohl
Darstellungen geben, worin gewisse Principien angewandt sind,
ohne dass diese selbst irgend berührt werden; aber es lässt sich

nicht die Anwendung als solche, der Act des Anwendens, „lehren"
(S. 296) und klar machen, ohne dass die Principien zuvor · mitgetheilt worden sind. Die Geschichte, die Naturforschung, jede
positive Wissenschaft geht nach Plato auf solches, was Abbild
der Ideen ist, aber sie betrachtet es nicht als Abbild der Ideen;
um es als solches zu erkennen und darzustellen, um also die
Anwendung der Principien auf das Einzelne zu machen, dazu
bedarf es durchaus der vorangegangenen Erkenntniss und Darstellung dieser Principien selbst. Jedoch offenbar ist das Wort
„Anwendung" bei Hermann nicht allzu streng zu nehmen.
Die Methode der Abstraction und Induction und des hypothetischen Schliessens hat ihm vorgeschwebt. Aus dem Einzelnen wird
das Allgemeine eruirt, woran jenes „erinnert", von dem Sinnlichen zu dem Uebersinnlichen aufgestiegen, welchem jenes „nachgebildet" ist, oder es wird auch versuchsweise aus bloss vorläufig
angenommenen Begriffen und Sätzen Anderes abgeleitet. Hier geht
allerdings die Betrachtung dessen, worin die Ideen sich verkör-
pert haben, der Betrachtung der Ideen selbst voran, jene leitet
pädagogisch auf diese hin, und die Principien werden so in der
That oft mehr angedeutet, als erörtert. Aber dieses „Andeuten
der Ideen in der sinnlichen Erscheinung", wie es Hermann selbst
(a. a. O., S. 296) nach Phaedrus p. 265 D näher schildert, wird
durch den Ausdruck „Anwendung der Principien" schlecht
bezeichnet; dies ist nichts Anderes, als die inductive, Sokratisch-
Platonische Dialektik. Dass diese in den Schriften Plato's herr-
sche (indem sie der systematischen Darstellung propädeutisch vor-
angeht), ist sehr richtig. Eben hieraus aber folgt, dass die dialogisch-dialektische Form den Schriften Plato's wesentlich sei.
Hermann erklärt dieselbe für unwesentlich, aber mit offenbar-
stem Unrecht, und auch im Widerspruch mit sich selbst. Denn
er sagt: „Bei richtiger Anwendung der Principien ist der philosophische Schriftsteller ein Seelenleiter zur Wahrheit hin,
und zwar um so mehr, je mehr er die innere Einheit der Principien auch in Form und Einkleidung seiner Schriften äusserlich
nachbildet; und darauf beruht dann auch jene künstlerische
Darstellung und Sokratische Einkleidung der Platonischen Gespräche mit der psychologischen Feinheit ihrer Dialektik" etc.
(Schriftst. Motive, S. 298). In diesen Worten erkennt ja Hermann ausdrücklich die Wesentlichkeit der dialogisch - dialekti-

schen Form für die Schrift als Seelenleitnng an. Dieselbe Form erklärt er anderswo (ebend. S. 287) für unwesentlich, und hier für wesentlich; und sogar, als wäre dieser Widerspruch an sich selbst noch nicht schroff genug, beides in der That aus demselben Grunde. Nämlich um des „unphilosophischen Charakters" der Schrift" willen soll ihr die Form überhaupt unwesentlich sein; dieser Charakter besteht aber nach Hermann näher darin, dass nicht die Principien dargelegt, sondern die Seele zu ihnen hingeleitet wird, und dies wesentlich mittelst der dialogisch-dialektischen Form. Es mag sein, dass „die Wahrheit selbst hei Plato der Person des Wissenden in objectiveter Selbstständigkeit gegenübersteht" (Schriftst. Motive, S. 286, Anm. 13); aber was folgt daraus? Offenbar nnr, dass, wenn Plato „die Wahrheit selbst" in der Schrift niedergelegt hätte, dann derselben jene dialektische Form nicht angemessen sein würde, und in der That tritt hei Darstellungen von mehr systomatischem Charakter dieselbe zurück. Nun aber lehrt ja Hermann und sucht eben in jener Abhandlung auf alle Weise darzuthun, dass Plato die Schrift als blosses εἴδωλον der Rede nicht der Darstellung der Principien selbst gewürdigt habe, da nur die mündliche Rede die rechte Trägerin der eigentlichen philosophischen Wahrheit sei (S. 287). Also kann Hermann, seinen eigenen Principien gemäss, aus jenem objectiven Charakter des höchsten Wissenseinhaltes hei Plato nichts über die Form der Schriften erschliessen; sondern der obige Schluss aus der Bestimmung zur Seelenleitung auf die Nothwendigkeit der Sokratischen Form ist der nach Hermann's Principien allein giltige, und dieser Schluss steht doch mit der anderen Behauptung der Gleichgiltigkeit der Form, welche Hermann gegen Schleiermacher aufstellt, in jenem unauflöslichen Widerstreit. Hermann's Polemik tödtet seine eigenen Ausführungen, oder muss von diesen sich tödten lassen.

Aber auch abgesehen von diesem Widerspruch sind Hermann's Bemerkungen gegen den Werth der dialogisch-dialektischen Form an sich selbst unhaltbar. Es ist wahr, dass „die äussere Aehnlichkeit, welche geschriebene Gespräche mit unmittelbaren Unterhaltungen darbieten, darum noch keine Gewähr leistet, dass jeder Leser, wenn er sich mit dem Verfasser zu unterhalten hätte, gerade nur auf diese Art fragen oder antworten würde" (Schriftst. Motive, S. 288). Aber daraus folgt keineswegs, dass

die dialogische Form im Schriftwerke gar nichts Wesentliches leiste.
Es liegt ja zu Tage, mit welcher Umsicht und Sorgfalt Plato in
seinen Dialogen bemüht ist, die verschiedenen möglichen Ansichten der Reihe nach alle zu erörtern, soweit sie irgend Anspruch
auf Berücksichtigung haben. Wo es sich um eine grosse und
kühne, aber sehr bestreitbare Ansicht handelt, wie z. B. im
Phaedo, häuft er nicht nur die Beweise, sondern lässt sie auch
durch Männer von ausgezeichnetem Scharfsinn, und nicht bloss
solche, die dem engeren Sokratischen Kreise angehören, bestreiten, um sie dann durch Widerlegung der Einwürfe um so fester
zu stellen. Strebsame Jünglinge, sittlich ernste Männer aus dem
Volke, Sophisten und Sophistenschüler, Vertreter philosophischer
Richtungen, sie alle treten in den verschiedenen Dialogen auf,
damit eben nach Möglichkeit alle, die an der Sache irgend ein
Interesse nehmen, zum Worte gelangen und alle irgend sachge-
mässen und vernünftigen Fragen und Antworten ihre Stelle finden. Dass freilich uns heute noch ganz andere Fragen auftauchen,
da wir eine fernere zweitausendjährige Geschichte der Philosophie,
der Religion und des gesammten Culturlebens hinter uns haben,
ist selbstverständlich. Aber auf diese Erfahrung, die jeder prüfende Leser der Platonischen Dialoge beständig an sich selbst
macht, wird sich doch nicht Hermann berufen wollen, um die
Unwesentlichkeit der dialogischen Form in den Schriftwerken
Plato's darzuthun? Denn von solchen Fragen musste ja der mündliche Unterricht Plato's ebensowohl, wie seine schriftliche Darstellung unberührt bleiben. Und wenn auch unter den Zeitgenossen manche noch ganz andere Fragen zu stellen und Antworten auf die Sokratischen Fragen zu geben haben mochten, als
die, welche in den Dialogen vorkommen, so beweist dies wohl,
dass das geschriebene Gespräch nicht die gleiche Kraft der Belehrung und Ueberzeugung besitzt, wie der gesprochene Dialog,
und dass Plato Recht hat, seine Werke vielmehr zur „Erinnerung"
für seine Schule, als zur „Belehrung" für Fremde geschrieben zu
haben; aber es beweist nicht, dass auf den Unterschied der dialogischen Darstellung von dem fortlaufenden Vortrage in Schriftwerken gar kein Gewicht zu legen sei, und dass alle Vorwürfe,
die den letzteren treffen, „ganz dieselbe Anwendung auf jene
finden". Nach Möglichkeit hat Plato den geschriebenen Dialog
der Vorzüge des gesprochenen theilhaftig werden lassen.

„Aber wir dürfen", sagt Hermann, „der Dialektik bei
Plato keine grössere Bedeutung einräumen, als ihr unter den drei
von ihm zuerst verbundenen Theilen der Philosophie gebührt"
(Gesch. und Syst. der Plat. Phil., S. 355). In diesen Worten gibt
sich eine gar schlimme Verwirrung kund. Es ist zu unterscheiden
zwischen der Dialektik als Theorie und als Kunst. Die Platonische Dialektik als Theorie ist einer unter den Theilen der
Philosophie, nämlich derjenige, welcher theils die (objectiven)
Realprincipien, theils die (subjective) Weise ihrer Erkenntniss
und der Erkenntniss überhaupt betrachtet, also dasjenige keimar-
tig in sich vereinigt, was sich später als Metaphysik und Logik
gesondert hat. Die Dialektik als Kunst aber ist bei Plato die
Form aller philosophischen Erkenntniss überhaupt, keineswegs
ein Theil neben anderen Theilen, sondern die Weise wie der
philosophische Denkinhalt, welchem Zweige der Philosophie derselbe auch angehören möge, zu denken und demgemäss auch in
mündlicher oder schriftlicher Darstellung zu entwickeln ist. Bei
der Frage nach der Bedeutung der Gesprächsform und der von
dieser Form getragenen dialektischen Darstellungsweise für die
Platonischen Schriften handelt es sich augenscheinlich um die
Dialektik als Kunst, als Form der Entwickelung jedweden philosophischen Gedankengehaltes. Da sagt nun Hermann, man
dürfe der Dialektik bei Plato keine grössere Bedeutung als die
eines von drei Theilen einräumen, und auch, wo sie „vorherrsche",
sei sie von der künstlerischen Weihe so unabhängig, dass sie
nicht das schriftstellerische Motiv Plato's bilden könne! Meint
Hermann etwa, die dialektische Form sei nur da an ihrem Ort, wo
der dargestellte Inhalt der ersten der drei philosophischen Disciplinen,
also der Dialektik und nicht der Physik oder Ethik angehöre? Aber diese Meinung würde eben so an sich durchaus ungegrün-
det, wie im Widerspruch mit der Thatsache sein, dass, wie So-
krates noch fast ausschliesslich, so Plato grossentheils und vielleicht immer noch vorwiegend an ethischen Problemen die dialektische Kunst übt, an physikalischen freilich wenig, aus Gründen,
die keinem Kenner der Platonischen Philosophie fremd sind, an
dialektischen Problemen zwar häufig und mit einem Eifer, wie
er sich an der Neuheit und Wichtigkeit dieses Zweiges der Philosophie entzünden musste, aber keineswegs ausschliesslich an
Problemen dieser letzten Art. Ist also die dialektische Form die

Form nicht bloss der Dialektik selbst, sondern auch der Ethik, und auch gewisser speculativer Partien der Physik: welchen Sinn kann dann Hermann's Aeusserung haben, dass man im Urtheil über die Form der Platonischen Schriften der Dialektik nur die Bedeutung eines Theiles der Philosophie einräumen dürfe? Es ist in ihr überhaupt kein Sinn zu erkennen, sondern nur die Sinnlosigkeit zu constatiren.

Dies genüge zur Würdigung der Polemik Hermann's gegen Schleiermacher's Ansicht von der Wesentlichkeit der dialogischen und dialektischen Form in Plato's Schriften überhaupt. Wir wenden uns nun zu den beiderseitigen Aeusserungen, welche die Verschiedenheit dieser Form in den verschiedenen Platonischen Schriften und Schriftengruppen betreffen.

Hermann sagt: Der dialogischen Form, die alle Platonischen Schriften gemeinschaftlich haben, hat sich die Verschiedenheit, die im Inhalt liegt, und die Stadien des Entwickelungsprocesses Plato's bezeichnet, zu deutlich mitgetheilt, als dass wir ihr mehr als eine äusserliche Bedeutung beilegen könnten (Plat. Phil. S. 352). Das ist eine wunderliche Logik! Fliesst die Form aus dem Inhalte mit innerer Nothwendigkeit, und besteht also jenes wesentliche Verhältniss, welches neuere Philosophen mit einem etwas ungenauen Ausdruck als „Identität von Inhalt und Form" bezeichnet haben, dann kann es ja nicht fehlen, dass auch die Eigenthümlichkeit des jedesmaligen Inhaltes in entsprechenden Eigenthümlichkeiten der Form sich wiederspiegle; ist aber die Form blosse „Manier", aus äusserlichen Rücksichten angenommen, dann gerade wird sie gegen den Inhalt überhaupt und gegen die Verschiedenheiten desselben sich gleichgiltig verhalten und entweder stets als dieselbe erscheinen, oder, wenn Variationen angebracht worden, in ihrem Wechsel den Veränderungen des Inhaltes nicht parallel gehen. Hermann dagegen scheint vorauszusetzen, dass die Form, wenn sie eine innere und wesentliche Bedeutung habe, bei aller Verschiedenartigkeit des Inhaltes durchaus sich selbst gleich bleiben müsse, denn er schliesst aus den Veränderungen der Form auf ihre bloss „äusserliche" Bedeutung. Diese Voraussetzung ist so paradox, dass sie nicht ohne einen strengen Beweis anerkannt werden kann; Hermann versucht nicht einmal, sie zu erweisen. Etwa darum, weil er für sie

bei ihrer Unrichtigkeit keinen giltigen Beweis zu führen vermöchte?
Hätte Hermann aus den Veränderungen der Form geschlossen,
dass sie keine selbstständige Bedeutung habe, so wäre er in
seinem Recht; aber er verwechselt Selbstständigkeit und Wesentlichkeit. Die Form ist eine wesentliche als adäquater Ausdruck
des Inhalts, mithin gerade sofern sie von diesem abhängig ist;
eine Form, die unabhängig vom Inhalt für sich etwas sein will,
wird zur Schablone.

Wie Schleiermacher und Hermann die Unterschiede in der Form der verschiedenen Schriftengruppen bestimmen, ist im allgemeinen schon oben (S. 26f.
und S. 49) angeführt worden. Nun scheint es zunächst, als ob
hier die Ansichten der beiden Forscher nicht sehr verschieden
sein möchten, da Hermann ausdrücklich (Plat. Phil., S. 365)
die Schleiermacher'sche (und Ast'sche) Dreitheilung adoptirt,
und auch die Bezeichnungen im einzelnen: Sokratische oder elementarische, dialektische oder vermittelnde, darstellende oder constructive Gespräche, ganz bequem und angemessen findet. Doch
erklärt er dabei schon selbst, dass auf diese Uebereinstimmung
nicht allzuviel zu geben sei, indem er „dergleichen Eintheilungen
und Nomenclaturen" einen ziemlich geringen Werth beimisst. Hinsichtlich der ersten Periode, welcher die „Sokratischen oder
elementarischen Gespräche" angehören, ist in einer Beziehung der
Unterschied der Auffassungen am grössten, nämlich in Betreff des
Verhältnisses zwischen den verschiedenen einzelnen Gesprächen
dieser Periode zu einander: Schleiermacher sucht eine durchgängige didaktische Wechselbeziehung zwischen denselben nachzuweisen, Hermann erkennt eine solche nicht an, findet dagegen
gerade bei der ersten Periode am meisten in den einzelnen Schriften die Zeugnisse von Plato's allmählichem Entwickelungsfortschritt. Auch das begründet eine wesentliche Differenz in dem
Urtheil über die Form der Schriften der ersten Periode, dass
Hermann weder den Phaedrus noch den Parmenides denselben
zurechnet. Aber in einer anderen Beziehung kommen die beiden
Gegner bei der ersten Periode einander am nächsten, sofern es
sich nämlich um die Bedeutung der dialogischen Form und
dialektischen Kunst in dem einzelnen Dialoge handelt. Wie allgemein nämlich auch an manchen Stellen Hermann's Erklärungen über die dialogische Form als eine blosse „Manier", als

eine „beliebte und hergebrachte Einkleidungsweise schriftstellerischer Zierpflanzen" lauten, so gibt er doch zu, dass in sofern als Plato's Philosophie wirklich eine wiedergeborne Reminiscenz und methodische Fortbildung der Sokratik sei (was zumeist von der ersten Periode gelten kann), auch die Methode in den Schriften mit innerer Nothwendigkeit die Sokratische sein möge (Plat. Phil., S. 353 ff.; S. 392). Nur will Hermann nicht so weit gehen, mit Schleiermacher anzunehmen, dass in den Schriften der ersten Reihe bereits die Dialektik als die Technik der Philosophie, am wenigsten aber, dass schon die Ideen als deren eigentlicher Gegenstand behandelt werden (Plat. Phil., S. 389). Die Ideenlehre war Plato in der ersten Periode nach Hermann noch völlig fremd. Der Charakter der „Uebergangsperiode" soll darin liegen, „das Bedürfniss und die Gewissheit eines absoluten Inhaltes auszusprechen, ohne desshalb schon das ganze Wesen desselben philosophisch bestimmen zu können", wobei zugleich die frühere Neckerei mit den Schwächen des Lebens sich zum Angriff auf die Gebrechen der Zeit und ihrer Leiter vertiefte (Plat. Phil., S. 394). Als die hauptsächliche Aufgabe der zweiten Periode bezeichnet Hermann (S. 395) die Erörterung früherer Lehrmeinungen, ihre Bekämpfung oder Verschmelzung mit der Sokratik, wobei in der Form der dialektische Scharfsinn hervor-, die poetische Anschaulichkeit zurücktritt und der Ausdruck selbst an stylistischen Härten und Schroffheiten leidet (S. 395 ff). Die Principien selbst werden in diesen Dialogen nicht andeutungsweise erwähnt, sondern förmlich dargelegt und erörtert, was den im Phaedrus ausgesprochenen Grundsätzen (wie Hermann dieselben auffasst) widerstreitet, aber damals war ja auch der Phaedrus noch nicht geschrieben, und die Verhältnisse bestanden noch nicht, an welche jene Grundsätze sich knüpfen, da die Schule in dem Akademusgarten noch nicht errichtet war. Der Phaedrus ist der Anfangspunct, nicht der schriftstellerischen Thätigkeit überhaupt, sondern derjenigen, welche mit Plato's Wirksamkeit als Lehrer in der Akademie Hand in Hand ging. Mit dieser Wirksamkeit beginnt die dritte Periode, in welcher Gediegenheit des Wissens mit künstlerischer Formvollendung sich geeinigt hat. Die schriftstellerische Tendenz in dieser Periode ist die psychagogische in dem oben näher angegebenen Sinne. In wiefern den Schriften dieser dritten Periode nach Hermann's

Ansicht die dialogisch-dialektische Form wesentlich sei, sieht man
nicht klar, da der Widerspruch in seinen verschiedenen Aeusserungen diese Schriftenclasse vornehmlich betrifft.

Die Ansichten Schleiermacher's und Hermann's über
die Verschiedenheit der Form in den verschiedenen Schriften
Plato's sind hier in soweit zu prüfen, als daraus Consequenzen
für oder gegen eine durchgängige methodische Verknüpfung herfliessen.

Der Schluss aus der Verschiedenheit der Form auf das
Verhältniss der Schriften zu einander unterliegt sehr der Gefahr
des Cirkels. Man bildet leicht gewisse Gruppen nach einer
vorgefassten Ansicht, und schliesst dann aus ihrer Form zurück
auf das gegenseitige Verhältniss der Schriften. Es ist darum von
äusserster Wichtigkeit, im Voraus Plato's Ansichten aus seinen
eigenen Erklärungen entnehmen zu können. In diesem Sinne ist
Schleiermacher's Verfahren durchaus zu billigen, der aus der
angeführten Stelle im Phaedrus den für Plato nothwendigen Gang
zunächst des mündlichen Unterrichtes, dann auch unter gewissen
Voraussetzungen den der schriftstellerischen Thätigkeit im Ganzen und Grossen zu erschliessen sucht. Er findet, wie oben angegeben, dass Plato bei dem unmittelbaren Lehren mit der dialektischen Anregung beginnen musste, darnach aber zum reinen
und vollständigen Aussprechen seiner Gedanken fortgehen konnte;
dass er in den Schriften jedenfalls auch jene Dialektik zunächst
üben musste; dass es an sich zwar zweifelhaft sein könnte, ob
er zu einer systematischen Entwickelung in Schriften überhaupt
fortgegangen sei, dass aber, da systematische oder doch fast systematisch gehaltene Darstellungen vorliegen, allerdings auch in
den Schriften der gleiche Fortschritt, wie im mündlichen Unterricht, zu statuiren sei (Plat. W. I, 1, S. 21). Es wäre jedoch zweckmässig gewesen und möchte die Bestimmtheit in der Charakteristik der einzelnen Schriftengruppen sehr erhöht haben, wenn
mit dieser einen Platonischen Stelle im Phaedrus andere Aeusserungen Plato's über die philosophische Methode verbunden worden wären. Aristoteles sagt (Ethic. Nicom. I, 2): εὖ γὰρ καὶ
Πλάτων ἠπόρει τοῦτο καὶ ἐζήτει, πότερον ἀπὸ τῶν ἀρχῶν ἢ ἐπὶ
τὰς ἀρχάς ἐστιν ἡ ὁδός, ὥσπερ ἐν τῷ σταδίῳ ἀπὸ τῶν ἀθλοθετῶν
ἐπὶ τὸ πέρας ἢ ἀνάπαλιν. Mit Unrecht haben ältere Gelehrte
gemeint, es finde sich in Plato's Schriften keine entsprechende

Stelle. Aber kaum verkennbar ist doch die Beziehung auf Plat. Rep. VI, p. 510 B, wo Plato diese beiden Forschungsweisen nach ihrem Werthe und ihrer Anwendbarkeit auf den verschiedenen Wissensgebieten erörtert, allerdings nicht sowohl zweifelnd und forschend, als vielmehr mit aller Bestimmtheit lehrend, so dass eine Mitbeziehung der Aristotelischen Stelle auf Besprechungen in der Akademie wohl mit Recht statuirt werden möchte. Plato unterscheidet an jener Stelle der Rep., indem er von dem theoretischen Verhalten der ψυχή redet: ζητεῖν ἐξ ὑποθέσεων, οὐκ ἐπ' ἀρχὴν πορευομένη, ἀλλ' ἐπὶ τελευτήν, und: τὸ δ' αὖ ἕτερον, ἐπ' ἀρχὴν ἀνυπόθετον ἐξ ὑποθέσεως ἰοῦσα καὶ ἄνευ — εἰκόνων αὐτοῖς εἴδεσι δι' αὐτῶν τὴν μέθοδον ποιουμένη. Die nähere Bestimmung beider Wege wird theils gleich im Folgenden, theils im VII. Buche p. 531 ff., gegeben. Hiermit sind zu vergleichen die Erklärungen über die Ableitung von Folgerungen aus Voraussetzungen, ὑποθέσεις, und über das Aufsteigen zu höheren, mehr principiellen ὑποθέσεις, bis zum ἱκανόν, Phaedon p. 101 D. Aber auch der Phaedrus selbst enthält eine Stelle, wo der Doppelweg ganz scharf bezeichnet wird, freilich bloss in specieller Beziehung auf Begriffe, nicht auf Lehrsätze, nämlich p. 265 D: εἰς μίαν τε ἰδέαν συνορῶντα ἄγειν τὰ πολλαχῇ διεσπαρμένα, ἵν' ἕκαστον ὁριζόμενος δῆλον ποιῇ, περὶ οὗ ἂν ἀεὶ διδάσκειν ἐθέλῃ (Begriffsbildung durch Abstraction, und Begriffsbestimmung, Definition), und τὸ πάλιν κατ' εἴδη δύνασθαι τέμνειν, κατ' ἄρθρα, ᾗ πέφυκε (Eintheilung, Division). Das Aufsteigen zum Allgemeinen und das Fixiren des Ergebnisses in der Definition sind vorzugsweise Sokratische Elemente; den Rückweg vom Allgemeinen zu der Fülle des Concreten hat zuerst Plato gefordert und in gewissem Masse gefunden; legt er für diesen Rückweg auf die Eintheilung, die zu Begriffen führt, das Hauptgewicht, so finden wir die nothwendige Ergänzung, nämlich den Weg von allgemeinen Sätzen zu specielleren, die daraus folgen, in dem syllogistischen Verfahren, dessen Theorie zwar erst von Aristoteles begründet, das jedoch thatsächlich bereits von Plato nicht selten geübt worden ist.

Hiernach nun würden im Allgemeinen zwei Stadien in Plato's philosophischer Darstellung zu unterscheiden sein, der Weg zu und von den Principien, gleichsam eine ὁδὸς ἄνω und κάτω, wenn anders es erlaubt ist, einen naturphilosophischen

Terminus des Heraklit in einem methodologischen Sinne zu gebrauchen. Sicher ist, dass Plato Darstellungen der letzteren Art, mithin alle systematischen Entwickelungen, sofern er sie, sei es mündlich oder schriftlich, überhaupt gegeben hat, nur geben konnte in Beziehung auf vorangegangene Darstellungen der ersten Art, und der Schleiermacher'sche Schluss, dass, da wir Schriften von annähernd „systematischem" Charakter vorfinden, dieselben andere Schriften von „elementarem" Charakter zur methodischen Voraussetzung haben, bleibt in seinem vollem Rechte bestehen. Einigermassen zwar hat Plato den zu den Principien führenden Weg in die systematischen Schriften mit aufgenommen, wie namentlich die Rep. mit einer Erörterung des Begriffes der Gerechtigkeit beginnt, die ganz den dialektisch-inductiven oder abstractiven Charakter trägt; aber offenbar ist diese einzelne Erörterung, wie genau auch durchgeführt, nicht ausreichend zur allseitigen Grundlegung für die zusammenhängenden Darstellungen in Rep. und Tim. Ergeben sich hiernach zunächst zwei Stadien, so bleibt doch auch die Unterscheidung dreier möglich, und zwar in verschiedenem Sinne. Es kann zwischen den Aufweg zu und den Rückweg von den Principien ein Verweilen in der Region der Principien eingeschoben werden, sei es in dem Sinne, um diese selbst näher zu betrachten, sei es, um von ihnen aus Blicke zu werfen theils auf die niederen Regionen in ihrem Verhältnisse zu der obersten, theils auf den Weg, der zu der obersten Stelle hin und von ihr zurückführt. Die meisten dieser Charactere vindicirt Schleiermacher den Dialogen seiner „zweiten Classe". Nur soll nach ihm die „Dialektik als Technik der Philosophie" ebensowohl, wie die Ideen, schon in den Dialogen der ersten Classe wenigstens in der Form erster Ahnungen behandelt werden. Es ist jedoch schon mehrfach von Anderen (insbesondere auch von Socher, S. 42) erinnert worden, dass die Methodologie, wenngleich ein erstes für das System, gewöhnlich nicht den Inhalt der frühesten Werke eines Philosophen ausmache; geübt wird wohl die Dialektik oft von Anfang an; aber zum Gegenstand der Betrachtung pflegt sie erst in einem späteren Stadium zu werden. Wann zuerst die Ideenlehre in Plato's Geiste aufgetaucht, wann zur Gewissheit gelangt sei, erfordert eine eingehendere Untersuchung, die erst unten geführt werden kann. In wie weit Plato überhaupt einer eingehenderen Erörterung der Principien selbst,

so wie ihres Verhältnisses zu dem Bedingten, und des Erkennt-
nissweges vom Bedingten zu ihnen und von ihnen zum Bedingten, eine eigene Classe von Schriften gewidmet habe, lässt sich
a *priori* nicht bestimmen; wohl aber folgt, dass, wenn wir solche
vorfinden, wir auch von ihnen annehmen müssen, dass sie elementare Dialoge zur Voraussetzung haben. Zu systematischen
Darstellungen können sie in zweifachem Verhältnis stehen. Das
natürlichste scheint zu sein, dass sie denselben mitbegründend
vorausgehen. Indem hindert uns auch nichts anzunehmen, dass
einzelne von diesen Untersuchungen den systematischen Darstellungen noch nachgefolgt seien. Plato kennt und übt auch das
Verfahren, aus ὑποθέσεις zu deduciren und darnach diese Voraussetzungen selbst noch tiefer zu begründen. Die systematischen
Darstellungen, die uns in einigen Schriften vorliegen, sind dies
doch nur in gewissem Masse, Plato konnte mit Absicht um seiner Schüler willen tiefere Untersuchungen über die Principien noch
nachbringen. Er konnte aber auch selbst durch eigenes Denken
und vielleicht sogar durch gewisse Bedenken und Einwürfe, die
von begabten Schülern, wie etwa Aristoteles, geäussert werden
mochten, immer noch zu neuer und tieferer Erwägung der Principien veranlasst werden, und auch solche Betrachtungen vielleicht
theilweise in Schriften niederlegen. Ebenso bleibt es möglich,
dass manche elementare Dialoge ohne Beziehung auf Dialoge
anderer Classen, ja selbst später geschrieben worden sind, als
einzelne Dialoge jener Classe, die in den Principien variirt, und
vielleicht auch später, als einzelne der systematisch gehaltenen
Dialoge. Denn mit so gutem Rechte auch sich schliessen lässt,
dass die constructiven Darstellungen elementarische Dialoge zur
Voraussetzung haben, so wenig würde a *priori* die Annahme gerechtfertigt sein, dass alle elementarischen Dialoge früher als die systematischen, noch weniger aber die, dass sie alle von Anfang
an in begründender Beziehung auf die letzteren verfasst worden
seien. Constructive Dialoge konnte Plato, seinen Principien gemäss,
nicht wohl schreiben, ohne elementarische im Voraus verfasst zu
haben; aber elementarische konnte er recht wohl verfassen, ohne
dieselben irgendwie zu systematischen Schriften überhaupt, und
vollends, ohne sie zu bestimmten einzelnen systematischen Schriften in Beziehung zu setzen. Wir müssen eingedenk sein, dass
die Erklärungen im Phaedros, wie auch in den anderen oben

citirten Dialogen, als leitende Normen für Plato's schriftstellerische
Thätigkeit von uns, zunächst wenigstens, nur in Bezug auf diejenigen Werke aufgefasst werden dürfen, welche gleichzeitig oder
später verfasst worden sind, und dass die Frage nach der Entstehungszeit des Phaedrus noch eine unerledigte ist. Gab es eine
Periode, in welcher Plato Schriften verfasste, ohne noch über den
methodischen Standpunct seines Lehrers wesentlich hinausgelangt
zu sein, so müssen derselben elementarische Werke angehören,
die ganz und gar ohne Beziehung auf nachfolgende systematische
sind. Schrieb Plato, nachdem die Formen des Herabsteigens
von den Principien durch Eintheilung und Deduction von ihm
gefunden worden waren, und nachdem die Nothwendigkeit eines systematischen Gedankenzusammenhanges ihm einleuchtend
geworden war, und als zugleich die Grundzüge seines Systems
ihm klar vor der Seele standen, so konnte er auch dann noch
elementarische Untersuchungen, obschon nicht mehr ohne Bezug
auf sein eigenes Gedankensystem, doch recht wohl ohne Bezug
auf bestimmte, später zu verfassende, systematische Werke, vielleicht selbst, ohne überhaupt schriftliche systematische Darstellungen zu beabsichtigen, führen und in Schriften niederlegen.
Also ist mindestens eine ursprüngliche begründende Beziehung
aller elementarischen Dialoge auf systematische nicht nothwendig
anzunehmen. Aber auch nicht einmal unbedingt eine durchgängige zeitliche Priorität; denn warum sollte nicht Plato auf einen
Anlass hin didaktischen zu der Zeit, wo er schon constructive
Dialoge verfasst hatte, sich noch einmal zur Abfassung und Veröffentlichung eines elementarischen bestimmt gefunden haben?
Stände es freilich a priori fest, dass die sämmtlichen Werke von
Anfang an oder doch alle von einer gewissen Zeit an verfassten
eine einzige methodische Reihe zu bilden bestimmt waren, so
würde jene begründende Beziehung durchweg bestehen müssen,
und Ausnahmen hiervon, vollends aber Abweichungen von der
Regel der Priorität der elementarischen Schriften gar nicht oder
doch nur bei seltenen „Gelegenheitsschriften" vorkommen können.
Aber es geht eben nicht an, durch Platonische Stellen eine derartige Annahme zu sichern. So weit selbst begründende Vor-
ausbeziehung elementarischer Dialoge auf systematische oder constructive wirklich stattfinden mag, liegt darin noch keineswegs
das Gesetz einer durchgängigen methodischen Verknüpfung aller

solcher Dialoge untereinander zu einer einzigen Reihe. Systematischen Darstellungen ist freilich eine derartige Verknüpfung alles Einzelnen zu einem streng geordneten Ganzen wesentlich. Aber elementarische, die von dem Einzelnen zu dem Allgemeinen aufsteigen, haben naturgemäss etwas Aphoristisches. Ihr Zielpunct ist ein fester, aber ihr Ausgangspunct ein unbestimmter; denn aus sehr verschiedenen Einzelheiten kann das nämliche Allgemeine abstrahirt werden; und die Zielpuncte verschiedener elementarischer Dialoge fallen gar nicht nothwendig miteinander in Eine gerade Linie, so dass der Ort eines jeden in der Reihe der übrigen fest bestimmt wäre, sondern gruppiren sich auch wohl in freierer Weise um gewisse feste Centralpuncte, die als allgemeinste Principien eben so leicht aus den Resultaten der einen, wie der anderen Einzeluntersuchung abstrahirt werden können, gleich wie diese Resultate selbst aus verschiedenartigen concreten Daten. Eine relative Ordnungslosigkeit, die in systematischen Darstellungen als tadelnswerthe Unordnung streng zu vermeiden wäre, kann bei elementarischen Darstellungen naturgemäss und löblich sein, und nicht nur, wenn sie vor der Bildung eines schriftstellerischen Planes für die verschiedenen beabsichtigten Werke zufällig entstanden ist, Entschuldigung finden, sondern sogar auch als an sich gerechtfertigt in den Plan selbst mit aufgenommen werden.

Mit dem Gesagten soll noch keineswegs über die Frage der methodischen Verknüpfung entschieden sein, sondern es handelte sich im Bisherigen nur um die Form der verschiedenen Classen Platonischer Schriften, sofern dieselbe auf Grund von Plato's methodologischen Erklärungen im Vergleich mit dem Charakter der vorliegenden Dialoge sich ermitteln lässt, und um die Consequenzen, die sich hieraus für eine methodische Verknüpfung ziehen lassen, oder andrerseits nicht gezogen werden dürfen. Nun aber behauptet Hermann nicht nur, dass Schleiermacher's Annahme einer durchgängigen methodischen Verknüpfung unerwiesen, sondern auch, dass sie nachweisbar falsch sei, und stellt dafür verschiedene Argumente auf, die hier anzuführen und zu prüfen sind.

Dass eine durchgängige methodische Verknüpfung der Platonischen Schriften untereinander nicht bestehe, sucht Hermann auf zweifache Weise zu zeigen, *a posteriori* aus der gegebenen Form der Platonischen Dialoge, und *a priori* aus der Unstatthaftigkeit der historischen Voraussetzungen, auf denen die Annahme einer solchen Verknüpfung beruhen müsste.

In der ersten Beziehung hält Hermann der Annahme einer „natürlichen Folge und nothwendigen Beziehung der Platonischen Gespräche auf einander" das Bedenken entgegen: „ob Plato, wenn er wirklich mit der Aufeinanderfolge seiner Schriften bei der Herausgabe derselben eine solche methodische Absicht verbunden hätte, diese wohl so verborgen und durch gänzliche Verschiedenheit der Einkleidungsweisen verhüllt haben würde, dass weder von seinen Zeitgenossen, noch von den folgenden Philosophen bis auf Schleiermacher irgend einem noch nur eine Ahnung davon aufgegangen wäre"; nur zwei Reihen: Theaet., Soph., Politicus; — Rep., Tim., Critias sind, jede in sich, durch innere und äussere Beziehungen zu je einem methodisch abgestimmten Ganzen von Plato selbst verknüpft worden (Hermann, Plat. Phil., S 349 f.). Das ist in der That ein höchst beachtenswerthes und unabweisbares Bedenken, dessen Gewicht zwar durch verschiedene Umstände verringert wird, aber immerhin gross genug bleibt, um die Giltigkeit der Schleiermacher'schen Ansicht sehr wesentlich zu beschränken. Der Ausdruck Hermann's leidet freilich an polemischer Ueberspannung. Plato hat die methodische Folge der Schriften, falls eine solche besteht, nur nicht ausdrücklich bezeichnet; dass er sie absichtlich verhüllt habe, lässt sich nicht von Schleiermacher's Standpuncte aus gegen ihn selbst folgern. Es gibt Stufen der Innigkeit der Verbindung. So eng, wie die Theile eines Dialoges untereinander, können überhaupt nicht verschiedene Dialoge verknüpft sein, aber ihre Verbindung nähert sich mitunter diesem Grade an, und da lässt Plato, um dieser inneren Beziehung den entsprechenden Ausdruck zu geben, jene Gleichheit der Einkleidung, jene bestimmte Anknüpfung des neuen Gespräches an das frühere, jene Identität aller oder der meisten Personen eintreten, welche wir in jeder der beiden oben bezeichneten Reihen vorfinden. Es gibt eine weniger enge methodische Verbindung, wobei nur das Gesammtergebniss eines früheren Dialoges und zudem gewisse Einzelheiten dem späteren zur Basis dienen, und Hermann müsste, um seinen

Einwurf zu begründen, nachweisen, was denn Schleiermacher
an der Annahme hindere, dass Plato die relative Selbstständigkeit
solcher Dialoge gegen einander durch die Verschiedenheit der
Einkleidungsweise angedeutet, die Beziehung aber, die nichtsdestoweniger bestehe, nur durch den Inhalt der Unterredungen
und mitunter durch einzelne Wendungen des Ausdrucks, dann
aber auch äusserlich durch die fast durchgängige Identität des
Hauptunterredners, des Sokrates, bezeichnet habe? Das Bedeu-
ken, dass so von dem Leser die richtige Folge nicht leicht genug
gefunden werden könne, liesse sich beseitigen, wenn wir das oben
Ausgeführte hinzunähmen, dass Plato überhaupt nicht für solche
Leser schreiben wollte, denen die Sache noch ganz fremd wäre,
sondern zunächst für seine Schüler, für welche die schriftlichen
Aufzeichnungen sich an den mündlichen Unterricht als „Erinne-
rungsmittel" anlehnten, und dann wohl weiter auch überhaupt für
solche, die schon durch ähnliche Unterredungen und eigenes
Denken sich genügend vorgebildet hätten, um durch diese Schriften mehr „erinnert" zu werden, als Neues daraus „lernen" zu
wollen. Für den nächsten Zweck genügte zur Bezeichnung der
methodischen Folge die Folge des Erscheinens, wozu nähere mündliche Aufschlüsse treten mochten; für den entfernteren, sofern
Plato denselben nebenbei mitverfolgte, traf er auch nur nebenbei
eine äussere Vorsorge durch einzelne bestimmtere Rückbeziehungen; er mochte den Leser, der nicht unmittelbarer Schüler war,
falls er überhaupt seinem Bedürfniss entgegenzukommen gedachte,
doch nur dann für berechtigt zur Lectüre halten und Förderung
für ihn daraus erwarten, wenn derselbe aus dem wesentlichen
Verhältnisse der entwickelten Gedanken und aus der Beihilfe, die
jene Rückbeziehungen bieten konnten, sich genügend zu orienti-
ren vermochte. Um wahrhaft historisch zu urtheilen, müssen
wir uns von der schiefen Auffassung losmachen, in der wir ursprünglich in naiver Weise befangen zu sein pflegen, als ob
Plato zunächst für unser Bedürfniss hätte Sorge tragen sollen und
wollen. Er schrieb für seine Schule, wie die Apostel für ihre
Gemeinden; enthalten die Schriften Gedanken von ewigem Werthe,
die ihnen weit über jene Kreise hinaus eine unvergängliche Bedeutung sichern, so ist es Sache des Forschers, nicht des Verfassers, sie dem Verständnisse der Späteren zu erschliessen.

Und doch, obschon durch solche Erwägungen das Gewicht des Herman n'schen Bedenkens sich bedeutend verringern mag, aufgehoben wird dasselbe nicht. Wenn in der That eine durchgängige methodische Verknüpfung der sämmtlichen Dialoge untereinander im strengen Schleiermacher'schen Sinne von Plato beabsichtigt worden wäre, so möchte zwar immerhin ein Gradunterschied in der Innigkeit der Verknüpfung stattfinden; aber der Sprung von einer formellen Vereinigung, wie sie in den beiden oben angeführten Reihen besteht, zu der totalen Verschiedenheit der Situationen, der anscheinenden Entwickelung jedes Gespräches aus seinem eigenthümlichen Keime ohne alle ausdrückliche und formelle Beziehung auf frühere wäre doch zu gross; es würde zwischen dem inneren Verhältniss und der äusseren Beziehungslosigkeit ein Widerstreit bestehen, der zu sehr die ästhetische Forderung der Harmonie zwischen Innerem und Aeusserem im Kunstwerke verletzte, als dass wir ihn Plato zutrauen dürften. Entspricht die Kunstform dem inneren Verhältniss, so kann auch dieses nur ein loseres sein. Dass Plato in dem folgenden Dialog nicht habe fortfahren können, ohne die in dem früheren beabsichtigte Wirkung als erreicht vorauszusetzen, diese strenge Schleiermacher'sche Fassung der methodologischen Ansicht ist schon um der äusseren Form der Dialoge willen jedenfalls aufzugeben. Möglich bleibt eine allgemeinere und freiere methodische Beziehung der späteren Dialoge auf die früheren überhaupt, und eine solche ist ja auch schon oben begründet worden: Plato konnte constructive Entwickelungen nur geben, nachdem dieselben durch elementarische und vermittelnde vorbereitet waren. Eine strenge methodische Folge der Dialoge der ersten und zweiten Classe im Einzelnen war dabei keineswegs nach Plato's Principien eine didaktische Nothwendigkeit. Doch mochte immerhin, sofern Plato von vornherein mit Plan und Absicht verfuhr (was zu untersuchen bleibt), eine bestimmte Succession ihm als die geeignetste in methodischer Hinsicht erscheinen, ohne dass er jedoch auf diese Folge im Einzelnen sehr grossen Werth legen konnte; sofern er aber nicht nach einem vorher überlegten Plane, sondern der inneren Gestaltung seiner Philosophie und äusseren Anlässen gemäss seine Schriften, wenigstens einen grossen Theil derselben bis zur Gründung der akademischen Schule und noch darüber hinaus, verfasste, mochte er einzelne

Rückbeziehungen auf frühere Schriften, sei es auf ihren Gesammtinhalt oder auf einzelne Aeusserungen in denselben, in die späteren einfliessen lassen, wodurch eine gewisse, obschon lose, didaktische Beziehung hergestellt wurde. Es ist eine unerlässliche
Pflicht des Interpreten und ein schätzbares Hilfsmittel zur Erforschung der Zeitfolge der Dialoge, solche Beziehungen aufzusu-
chen und zu verfolgen; *a priori* jedoch lässt sich gar nicht fest-
stellen, in wie weit solche zu erwarten sein mögen und in wie weit
nicht. In der Oekonomie des einzelnen Dialoges muss die strengste
Planmässigkeit herrschen, und wiederum in der Folge der Classen, ferner auch in der Verbindung der formell miteinander
verknüpften Dialoge; wie weit sich aber noch darüber hinaus
methodische Verknüpfung erstrecke, lässt sich nur auf Grund der
Einzelforschung ermitteln, die hier also keineswegs die Bedeutung
hat, einen im Voraus als richtig erwiesenen Gesichtspunct nur
noch im Einzelnen zu verfolgen, sondern vielmehr die, überhaupt
erst darzuthun, ob und in wie weit (voraussichtlich wohl nur in
beschränktem Masse) jener Gesichtspunct gelte.

Von geringerem Gewichte sind einige Bemerkungen, die
Hermann mit dem angeführten Einwurfe verbindet. Schleiermacher schiebt zwischen Theaet. und Soph., die Plato miteinander verknüpft, drei andere Gespräche: Meno, Euthyd. und Cratylus, ein; das, meint Hermann, sei ein Beweis, dass seine Methode mit Plato's eigenen Fingerzeigen in Widerstreit stehe, und
Schleiermacher suche vergeblich diese von ihm wohl gefühlte
Anomalie zu bemänteln (S. 350). Es steht damit nicht so schlimm.
Die eingeschobenen Dialoge rechnet Schleiermacher zu den
Nebenwerken, die sich um jene Hauptwerke gruppiren, durch
welche der eine rothe Faden des methodischen Zusammenhanges
gleichsam geradlinig hindurchgeht. Die Letzteren bezeichnen die
Hauptstationen des langen Weges von den ersten Anfängen philosophischer Anregung bis zu einer fast systematischen Darlegung
der gesammten Theorie; dass ihre Folge die richtige sei, darauf vornehmlich geht die „gerühmte Absichtlichkeit" in Plato's
methodischem Verfahren. Wie wir ja aber auch wohl von
den Hauptstationen einer weiteren Reise aus kleinere Ausflüge in
die jedesmalige Umgegend unternehmen und dabei nicht durchaus von einem zu Anfang entworfenen Reiseplan, sondern auch
von der augenblicklichen Stimmung, zufälligen Anlässen, dem

hier erst sich erschliessenden Blick auf die Gegend uns leiten lassen, so hat nach Schleiermacher's Auffassung auch Plato mit Hauptschriften in freier Weise Nebenwerke verknüpft. Von dem Ausfluge können wir zu dem Hauptorte zurückkehren und von hier aus auf der grossen Strasse die Reise fortsetzen, oder auch gleich einen Weg über mehrere kleinere Orte hin zu dem nächsten Hauptorte suchen; so etwa mag Schleiermacher auch Plato's Verfahren sich gedacht haben, wenn er bald für gewisse Nebenwerke nur einen Ort in der Nähe eines Hauptwerkes sucht, um sie auf dasselbe zurückzubeziehen, den Fortschritt aber als von Hauptwerk unmittelbar zu Hauptwerk gerichtet aufzeigt, bald dagegen mehr durch die Nebenwerke, die grösseren einmal, Plato seinen Weg hindurch nehmen lässt. Das alles widerstreitet Schleiermacher's Principien so wenig, dass vielmehr gerade jene strengere, um nicht zu sagen pedantische Weise eines einförmig linearen Fortschrittes, die Hermann vom Schleiermacher'schen Standpuncte aus zu fordern scheint, in der That nicht oder doch weit weniger damit zusammenstimmen würde.

Aehnlich steht es mit einem anderen Einwurfe. Schleiermacher gibt eine gewisse Incongruenz zwischen der „inneren Entwickelung" und der „äusseren Entstehung" eines Platonischen Werkes als sehr möglich zu, und meint, die Resultate der Erforschung des methodischen Zusammenhanges und der Abfassungszeit der einzelnen Dialoge, falls die letztere sich durchgängig ermitteln liesse, müssten sich zwar grösstentheils, aber wegen der unvermeidlichen Einwirkungen äusserer und zufälliger Bedingungen nicht gerade vollkommen decken (I, 1, S. 27). Hermann dagegen will eine solche Incongruenz bei einer methodischen, dem Lehrzwecke dienenden Folge nicht gelten lassen, da sie ein schlimmes Hysteron-Proteron wäre; jene Bemerkung decke die Blösse der Schleiermacher'schen Theorie und ihren pseudohistorischen Charakter auf (S. 351). Indess nicht das Zugeständniss der Möglichkeit, sondern erst die nachgewiesene Wirklichkeit von Discrepanzen würde einen solchen Erfolg haben können; denn wenn etwa das Zugeständniss unhaltbar, dem methodologischen Princip widerstreitend, aber auch unnöthig, durch keine erwiesene Abweichung gefordert wäre, so würde keineswegs die Theorie leiden, sondern nur jene Aeusserung zurückzunehmen sein. Schleiermacher ist sicherlich nicht gemeint, jenem Zugeständniss eine so weite Ausdehnung zu geben, dass z. B. der Dialog Phaedrus zwar innerlich am frühesten entstanden, weit später aber, etwa erst um das vierzigste Lebensjahr Plato's, geschrieben sein könnte; er erklärt offen diese Annahme für unvereinbar mit seiner Theorie, glaubt aber auch dieselbe aus rein historischen Gründen widerlegen zu können (in der Einleitung zum Phaedrus). Durch diesen und durch andere Beweisversuche für eine wesentliche Congruenz nimmt er selbst thatsächlich zurück, was eine Aeusserung in der allgemeinen Einleitung (I, 1, S. 29) Zuweitgehendes hat: aus den historischen Andeutungen in den Platonischen Werken könne überhaupt nicht dasjenige, was sich aus ihrer inneren Betrachtung für ihren Zusammenhang ergebe, beurtheilt oder widerlegt werden, da dieses letztere Bestreben nur eine Folge und keinen Zeitpunct bestimme. Es kann ja durch Fixirung bestimmter Zeitpuncte für gewisse Werke eine angenommene Folge der Werke überhaupt, mögen auch in dieser gar keine absoluten Zeitbestimmungen mitenthalten sein, sehr wohl als irrig erwiesen werden. Ist eine gewisse Schrift nachweislich zwischen 408 und 399 vor Chr., eine andere gegen 388 oder 387 entstanden, so ist durch diese Zeitpuncte allerdings die Annahme einer Succession widerlegt, wonach das letztere Werk für das frühere gehalten wird, auch wenn die Meinung, dass diese Succession bestehe, gar nicht mit irgend welcher absoluten Zeitbestimmung verknüpft war. Innerhalb gewisser Grenzen aber können auch thatsächliche Discrepanzen zwischen der methodischen und der zeitlichen Folge ohne eine wesentliche Beeinträchtigung des Schleiermacher'schen Princips bestehen. Schlechthin von zufälligen Einflüssen unabhängig konnte Plato in keinem Falle sein; der didaktische Fehler eines Hysteronproteron aber wäre doch nur in Bezug auf diejenigen Leser vorhanden die jedes Werk gleich nach dem Erscheinen durchzuarbeiten veranlasste, gewiss die Minderzahl; für andere Schüler konnte Plato die richtige Folge anzeigen, und selbst jene mochten an den vorläufig ungelösten Räthseln bis zu der Zeit, wo die Erörterung der Voraussetzungen nachgeholt wurde, nicht allzu schwer tragen. Zudem kamen allen eigentlichen Schülern Plato's die vorausgegangenen mündlichen Unterredungen zu Gute. So können kleinere Abweichungen immerhin vorgekommen sein; das Schleiermacher'sche Princip wird dadurch nicht gestürzt.

Hermann sucht ferner, wie oben (S. 70) bemerkt worden ist, Schleiermacher's Ansicht von einem durchgängigen methodischen Zusammenhange zwischen allen Platonischen Schriften durch den Nachweis der Unhaltbarkeit ihrer nothwendigen historischen Voraussetzungen zu widerlegen.

Ein allumfassender methodischer Plan, meint Hermann (Plat. Phil., S. 351; 355 f.), würde voraussetzen, dass Plato „von vorn herein Ziel und Zweck des Ganzen schon den Grundzügen nach vor Augen gehabt hätte"; Plato müsste „sein höchstes Ziel schon von vorn herein mit solchem Bewusstsein vor Augen gehabt haben, dass seine ganze Schriftstellerei nichts als die planmässige Ausführung der in seiner ersten Jugendschrift entworfenen Grundzüge gewesen wäre"; ist es aber schon schwerlich anzunehmen, dass Plato, da er noch Schüler des Sokrates war, einen solchen Plan auch nur gefasst habe, wie lässt es sich irgend denken, dass er, auf dessen Geistesbildung eine Menge äusserer Einflüsse und unvorhergesehener Ereignisse einwirkten, sich von Anfang bis zu Ende seiner schriftstellerischen Thätigkeit, während eines Zeitraumes von mehr als fünfzig Jahren, so gleich geblieben sei, um diesen Plan wirklich durchzuführen und den einmal angefangenen Faden nur fortzuspinnen? — Dies ist wiederum ein mächtiges Argument; es ist dasjenige, welches als das eindringlichste von allen am meisten die Beachtung der späteren Forscher, namentlich auch der Freunde der Schleiermacher'schen Theorie, auf sich gezogen und sie mindestens zu gewissen Milderungen derselben veranlasst hat, auch wenn sie an ihrem Kern und Wesen festhalten zu dürfen glaubten. Und in der That, hier vor allem drängt der Verdacht sich auf, dass von Schleiermacher über dem exegetisch-didaktischen Bemühen, für unser gegenwärtiges Bedürfniss einen vorliegenden Complex von Schriften zu ordnen, die historische Frage vergessen worden sei, ob denn Plato, dem doch nicht, wie uns, gleich anfangs das Ganze vorlag, und der, während er die früheren Schriften schuf und veröffentlichte, die späteren, damals doch wohl selbst in seinem Geiste noch unerzeugten, noch nicht kannte, eben diese methodische Ordnung habe begründen können. So pflegt denn auch Hermann besonders in diesem Betracht Schleiermacher's Ansicht als eine unhistorische oder pseudo-historische, seine eigene dagegen schlechtweg als die historische zu bezeichnen. Eine Be-

schränkung und Umbildung der Schleiermacher'schen Ansicht, wodurch dieselbe der Hermann'schen sich annähert, ist
hier in der That durchaus unabweisbar. In dem Masse, wie zugegeben wird, es habe zum Behuf der Entwerfung eines allgemeinen
schriftstellerischen Planes nur des Bewusstseins der Grundzüge
des Systems bedurft, und der Plan selbst habe in seiner anfäng-
lichen Unbestimmtheit manchen späteren Ergänzungen, Erweiterungen und Umgestaltungen Raum gelassen, wird auch eine eigene
Entwickelung Plato's, die sich gleichfalls in den Schriften abspie-
geln muss, mit zugegeben. Wenn indess in der Absicht, Schleiermacher's Anordnung gegen Hermann's Einwürfe zu vertheidigen, von Einzelnen mitunter auch wohl gesagt wird, man müsse
Schleiermacher's Theorie nicht so missverstehen, als hätte
Plato einen anfänglich entworfenen Plan mit Absicht und Bewusstsein durchgeführt, es liege vielmehr eine naturgemässe methodische Entwickelung vor: so ist damit eines der wesentlichsten
Elemente der Schleiermacher'schen Ansicht, welches er selbst
mit grosser Bestimmtheit statuirt, aufgegeben, und nicht sowohl
eine wissenschaftliche Vermittlung, als eine unhaltbare Vermischung
der beiderseitigen Ansichten geboten. Auch ein Schachspieler, der
nicht nach einem Plane verfährt, setzt die späteren Züge zu den
früheren in Beziehung; aber Methode ist nicht in seinem Spiel.
So würde bei Plato, wenn er sich nicht zu Anfang einen Plan
entworfen hat, zwar immer eine gewisse Beziehung der späteren
Dialoge auf die früheren stattfinden, aber nicht eine einheitliche
Ordnung methodisch durchgeführt sein können; die Schleiermacher'sche Theorie ist hiermit nicht modificirt, sondern im
Princip aufgehoben. Von dieser Wendung dürfen wir daher hier
absehen. Was aber die Frage selbst betrifft, ob Plato nicht nur
in dem einzelnen Dialog, sondern auch in der Verbindung vieler
oder aller untereinander nach einem im Voraus entworfenen Plane
verfahren sei, und zu welcher Zeit er einen solchen Plan entworfen
haben möge, so bietet die sichersten Anhaltspuncte zur Beant-
wortung derselben wiederum Plato's eigene Erklärung im Phaedrus über die Bedeutung der Schrift. Ist unsere obige Deutung
richtig, wornach Plato nicht für Fremde zur Belehrung, sondern
wesentlich für seine Schüler zur „Erinnerung" an den mündlichen
Unterricht schrieb (wie die Apostel nicht für Fremde zur Bekehrung, sondern für die christlichen Gemeinden zur Stärkung

und Läuterung, nachdem denselben der Glaube aus der „Predigt"
gekommen war): so folgt, dass jede Argumentation, die auf den
Phaedrus gegründet wird, nur für die Zeit gelten kann, in welcher bereits die Platonische Schule bestand. Freilich hindert
nichts, dass Plato auch früher schrieb zur „Erinnerung" an Unterredungen, die nicht er selbst, sondern der historische Sokrates
geleitet hatte; auch ist sehr möglich, falls der Phaedrus nicht die
Erstlingsschrift Plato's ist und überhaupt nicht seinem Jugendalter
angehört (was zu untersuchen bleibt), dass er damals noch nicht
die im Phaedrus entwickelten Grundsätze über die unselbstän-
dige Bedeutung der Schrift hegte; aber es ist unmöglich, mit
S c h l e i e r m a c h e r anzunehmen, dass er damals schon für seine
ganze schriftstellerische Wirksamkeit, also, wie wir hinzunehmen
müssen, zugleich auch und zuvörderst für seine mündliche Lehrthätigkeit einen Plan entworfen habe, der nun auch von ihm im
späteren Leben und insbesondere auch noch nach der Gründung
seiner Schule in der Akademie wirklich eingehalten worden wäre.
Keine Beschränkung dieses Planes auf blosse Grundlinien könnte
hier helfen. Ob Plato frühzeitig mit Eleatischen und Pythagoreischen Lehren vertraut war oder nicht; ob sich in seinem Geiste
die Grundgedanken seiner eigenthümlichen Lehre schon in jugendlichem Alter entwickelt haben, oder erst später, darüber lässt
sich hin und her streiten, und nicht leicht werden Argumente,
die sich nur auf die eine oder andere dieser Voraussetzungen
gründen, wissenschaftliche Gewissheit gewinnen und sich allgemeine Beistimmung erringen können; ganz offenbar aber liegt
vor Augen, dass Plato sich nicht als Schüler des Sokrates, wie
selbstständig immer sein Denken sich schon damals gestalten
mochte, einen Plan für eine schriftstellerische Wirksamkeit, die an
mündliche Lehrthätigkeit ganz und gar geknüpft sein sollte, auch
nur in den Grundzügen entwerfen konnte. Selbst wenn wir von
der Erklärung im Phaedrus absehen, so konnte schon der Natur
der Sache nach ein so umfassender schriftstellerischer Plan nicht
wohl ohne Rücksicht auf eine Schule entworfen werden, denn wo
waren ohne eine solche die ausharrenden Leser? Nun aber bestand
Plato's eigene Lehrthätigkeit noch nicht, und wurde nicht einmal
gleich nach dem Tode des Sokrates von ihm angetreten. Mit dem
Verfahren des Sokrates aber, welches auch schwerlich von Plato
als διδαχή bezeichnet werden mochte, konnte der jugendliche

Plato sein eigenes späteres unmöglich so als ein Ganzes denken,
dass dadurch die Schleiermacher'sche Ansicht gerechtfertigt
würde. Denn entweder musste Plato sich dann die eigene spätere
Wirksamkeit als so selbstständig und eigenthümlich denken, wie
sie in der That gewesen ist; dann sah er auch, dass seine schriftstellerische Production sich nicht in gewissen Partien an Reden
des Sokrates, in anderen an seine eigenen anlehnen und doch ein
methodisch geordnetes, einen einheitlichen Plan verfolgendes
Ganzes sein konnte ; — oder er musste anfangs seine eigene
spätere Wirksamkeit der des Sokrates nach Inhalt und Form der
Lehre als ähnlicher denken, als sie in der That gewesen ist;
dann konnte er wenigstens nicht einen solchen Plan schriftstellerischer Thätigkeit sich in seiner Jugend bilden, den er im späteren Leben realisirt hätte, und dessen Durchführung uns in den
erhaltenen Schriften vorläge. Also auf alle Weise fällt, unbescha-
det der Giltigkeit des allgemeinen Schleiermacher'schen
Grundgedankens von der Wesentlichkeit der dialogisch-dialektischen
Form in Plato's Schriften überhaupt und von dem Obwalten
einer weitreichenden methodischen Absichtlichkeit in der Anwendung dieser Form, doch die von Schleiermacher diesem
Grundgedanken geliehene Tragweite und die darauf von ihm ge-
baute Theorie bei genauerer Würdigung der Stelle im Phaedrus
und bei einem historischen Blick auf Plato's Leben und Denken
in sich zusammen.

Wir haben diese Untersuchung nach Möglichkeit so geführt,
dass dabei noch nicht die Frage nach der Entstehungszeit des
Phaedrus als entschieden (und zwar zu Ungunsten Schleiermacher's entschieden) vorausgesetzt werden sollte. Dass der
Phaedrus als Plato's Erstlingsschrift seiner späteren schriftstellerischen Thätigkeit in den Grundzügen den wirklich eingehalte-
nen Plan vorzeichne, diese Schleiermacher'sche Thesis ist
unhaltbar, und mit ihr zugleich auch die unbestimmter gehaltene:
es ist überhaupt von Plato zu der Zeit, da er noch Schüler des
Sokrates war, irgend ein Plan schriftstellerischer Lebensthätig-
keit in den Grundzügen entworfen, und ebenderselbe ist von ihm
im späteren Leben realisirt worden. Wie es mit den einzelnen
Elementen jener Thesis an und für sich stehen möge, wann der
Phaedrus geschrieben sei, ob überhaupt zu irgend welcher Zeit
Plato sich einen methodischen Plan für einen grösseren Schrif-

tencomplex gebildet habe, das alles bleibt der späteren Untersuchung vorbehalten.

Fassen wir das Resultat unserer Würdigung der
Hermann'schen Einwürfe gegen Schleiermacher's
Theorie zusammen, so geht es dahin: Die dialogisch-dialektische
Form ist Plato's Schriften wesentlich, und auch die Verschiedenheit dieser Form in den verschiedenen Schriftengruppen knüpft
sich wesentlich an die Verschiedenheit des Inhaltes und des jedesmaligen didaktischen Standpunctes; es besteht methodische
Berechnung a) in der Oekonomie eines jeden einzelnen Dialogs,
b) in der Verknüpfung einiger einzelnen zu bestimmt bezeichneten Ganzen, c) in der Aufeinanderfolge der Dialoge überhaupt
im Ganzen und Grossen, sofern den systematischen Dialogen höchst
wahrscheinlich in methodischer Absicht mindestens irgend welche
elementarische (und vermittelnde) vorausgehen. In diesen drei Beziehungen ist das Schleiermacher'sche Princip gerechtfertigt
und durch Hermann's Angriffe unerschüttert. Aber eine durchgängige methodische Verknüpfung im Einzelnen nach einem zu
Anfang entworfenen Plane ist überhaupt nicht anzunehmen, und
insbesondere nicht in der Weise, dass der Phaedrus als der
Erstlingsdialog die Keime des Ganzen enthielte und von ihm an
bis zu den Leges hin in einer gleichsam linearen Folge der
Hauptwerke, um welche die übrigen sich gruppirten, diese Keime
nach einem methodischen Plane entfaltet würden. In diesem Beziehungen ist Hermann's Polemik gerechtfertigt, und bedarf die
Schleiermacher'sche Theorie einer sehr wesentlichen Beschränkung und Umgestaltung.

Erwägen wir endlich Hermann's positive Gründe für
seine eigene Theorie, so kommen hier die beiden Momente
in Betracht, auf deren Zusammenstimmen Hermann seinen Beweis für eine in den Schriften documentirte stufenweise Fortbildung Plato's gründet: Plato's Lebensverhältnisse einerseits,
und andrerseits der Inhalt und die Form der Schriften.
In der ersten Beziehung sagt Hermann, die Natur der Sache
und die Lebensgeschichte des Schriftstellers führe von selbst
darauf, dass er erst manche Zwischenstufe habe durchlaufen müssen, um zu der endlichen Vollendung zu gelangen (S. 369); er
erinnert an die Veränderungen in Plato's Lage und Verhältnissen,
die Erweiterungen seines Gesichtskreises, seine Erfahrungen in

Wissenschaft und Leben (Plat. Phil., S. 370 f.), um die Ueberzeugung von der „Unmöglichkeit" zu begründen, dass Plato's System vor seiner Rückkehr von der grossen Reise (um das 40ste Lebensjahr) zu einigem Abschluss gedeihen konnte, die Ueberzeugung, dass „ein System, welches zum ersten Male die drei Theile der griechischen Wissenschaft vereinigen und die Lehren der früheren Philosophen verschmelzen sollte, nicht eher in Wirklichkeit treten konnte, als bis sein Urheber sich mit allen diesen auch wirklich bekannt gemacht und ihre Principien ganz in sich aufgenommen hatte"; dies aber, meint Hermann, habe erst nach dem angegebenen Zeitpuncte vollbracht sein können, weil zu der Zeit, da Plato noch in persönlichem Umgange mit Sokrates stand, weder die Mittel zum Studium der älteren Systeme in genügendem Masse in Athen vorhanden gewesen seien, noch auch diese Tendenz bei dem Schüler des Sokrates vorausgesetzt werden dürfe (S. 371 f.). Eine gewisse Kenntniss der früheren Lehren will Hermann bei Plato in jener Periode nicht unbedingt ausschliessen; aber die Erhebung auf Grund dieser Kenntniss und der Sokratischen Impulse zu einer eigenthümlichen Weltanschauung hält er für ein späteres Werk, das durch ein lebendigeres Studium der älteren Philosophie, gleichsam durch Autopsie an der Quelle selbst, bedingt gewesen sei; Plato habe der Reisen zu den Stätten der alten Weisheit ebensosehr bedurft, wie Herodot der Reisen zu den Stätten der historischen Ereignisse (S. 372). In der andern Beziehung, hinsichtlich der Schriften, bemerkt Hermann, es folge nicht nur aus den angegebenen Lebensverhältnissen Plato's, dass vor seinem vierzigsten Lebensjahre seine Entwickelungsgeschichte nicht abgeschlossen gewesen sein könne, sondern es bedürfe auch nur eines Blickes auf die Beschaffenheit der Quellen, um uns zu überzeugen, dass auch die urkundlichen Belege für seine Entwickelung nicht fehlen (S. 370); es werde, wie aus den Lebensverhältnissen Plato's sehr wahrscheinlich, so durch die Wechselbeziehung zwischen Form und Inhalt der Platonischen Schriften gewiss, dass die Verschiedenheiten, die unter denselben obwalten, in wirklichen Veränderungen von Plato's philosophischer Anschauungsweise begründet seien (S. 370 f.); es sei gar nicht möglich, aus Plato's Schriften seine Lehre ohne die Annahme einer stufenweisen Fortbildung des Philosophen selbst in ihrer ganzen charakteristischen Eigenthüm-

lichkeit lebendig zu reproduciren (S. 369). Durch die Vereinigung beider Momente komme trotz des Mangels bestimmter äusserlicher Angaben eine hinreichende Menge thatsächlicher
Sporen und Anzeichen zusammen, um von einer mit historischer
Umsicht und Kritik hergestellten chronologischen Eintheilung der
Gespräche zugleich ein treues Bild von dem geistigen Lebensgange ihres Urhebers zu erwarten (S. 370).

Bei der Prüfung dieser Hermann'schen Sätze haben wir
zunächst die Existenz eines philosophischen Entwickelungsganges bei Plato als unzweifelhaft anzunehmen. Ein äusseres
Zeugniss für eine partielle Umbildung der Ideenlehre,
leider ohne bestimmtere Angabe der Zeit, liegt in der bekannten
Stelle des Aristoteles, Metaph. XIII, 4. 1078 b, 7: περὶ δὲ τῶν
ἰδεῶν πρῶτον αὐτὴν τὴν κατὰ τὴν ἰδίαν δόξαν ἐπισκεπτέον, μηδὲν
συνάπτοντας πρὸς τὴν τῶν ἀριθμῶν φύσιν, ἀλλ' ὡς ὑπέλαβον
ἐξ ἀρχῆς οἱ πρῶτοι τὰς ἰδέας φήσαντες εἶναι, wo Aristoteles ausdrücklich die Reduction der Ideen auf Zahlen als eine spätere
Form der Ideenlehre bezeichnet und von der ursprünglichen Form
unterscheidet. Zahlreicher und bestimmter sind die Zeugnisse des
Aristoteles für einen allmählichen Entwickelungsfortschritt des jugendlichen Plato zur Ideenlehre hin: Metaph. I, 6. 987 a,
27; XII, 4. 1078 b, 10; 9. 1086 b, I, wo die Ideenlehre in
ihrer ursprünglichen Form als das Resultat des gemeinsamen
Einflusses, welchen die Heraklitische Bewegungslehre, mit der
Plato zuerst, und zwar schon in früher Jugend durch Kratylus
vertraut geworden sei, und darnach die Sokratische Tendenz der
Begriffsbildung mittelst der Induction und Definition auf den
Geist Plato's geübt habe, gemeinisch erklärt wird, und die Platonische Idee als der objectivirte Sokratische Begriff erscheint.
Alles Sinnliche ist in unablässigem Flusse; daher kann es nicht
Object der Erkenntniss durch Begriffe sein, welche selbst eine
unwandelbare Festigkeit haben, also auch nur Erkenntnisse
von Beharrlichem sein können. Es muss also neben den sinnlichen Dingen noch eine andere Classe von Wesen existiren,
etwas, das stets beharrt und wahrhaft ist, während die sinnlichen Dinge werden und wechseln, und dieses Beharrliche ist
das Uebersinnliche, Intelligible, Ideale, die Gesammtheit der
Ideen. Die Idee ist nicht nur verschieden von den entsprechenden einzelnen und sinnlichen Dingen, sondern existirt

auch gesondert von denselben an und für sich. Diese Sonderung, dieses χωρίζειν (und überhaupt die Reflexion auf das Object des Begriffes) war dem Sokrates noch fremd; Plato hat zuerst dieselbe vollzogen. Zu welcher Zeit? Leider sagt davon Aristoteles nichts. Mit den Aristotelischen Zeugnissen liesse sich die Platonische Stelle im Phaedo, c. 45 sqq. p. 96 sqq. verbinden, wofern diese,)was jedoch sehr bestreitbar ist) als ein Selbstzeugniss Plato's über seine philosophische Entwickelung gefasst werden dürfte. Sokrates sagt dort, als Jüngling sei er äusserst begierig nach der Weisheit gewesen, die man Naturforschung nenne; denn als ein Grosses sei ihm die Erkenntniss der Ursachen des Werdens und Seins eines jeden Dinges erschienen. Unbefriedigt von dem Gehörten habe er höhere Aufschlüsse aus dem Buche des Anaxagoras erwartet, der den νοῦς als Weltordner setze; er habe die Hoffnung gefasst, zur Erkenntniss der Zweckursachen geführt zu werden; aber hierin wiederum getäuscht, habe er einen anderen Weg der Forschung eingeschlagen, gleichsam die zweite Fahrt unternommen. τὸν δεύτερον πλοῦν ἐπὶ τὴν τῆς αἰτίας ζήτησιν, nämlich die Forschung in Begriffen, um durch diese σκοπεῖν τῶν ὄντων τὴν ἀλήθειαν Dass Plato hier seinen eigenen Entwickelungsgang meine, nehmen Schleiermacher und Hermann und mit ihnen mehrere der neueren Forscher übereinstimmend an (Schleiermacher's Einleitung zum Phaedo, Plat. Werke, II, 3, S. 12; Hermann, Gesch. und Syst. d. Pl. Ph., I, S. 49 f.), und Hermann führt als Beweis für diese Beziehung an, dass jene ganze Auseinandersetzung innig mit der echt und rein Platonischen Ideenlehre zusammenhange. Indess dieses Argument hat nichts Zwingendes, und andere Gründe stehen entgegen. Das Wesentliche in dem dargelegten Entwickelungsgange ist der Fortgang von einer unmittelbar auf die Dinge gerichteten Betrachtung zur Forschung mittelst der Begriffe; der δεύτερος πλοῦς ist das καταφυγεῖν εἰς τοὺς λόγους. Die begriffliche Forschung aber ist nicht erst dem Plato eigenthümlich, sondern gerade durch den historischen Sokrates begründet worden. Die bestimmtere Beziehung auf die Ideenlehre tritt erst in der Explication c. 49 ein, die schon mehr von dogmatischer, als historischer Art ist; in der rein historischen Partie bedient sich Plato des unbestimmteren Ausdruckes: ἀλήθεια τῶν ὄντων, der zwar auf die Ideen vortrefflich passt, aber doch auch gebraucht werden kann, um unbestimm-

ter das Erkenntnisziel der begrifflichen Forschung des historischen Sokrates zu bezeichnen, also wie absichtlich gewählt zur
Angabe des Gemeinsamen bei Sokrates und Plato erscheint. Ideell
zieht Plato das philosophische Streben des Sokrates und sein eigenes in eins zusammen; er verklärt den historischen Sokrates,
indem er ihm zu dem, was er schon besass, das Beste von seinen
eigenen Errungenschaften leiht; aber es ist nicht seine Weise und
würde auch nicht ästhetisch berechtigt sein, sich selbst in seinem
realen Entwickelungsgange unter der Person des Sokrates zu
bezeichnen. Auch im Sympos. ist das reale Fundament Sokratisch,
nicht Platonisch. Es ist Pietät, wenn Plato den Sokrates zum
Platonismus erhebt; es wäre Arroganz, wenn Plato sich selbst zum
Sokrates machen wollte. Er durfte Sokratisches durch Platonisches
ergänzen, aber nicht ersetzen. Der Annahme, dass der historische Sokrates, ehe er die Naturphilosophie verwarf, sich einigermassen historisch damit bekannt gemacht und auch den
Anaxagoras gelesen habe, steht nichts im Wege, am wenigsten
die Aeusserung in der Apol. p. 19 C, dass er von diesen Dingen
nichts verstehe (cf. Xen. Memor. I, 6, 14), obschon man ihn darum nicht (mit Wolf) in seiner Jugend zu einem Anhänger und
Vertreter dieser Philosophie machen darf. Sokrates ist darnach
zur Forschung in Begriffen fortgegangen. Es wäre geradezu falsch,
wenn Plato diesen Fortschritt, in welchem er nur dem Sokrates gefolgt ist, sich selbst so vindiciren wollte, als sei derselbe bei ihm ursprünglich aus der Kritik der Anaxagoreischen Lehre hervorgegangen. Auch ist die im Phaedo p. 45 bezeichnete Naturphilosophie mehr die Empedokleische als die Heraklitische, so dass
der Bericht auf Plato bezogen mit dem Aristotelischen Zeugnies
sich nur schwer und künstlich vereinigen liesse. Man müsste annehmen, dass Aristoteles einiges zwar angegeben, anderes aber,
was für die Entwickelung, die er nachweisen wollte, eben so wichtig war, ausgelassen hätte. Dazu kommt, dass im Phaedo als
Resultat der naturphilosophischen Studien die völlige Nichtbefriedigung ausgesprochen wird, was vortrefflich auf Sokrates, aber
kaum auf Plato passt; denn von diesem wissen wir, dass er die
Heraklitischen Lehren, die er anfangs angenommen hatte, auch
später nicht schlechthin verwarf, um etwa hinsichtlich der Natur
sich zur blossen Skepsis zu bekennen, sondern nur ihre Giltigkeit auf das Naturgebiet beschränkte. Bei Plato war nicht, wie

der Bericht im Phaedo den Entwickelungsgang bezeichnet, die Nichtbefriedigung an der Naturphilosophie (sei es des Empedokles oder sei es des Heraklit) der Grund der Hinwendung zur Forschung in Begriffen, sondern umgekehrt die Hingabe an die letztere, wie er sie bei Sokrates fand, der Grund der (relativen) Nichtbefriedigung an der bis dahin ihn befriedigenden Naturphilosophie. Wahrscheinlich ist demnach jener Bericht über die Genesis begrifflicher Forschung auf den historischen Sokrates zu beziehen; Plato hat nur die Perspective auf die Ideenlehre von dem Seinigen hinzugethan.

Lehren uns die Aristotelischen Zeugnisse, dass Plato eine Entwickelung zur Ideenlehre und in der Ideenlehre durchgemacht habe, so liegt es ja auch schon in der Natur der Sache, dass seine eigenthümliche That, die Begründung eines auf der gesammten früheren Philosophie der Griechen fussenden Systems, nicht das Werk eines Augenblickes gewesen sein kann, sondern in successivem Entwickelungs-Fortschritt vollzogen worden sein muss. Es ist jedenfalls Hermann zuzugeben, dass das Platonische System, da es an der Gesammterrungenschaft der früheren Philosophie der Griechen seine Basis hat, in seiner Vollendung erst dastehen konnte, nachdem sein Urheber sich zuvor mit den älteren Philosophemen durch eingehendes Studium wirklich vertraut gemacht und in gründlicher Kritik dieselben geistig verarbeitet hatte. Das Höhere kann im Geiste, wie in der Natur, nur dadurch erwachsen, dass es das Niedere als Moment in sich aufnimmt, aus ihm seine Nahrung zieht, das Edlere von dem Unedleren scheidet, jenes sich assimilirt, dieses verwirft, und so in fortgesetztem Kampfe und Siege seine eigenthümliche Lebensform entfaltet. Die vollendetere Philosophie springt nicht wie Minerva aus dem Haupte des Jupiter mit einem Male hervor, sondern ist das Resultat andauernder Geistesarbeit. Auch nachdem die Principien gefunden waren, forderte die Ausgestaltung der einzelnen Zweige des philosophischen Systems eine fortgesetzte gedankenschaffende Thätigkeit, und nicht leicht kann zu irgend einer Zeit die Erweiterung ohne alle und jede Aenderung, der Fortbau ganz ohne Umbau geschehen sein, obschon naturgemäss zu gewissen Zeiten die kritische Umgestaltung der bisherigen Elemente, zu anderen Zeiten aber der erweiternde Fortbau auf Grund der schon gelegten Fundamente vorwiegen musste.

Aber nicht eben so leicht ist die Entscheidung für oder gegen Hermann in der Frage nach der Zeit der philosophischen Entwickelung Plato's, also gerade in der Frage, die für das vorliegende Problem der chronologischen Ordnung der Platonischen Schriften von massgebender Bedeutung ist. Hier können in der That zwei verschiedene Betrachtungsweisen mit ursprünglich gleichem Anspruch auf historische Möglichkeit einander gegenübertreten. Nach der einen fiele die Entwickelung Plato's wesentlich nur in die frühere Zeit vor Beginn seiner schriftstellerischen Thätigkeit, und dazu vielleicht noch eine Umbildung seiner Ideenlehre oder doch ein „Anbau" an dieselbe in die letzte Zeit seines Lebens, ohne in den Schriftwerken, die Plato selbst verfasst hat, noch einen Ausdruck zu finden. Nach der anderen Ansicht fiele die philosophische Entwickelung Plato's wesentlich in die Zeit seiner schriftstellerischen Thätigkeit selbst hinein, und er hätte somit seine Studien in seinen Schriften vor den Augen des Publicums gemacht. Jene Ansicht wird bekanntlich von Schleiermacher und seinen Nachfolgern (nur dass Schleiermacher selbst den „Anbau" nicht anerkennt), diese von Hermann und seinen Anhängern vertreten.

Bei der ersten Ansicht wäre die philosophische Entwickelung Plato's näher in folgender Weise zu denken. Von früher Jugend an war Plato mit den Erzeugnissen der älteren griechischen Philosophie theils durch Lectüre, theils durch mündlichen Verkehr mit Vertretern der verschiedenen philosophischen Richtungen vertraut. In Betreff der Heraklitischen Philosophie haben wir das Zeugniss des Aristoteles. Die Pythagoreer Simmias und Kebes, die während der letzten Lebensjahre des Sokrates nach Beendigung des Peloponnesischen Krieges in Athen waren, haben dort gewiss nicht von den Pythagoreischen Lehren geschwiegen. Für die frühe Bekanntschaft des Plato mit den Lehren des Anaxagoras aber bedürfen wir keines besonderen Zeugnisses, da dieselbe in Athen so leicht zu gewinnen war und gewiss das Interesse dafür, obschon durch den Umgang mit Sokrates zurückgedrängt, Plato doch auch während dieser Periode nicht fehlte. Sophistische Lehren waren in Athen während Plato's Jugendzeit verbreitet genug. Was endlich die Eleatischen Lehren betrifft, so mögen dieselben zu jener Zeit in Athen allerdings nicht leicht einen Vertreter gefunden haben, und eine Bekanntschaft des Plato mit denselben vor seinem Aufenthalt in Megara ist freilich nicht urkundlich bezeugt; aber ist es irgend wahrscheinlich, dass dem Schüler des Herakliteers Kratylus und dem Freunde des Euklides von Megara das Interesse und die Gelegenheit zu einiger Kenntnissnahme von dem Gegenpole des Herakliteismus ganz gefehlt habe? Somit waren die Elemente zur Bildung eines Systems, das, auf den sämmtlichen früheren fussend, sich über dieselben erhob, vollständig gegeben. Nun pflegt aber ein genialer Denker nicht mit der Arbeit am Einzelnen zu beginnen, sondern mit einer Ahnung des Ganzen; das neue Princip, dessen Durchführung die Lebensaufgabe des Mannes werden soll, pflegt in seinem Geiste von Anfang an, sobald nur die Vorbedingungen vollständig gegeben sind, mächtig, obschon noch dunkel, wie mit Wolken umhüllt, hervorzutreten (nicht selten, wie etwa bei Schelling, schon in früher Jugend), um dann bald in immer vollerer Klarheit zu strahlen und alle anderen Gedankenelemente mit seinem Lichte zu erhellen. Fortgehende Arbeit an der Ausgestaltung des Systems während des ganzen übrigen Lebens wird hierdurch nicht ausgeschlossen, sondern ausdrücklich mitgesetzt. Nur die Grundzüge des Systems sind gleich Anfangs mit dem neuen Principe zugleich gegeben; die Entfaltung ist das Werk der späteren Zeit. Als Plato in der Megarischen Periode sich mit dem Eleatischen Principe in ernstestem Denken auseinandersetzte; als er den Pythagoreismus in Italien genauer kennen lernte; als er endlich nach seiner Rückkehr in die Vaterstadt die einzelnen Hauptprobleme und die Disciplinen der Philosophie redend und schreibend für seine Schüler und mit seinen Schülern durcharbeitete: da ist er ohne allen Zweifel fortwährend auch in seiner eigenen Gedankenbildung weiter geschritten; — in diesem Sinne redet ja auch Schleiermacher von „Bildungsstufen" der Platonischen Philosophie (Einleitung zum Phaedo, S. 10) und sucht nachzuweisen, wie weit in der einen oder andern Periode „die Philosophie selbst des Plato gebildet war", wie weit ihm selbst zu bestimmten Zeiten gewisse Ideen noch fremd und unklar oder vertraut und klar gewesen seien (ebendaselbst, S. 12 f.); — aber das Princip stand von frühester Zeit her fest und war insbesondere schon zu Anfang der schriftstellerischen Laufbahn gewonnen. Der Dialog Phaedrus ist ein Jugendwerk.

Man muss gestehen, dass in dieser Ansicht, sofern wir uns
nur an das Allgemeine und die Thatsachen der Platonischen
Lebensgeschichte halten, nichts Unmögliches oder auch nur sehr
Unwahrscheinliches enthalten ist, und Hermann wird gewiss
nicht eine einstimmige Antwort vernehmen, kaum auch nur die
Majorität auf seiner Seite haben, sofern er in dieser Frage an
die blosse „Unbefangenheit" appellirt und nach Aufzählung der
Momente, die für eine frühe Bekanntschaft des Plato mit der
älteren griechischen Philosophie sprechen, das Gewicht derselben
durch die Bemerkung zu schwächen sucht (Gesch. und Syst.
der Plat. Phil., S. 49): ob aber alle diese Thatsachen hinreichen,
um die tiefe und durchdringende Kenntniss zu erklären, die
Plato's System schon seinen Principien nach von den Resultaten
seiner Vorgänger voraussetzt, wolle der unbefangene Leser
selbst würdigen", und auch trotz der philosophischen Schriften,
die Plato lesen mochte, dennoch (S. 51) seine „erste philosophische Richtung nur als reinen und ungemischten Sokra-
tismus ohne speculativen Zusatz" betrachten will. Ebenso wird
das, was Hermann beibringt, um seine Ansicht als die gefälli-
gere und naturgemässere erscheinen zu lassen, auf Verschiedene
einen ganz verschiedenen Eindruck machen, und hat keine be-
weisende Kraft. So wenn er sagt (S. 352), die Unterschiede der
Schriften seien „gewiss tiefer als in der blossen didaktischen Berechnung eines methodischen Lehrcursus" begründet, und die von
Schleiermacher angenommene „Entwickelung" (S. 351) als
eine solche charakterisirt, die Plato „gleichsam an seinem eigenen
Beispiele seinen Lesern vorzumachen beabsichtigt" habe; wenn er
ferner (S. 364) von der „natürlichen Mannigfaltigkeit der Platonischen Muse" redet, die er selbst wahre, im Gegensatz zu dem
„Typus einer erkünstelten Einheit", den Schleiermacher dem
Platonischen Philosophiren „aufzudringen beabsichtigte" u. s. w.
Wer nicht anderweitig von der Richtigkeit der Hermann'schen
Auffassung überzeugt ist, sondern an der Schleiermacher'schen
festhält, könnte eben so leicht derartige rhetorische Wendungen
im entgegengesetzten Sinne auffinden. Es ist eben so naheliegend
und eben so wahr, von einer „natürlichen Einheit" des Platonismus
zu reden, wie von einer „natürlichen Mannigfaltigkeit"; das „didaktische Vormachen" könnte man füglich mit dem die Hermann'sche Entwickelungsansicht veräusserlichenden Ausdruck einer

Agglutination von Stück um Stück übertrumpfen, Absicht und
Planmässigkeit im schriftstellerischen Verfahren des denkenden
Geistes würdiger finden, als ein blosses naturgemässes Fortwach-
sen nach Art der bewusstlosen, unfreien Dinge, was doch am
Ende nur ein Euphemismus für Planlosigkeit und Hingegebenheit
an äussere Einflüsse sei u. s. w., wenn nur überhaupt mit solcher
wohlfeilen Rhetorik irgend etwas ausgerichtet wäre.

Aber die gleiche Möglichkeit ist doch von vorn herein
auch jener anderen Ansicht zuzugestehen, nach welcher
der Fortschritt Plato's zu seinem eigenthümlichen Princip sich
erst später, nach Lösung des engeren Bandes, welches ihn bei
Lebzeiten des Sokrates an diesen fesselte, in dem lebendigen
persönlichen Verkehr mit den Anhängern der älteren philosophischen Richtungen vollzogen haben soll. An Analogien fehlt es
auch hier nicht. Kant war lange Zeit, sogar ohne durch die
imponirende Macht einer unmittelbar mit ihm verkehrenden grossen Persönlichkeit gebunden zu sein, ein wohlgeschulter treuer
Anhänger der Leibnitzisch-Wolffischen Philosophie, ehe er, durch
eigenes Nachdenken und durch die strenge Skepsis eines Gegners aller dogmatistischen Richtungen aus seiner bisherigen Ruhe
geweckt, zu neuer Gedankenbildung fortschritt und seine
Vernunftkritik schuf. Sollte Plato, der auf das Lernen aus Büchern so wenig, ja geradezu gar nichts giebt, nicht auch an sich
selbst die entsprechende Erfahrung gemacht haben, dass ihm
die wahrhafte Bewältigung und Ueberwindung früherer Systeme
erst im persönlichen Gedankenaustausch mit ihren Vertretern
gelang? Hiernach wäre Plato's philosophische Entwickelung so zu
denken, dass ihm zwar eine gewisse Kenntniss der früheren Lehren schon in seiner Jugend zugestanden werden mag, wiewohl
dieselbe weder so umfassend noch so gründlich gewesen sein
könne, wie es zum wahrhaften Fortschritt über jene Standpuncte
hinaus erforderlich sei; dass aber diese Kenntniss nur neben-
hergehend neben der eigenen, in der Sokratik wurzelnden
Denkrichtung, und dagegen die tiefere Durchdringung und Verschmelzung aller jener Standpuncte erst die That des gereifteren
Mannes gewesen sei. Auch Goethe kannte von seiner Jugend
an Antikes neben Modernem; aber die Verschmelzung beider
Elemente in eigenen classischen Dichtungswerken (wie namentlich
in der „Iphigenie") gelang ihm erst dann, als er durch die ita-

liemische Reise die unmittelbare Anschauung von der südlichen
Natur und den Resten antiker Kunst auf einem heimatlichen
Boden antiken Lebens gewonnen hatte. So mochte für Plato
erst mittelst seiner Reisen zu den Stätten des wiedergebornen,
schon mit der Sokratik geeinigten Eleatismus und des altehrwür-
digen Pythagoreismus die schöpferische That möglich werden,
durch welche er die Ideenlehre erzeugte und so das von Euklides,
dem Megarenser, begonnene Werk zur Vollendung führte. Auch
von ihm mag gelten, was über wissenschaftliche Entwickelung
überhaupt G. Fichte sagt (Bestimmung des Gelehrten, Werke,
Bd. VI, S. 414): „In der Regel entwickelt ein grosses wissenschaftliches Talent, je mehr es inneren Gehalt und Gediegenheit
hat, sich desto langsamer, und die innere Klarheit desselben
erwartet das reifere Alter und die männliche Kraft."

So steht Hypothese gegen Hypothese, gleichwie lange Zeit
in der Physik die Emissions- und die Vibrations-Hypothese einander in unentschiedenem Kampfe gegenüberstanden, bis in den
Interferenz-Erscheinungen die Unrichtigkeit der ersteren sich
offenbarte. Auch in der Platonischen Frage wird die Entscheidung zwischen den beiden Hypothesen, die als solche beide berechtigt sind, in gewissen einzelnen Thatsachen zu suchen sein,
und zwar in dem Inhalt und der Form der einzelnen uns vorliegenden Platonischen Schriften in Verbindung mit den zuverlässigen Zeugnissen über Plato's Lebensgang.

Wir werden von vorn herein erwarten müssen, dass hier
ebenso, wie auf anderen Gebieten, die meisten Thatsachen, zumal
wenn sie nur in der Gestalt, wie sie zunächst erscheinen, und
nicht mit der strengsten Kritik und der vollsten Exactheit, welche
die Natur der Sache irgend zulässt, aufgefasst werden, von beiden
Hypothesen aus sich erklären lassen, und dass es nur wenige
gebe, die (mittelst des von Baco geforderten *experimentum crucis*)
zu einer sicheren Entscheidung führen. Sollten sich solche überhaupt nicht finden, so müssten wir mit wissenschaftlicher Resi-
gnation bei dem Zweifel stehen bleiben und auch das „*non liquet*"
für einen vorläufig genügenden Gewinn der Untersuchung halten.
Ein günstiger Umstand für diese Untersuchung, wie für alle ähnlicher Art, liegt aber wiederum darin, dass es zum Sturze einer
Hypothese gar nicht der Unvereinbarkeit aller oder auch nur
sehr vieler Thatsachen mit derselben bedarf, sondern die streng

erwiesene Unvereinbarkeit einer einzigen schon zu diesem Zwecke genügen kann. Die Gegenhypothese darf sich ihrerseits jedoch nicht bloss durch die Unhaltbarkeit der ersteren sichern wollen, sondern muss sich auch theils noch negativ durch Ueberwindung aller anderen Hypothesen, die nach wissenschaftlichen Normen möglich sind, theils positiv durch den Nachweis der Vereinbarkeit aller Thatsachen mit ihr selbst bewähren.

Es ist eine heute allgemein anerkannte Thatsache, dass es eine Anzahl kleinerer Platonischer Schriften gibt, welche die eigenthümlich Platonische Ideenlehre nicht enthalten, obschon in ihnen durchaus nach der Weise des Sokrates auf inductivem Wege Begriffsbildung gesucht und vermeintliche Definitionen an gegebenen Einzelheiten geprüft werden. Hierher gehören die Dialoge: Hippias minor, Lysis, Charmides, Laches, Protagoras, Apologia, Crito; auch in einigen anderen tritt die Ideenlehre nicht eben so ausgeprägt hervor, wie in der Mehrzahl der übrigen und namentlich auch in den grössten und vollendetsten Werken Plato's Diese Thatsache lässt zunächst eine zweifache Erklärung zu, einerseits aus den Schleiermacher'schen, anderseits aus den Hermann'schen Voraussetzungen. Entweder wollte Plato um der Leser willen aus didaktischen Motiven oder auch wegen der Eigenthümlichkeit des Thema's in gewissen kleineren Dialogen nicht bis auf die letzten Gründe zurückgeben, oder er hatte selbst die Ideenlehre noch nicht gefunden. In den Leges, die nach dem Zeugniss des Aristoteles später als die Schrift de Republ. verfasst worden sind, fehlt die Ideenlehre (sofern sie überhaupt darin fehlt, da sie den an der nächtlichen Versammlung theilnehmenden Herrschern doch nicht fremd bleiben zu sollen scheint) unzweifelhaft aus dem Grunde, weil Plato sie absichtlich bei Seite stellte : was für den besten Staat die Erkenntniss der Ideen ist, ist für den zweitbesten die mathematische Wissenschaft. Nach der Analogie dieses Verfahrens liesse sich annehmen, dass Plato gleichfalls absichtlich, wiewohl in einem anderen Sinne, auch in einigen früheren Dialogen von der Ideenlehre, die ihm selbst nicht mehr fremd gewesen sei, abstrahirt habe. Andrerseits haben wir mindestens das oben angeführte Aristotelische Zeugniss für eine gewisse Umbildung der Philosophie Plato's in späterer Zeit, und es erscheint auch als naturgemäss, anzunehmen, dass er als Schüler des Sokrates ursprünglich selbst bloss in Begriffen philosophirt habe, ohne noch dem Begriff in der Idee ein reales Correlat zu geben, und dass diese Form seines Denkens in Jugendwerke eingegangen sei, die er verfasst haben könne, bevor er noch zu der im Phaedrus ausgesprochenen Ansicht von der nothwendigen Rückbeziehung der Schrift auf mündliche Untersuchung gelangt sei; auf diese Momente kann die Hypothese eines in den Schriften bekundeten Entwickelungsganges und insbesondere die Annahme sich stützen, dass jene angeführten Dialoge in eine Zeit fallen, wo Plato noch nicht die Ideenlehre gefunden hatte. So lange wir die Thatsachen nur in dieser Allgemeinheit auffassen und nicht in die Einzelheiten genauer eingehen, kann demnach eine sichere Entscheidung nicht gewonnen werden.

Eine Thatsache von entscheidender Bedeutung aber ist die oben nachgewiesene Beziehung des Phaedrus und aller derjenigen schriftstellarischen Production, die diesem Dialog nachgefolgt ist, wie auch der Möglichkeit eines umfassenden schriftstellerischen Planes überhaupt, zu der Lehrthätigkeit Plato's in seiner Schule. Mit der Anerkennung dieser Thatsache kann Schleiermacher's Hypothese, mindestens in der Form, in welcher sie bei ihm selbst erscheint, nicht zusammenbestehen. Es wäre die Hilfshypothese erforderlich, dass Plato seine Schule schon zu Lebzeiten des Sokrates eröffnet habe; diese Annahme aber würde allen beglaubigten Thatsachen so durchaus widerstreiten, dass Schleiermacher sie nothwendig verwerfen müsste, wie er denn auch in der That von allen derartigen Voraussetzungen weit entfernt ist. Hiermit ist jedoch noch keineswegs Hermann's Theorie oder auch nur überhaupt die Voraussetzung einer Bekundung des Entwickelungsganges Plato's in seinen Schriften erwiesen. Es ist zunächst zu untersuchen, ob sich die Schleiermacher'schen Anschauungen in einem solchen Sinne modificiren lassen, dass dieselben mit der bezeichneten Thatsache vereinbar werden. Man könnte annehmen, dass Plato's gesammte schriftstellerische Production der späteren Zeit angehöre, in welcher bereits seine Schule bestand. Diese Annahme ist wiederum in verschiedenem Sinne möglich, entweder so, dass immer noch der Dialog Phaedrus an die Spitze des Ganzen gestellt, oder so, dass auch diese Voraussetzung aufgegeben und irgend eine andere von Plato mit Absicht und Plan begründete Schriftenfolge statuirt wird, wie das Letztere namentlich von Munk („die natürliche Ordnung der Platonischen Schrif-

ten", Berlin 1857) geschehen ist. Ferner liesse sich das Schleiermacher'sche Princip einer didaktischen oder überhaupt irgendwie planmässigen Folge der Schriften negiren und dennoch die
Hermann'sche und jede andere Ansicht von einer Entwickelung,
die in den Schriften documentirt sei, bestreiten, indem eine von
Plato möglicherweise bereits in sehr früher Zeit geübte schriftstellerische Thätigkeit angenommen, zugleich aber behauptet würde,
dass er schon bei dem Beginne eben dieser Zeit im Besitz der
Ideenlehre und überhaupt der Grundzüge seines Systems gewesen
sei, keineswegs aber in einer von Anfang an feststehenden Folge,
sondern grösstentheils sporadisch die verschiedenen Schriften
verfasst habe.

Die endgiltige Entscheidung in dieser Frage kann nur von
der Einzeluntersuchung erwartet werden. Doch sei hier über die
zuletzt bezeichneten Annahmen folgendes bemerkt.

Der etwaige Versuch, Plato's gesammte schriftstellerische
Thätigkeit in die spätere Zeit seit der Eröffnung seiner Schule
herabzurücken, übrigens aber die von Schleiermacher angenommene Reihenfolge mindestens im Wesentlichen unverändert
zu lassen, würde an chronologischen Thatsachen scheitern und
hat als offenbar unhaltbar überhaupt keinen Vertreter gefunden.
Insbesondere steht demselben entgegen, dass dann das Sympos,
dessen Entstehungszeit mehr als die irgend eines anderen Dialoges
durch den bekannten Anachronismus in der Rede des Aristophanes
gesichert ist, zeitlich dem Phaedrus so nahe träte, dass weder für
die sämmtlichen, noch auch nur für die bedeutenderen der von
Schleiermacher zwischen beide gesetzten Dialoge irgendwie
der erforderliche Raum bliebe. Was aber Munk's Theorie betrifft, die, bisher wenigstens, der einzige durchgeführte Versuch
einer Umgestaltung der Schleiermacher'schen Ansicht in dem
vorhin bezeichneten Sinne ist, so ist zunächst zu constatiren, dass
doch auch Munk mehrere Dialoge (insbesondere Alcibiades I.,
Lysis und Hippias II.) für Jugendwerke Plato's aus der Zeit vor
dem Tode des Sokrates hält, wie er andrerseits zwei spätere
Schriften (Menexenus und Leges) von dem Cyclus trennt. Demgemäss würde sich doch mindestens in dem Fortgang von jenen
in der Jugend verfassten Dialogen zu dem Cyclus der Hauptwerke ein eigener Entwickelungsfortschritt Plato's kundgeben.
Dazu kommt, dass, wie auch Munk annimmt, von Plato absicht

lich in der Succession der dem Cyclus angehörenden Dialoge die
Hauptstadien seines eigenen Bildungsganges, der zur Zeit der
Abfassung dieser Schriften schon hinter ihm lag, mit angedeutet
worden sein mögen, obschon in einer mehr idealen, als rein historischen Weise. Der Cyclus der Hauptschriften soll nach M u n k
wesentlich auf der Absicht Plato's beruhen, ein Lebensbild des
Sokrates und hiermit zugleich ein Idealbild des echten Philosophen zu entwerfen. Die Ordnung der Schriften sei demgemäss
von Plato selbst durch das jedesmalige Lebensalter des Sokrates
angezeigt. In der hierdurch bestimmten Reihenfolge seien nach
Plato's Absicht die Schriften zu lesen, und im Wesentlichen müsse
Plato sie auch in der entsprechenden Zeitfolge verfasst haben.
Der Cyclus zerlege sich näher in drei Abschnitte: des Sokrates
Weihe zum Philosophen und Kampf gegen die falsche Weisheit ;
seine Darlegung der echten Weisheit; sein Erweis der Wahrheit
seiner Lehre durch die Kritik der entgegengesetzten Ansichten
und durch seinen Märtyrertod. Die gesammte Reihe der Dialoge
des Cyclus eröffne der Parmenides, an den sich zunächst der
Protagoras nebst dem Charmides und Laches knüpfe; den Schluss
des Ganzen bilde der Phaedo. Dass diese Ansicht trotz der
unzureichenden Begründung, in der sie bei M u n k erscheint,
etwas an sich selbst eindringlich sich Empfehlendes hat, ist ganz
unläugbar; auch treffen mit ihr die Resultate einer von M u n k's
Grundgedanken völlig unabhängigen Einzelforschung an nicht wenigen Stellen annähernd zusammen; doch drängen sich auch manche
schwer abweisbare Bedenken gegen das Princip selbst und gegen
die Weise seiner Durchführung auf. Zunächst ist offenbar,
dass M u n k das philosophische Element allzu sehr hinter das
künstlerische zurückgestellt und das letztere selbst zu ausschliesslich in einer einzelnen Beziehung betrachtet hat. Ferner lässt
sich entgegnen, dass Sokrates in den Platonischen Dialogen zwar
als der suchende, aber, wenn wir den Parmen. und etwa noch den
Protag. und wenige andere ausnehmen, doch nicht eigentlich als
der allmählich erst reifende und successiv fortschreitende, sondern vielmehr als der bereits gereifte Denker erscheint, der nur
um der Mitunterredner willen zum Suchen zurückkehrt. Mag das
Resultat der Gesprächsführung das Nichtwissen oder irgend eine
bestimmte Lehre sein, jedenfalls stand dasselbe dem Meister
bereits durch eine vorher von ihm selbst vollzogene Untersuchung

fest, weil nur aus der schon gewonnenen eigenen Gewissheit die
Virtuosität in der Gesprächsleitung hervorgehen kann, die Sokrates
überall bekundet, und dass Sokrates auch für sich selbst diese
Untersuchung jedesmal erst kurz vorher angestellt habe, wäre
eine willkürliche Voraussetzung. Wir sehen vielmehr, wie die
Mitunterredner allmählich fortschreiten, sei es zum Bewusstsein
ihres Nichtwissens oder zu irgend einem positiven Wissen, als,
wie Sokrates selbst sich entwickelt. Dann lässt sich auch fragen,
ob nicht Plato, wenn er in der von Munk angenommenen Weise
die Dialoge hätte verbinden wollen, das Lebensalter und die
Entwickelungsstufe des Sokrates noch bestimmter bezeichnet und
die Dialoge zu einander durch Identität gewisser Mitunterredner
in engere Beziehung gesetzt haben würde. Auch ist es nicht sehr
wahrscheinlich, dass eine solche Absicht Plato's, die doch im
Kreise seiner Schüler sehr bekannt hätte sein müssen, später so
völlig vergessen worden wäre, dass auch nicht eine einzige Notiz
davon sich erhalten und schon Aristophanes von Byzanz allem
Anschein nach gar nichts mehr von derselben gewusst hätte, zumal wenn derselbe, wie Munk annimmt, noch manche andere
glaubhafte Zeugnisse über die Entstehungszeit gewisser Platonischer Schriften kannte. Im Einzelnen hat Munk's Anordnung
mehreres gegen sich, was uns mindestens nöthigen würde, den
„Cyclus" auf einen etwas engeren Kreis zu beschränken und zugleich von Munk's Zugeständniss, dass Plato auch wohl noch
nach vorläufiger Vollendung des „Cyclus" überhaupt oder doch bestimmter Partien desselben einzelne Dialoge nachträglich einge-
schaltet haben möge, einen umfassenderen Gebrauch (namentlich
bei Theaet., Soph., Polit., und, falls der Parmen. echt ist, auch
bei diesem) zu machen. Jedenfalls ist die Einzeluntersuchung
zunächst von der Munk'schen Hypothese unabhängig zu führen.
Wahrscheinlich wird sich die Berechtigung dieses Princips darauf
reduciren, dass Plato, wenigstens in seiner späteren Schriftstel-
lerzeit, allerdings gewisse Perioden im Leben des (idealen)
Sokrates unterschieden und die verschiedenen Arten von Untersuchungen an dieselbe vertheilt hat, ohne sich jedoch durchweg
im Sinne einer einheitlichen Ordnung an die Zeitfolge zu binden. In dem Masse aber, wie solche Beschränkungen und Umbildungen der Munk'schen Ansicht erfolgen, muss auch die Anerkennung eines in den Schriften documentirten Entwickelungsganges

des Verfassers eine noch vollere werden. Auch jedem anderen
Versuche gegenüber, die Abfassung der Platonischen Schriften
wesentlich auf die spätere Zeit zu beschränken, in dieser aber
dieselbe nach irgend einem bestimmten Plane erfolgt zu denken,
wäre die Möglichkeit eines umfassenden Planes in der späteren
Zeit durchaus zuzugeben, aber ohne dass dadurch die schriftstellerische Bekundung der philosophischen Selbstentwickelung Plato's
ausgeschlossen würde. Was endlich die oben zuletzt noch aufgestellte Annahme betrifft, dass Plato schon früh, vielleicht seit
dem Beginn seiner schriftstellerischen Thätigkeit im Besitz der
Ideenlehre gewesen sei und diese ohne einen umfassenden schriftstellerischen Plan je nach der Eigenthümlichkeit eines jeden
einzelnen Thema's bald zur Basis seiner Untersuchungen gemacht,
bald ferngehalten habe, so ist dieselbe zwar am wenigsten ansprechend, aber nicht leicht mit voller Gewissheit als falsch zu
erweisen. Wenn jedoch, wie die Einzeluntersuchung darthut, der
Dialog Protag. für eine der frühesten Schriften und wahrscheinlich für ein Jugendwerk aus der Zeit vor dem Tode des Sokrates
zu halten ist, so ist das Gleiche von dem Lysis, dem Laches,
dem Charmides und einigen anderen kleineren Dialogen, welche
gleichfalls die Ideenlehre nicht enthalten, als eben so wahrscheinlich anzunehmen; da nun aber andrerseits bei keinem einzigen
die Ideenlehre enthaltenden Dialog auch nur irgendwie ein giltiger Beweis zu führen ist, dass derselbe in eine gleich frühe
Zeit falle, so spricht eine sehr überwiegende Wahrscheinlichkeit
dafür, dass die genannten Dialoge, oder doch wenigstens mehrere
derselben, einer Zeit angehören, in welcher Plato selbst zur Ideenlehre noch nicht gelangt war. Ferner finden sich in seinen späteren Schriften bei einzelnen Lehren gewisse Verschiedenheiten von
solcher Art, dass sie nicht ohne das Zugeständniss einer wirklichen Veränderung in Plato's Ansichten verstanden werden können. In den angegebenen Beziehungen ist demnach die Annahme
eines durch die Platonischen Schriften mit hindurchscheinenden
Entwickelungsganges ihres Verfassers höchst wahrscheinlich und
fast durchaus unabweisbar, und in diesem Sinne erscheint Hermann's Grundgedanke als gerechtfertigt.

Ob aber Hermann's Princip auch in der näheren Ausführung, die dieser ihm gegeben hat, sich bewähre, bleibt zu
untersuchen. Insbesondere kommen hier drei Puncte in Betracht.

1. das Verhältniss der eigenen Entwickelung Plato's zu seiner didaktischen Absicht und Methode, 2. das Verhältniss der äusseren Anregungen zu den inneren Gründen seiner philosophischen Selbstentwickelung, 3. die nähere Bestimmung der Entwickelungsstufen im Einzelnen und die Beziehung der Schriften auf dieselben.

Ist im Allgemeinen anzunehmen, dass nicht nur einzelne Veränderungen der philosophischen Ansicht, sondern dass ein Entwickelungsfortschritt der philosophischen Gedankenbildung überhaupt, worin einzelne Umbildungen sich an wesentliche Weiterbildung anlehnen, und dass insbesondere ein Fortgang von einer begrifflichen Forschung, deren Weise der Sokratischen näher stand, zu der eigentlichen Ideenlehre, welche objective Gebilde als Gegenstände der begrifflichen Forschung anerkennt und denselben eine von den Erscheinungen unabhängige Realität vindicirt, sich in Plato's Schriften documentire: so müsste doch das Hermann'sche Princip auf eine schlechthin unhaltbare Spitze getrieben werden, wo es ebenso, wie Schleiermacher's durchgeführte Theorie, vollberechtigten Angriffen erliegen würde, wenn es als ausreichender Erklärungsgrund der bestimmten Folge der Platonischen Schriften verwandt und somit schlechthin anstatt des methodologischen Principes eintreten sollte. Beide Principien, in einseitiger Strenge gefasst, würden einander ausschliessen; denn ein streng durchgeführter Plan ist nur bei wesentlicher Gleichheit der Grundgedanken in den früheren und späteren Schriften möglich, und eine fortwährende Neubildung lässt nicht die Verwirklichung einer umfassenden methodischen Absicht zu. Aber die Annahme, dass Plato's Philosophie unablässig in einem gleichsam Heraklitischen Flusse begriffen gewesen sei, der alle über den einzelnen Dialog oder wenige einzelne übergreifende methodische Planmässigkeit der Darstellung habe ausschliessen müssen, und dass die einzelnen Schriften nur gleichsam die jedesmaligen Ablagerungen des neuen Anwuchses gewesen seien, widerstreitet so offenbar dem Thatbestande, der mindestens bei der Mehrzahl der Schriften von einer vorwiegenden Gleichartigkeit der Gedanken und von gegenseitiger, methodischer und in gewissem Sinne auch systematischer Ergänzung des Inhaltes der einen Schrift durch den Inhalt anderer zeugt, und wird auch von Hermann selbst so wenig all-

gemein (insbesondere nicht für die Schriften der späteren Zeit
nach der Gründung der Schule) angenommen, dass es einer eingehenderen Widerlegung einer solchen einseitigen Ueberspannung
des Hermann'schen Princip nicht bedarf. In der Beschränkung
jedoch, in welcher allein die beiderseitigen Anschauungen der
historischen Wirklichkeit zu entsprechen vermögen, schliessen
sie einander nicht mehr aus, sondern lassen sich gegenseitig Raum,
und müssen zum Behuf einer wahrhaft geschichtlichen Reproduction des Platonismus miteinander combinirt werden. Es ist oben
gezeigt worden, dass nach der Consequenz von Plato's eigenen
Erklärungen und nach dem Charakter der vorliegenden Platonischen Schriften methodische Berechnung in denselben in drei
Beziehungen angenommen werden müsse: a) im einzelnen Dialog,
b) in der Verknüpfung einiger einzelnen untereinander, c) in dem
Fortschritt von mehr elementarischen Dialogen im Ganzen und
Grossen zu systematischen. Gerade diese drei Beziehungen sind
es aber, in welchen bei eigener Fortentwickelung des Verfassers
der Schriften eine methodische Berechnung möglich bleibt; denn
sicher ist doch jedesmal bei der Abfassung des einzelnen Dialoges
und bei der Verknüpfung einiger einzelnen untereinander der
Standpunct des Philosophen zu der bestimmten Zeit, da diese
Dialoge verfasst worden sind, ein bestimmter und fester gewesen, so dass in ihnen ein methodischer Plan gemäss dem Gange
des mündlichen Unterrichts durchgeführt sein kann, und auch die
allgemeine Absicht, von Elementarischem zu Scientifischem fortzuge-
ben, die Plato wenigstens seit der Gründung seiner Schule gehegt zu
haben scheint, liess sich bei wesentlichen Erweiterungen und auch
Aenderungen der eigenen Ansicht recht wohl unverändert festhalten und realisiren. Also weisen beide Reihen unserer Erörterung, die Kritik der die Methode und der die Selbstentwickelung Plato's betreffenden Argumentationen, genau auf dasselbe
Ziel der Vermittelung hinaus.

Sind beide Gesichtspuncte, der einer methodischen Absicht
und der einer Selbstentwickelung Plato's durchweg miteinander
zu verbinden, so liegt es doch in der Natur der Sache und wird
auch zum Theil von Hermann selbst, weit mehr noch von einigen seiner Nachfolger, insbesondere nachdrücklich von Susemihl,
anerkannt, dass der erste Gesichtspunct vorzugsweise für die

späteren Schriften von der Gründung der Schule an, der andere vorzugsweise für die früheren gilt.

Was den zweiten von den drei oben bezeichneten Puncten betrifft, nämlich das Verhältniss der äusseren Anregungen zu den inneren Motiven der Entwickelung, so bedarf auch in dieser Beziehung die Hermann'sche Anschauungsweise einer wesentlichen Ergänzung und Berichtigung. Hermann legt nämlich, obschon er principiell beide Momente geltend macht, doch in der Einzelausführung augenscheinlich das bei weitem grössere Gewicht auf das erstere. Der Einfluss des Euklides von Megara, der Umgang mit den italischen Pythagoreern, die Anschauung ihrer politisch-socialen Institutionen, das sind die Mächte, die nach der Zeit des Verkehrs mit Sokrates auf Plato gewirkt und seine spätere Richtung bestimmt haben. Demgemäss ist bei Hermann von Fortschritten und Umbildungen des Platonismus in der letzten Periode nach der Gründung der Schule wenig die Rede, da hier nicht mehr eben solche äussere Einflüsse, wie zuvor, obwalteten und nur etwa der Einfluss der Schüler auf den Meister mitbestimmend eingewirket haben mag. Aber alle diese Einflüsse sind für Plato doch nur die äusseren, obschon unerlässlichen, Bedingungen zur Vollziehung eines aus inneren Gründen nothwendigen Fortschrittes gewesen, und gewiss grösstentheils von Plato selbst, der ja zu philosophischen Zwecken seine Reisen, mindestens die ersten und grössten unternahm, darum gesucht und herbeigeführt worden, weil er innerlich das Bedürfniss einer Ergänzung oder Berichtigung seiner bisherigen Gedankenbildung nach bestimmten Seiten hin empfand. Man braucht nur Hermann's Entwickelungs-Theorie mit der oben angeführten Ansicht Herbart's über die successive Fortbildung und Umbildung der Ideenlehre zu vergleichen, um sich des Gegensatzes einer Anschauung, die das Hauptgewicht auf die äusseren Einwirkungen legt, und einer anderen, die, nachdem einmal durch die äusseren Einflüsse die Anregung zur Erzeugung der Ideenlehre in ihrer primitiven Form gegeben worden sei, den Fortgang von innen her geschehen lässt, recht lebhaft bewusst zu werden. Der Nachweis aber, in wie weit das eine und in wieweit das andere Moment gewirkt habe, kann wiederum nur durch Einzeluntersuchungen geführt werden.

Nur auf dem zuletzt bezeichneten Wege können wir auch über den dritten Punct Aufschluss zu erlangen hoffen, ob und

in wieweit Schleiermacher, Hermann und andere Forscher
die Entwickelungsstufen zutreffend bestimmt und die erhaltenen
Schriften richtig an dieselben vertheilt haben. So ansprechend
an sich selbst der Gedanke sein mag, dass die sogenannten „dialektischen Dialoge" als „vermittelnde" zwischen die „elementarischen" und die „constructiven" oder „systematischen" zu setzen
seien, so liegt doch gerade hier ganz besonders die Gefahr einer
falschen Construction a priori nahe. Dass den systematischen
Darstellungen vorbereitende vorausgehen mussten, ist ein Gedanke
von unumstösslicher Wahrheit; die Annahme aber, dass jeder
Platonische Dialog von nicht systematischem Charakter den systematischen Darstellungen vorausgegangen sei, wäre eine Subrep-
tion. Recht wohl konnte Plato nach Vollendung der zuvor genügend vorbereiteten systematischen Darstellungen auf die tiefere
Durcharbeitung der Principien in seiner eigenen Forschung zurückkommen und ebendahin seine Schüler und Leser zurückführen. Wissen wir ja doch historisch, dass sich Plato gerade in
seinem letzten Lebensabschnitte (und so auch seine Schule noch
geraume Zeit nach seinem Tode) vorzugsweise mit Untersuchungen der letztgenannten Art beschäftigt hat, und leicht könnte
sich, dem Princip der ὑπόμνησις gemäss, dieser Charakter der
Synousien in Schriften aus Plato's höchstem Lebensalter irgendwie wiederspiegeln. Die sogenannten „dialektischen Dialoge" ver-
dienen sehr, darauf angesehen zu werden, ob ihnen vielleicht statt
der mittleren Stelle, die man ihnen anzuweisen pflegt, eine Stelle
n a c h den systematischen Darstellungen gebühre, sei es im
Sinne einer didaktischen Absicht Plato's, sei es im Sinne einer
Selbstentwickelung, bei welcher Plato zu der Zeit, als er die systematisch darstellenden Dialoge verfasste, eben nicht im Voraus wusste,
welche Scrupel über die Principien ihm später noch auftauchen würden. Doch dies kann hier nur als ein vorläufig ange-
deuteter Gedanke erscheinen, über dessen reale Giltigkeit die
nachfolgende Einzeluntersuchung zu entscheiden hat.

Auf die Gesichtspuncte anderer neuerer Forscher ausser
Schleiermacher und Hermann hier näher einzugehen, würde
uns zu weit führen; die einzelnen Hauptannahmen derselben aber
werden, sofern sie für unsere Untersuchungen von Interesse sind,
in dem zweiten, speciellen Theile zur Sprache kommen. Nur ganz
im Allgemeinen sei hier an das Bekannte erinnert, dass Ritter

und Brandis (in ihren umfassenden Geschichtswerken) im Wesentlichen dem Schleiermacher'schen Princip huldigen, und neuerdings Suckow ("die wissenschaftliche und künstlerische Form der Platonischen Schriften", Berlin 1855) dasselbe in einer eigenthümlichen Weise reproducirt hat; dass Munk (in der schon erwähnten Schrift) sich einen neuen Weg bahnt, der jedoch dem Schleiermacher'schen nicht allzu fern liegt; dass ausser Beck, Schwegler und Anderen namentlich Steinhart die Hermann'schen Principien vertritt ("Platon's sämmtliche Werke, übersetzt von Hieronymus Müller, mit Einleitungen begleitet von Karl Steinhart", Bd. I his VII, Leipzig 1850—59); dass Susemihl ("die genetische Entwickelung der Platonischen Philosophie, einleitend dargestellt", 2. Band, Leipzig 1855—60), wie auch Deuschle (in verschiedenen Schriften) und in anderem Sinne Zeller ("Philosophie der Griechen", Bd. II, 2. Aufl., 1859) eine Vermittelung suchen, so jedoch, dass Susemihl und Deuschle der Hermann'schen Anschauungsweise sich enger anschliessen, Zeller aber der Schleiermacher'schen näher bleibt.

Wir stehen an der Grenze des allgemeinen Theiles unserer Abhandlung und fassen die Resultate unserer bisherigen Betrachtungen dahin zusammen:

Der Grundgedanke Hermann's, nämlich die Annahme, dass sich in den Schriften Plato's ein Entwickelungsfortschritt seiner Philosophie kundgebe, ist trotz der bedeutenden Mängel, an welchen Hermann's Beweisversuch und insbesondere seine Polemik gegen Schleiermacher leidet, an sich selbst wohlbegründet und durch Thatsachen genügend gerechtfertigt; aber die Art, wie Hermann dieses Princip näher bestimmt und durchführt, unterliegt gewichtigen Bedenken, und insbesondere ist die fast bis zur Exclusivität gehende Einseitigkeit ungerechtfertigt, mit welcher er dasselbe dem Schleiermacher'schen Princip gegenüber zur Geltung bringt. Der Schleiermacher'sche Grundgedanke der Wesentlichkeit der methodischen Form in Plato's Dialogen ist ganz ebensowohl, wie das Hermann'sche Entwickelungs-Princip, historisch berechtigt; aber die Art, wie Schleiermacher dieses Princip näher bestimmt und durchführt, ist eine unhaltbare, und insbesondere ist das fast bis zur Exclusivität gehende Uebergewicht ungerechtfertigt, welches er demselben gibt, indem er das Princip der philosophischen Selbstst-

wickelung Plato's zwar nicht abweist, aber doch nur in geringem
Masse mitberücksichtigt und nur im Sinne eines successiven
Klarerwerdens der einzelnen Elemente des Systems anerkennt.
Beide Principien, richtig gefasst, müssen einander theils beschrän-
ken, theils ergänzen, wenn die wahrhaft historische Ansicht, d. h.
die Reproduction des wirklichen Processes, der sich in Plato's
Geiste vollzogen hat, soweit uns dieselbe durch strenge Forschung
erreichbar ist, gewonnen werden soll.

In dem allgemeinen Theile unserer Untersuchungen, den wir
hiermit schliessen, musste die Kritik des Fremden, insbesondere
der Schleiermacher'schen und Hermann'schen Principien,
vorherrschen, die Begründung einer eigenen positiven Anschauung
aber ein secundäres, an die Kritik sich anlehnendes und aus ihr
erwachsendes Element bleiben. An sich wäre es möglich, in dem
nun folgenden speciellen Theile ebenso zu verfahren. Es müsste
dann die Art, wie die bedeutendsten Forscher, namentlich
Schleiermacher und Hermann, auf Grund ihrer Principien
über die Echtheit und Zeitfolge der einzelnen Platonischen Dialoge
geurtheilt haben, der Untersuchung unterworfen werden, und
daran der Versuch, selbstständig das Richtige zu ermitteln, sich
anschliessen. Aber dieses Verfahren scheint minder zweckmässig
zu sein, als die Anlehnung der Kritik an die selbstständige Forschung in dem speciellen Theile. Denn entweder betrifft die Ein-
zelkritik nur die Frage, ob der Vertreter eines Principes in der
Anwendung desselben auf das Einzelne sich selbst treu geblieben
und durchweg mit Geschick verfahren sei, und dies können wir von
einem Schleiermacher und auch von einem Hermann in dem
Masse voraussetzen, dass es sich kaum lohnt, etwaigen einzelnen
Mängeln eigens nachzuspüren (wie z. B., dass Hermann den
Euthyd., der die Ideenlehre kennt, in die Zeit vor dem Process
des Sokrates setzt, und Aehnliches). Oder sie betrifft die Frage,
ob die einzelnen Bestimmungen im Verhältniss zu der historischen
Wirklichkeit richtig seien; diese Frage aber können wir nur im
Anschluss an eigene Untersuchungen über die Echtheit und Zeitfolge der Dialoge auf demjenigen methodischen Wege, der uns
selbst als der angemessenste erscheint, der Lösung näher zu
bringen hoffen.

Zweiter Theil.

Jede Forschung, welche auf objective Giltigkeit ihrer Ergebnisse Anspruch macht, muss von gewissen festen Puncten ausgehen, die nicht nur im Kreise der Vertreter der einen oder anderen Hypothese eine anerkannte Geltung haben, sondern unabhängig von allen hypothetischen Elementen an sich selbst gewiss sind und ihrerseits als Kriterien der Giltigkeit der verschiedenen Hypothesen dienen mögen. Ohne solche feste Puncte sind wir stets in Gefahr, dasjenige als Beweisgrund mit vorauszusetzen, was doch selbst in Frage steht und seinerseits erst erwiesen werden müsste, also den Fehler der petitio principii zu begehen. Solche Puncte aber, wenn sie gewonnen sind, gewähren gleich einer Operationsbasis allen ferneren Combinationen, mögen diese auf Gewissheit oder nur auf Wahrscheinlichkeit abzielen, einen sicheren Halt.

Es ist offenbar, dass solche feste Puncte bei unserem Problem in zuverlässigen historischen Zeugnissen über Plato's Leben und Entwickelung wie auch über die Echtheit der Dialoge, und in sicheren äusseren Spuren der Abfassungszeit einzelner Dialoge zu suchen sind; an die Constatirung derselben wird sich die Aufsuchung anderer, minder gesicherter historischer Data in den Dialogen selbst und der inneren Beziehungen der Dialoge auf einander anschliessen müssen.

Was Plato's Leben betrifft, so kann es sich hier nur um die genaue Feststellung der Zeit einzelner bedeutenderer Begebenheiten handeln, nicht um eine Wiedererzählung des Bekannten. Insbesondere ist die Zeit der Geburt, des Todes, und derjenigen Reisen, welche in den Abschnitt vom Tode des Sokrates bis zu Plato's vierzigstem Lebensjahre fallen, kritisch zu ermitteln.

Die Zeugnisse über die Zeit des Todes sind bestimmter
und freier von gegenseitigem Widerspruch, als die, welche auf das
Geburtsjahr gehen. Jene gewähren auch der Untersuchung
über die Glaubwürdigkeit der letzteren eine Stütze, und mögen
deshalb diesen hier vorangestellt werden.

Nach der übereinstimmenden Angabe von Dionys. Halic. ep. 1.
ad Ammaeum, c. 5; Diog. Laërt. V, 9; Athen. V, 217 b ist Plato
Ol. 108, 1 unter dem Archontat des Theophilus gestorben,
also 348—347 vor Chr. Aber es lässt sich auch als gewiss annehmen, dass sein Tod in die zweite Hälfte dieses Olympiadenjahres, also in die erste des Jahres 347 v. Chr. falle. Diese Gewissheit beruht auf dem Zeugniss des Diogenes von Laërte über
die διαδοχή in der Leitung der Akademie nach Plato's Tode. Es
folgte ihm zunächst, wie bekannt, Speusippus, sein Schwestersohn,
der nach Diog. IV, 1 ἐσχολάρχησεν ἔτη ὀκτώ, ἀρξάμενος ἀπὸ τῆς
ὀγδόης καὶ ἑκατοστῆς Ὀλυμπιάδος, diesem aber folgte der Chalkedonier Xenokrates, ἀρξάμενος κατὰ τὸ δεύτερον ἔτος τῆς δεκάτης καὶ ἑκατοστῆς Ὀλυμπιάδος nach Diog. IV, 14. Diese Angaben gehen auf Verhältnisse, die der Schule wichtig genug sein
mussten, um die Zeit ihres Eintritts von gleich an genau anzumerken und das Andenken daran getreu zu bewahren, und wir
dürfen voraussetzen, dass hierin auch der Bericht des Diogenes
durchaus das Richtige enthalte. Rechnen wir nun von Ol. 110, 2=
339—338 um 8 Jahre zurück, so kommen wir auf Ol. 108, 2=347
—346 vor Chr. als Anfangszeit der Leitung der Schule durch
Speusippus. Wären also jene ἔτη ὀκτώ buchstäblich zu verstehen,
und hat Speusippus, wie doch anzunehmen ist, gleich nach Plato's
Tode die Vorsteherschaft der Schule angetreten, so müsste
Plato sogar erst nach Ablauf von Ol. 108, 1 gestorben sein; da
aber zu den acht Jahren immerhin einige Monate hinzuzudenken
sein mögen, so lassen sich beide Angaben ohne Anstand dahin
vereinigen, dass Plato in der letzten Hälfte von Ol. 108, 1,
also in der ersten des Jahres 347 vor Chr. gestorben sei. Eben
dahin führt das an sich freilich wenig zuverlässige Zeugniss
des Seneca (Epist. 58), es sei dem Plato für seinen treuen
Fleiss der Lohn zugefallen, dass er an seinem Geburtstage gestorben sei, genau 81 Jahre alt, ohne irgend einen Ueberschuss. Fällt nun wirklich sein Geburtstag auf den 7. Thargelion, an welchem derselbe (nach Plut. Quaest. symp. VIII. 1;

Apul. dogm. Plat. 1.) später gefeiert wurde, oder auch nur in die Nähe dieser Zeit, so stimmt dies mit der obigen Berechnung sehr wohl zusammen, und beide Angaben dienen einander zur Bestätigung. Nach Diog. L. wurde von den Deliern der 7. Thargelion für den Geburtstag Apollo's gehalten. Ob hier ein zufälliges Zusammentreffen anzunehmen sei (und daneben doch vielleicht eine willkürliche Verlegung des Geburtstages des Sokrates auf den 6. Thargelion), oder ob die Verehrer Plato's den Geburtstag ihres Meisters auf den seines mythischen Vaters willkürlich gelegt haben, wird sich schwer entscheiden lassen ; aber nach dem Obigen ist wenigstens die Zeit in der Nähe jenes Tages gegen den Schluss des Olympiadenjahres nicht unwahrscheinlich.

Um von hier aus das Geburtsjahr zu berechnen, müssten wir die Lebensdauer Plato's mit Sicherheit bestimmen können. Aber hier schwanken die Angaben sehr. Dionys. de comp. verb. p. 406 Schaef. lässt ihn bis zum Alter von achtzig Jahren an seinen Schriften feilen (ὁ Πλάτων τοὺς ἑαυτοῦ διαλόγους κτενίζων καὶ βοστρυχίζων καὶ πάντα τρόπον ἀναπλέκων οὐ διέλιπεν ὀγδοήκοντα ἔτη γεγονώς). Cicero sagt (de Sen. V, 13): uno et octogesimo anno scribens est mortuus. Nach Hermippus bei Diog. L. III. 2 ; Seneca l. l.; Lucian. Macr. 20; August. de civ. Dei VIII, 11 ; Censorin. de die nat. 15, 1 ; Prolegom. c. 6 ist er 81 Jahre alt geworden, nach Neanthes bei Diog. L. III, 3 ; Athen. V, 217; Val. Max. VIII, 7 sogar 84 Jahre. Die beiden Angaben: im 81. Jahr (also etwa unmittelbar nach Vollendung des 80. mit dem 81. Geburtstage), und : 81 Jahre alt, konnten leicht in einander übergehen. Vielleicht beruhte die Zahl 81 ursprünglich darauf, dass Geburts- und Todesjahr beide gezählt wurden. Wesentlich verschieden von den übrigen sind die Zeugnisse für 84 Jahre ; eben diese sind aber auch theils wegen der geringen Glaubhaftigkeit der Gewährsmänner, theils wegen der besseren Zeugnisse für die Geburtszeit, die sogleich angeführt werden sollen, die mindest zuverlässigen. Zählen wir von 347 v. Chr. um 80 Jahre zurück, so kommen wir auf 427 ; um 81, so auf 428 als Geburtsjahr Plato's.

Directe Zeugnisse haben wir für jedes dieser beiden Jahre und ausserdem noch für 429 und 423. Aber für 429 (Ol. 87, 3) zeugt direct nur Athenaeus (V, 217), der ebendaselbst auch das Alter auf 84 Jahre bestimmt, so dass Plato 345 gestorben sein müsste, was gewiss falsch ist; für 423 (Ol. 89, 1) nur Eusebius

(Chronic.) und mit ihm das Chron. paschale. Für 428 spricht die
Angabe, Plato sei im Todesjahr des Perikles geboren (Diog.
L. III, 3), also im vierten Jahre der 87. Olympiade, in dessen
erster Hälfte (Herbst 429) bekanntlich Perikles gestorben ist;
denn dass Diog. hier nach römischer Weise das Jahr bestimme,
ist eine sehr unsichere Annahme. Für 427 zeugt Apollodorus
bei Diog. L. III, 2, vorausgesetzt, dass die Angabe der 88.
Olympiade auf das erste Jahr derselben zu beziehen ist: καὶ
γίνεται Πλάτων, ὥς φησιν Ἀπολλόδωρος ἐν Χρονικοῖς, ὀγδόῃ καὶ
ὀγδοηκοστῇ Ὀλυμπιάδι, Θαργηλιῶνος ἑβδόμῃ.

Von indirecten Zeugnissen sind ausser den aus dem
Todesjahr und der Lebenszeit geschöpften noch drei andere be-
merkenswerth. Das erste ist die Angabe bei Pseudo-Plutarch,
vit. Isocr. II, p. 836, Isokrates sei 7 Jahre vor Plato geboren.
Nun fällt die Geburt des Isokrates in Olymp. 86, 1 (436—35
v. Chr.) unter das Archontat des Lysimachus (Diog. III, 3; Dionys. jud. de Isocr., init.; Pseudo-Plut. l. l.), also hiernach die
Geburt Plato's in Ol. 87, 4 (429—28 vor Chr., das Todesjahr
des Perikles) unter das Archontat des Epameinon. Diog. L. III, 3
sagt zwar, Plato sei 6 Jahre jünger als Isokrates gewesen, so dass
er, da dieser auch nach des Diog. eigener Angabe unter Lysimachus, also Ol. 86, 1 geboren ist, Ol. 87, 3, als Apollodorus
Archon war, geboren sein müsste; allein der Zusatz des Diog.
in eben diesem Zusammenhange: Πλάτων δὲ ἐπ' Ἀμεινίου γέγονεν,
ἐφ' οὗ Περικλῆς ἐτελεύτησεν, zeigt, dass die Zahl sechs wohl nur
ein Rechnungsfehler ist; denn da 429—28 Epameinon, 423—22
aber Amynias Archon war, und sonst in den betreffenden Jahren
keine ähnlichen Namen von Eponymen vorkommen, das Jahr des
Amynias aber von der Geburtszeit des Isokrates schon um 13 Jahre
entfernt liegt, so kann nur Epameinon gemeint sein, und die Conjectur: ἐπ' Ἐπαμείνονος statt ἐπ' Ἀμεινίου ist völlig gerechtfertigt. Also weist auch dieses Zeugniss des Diog. durchaus auf
Ol. 87, 4, mithin auf 428 vor Chr. Wollte man mit Zeller (Ph. d.
Gr. II, S. 286) annehmen, dass Diog. das Jahr des Epameinon
mit dem Januar 429 beginnen lasse, in dessen Mai dann Plato
geboren sei, so müsste von dem Anfang des Jahres des Lysimachus das Gleiche gelten, und der Rechnungsfehler wäre also
durch diese Annahme nicht beseitigt. Ein zweites indirectes
Zeugniss lässt sich aus der Notiz im 7. Plat. Briefe entnehmen,

8*

Plato sei ungefähr 40 Jahre alt gewesen, als er zuerst nach Syrakus gekommen sei. Da das Ende dieser Reise, die Gefangenschaft in Aegina, die Befreiung und die Rückkehr nach Athen
(wie sich unten ergeben wird) nicht nach 387 fallen kann, so
werden wir auf ein Geburtsjahr zurückgeführt, welches nicht ein
späteres als 427 sein kann, aber auch kaum 427 selbst würde sein
können (weit eher 428), wenn nicht das zugefügte σχεδόν vor
ἔτη τετταράκοντα γεγονώς diese Möglichkeit doch wieder ergäbe.
Das dritte indirecte Zeugniss ist das des Platonikers Hermodorus bei Diog. L. II, 106; III, 6, wornach Plato im Alter von
28 Jahren, nach dem Tode des Sokrates, mit einigen seiner früheren Mitschüler aus Furcht vor der blinden Wuth der Demagogen,
die den Sokrates hatten hinrichten lassen, nach Megara zum Euklides gezogen ist. Dass nämlich der Hermodorus, auf den Diog.
sich hier beruft, der Schüler des Plato sei, lässt sich aus dem
Zeugniss des Simplicius schliessen, wornach eben dieser Platoniker eine συγγραφή περὶ Πλάτωνος (Simplic. in Arist. phys.
p. 546) oder ein βιβλίον περὶ Πλάτωνος (ib. p. 566) verfasst
hat, wie Zeller in der Diatribe de Hermodoro Ephesio et
Hermodoro Platonico, Marburgi 1859 (Gratulationsschrift der
philos. Facultät der Marburger Universität an Prof. Chr. II.
Koch), S. 18 ff. mit Recht bemerkt. Da nun Sokrates in
der zweiten Hälfte von Ol. 95, 1, also der ersten des Jahres
399 vor Chr. (wahrscheinlich im Monat Thargelion) den Giftbecher trank, und die Flucht der Schüler, zumal, wenn sie aus dem
angegebenen Grunde geschah, gleich nachher erfolgt sein muss, so
muss Plato je nach dem Verhältniss des Datums seiner Geburt
zu dem jener Hinrichtung 428 oder 427 geboren sein. Ist der
überlieferte Tag historisch, und kehrte das delische Festschiff (wie
K. F. Hermann in seiner Abhandlung: de theoria Deliaca, Ind.
schol. Gott. 1846—47 nachzuweisen sucht) in der zweiten Hälfte
des Thargelion zurück, so muss Plato's Geburt auf den 7. Thargelion von Ol. 88, 1, (427 v. Chr.) gefallen sein.

Hiernach hat das Jahr 427 unter allen die grösste Wahrscheinlichkeit; nächst diesem ist das Jahr 428 gut bezeugt; das
Jahr 429 aber, welches (wie K. F. Hermann, Plat. Ph., S. 11 meint)
„nach den sichersten Angaben und Rechnungen" in der neueren
Zeit von den Meisten angenommen worden ist (Tennemann jedoch
hat richtiger geurtheilt), ist höchst unwahrscheinlich. Zeller, der

noch in der 2. Aufl. des II. Bandes seiner „Philos. der Griechen"
für 429 stimmte, hat sich in der zuletzt erwähnten Abhandlung
auf Grund des Zeugnisses des Hermodorus für 427 entschieden.

Noch ist eine Ungenauigkeit zu berichtigen, die sich Einige
zu Schulden kommen lassen, welche den 7. Thargelion durchweg
mit unserem 21. Mai identificiren. Aber nur der 7. Thargellon
von Ol. 87, 3 (429) ist nach I d e l e r's (und auch nach A. Momm-
s e n's) Construction des Metonischen Cyclus auf den 21. Mai zu
reduciren (oder genauer auf die Zeit vom Abend des 21. Mai bis
zum Abend des folgenden Tages); dagegen fällt der Anfang des
7. Thargelion von Ol. 87, 4 auf den 10. Mai (nach M o m m s e n auf
den 9. Juni) 428, und der Anfang desselben Monatstages von
Ol. 88, 1 auf den 29. Mai 427 v. Chr. Galt aber, wie nach
B o e c k h's neueren Forschungen anzunehmen ist, noch die
Oktaëteris, so finden wir (je nach der Lage des Schaltjahrs)
entweder: den 17. (oder 18.) Mai 429; 6. Juni 428; 26. (oder
27.) Mai 427; *oder:* den 16. Juni 429; 5. (oder 6.) Juni 428;
26. (oder 27.) Mai 427.

Die Angabe, dass Plato zwanzig Jahre alt gewesen sei, als
er mit Sokrates bekannt wurde, führt Diog. L. (III, 6) nicht auf
Hermodorus zurück, aus dessen Schrift er die fernere Angabe
gezogen hat, dass derselbe nach dem Tode seines Lehrers bei der
Uebersiedelung nach Megara 28 Jahre alt gewesen sei; doch
bleibt möglich, dass er auch jene Nachricht derselben Quelle
verdanke. Wüssten wir, dass sie von Hermodorus stamme, so
müssten wir sie für ausreichend beglaubigt halten; aber auch
ohnedies ist sie nicht unwahrscheinlich.

Dass die Auswanderung nach M e g a r a gleich nach des
Sokrates Tode erfolgt sei, sucht Z e l l e r in der oben angeführten
Diatribe (S. 19) nachzuweisen. Die Besorgnis vor dem rachsüchtigen
Gebahren der Demagogen, müsse die Sokratiker gleich nach des
Meisters Tode zur Entfernung aus Athen veranlasst haben, sobald die Pietät nicht mehr ihr Verweilen forderte; demgemäss
will Z e l l e r auch der Vermuthung Raum lassen, dass der Tadel gegen die bei Sokrates' Tode nicht anwesenden Schüler, Aristippus und Kleombrotus, der in Plato's Worten Phaedo 59 C
liegt, seine Spitze in der Anschuldigung einer zu frühen Entfernung aus feiger Furcht haben möge. Es ist nun zwar in dem
Zeugnisse des Hermodorus die Glaubwürdigkeit der berichteten

Thatsache, dass Plato 28 Jahre alt nach Megara gezogen sei, und die des Motivs, worauf dieselbe dort zurückgeführt wird, sehr zu unterscheiden; vielleicht wusste der Platoniker nur von jener mit urkundlicher Sicherheit, und schrieb über dieses nur nach seiner eigenen Vermuthung. Zeller geht wohl zu weit, wenn er beides auf Eine Linie stellt in den Worten: „Si vero Hermodorus Platonis discipulus haec de fuga Megarica retulit, neque de hac ipsa dubitari, neque ratio, quae, ut Athenis excederent, Platoni reliquisque Socraticis persuaserit, alia quaeri debet". Im Phaedo und überhaupt bei Plato und Xenophon fehlt so ganz die Andeutung einer Gefahr für die Schüler des Sokrates, die sogar nach dem Crito nur bei der Unterstützung eines Fluchtversuches zu drohen scheint, dass recht wohl auch die Annahme eines andern Motivs zulässig bleibt: Plato wollte damals lieber mit seinen Gesinnungsgenossen verkehren, die mit ihm zu philosophiren bereit waren und den Sokrates ehrten, als mit den antiphilosophischen Athenern, die den Sokrates getödtet hatten. In dieser Zeit war ihm nicht Athen, sondern allein die Philosophie Heimath und Vaterland. Aber auch wenn wir dieses Motiv für das wahrscheinlichere halten, bleibt nichtsdestoweniger auf Grund jenes Zeugnisses die sofortige Uebersiedelung Plato's nach Megara gleich nach dem Tode des Sokrates gesichert, und Hermann's Vermuthung (Gesch. und Syst. d. Plat. Phil., S. 568, Anm. 75), dass dieselbe erst vier bis fünf Jahre später erfolgt sein möge, ist entschieden unhaltbar. Hermann's, Verdächtigung jenes Zeugnisses (Plat. Phil. S. 106, Anm. 82) scheint auf einer ganz ungegründeten Beziehung der Worte: δείσαντας τὴν ὠμότητα τῶν τυράννων (d. h. der demokratischen Gewalthaber) auf die viel später erst sogenannten „dreissig Tyrannen", an deren Spitze Kritias stand, zu beruhen; wenigstens lässt sich nicht absehen, was sonst für eine „Unbekanntschaft mit den näheren historischen Umständen" Hermann in jenen Worten finden mag.

Die ferneren Reisen Plato's bis zu seinem vierzigsten Lebensjahre waren bekanntlich, der ziemlich übereinstimmenden Angabe der Zeugen gemäss, nach Cyrene, Aegypten, Italien und Sicilien gerichtet; aber die Reihenfolge derselben wird sehr verschieden angegeben; auch steht nicht fest, ob Plato während dieses ganzen Zeitraumes ununterbrochen auf Reisen gewesen sei oder eine Zeitlang in seiner Vaterstadt verweilt habe. An die letztere Frage knüpft sich die nach der Zeit der Gründung der Schule und mittelbar auch die nach der Entstehungszeit des Phaedrus an, und aus diesem Grunde gewinnt dieselbe eine so grosse Bedeutung, dass die Unbestimmtheit und Unzuverlässigkeit, die den meisten der auf diesen Zeitraum bezüglichen Nachrichten anhaftet, für den gesicherten Fortschritt unserer Untersuchungen von wesentlichem Nachtheil ist. Um Annäherung an Gewissheit hoffen zu dürfen, muss vor allem das Mass der Glaubwürdigkeit der hauptsächlichsten Quellen ermittelt werden. Dass Lebensbeschreibungen aus sehr später Zeit, wie die des Apulejus und die des Olympiodorus, und solche biographische Angaben, wie die in den Προλεγόμενα τῆς Πλάτωνος φιλοσοφίας durchaus keine entscheidende Bedeutung beanspruchen können, bedarf kaum der Erwähnung; liegen auch theilweise denselben gute ältere Nachrichten zum Grunde, so sind diese doch mit zu vielen Irrthümern und Fabeln untermischt, als dass irgend eine Notiz durch ihr Zeugniss glaubwürdig werden könnte. Die Berichte des Diogenes von Laerte erlangen bekanntlich oft durch die Nennung älterer Zeugen einen weit höheren Werth, als ihnen sonst bei einem so späten und nachlässigen Autor zukommen würde; aber für unbedingt zuverlässig können sie dennoch nur in sehr seltenen Fällen gelten. Auch Zeugnisse bei einem Cicero und Quinctilian und Plutarch können nur eine gewisse Wahrscheinlichkeit begründen und entkräften zum Theil einander durch ihren gegenseitigen Widerspruch. Lägen uns die Schriften der Urzeugen, eines Speusippus und Hermodorus und Heraklides und Philippus vor, so möchte im Einzelnen zwar immer noch einiges unbestimmt und ungesichert bleiben, aber wir fänden darin doch ohne Zweifel ein im Wesentlichen treues Lebensbild. Freilich wäre auch hier in Abzug zu bringen, was um des Schmuckes der Darstellung willen namentlich von Speusippus Sagenhaftes mitaufgenommen worden zu sein scheint. Unter allen Zeugnissen am zuverlässigsten würden für gewisse biographische Beziehungen Plato's eigene Dialoge sein, falls die Zeitfolge derselben, die wir erst suchen, im Voraus feststände. Ein Document aber hat sich erhalten, welches, reich an biographischen Angaben, unzweifelhaft zu den ältesten Schriften dieses Inhaltes gehört und die Form eines von Plato selbst verfassten Schriftstückes trägt, nämlich der siebente der uns überlieferten Briefe, der unter allen am meisten Anspruch hat, für eine Schrift Plato's zu gelten. Bekanntlich hat noch Böckh (Graecae trag. princ., Heidelb. 1808, S. 163 f.) denselben nebst dem achten und etwa noch dem dritten unserer Sammlung für echt gehalten. Einer eingehenden Untersuchung hat unter den Neueren namentlich E. A. Salomon (in einem Programm des Berliner Friedr.- Wilh.- Gymnas. vom Jahre 1835 „de Platonis quae vulgo feruntur epistolis") die Echtheit dieser Briefe unterworfen ; er gesteht dem dritten, siebenten und achten Briefe einen sehr frühen Ursprung zu, hält aber keinen derselben für ein Werk Plato's. Das früheste ausdrückliche Zeugniss für den siebenten Brief ist das des Cicero, Tusc. V, 35: *Est praeclara epistola Platonis ad Dionis propinquos*, wo er auf Ep. VII, p. 326 Bezug nimmt ; vergl. Cic. ad Div. I, 9; höchst wahrscheinlich aber hat derselbe auch schon dem Aristophanes von Byzanz vorgelegen, da dieser (nach Diog. Laërt. III, 62) auch gewisse „Briefe" den echten Schriften Plato's zuzählt, und darunter wohl kaum andere verstanden werden können, als der siebente und achte und vielleicht auch der dritte unserer Sammlung. Innere Gründe bestätigen die frühe Entstehung dieser Briefe. Die Schilderung persönlicher Beziehungen , insbesondere des Plato zu Dio und zu dem jüngeren Dionysius, macht durchaus den Eindruck lauterer Naturwahrheit; deutlich erkennt man, dass nicht von einem den Ereignissen fern stehenden Schriftsteller auf Grund der Abstractionen : Philosoph, Philosophenfreund und Tyrann, ein Roman gedichtet, sondern von einem mit den thatsächlichen Verhältnissen vertrauten Manne ein im Wesentlichen treuer Bericht erstattet wird. Die Motive, die Plato zugeschrieben werden, sind gerade von solcher Art, wie wir sie bei diesem Philosophen erwarten müssen; der Schmerz um Dio's Tod gibt sich lebhaft aber ohne rhetorische Ueberspannung kund; keine ungerechte Herabsetzung des Dionysius, keine Vergötterung Plato's weist auf eine Zeit hin, wo bereits ein die historische Objectivität trübender Nimbus das Haupt des Philosophen umstrahlte ; das Bild des zwischen dem Guten und Bösen schwankenden, für sittliche Mahnung und wissenschaftliche Belehrung nicht unempfänglichen, aber schwachen, ruhmsüchtigen, auf Plato's Liebe kindisch eifersüchtigen , der Verführung leicht zugänglichen, argwöhnischen und arglistigen, treulosen, der wahrhaften Erhebung unfähigen Jünglings tritt in scharfen Zügen aus den Angaben in jenen Briefen, namentlich im siebenten, hervor. Entwe-

der Plato selbst, oder einer seiner nächsten Schüler, der noch an
seine eigenen Mittheilungen sich halten konnte, muss der Verfasser sein. Welche dieser beiden Annahmen vorzuziehen sei, ist
nicht ganz leicht zu entscheiden. Mehreres, was gegen Plato's
Autorschaft oder sogar gegen die historische Zuverlässigkeit der
Angaben zu sprechen scheinen könnte, lässt sich durch eine richtigere Deutung beseitigen. Die Stelle p. 325 C, wornach Plato
schon vor der Sicilischen Reise die Ueberzeugung auszusprechen
sich genöthigt sah, dass nur durch die Identität der Herrscher
und Philosophen den Staaten das Heil erblühen könne, ist gar nicht
(mit Zeller, Phil. d. Gr. II, 2. Aufl., S. 297) auf die Schrift
de Rep. (V, p. 473 C)zu beziehen, sondern vielmehr auf mündliche
Aeusserungen, was sie nach ihrem Wortsinne ganz unzwei-
deutig besagt. So unwahrscheinlich es ist, dass jene Schrift
so früh verfasst worden sei, so natürlich ist es doch, dass Plato
jene Ueberzeugung schon bald nach dem Tode des Sokrates gewonnen und ausgesprochen habe. Auch die „Geheimlhnerei"
Ep. VII, p. 341 ff. liesse sich als Consequenz der im Phaedrus
ausgesprochenen Grundsätze begreifen; gerade bei den obersten
Principien musste zumeist Sorge getragen werden, dass nicht
Dilettanten, die der dialektischen Schulung entbehrten, Darstellungen in die Hände fielen, die in ihnen nur eitlen Wissens-
dünkel hervorrufen konnten; die Lehren, von denen Aristoteles
berichtet, hat Plato in der That nie in einer zusammenhängenden
Darstellung veröffentlicht, sondern (im Tim., Phileb., Soph. etc.)
höchstens angedeutet, und wenn die Sorge für Fernhaltung der
Unberufenen in dem Briefe noch stärker hervortritt, so weist derselbe ja auf Plato's letzte Lebensjahre als seine Entstehungszeit
also auf eine Periode, in welcher auch nach allen sonstigen Spuren die Richtung, welche unter den Nachfolgern Plato's in der
Akademie herrschte, über ihn selbst mehr und mehr Macht ge-
wann. Wenn freilich der zweite Brief (p. 314) noch viel weiter
geht, den grössten Schutz in der Unterlassung des Schreibens
und dem ἐκμανθάνειν findet, und die Schriften Plato's für nicht
wahrhaft Platonisch (nicht seine Philosophie enthaltend), sondern
nur dem (in Plato) verjüngten und verklärten Sokrates angehörig
erklärt, so ist dies ein deutliches Zeichen einer weit späteren
Abfassungszeit. Was in dem siebenten Briefe p. 342 A bis 344 E
(ἔτι δὲ μακρότερα bis βροτοὶ δὲ φρένας ὤλεσαν αὐτοί) gesagt

wird, enthält so manches Auffallende, dass, wer an der Echtheit
dieses Briefes festhalten wollte, kaum umhin könnte, diese Stelle
für ein Einschiebsel zu erklären. Gegen die Echtheit des ganzen
siebenten Briefes spricht jedoch theils der Gesammtinhalt, theils
manches Einzelne. Der Rath, den Plato den Freunden Dio's
ertheilt, tritt so sehr hinter die Erzählung seiner eigenen sicilischen Erlebnisse zurück, und die apologetische Tendenz tritt so
deutlich hervor, dass unverkennbar die Adresse: „an Dio's Freunde"
sich als eine absichtlich gewählte Form bekundet, welche Gelegenheit bieten sollte, eine Darlegung der historischen Wahrheit und
eine Rechtfertigung Plato's gegen manche vielleicht weitverbrei-
tete Beschuldigungen an die Oeffentlichkeit zu bringen. Die
wahre Adresse verräth sich p. 330 B: τῶν ἐπανερωτώντων ἕνεκα
τί δὴ βουλόμενος ἦλθον τὸ δεύτερον, ferner p. 337 E: ᾧ μέλει
ἀκούειν ἔξεστι τὸ μετὰ τοῦτο, auch schon p. 324 B: οὐκ ἀνάξιον
ἀκοῦσαι νέῳ καὶ μὴ νέῳ, und ebendaselbst: ἔχει γὰρ καιρὸν τὰ
νῦν, denn wenn in dem vorliegenden Falle ein schicklicher Anlass (καιρὸς) zur Darlegung der Beziehungen Plato's zu Dio
und dem Syrakusischen Hofe gefunden wird, so ist diese Darlegung dem Briefsteller offenbar nicht blosses Mittel, sondern
Zweck. Schon hiernach kann nicht Plato selbst, sondern nur ein
Platoniker der Verfasser des Briefes sein. Von den Einzelheiten,
die Salomon beibringt, sind zwar mehrere ohne rechte Beweiskraft, andere jedoch gegen Plato's Autorschaft entscheidend.
Recht wohl könnte Plato selbst gesagt haben, er sei in Folge
von Dio's wohlbegründeter Aufforderung nach Sicilien gekommen,
verlassend seine διατριβὰς οὔσας οὐκ ἀσχήμονας, denn es liegt
hierin nichts Prahlerisches, sondern nur die Bezeichnung des
Gewichtes, welches bei der Abwägung der Gründe für die Reise
nach Syrakus und der Gegengründe auf die Seite der letzteren
fiel. Bedenklicher ist schon die Stelle p. 328 D, wo dem Dio ein
so unbedingtes Lob der Ueberredungskraft Plato's in den Mund
gelegt wird, dass dieser selbst, wie entfernt er auch von falscher
Bescheidenheit war, es doch um der Wahrheit willen wohl nicht
ohne eine restringirende Bemerkung wiedergegeben hätte. Für
unmöglich aber müssen wir es halten, dass Plato im eigenen Namen, um die Ehre Athens zu retten, sich selbst im Gegensatze
zu Kallippus, dem Mörder des Dio, als das Muster eines edel-
gesinnten Atheners mit der ruhmredigen Wendung (p. 334 B)

gepriesen hätte: φημὶ γὰρ κἀκεῖνον Ἀθηναῖον εἶναι, ὃς οὐ προὔ-
δωκε τὸν αὑτὸν τοῦτον, ἐξὸν χρήματα καὶ ἄλλας τιμὰς πολλὰς
λαμβάνειν, wogegen eine solche Lobpreisung Plato's von Seiten
eines seiner Schüler sehr natürlich ist. Das Gleiche gilt von p. 345 C,
wo Plato als der ἡγεμὼν καὶ κύριος von Philosophemen gepriesen
wird, für deren Werth die achtbarsten Zeugen einstehen. — Gegen
die Echtheit des achten Briefes ist entscheidend die von Salomon
hervorgehobene Discrepanz zwischen der Stelle desselben p. 354 B,
wo ausdrücklich dem Lykurg, und Plat. Leg. p. 692 A, wo andeutungsweise dem Theopomp (als dem τρίτος σωτήρ, nach dem
Gotte und dem Lykurg) die Einsetzung der Ephoren zugeschrieben wird. Von geringerem Gewichte ist, was Salomon gegen
die Echtheit des siebenten und achten Briefes aus der Abweichung einzelner Angaben derselben von den Berichten späterer Historiker folgert; denn die vorausgesetzte unbedingte Zuverlässigkeit der letzteren ist durch nichts verbürgt. Beide Briefe
reden von einem Sohne Dio's so, als ob derselbe nach dem Tode
des Vaters noch gelebt habe; die Historiker aber kennen nur einen schon vor dem Vater verstorbenen Sohn. Ob jedoch bei denselben in Bezug auf diesen Punct nichts Irriges enthalten sei,
wird gerade durch jene Briefe zweifelhaft, die, auch wenn nicht
Plato sie verfasst hat, doch jedenfalls aus einer so frühen Zeit
stammen, dass ihr Zeugniss das der späteren Berichterstatter auf-
wiegen könnte. Gleich nach dem Anfang des siebenten Briefes
(p. 324 B) wird gesagt, es sei gar nicht wunderbar, wenn etwa
irgend einer der Götter auch den Hipparinus zu der nämlichen
Ansicht führe, welche einst Dio in gleichem Alter, als Plato zuerst nach Sicilien gekommen sei, gefasst und seitdem unverändert
bewahrt habe, dass nämlich Syrakus frei sein und nach den besten Gesetzen regiert werden müsse. Den Namen Hipparinus
führte Dio's Sohn und auch sein ältester Schwestersohn. Beziehen wir die Stelle auf Dio's Sohn, der gleichsam in die
Erbschaft der Gesinnung des Vaters eintreten möge, so ist dies
an sich das Naturgemässeste und es ergeben sich auch keine
Schwierigkeiten in Betreff der Altersverhältnisse. Dio, der zwanzig Jahre später „schon" in gereiftem Alter war (ἡλικίας . . ἤδη
μετρίως, p. 328 B), muss bei der ersten Ankunft des Plato in Syrakus noch sehr jung, etwa 21 Jahre alt gewesen sein, womit das
Zeugniss des Corn. Nepos (vita Dionis, c. 10), dass er überhaupt

55 Jahre alt geworden sei, zusammenstimmt; seine Schwestersöhne, die (nach p. 328 A) bei dem Regierungsantritt des jüngeren Dionysius schon Jünglinge gewesen sein müssen, waren zur Zeit des Briefes nothwendig mehr als 30 Jahre alt, was auch ohne irgend einen giltigen Gegengrund sich annehmen lässt, so dass Hipparinus, Dio's Schwestersohn, p. 324 B nicht wohl gemeint sein kann. Der achte Brief freilich, der unter Hipparinus stets den Schwestersohn Dio's versteht, legt diese Deutung nahe, zumal durch p. 356 A, wo eben dieser Hipparinus, der nach der Besiegung des Kallippus an der Spitze des Staates stand, als Befreier Siciliens gepriesen wird; aber es ist sehr fraglich, ob der siebente und achte Brief in der That (wie Salomon annimmt) aus derselben Zeit stammen und denselben Verfasser haben. — Die Angabe Ep. VII, p. 324 D, dass eilf Männer, den dreissig Autokraten untergeordnet, zu Athen in der Stadt in gleicher Art, wie zehn Männer im Piräus, die Verwaltung geführt haben, könnte den Verdacht einer Verwechselung mit den eilf Gefängnissvorstehern erregen; doch ist dies zu ungewiss, als dass sich daraus argumentiren liesse. — Gegen Plato's Autorschaft sprechen übrigens bei dem siebenten Briefe noch einige von Salomon nicht miterwähnte Eigenheiten des Gedanken's und Ausdruckes, insbesondere die Weise, wie von den Göttervorstellungen Gebrauch gemacht wird. Die Erwartung, dass „irgend einer der Götter" (wie es p. 324 B heisst) Jemandem eine gewisse ethisch-politische Ansicht einflösse, ist kaum mit den Platonischen Grundsätzen vereinbar; denn die ethische Ueberzeugung und das daraus herfliessende ethische Verhalten stellt Plato so durchaus der menschlichen Freiheit anheim, dass er in Fällen dieser Art nicht einmal den allgemein gehaltenen Ausdruck: ὁ θεός, noch weniger aber den auf die griechische Mythologie hinweisenden: τὶς θεῶν, zu gebrauchen pflegt. Plato führt zwar den Gesammterfolg des ethischen und wissenschaftlichen Strebens auf die Gottheit zurück, und verschmäht es auch nicht, in diesem Sinne die griechischen Volksgötter anzuflehen. So verführt er im Schlussgebet im Phaedrus, p. 279 B, C, und im Eröffnungsgebet der Rede des Timaeus, Tim. p. 27 C. Aber die religiöse Anschauung des Ethischen überhaupt involvirt noch nicht nothwendig die unmittelbare Herleitung des einzelnen ethischen Freiheitsactes aus dem Willen der Gottheit, und die Beziehung auf die Götter und Göttinnen

des Volksglaubens gibt sich immer deutlich genug entweder als
ein bloss poetisches Spiel oder als eine gesetzestreue Accommo·
dation kund, jenes z. B. in der angeführten Stelle im Phaedrus:
ὦ φίλε Πάν τε καὶ ἄλλοι ὅσοι τῇδε θεοί, dieses im Tim., wo Sokrates dem Gebete des Timäus die Worte vorausschickt: ἐπικα-
λέσαντα κατὰ νόμον θεούς. Liesse sich aber auch etwa das τίς
θεῶν Ep. VII, p. 324 B als eine Ausdrucksweise rechtfertigen,
wodurch die Unsicherheit jenes Erfolges angedeutet werde, so ist
doch die Aufforderung an Dio's Freunde in demselben Briefe
p. 334 D, Plato zu folgen Διὸς τρίτου σωτῆρος χάριν, sicherlich nicht von dem Philosophen selbst niedergeschrieben worden.
Plato sollte fordern, dass seine Freunde eine Willensmeinung darum
annehmen, weil er, Plato, es wünsche, also, dass sie seiner Person gehorchen, anstatt nur dem triftigsten Grunde? Derselbe
Plato sollte das, der seinen Sokrates im Phaedo (p. 91 B, C)
sagen lässt: wenig Rücksicht nehmend auf den Sokrates, viel
grössere aber auf die Wahrheit, stimmet mir bei, falls ich Euch
etwas Wahres zu sagen scheine, anderenfalls aber widerstreitet mir
auf jegliche Weise! Und nun sollte Plato gar, was jene Aufforderung Unkräftiges hat, durch Berufung auf Zeus, den τρίτος
σωτήρ nach dem Sprichwort, zu verbessern suchen? Der wirkliche
Plato würde ein solches Verfahren für weibisch erklärt haben.

Wenn aber auch diese Argumente, die sich leicht noch ver-
mehren liessen, die Unechtheit des Briefes beweisen, so stammt
derselbe doch jedenfalls aus einer sehr frühen Zeit und bekundet
einen über die dargestellten Ereignisse ziemlich genau unterrichteten Verfasser. Seine Zuverlässigkeit im Wesentlichen der
historischen Angaben bleibt eine unwiderlegte und wahrscheinliche
Annahme, auf die wir unsere ferneren Untersuchungen über Plato's Leben basiren dürfen.

Von der ersten Reise Plato's nach Sicilien handelt
der siebente Brief p. 324 B, wo gesagt wird, dass Plato ungefähr 40 Jahre alt (σχεδὸν ἔτη τετταράκοντα γεγονώς) zuerst
nach Syrakus gekommen sei, und p. 326 B ff., wo, nachdem vorher von Plato's politischen Wünschen und Erfahrungen die Rede
war, die Ansicht, dass alle bestehenden Staaten schlechte Verfassungen haben und dass nur die Philosophie dieselben zum Heile
führen könne, als das Endergebnis bezeichnet wird, zu dem er
bereits vor der Sicilischen Reise gelangt sei und das er auch vor

derselben schon auszusprechen sich genöthigt gesehen habe; mit
eben dieser Ueberzeugung sei er nach Italien und Sicilien gekommen. Wir gewinnen hiernach die Vorstellung einer von Athen
aus unternommenen Reise, welcher andere vorausgegangen sein
mögen, aber ohne dass sich dieselbe mit jenen anderen zu einer
einzigen grösseren Reise zusammenschliesst. Nehmen wir hinzu,
was Diog. Laërt. (III. 18—21) über die Rückkehr von dieser
Reise erzählt, so können sich hiernach an dieselbe auch nicht Reisen nach anderen Orten unmittelbar angeschlossen, sondern die
Lehrthätigkeit Plato's in der Akademie muss gleich hernach begonnen haben. Was dort über die Collision des Philosophen mit dem
älteren Dionysius, über die Ueberlieferung desselben an den La-
cedämonischen Gesandten Pollis, über die Vorgänge in Aegina,
den Verkauf und die Auslösung, und über die Verwendung des
zur Rückerstattung bestimmten, aber nicht angenommenen Geldes
für den Ankauf des Akademus-Gartens berichtet wird, mag mit
unverbürgten Anekdoten untermischt, kann aber doch nicht wohl
ganz aus der Luft gegriffen sein. Demgemäss ist es sehr unwahrscheinlich, dass Plato nach der Sicilischen Reise noch nach
Aegypten oder anderen Ländern gekommen sei; wir dürfen zuversichtlich die anderen Reisen, sofern diese genügend bezeugt
sind, vor die Sicilische setzen. Eben diese Ordnung bekundet
der älteste und auch wohl zuverlässigste Zeuge für diese Reisen,
nämlich Cicero, der de Rep. I, 10 ausdrücklich sagt: Platonem
primum in Aegyptum discendi causa, post in Italiam et in
Siciliam contendisse, ut Pythagorae inventa perdisceret; ebenso
de Fin. V, 29: Cur Plato Aegyptum peragravit, ut a sacerdoti-
bus barbaris numeros et coelestia acciperet? Cur post Tarentum
ad Archytam? Cur ad ceteros Pythagoreos, Echecratem, Timae-
um, Acrionem Locros, ut quum Socratem expressisset, adjungeret
Pythagoreorum disciplinam eaque quae Socrates repudiabat, ad-
disceret? Ob die Reise nach Aegypten unmittelbar vor der
nach Italien und Sicilien oder längere Zeit vorher unternommen
worden sei, lässt dieser Bericht unbestimmt; der siebente Brief,
der, wie oben bemerkt worden ist, auf die Vorstellung führt, dass
die letztere Reise in Athen angetreten worden sei, muss uns
geneigt machen, eine Rückkehr von Aegypten nach Athen und
ein gewisses Verweilen in dieser Stadt vor der neuen Reise anzunehmen. Diese Ansicht wird auch durch die Angabe bei

Plutarch (de Ei VI, p. 386) begünstigt, dass Plato auf der Rück-
reise von Aegypten nach Delos gekommen sei und dort das
Problem von der Verdoppelung des Würfels gelöst habe. Nicht
der Weg von Aegypten nach Italien, wohl aber der von Aegypten
nach Athen führte an Delos vorbei. Diese Gründe reichen zwar
nicht aus, die Rückkehr Plato's von Aegypten in seine Vaterstadt
und einen längeren Aufenthalt in derselhen vor der neuen Reise
streng zu erweisen, aber sie lassen doch diese Annahme als die
natürlichste erscheinen. Ob dieselbe durch andere Umstände,
insbesondere durch die Ecclesiazusen des Aristophanes, sofern
diese Komödie mündliche Aeusserungen Plato's vorauszusetzen
scheint, noch eine Stütze gewinne, wird später zu untersuchen
sein. Von den Zeugnissen, die sich bei Späteren finden, stimmen
mit dem Ciceronischen zusammen Val. Max. VIII, 7 und Au-
gustin. Civ. D. VIII, 4. Dagegen lässt Quinct. Inst. I, 12, 15,
und ebenso auch Diog. L. III, 6 die erste Reise von Megara aus
nach Cyrene gerichtet sein, wo Plato den Mathematiker Theodorus
besucht habe; von dort habe er sich nach Italien zu den Pythagoreern Philolaus und Eurytus begehen, von hier endlich nach
Aegypten zu den Propheten; nach Apulejus (dogm. Plat. I, 3)
und den Proleg. philos. Plat. (c. 4) wäre Plato zuerst nach Italien,
dann nach Cyrene und Aegypten, endlich von hier aus wieder
nach Italien und Sicilien gereist. Aus allen diesen letzterwähnten
Angaben scheint nur die Reise nach Cyrene als ein glaubhaftes
historisches Zeugniss entnommen werden zu können; die Reihenfolge, die Quinctilian a. a. O. und Diog. L. III, 6 annehmen,
widerlegt sich durch den Widerspruch gegen die oben angeführten
besseren Zeugnisse und wird bei Diog. L. auch schon verdäch-
tig durch die unmittelbar vorangehenden nachweisbar falschen
Angaben über Plato's Bildungsgang; die Doppelreise aber, von
der erst die Spätesten wissen, verräth sich als ein unhistorischer
Ausgleichungsversuch einander widersprechender Berichte, die man
bei den verschiedenen älteren Zeugen vorfand. Die Reise nach
Aegypten wird auch von Strabo (XVII, 1, 29) bezeugt, der den
Aufenthalt daselbst gewiss irrigerweise 13 Jahre lang dauern
lässt; vielleicht ist dies eine Verwechslung mit den 12 oder 13 Jahren, welche zwischen dem Tode des Sokrates und der Gründung
der Platonischen Schule in der Akademie liegen. An der historischen Wirklichkeit der Reise Plato's nach Aegypten ist nicht

zu zweifeln; die Art, wie Plato öfters in seinen Schriften Aegyptisches erwähnt, dient den Zeugnissen der Späteren zur Bestätigung. Nicht ganz eben so sicher ist die Reise nach Cyrene; diese könnte nach dem Mono und Theaet. fingirt sein; doch ist ihr historischer Charakter wahrscheinlicher.

Hat Plato nach der Rückkehr aus Aegypten längere Zeit in Athen verweilt, so wird er ohne Zweifel auch seine Ansicht in Freundeskreisen ausgesprochen haben; aber sehr wenig wahrscheinlich wäre die Annahme, dass er schon damals eine eigentliche Lehranstalt begründet habe. Für die Untersuchung über die Entstehungszeit der Platonischen Schriften ist dieser Punct von nicht geringer Bedeutung; es hängt davon insbesondere die Entscheidung ab, ob der Dialog Phaedrus, wenn er sich an die mündliche Lehrthätigkeit Plato's gebunden zeigt, nichtsdestoweniger (mit Zeller) als vor der Reise nach Italien und Sicilien entstanden gedacht werden darf oder nicht. Bezeugt ist nur die Schule im Akademusgarten, keine andere und frühere. Wie sollte Plato eine eben erst begründete Schule ohne eine sehr dringende Veranlassung so bald verlassen und sich auf die Reise nach Italien und Sicilien begeben haben? Wohl mag er sich schon vor dieser Reise mit dem Plane zur Gründung einer philosophischen Schule getragen, und vielleicht durch die Reise noch mehr die Anschauung von der Lehrweise der Pythagoreer, als die Bekanntschaft mit ihren Ansichten zu erlangen gesucht haben; dass er aber mit der Lehrpraxis bereits vorher begonnen und dann etwa erst durch die Erfahrung gefunden hätte, er bedürfe noch der eigenen didaktischen Fortbildung, um hernach mit einem glücklicheren Versuche wieder zu beginnen, das wird von dem besonnenen Manne und an Sokratische Selbstprüfung gewöhnten Philosophen Niemand glauben. Wir können demnach nur annehmen, dass die eigentliche, methodisch geordnete Lehrthätigkeit von Plato erst in der Akademie angetreten worden sei.

Was die Zeit der Rückkehr Plato's von der Italisch-Sicilischen Reise und somit auch die Zeit der Gründung der akademischen Schule betrifft, so muss dieselbe nach dem oben angeführten Zeugniss des siebenten Briefes (p. 324 A) etwa in das vierzigste oder einundvierzigste Lebensjahr Plato's, also, da Plato wahrscheinlich 427 vor Chr. geboren ist, ungefähr in das Jahr 387 fallen. Auf eben diese Zeit führt auch, die Angabe

des Briefes bekräftigend, die Erzählung bei Diog. L. III, 18—21,
im Verein mit den bekannten Thatsachen der Geschichte. Die
feindliche Behandlung der Athener in Aegina, unter welcher Plato
zu leiden hatte, konnte nach dem durch Antalkidas vermittelten
Friedensschluss (387) nicht mehr stattfinden, aber auch (wie Stallbaum und Andere mit Recht bemerken) nicht mehrere Jahre
früher, weil (nach Xen. Hell. V, 1, 1) erst in den letzten Jahren
des Korinthischen Krieges in Folge der heftiger gewordenen Er-
bitterung der Verkehr zwischen Athen und Aegina völlig aufgehoben wurde und solche Beschlüsse gefasst werden konnten, wie
der der Aegineten, jeden Athener zu tödten, der die Insel betrete.

Ueber die Zeit nach Plato's vierzigstem Lebensjahre bedarf
es hier keiner chronologischen Untersuchungen. Es ist bekannt,
dass Plato's Lehrthätigkeit in der Akademie nur durch zwei
Reisen nach Sicilien zu dem jüngern Dionysius unter-
brochen worden ist, deren Zeit unzweifelhaft feststeht. Plato's
zweiter Aufenthalt in Syrakus fällt in die Jahre 367 und 366
vor Chr., der dritte in das Jahr 361. Bei der Rückkehr von
der letzten Reise traf er den Dio (nach Ep. VII, 350 B) bei
den Olympischen Spielen, welche die des Jahres 360 gewesen sein
müssen, da im Laufe der 105ten Olympiade (und zwar im dritten
Jahre derselben, 358 oder 357 vor Chr.) Dio an der Spitze seiner
Truppen nach Sicilien zurückkehrte und den jüngeren Dionysius siegreich bekämpfte. Die Tendenz beider Reisen, das Verhältniss des Plato zu Dio und dem jüngeren Dionysius, wie auch
die Einzelheiten des Erfolges werden vor den verschiedenen Be-
richterstattern verschieden angegeben; im Wesentlichen dürfen
wir dabei wohl auf die Angaben des siebenten Briefes trauen.

Nach dem Scheitern seiner politischen Bestrebungen lebte
Plato wiederum ganz seiner Speculation und der Erziehung
von Jünglingen zu wissenschaftlicher und sittlicher Tüchtigkeit.
Ihm standen hilfreich zur Seite die ihm mit unbedingter Verehrung ergebenen Schüler und Freunde, die ersten Philosophen der
älteren Akademie; am mächtigsten aber wirkte der von ihm an-
geregte Geist philosophischer Forschung in demjenigen Schüler
nach, den die minder selbstständigen Genossen der Untreue beschuldigt haben mögen, in dem Philosophen aus Stagira, der den
Platonismus nicht mit dem gealterten Plato zur Annäherung an
den Pythagoreismus zurück, sondern voll frischer Geisteskraft zu

einer neuen und strengeren Gedankenform vorwärts führte, indem er über den Dualismus zwischen Idee und Wirklichkeit hinauszugehen und die Einheit wiederzugewinnen bemüht war und auf dieser Bahn, ohne völlig das Ziel zu erreichen, die für die gesammte fernere Entwickelung der Philosophie erfolgreichsten Schritte that.

Bei den Untersuchungen über die Zeitfolge der einzelnen Schriften möchte man wünschen, dass Problem der Echtheit vollständig als Vorfrage erledigt zu finden. Allein es ist nicht möglich, diese Frage vor jener zur vollen Lösung zu bringen. Einige Schritte zwar lassen sich im Voraus thun; darnach aber muss die Prüfung der Echtheit mit der Erforschung der Zeitfolge so verbunden werden, dass jene sich grossentheils auf Resultate der letzteren stützt. Im Voraus nämlich lässt sich die Echtheit in sofern bestimmen, als jene durch zuverlässige äussere Zeugnisse, insbesondere durch Aristotelische, verbürgt wird. Dann sind zunächst die so bezeugten Dialoge, soweit es nach äusseren und inneren Beziehungen möglich ist, chronologisch zu ordnen. Diese Doppelaufgabe, die Ermittlung der Echtheit und der Zeitfolge einer gewissen Zahl von Dialogen, ist es vornehmlich, an deren Lösung wir im Folgenden zu arbeiten gedenken. Erst nachdem sie gelöst ist, kann mit Erfolg der Versuch gemacht werden, auch über die Echtheit und Zeitstelle derjenigen Dialoge zu entscheiden, die nicht durch äussere Zeugnisse genügend verbürgt sind. Denn sobald innere Gründe auch schon bei der Frage nach der Echtheit zu Hülfe genommen werden müssen, so bedarf es zum Behuf der Entscheidung nicht nur anderer bereits als echt gesicherter Dialoge, an denen jene sich prüfen lassen, sondern auch der Einsicht in die Reihenfolge der letzteren, um die Prüfung mit der nöthigen Vielseitigkeit üben zu können, und insbesondere, um die Gewissheit zu gewinnen, ob der zu prüfende Dialog, falls er der Zeit der höchsten Reife oder auch dem Complex der Hauptwerke Plato's nicht angehören kann, als eine Jugendschrift oder als eine Schrift des letzten Alters oder auch als ein Nebenwerk sich Plato vindiciren lasse oder nicht. Mag man (mit Schleiermacher) einen methodischen Fortgang der Darstellung, oder (mit Hermann) einen realen Entwickelungsgang, also einen Lehr- oder Lern cursus in den Dialogen finden, oder (wie wir in dem allgemeinen Theil unserer Untersuchungen als nothwendig zu erweisen gesucht haben), beide Gesichtspuncte als einander theils ergänzend, theils beschränkend zu vereinigen suchen, so ist doch in allen diesen Fällen mit gleicher Nothwendigkeit bei der Prüfung der Echtheit eines nicht zureichend bezeugten Dialoges die Messung an den übrigen mit durchgängiger Rücksicht auf die Ordnung und Folge derselben zu vollziehen.

Um die äusseren Zeugnisse für die Echtheit zu gewinnen und unter ihnen die streng beweisenden von den minder zuverlässigen zu sondern, bedarf es vor Allem einer Sammlung und Kritik der Aristotelischen Stellen, in welchen Platonische Schriften citirt werden. Wir besitzen eine solche Sammlung bekanntlich von Trendelenburg (Platonis de ideis et numeris doctrina ex Aristotele illustrata, Lips. 1826, p. 13 ff. und von Zeller, Platonische Studien, Tüb. 1839, S. 201 ff; ferner hat Suckow in seiner Schrift: „die wissenschaftliche und künstlerische Form der Platonischen Schriften in ihrer bisher verborgenen Eigenthümlichkeit dargestellt", Berlin 1855, einem Werke, welches im Uebrigen manches Wunderliche enthält, sich doch auch der dankenswerthen Mühe unterzogen, in einem eigenen Abschnitt (S. 49 bis 101) die hierher gehörigen Stellen eingehend zu erörtern, und daran (S. 101 bis 108) in gleicher Weise eine Discussion der übrigen Zeugnisse für Platonische Schriften zu knüpfen. Wie verdienstlich aber diese Arbeiten auch sind, so können sie uns doch nicht der Mühe einer eigenen Untersuchung überheben, da sie noch keineswegs zu einem allgemein anerkannten Resultate geführt haben, und insbesondere Suckow manche Stellen, die man als Zeugnisse für die Echtheit Platonischer Dialoge zu betrachten pflegte, als nichts beweisend oder gar als Zeugnisse für die Unechtheit aufgefasst hat. Doch gibt es dabei gewisse Puncte, die ausser Zweifel stehen, und von diesen soll, unserem methodischen Grundsatze gemäss, unsere Untersuchung ausgehen.

Es ist hierbei zuvörderst im Allgemeinen zu bemerken, dass unter den Schriften, die uns als Platonische überliefert sind, zwar gewiss mehrere unechte sich befinden, dass aber mit grosser Wahrscheinlichkeit angenommen werden darf, dass die echten sämmtlich darunter enthalten sind und keine derselben verloren gegangen ist. Diese Annahme beruht darauf, dass in der gesammten alten Literatur, soweit sie uns erhalten ist, keine gesicherte Beziehung auf ein Platonisches Werk sich findet, welches heute nicht mehr existirte. Es genügt, hierfür auf H e r m a n n , Plat. Phil., S. 345 und 555 f., und auf Z e l l e r , Ph. d. Gr., II, 2. Aufl., S. 320 f. zu verweisen. Die hohe Wahrscheinlichkeit dieser Annahme ist bei der Würdigung solcher A r i s t o t e l i s c h e r Citate, wobei die Schrift Plato's, auf die sie gehen, nicht namentlich erwähnt wird, von sehr grosser Bedeutung. Sie berechtigt uns nämlich zu dem Schlusse, dass wenn eine Aristotelische Beziehung auf eine Aeusserung, die bei Plato irgendwo vorkomme, nur auf Stellen eines einzigen von den unter Plato's Namen auf uns gekommenen Dialogen passt, hierauf aber auch vollkommen, in der That ein Citat der betreffenden Stellen eben dieses Dialogs vorliege, so dass derselbe für bezeugt durch Aristoteles gelten muss.

Im Einzelnen erwähnen wir gemäss einer von S u c k o w (S. 60 f.) mit Recht gemachten Unterscheidung zunächst diejenigen Dialoge, welche A r i s t o t e l e s n a m e n t l i c h anführt, indem er sie zugleich ausdrücklich als P l a t o n i s c h e bezeichnet, dann diejenige, welche er n a m e n t l i c h anführt, aber ohne zugleich Plato als den Verfasser zu nennen, während doch der Zusammenhang auf Plato hinweist; dann die, woraus nur Stellen citirt werden ohne Bezeichnung des Dialogs, aber m i t N e n n u n g Pla t o 's, endlich die, wo bei den Citaten auch nicht einmal Plato genannt wird, oder gar die Citation selbst zweifelhaft ist.

T i m a e u s. Unter allen Platonischen Schriften wird der T i m a e u s am häufigsten von Aristoteles erwähnt (nach Z e l l e r an 21 Stellen). Dazu sind diese Erwähnungen mehrfach von der Form, dass sowohl der Dialog selbst unter seinem Titel, als auch Plato als Verfasser namentlich bezeichnet wird. So z. B. de anima I, 2, 404 B, 16: τὸν αὐτὸν δὲ τρόπον καὶ Πλάτων ἐν τῷ Τιμαίῳ τὴν ψυχὴν ἐκ τῶν στοιχείων ποιεῖ, bezüglich auf Tim. p. 85 A; ferner Phys. IV, 2, p. 209 B, 11: Πλάτων τὴν ὕλην καὶ τὴν χώραν ταυτό φησιν εἶναι ἐν τῷ Τιμαίῳ, bezüglich auf Tim. p. 52; etc. Noch andere Zeugnisse werden unten gelegentlich Erwähnung finden, wo die Aristotelischen Zeugnisse für den Phaedrus geprüft werden. An der Echtheit des Dialogs T i m a e u s ist schon hiernach durchaus nicht zu zweifeln.

De Republica. Fast eben so oft, wie der Tim., wird die Schrift de Republ. von Aristoteles als ein Platonisches Werk erwähnt. In ganzen Abschnitten seines eigenen Werkes über die Politik, wie auch stellenweise in der Ethik und Rhetorik, unterwirft Aristoteles die Lehren der Platonischen Rep. seiner Kritik, wobei es an ausdrücklicher Nennung dieser Schrift und ihres Verfassers nicht fehlt. So Arist. Polit. II, 1, p. 1261 A, 4: ἐνδέχεται γὰρ καὶ τέκνων καὶ γυναικῶν καὶ κτημάτων κοινωνεῖν τοὺς πολίτας ἀλλήλοις, ὥσπερ ἐν τῇ Πολιτείᾳ τῇ Πλάτωνος, bezüglich auf Rep. V.; Rhetor. III, 4, p. 1406 B, 32: τὰ ἐν τῇ Πολιτείᾳ τῇ Πλάτωνος, bezüglich auf Rep. V, 469 E; etc.

Leges. Seltener, aber oft und bestimmt genug, um ausser Zweifel zu stellen, dass er sie als ein Werk Plato's anerkenne, erwähnt Aristoteles die Leges. So Polit. II, 7, p. 1266 B, 5: Πλάτων δὲ τοὺς Νόμους γράφων. Pol. II, 9, p. 1271 B, 1: ὅπερ καὶ Πλάτων ἐν τοῖς Νόμοις ἐπιτετίμηκεν. Ohne Plato ausdrücklich zu nennen, geht Aristoteles Pol. II, 6 init. von der Besprechung der Platonischen Rep. zu der der Leges über mit den Worten: σχεδὸν δὲ παραπλησίως καὶ περὶ τοὺς Νόμους ἔχει τοὺς ὕστερον γραφέντας· διὸ καὶ περὶ τῆς ἐνταῦθα πολιτείας ἐπισκέψασθαι μικρὰ βέλτιον. Dieses Zeugnis könnte schon für sich allein beweisen, dass Aristoteles die Νόμοι für ein Platonisches Werk halte; denn zu γραφέντας ist dem Zusammenhange nach nothwendig hinzuzudenken: von dem Verfasser des vorhin besprochenen Werkes, nämlich der Rep. Auch führt Diog. Laërt. V, 22 unter den Schriften des Aristoteles folgende an: τὰ ἐκ τῶν Νόμων Πλάτωνος α', β', γ', worauf freilich nicht allzu viel Gewicht zu legen ist, da es möglich bleibt, dass dem Aristoteles mit Unrecht ein solcher Auszug beigelegt worden wäre. Das Citat in der sicher unechten Schrift de Mundo (7, 401 B, 23) mit der schon für sich allein ausreichend die Unechtheit bezeugenden Formel: καθάπερ ὁ γενναῖος Πλάτων φησίν (Leg. IV, 715 E) bedarf hier kaum der Erwähnung. Bekanntlich ist die Echtheit der Leges trotz des Aristotelischen Zeugnisses von einigen neueren Forschern bezweifelt oder verneint worden. Diese Frage aber nach inneren Gründen zu erörtern, geht hier schon darum nicht an, weil eine solche Untersuchung ein breiteres Fundament voraussetzt, als wir bisher noch gewonnen haben. Wir gehen

in diesem Abschnitt auf innere Gründe im Allgemeinen nur in
sofern ein, als jedesmal die schon gewonnene Basis es gestattet und als es zugleich erforderlich ist, nm sicher zu stellen,
ob ein Aristotelisches Zeugniss für eine gewisse Schrift als eine
Platonische vorliege oder nicht. Die Frage aber, ob ein solches Zeugniss, falls es unzweifelhaft vorliegt, auch eben so unzweifelhaft als Beweis der Echtheit angesehen werden dürfe,
muss einer späteren Erörterung vorbehalten bleiben. Hier also
genüge es, die Thatsache zu constatiren, dass Aristoteles selbst
die *Νόμοι* für ein echtes Platonisches Werk hält.

Phaedo. Auf den **Phaedo** nimmt Aristoteles an mehreren
Stellen Bezug. Metaph. I, 9. 991, B, 3 heisst es: *ἐν δὲ τῷ Φαίδωνι οὕτως λέγεται, ὡς καὶ τοῦ εἶναι καὶ τοῦ γίγνεσθαι αἴτια
τὰ εἴδη ἐστίν.* Fast wörtlich gleichlautend ist die Stelle Metaph. XIII, 5, 1080 A, 2. Aehnlich de gen. et corr. II, 9, 335 B, 9:
*οἱ μὲν ἱκανὴν ᾠήθησαν αἰτίαν εἶναι πρὸς τὸ γίγνεσθαι τὴν τῶν
εἰδῶν φύσιν ὥσπερ ὁ ἐν Φαίδωνι Σωκράτης.* Alle diese Stellen
gehen offenbar auf Phaedo 100 B sqq. Es kann schon hiernach
keinem Zweifel unterliegen, dass der uns erhaltene Phaedo gemeint ist. Eine andere Stelle, welche die Identität des von Aristoteles gelesenen Phaedo mit dem uns vorliegenden bekundet, ist
Meteor. II, 2, 355 B, 32: *τὸ δ' ἐν τῷ Φαίδωνι γεγραμμένον περί
τε τῶν ποταμῶν καὶ τῆς θαλάττης ἀδύνατόν ἐστιν,* bezüglich
auf Phaedo 111 C ff. Auf Plato aber weist der Zusammenhang an
den beiden angeführten Stellen der Metaph., indem dort die Platonische Ideenlehre den Gegenstand der Prüfung ausmacht. Dass
irgend ein Schüler Plato's von Aristoteles für den Verfasser gehalten werde, wäre schon an sich schwer denkbar; Aristoteles
erwähnt wohl bei seiner Kritik der Platonischen Ideenlehre auch
Modificationen derselben durch Platoniker, nennt dann aber dieselben auch, oder deutet doch bestimmt genug an, dass nicht
mehr Plato gemeint sei; vollends aber wird bei dem Phaedo, der
uns vorliegt, und der von der lebendigen Erinnerung des Schülers an die Person des Meisters zeugt, Niemand statt des Plato
einen Platoniker für den Verfasser halten wollen oder von Aristoteles dafür gehalten glauben. Dass Aristoteles den Dialog
dem Plato zuschreibe, dürften wir hiernach, obschon Plato's
Name nicht dasteht, mit voller Zuversicht schliessen, auch wenn

es an allen sonstigen Zeugnissen aus dem Alterthum für Plato's Autorschaft fehlte.

Phaedrus. Von vorzüglicher Wichtigkeit sind die Zeugnisse, welche auf den Phaedrus gehen, weil nämlich in diesem jene Erklärung Plato's über das Verhältniss der Schrift zum mündlichen Wechselverkehr sich findet, auf welche Schleiermacher seine Ansicht von Plato's schriftstellerischer Kunst und Methode und seine Anordnung der Schriften gegründet hat, und auf welcher auch unsere partielle Bestreitung seiner Annahme beruht. Aristoteles citirt Rhetor. III, 7, 1408 B, 20 eine Schrift unter dem Titel Φαῖδρος, in welcher von gewissen rhetorischen Kunstmitteln in der Wahl des Ausdrucks Gebrauch gemacht worden sei, was auf die Reden in dem uns vorliegenden Phaedrus sehr wohl passt; ferner schreibt Aristoteles ausdrücklich dem Plato eine Definition zu, wornach die Seele das sich selbst Bewegende und zugleich die erste Ursache aller Bewegung sei, was gerade auf den Phaedrus und auch nur auf diesen Dialog passt. Top. VI, 3, 140 B, 3: τὸ αὐτὸ αὑτὸ κινοῦν ψυχή, καθάπερ Πλάτων ὡρίσται, und Metaph. XII, 6, 1071 B, 31 bis 1072 A, 3: διὸ ἔνιοι ποιοῦσιν ἀεὶ ἐνέργειαν, οἷον Λεύκιππος καὶ Πλάτων· ἀεὶ γὰρ εἶναί φασι κίνησιν. ἀλλὰ διὰ τί καὶ τίνα οὐ λέγουσιν, οὐδὲ ὡδὶ οὐδὲ τὴν αἰτίαν ... εἶτα ποία πρώτη; διαφέρει γὰρ ἀμήχανον ὅσον· ἀλλὰ μὴν οὐδὲ Πλάτωνί γε οἷόν τε λέγειν ἣν οἴεται ἐνίοτε ἀρχὴν εἶναι, τὸ αὐτὸ ἑαυτὸ κινοῦν· ὕστερον γὰρ καὶ ἅμα τῷ οὐρανῷ ἡ ψυχή, ὡς φησίν. Auch schon der Anfang dieser Stelle der Metaph. scheint sich auf Phaedr. 245 C ff., nicht auf Tim. 30 A zu beziehen; denn Tim. 30 A steht nur, Gott habe, als er an das Werk des Ordnens ging, das Materielle schon in Bewegung, κινούμενον πλημμελῶς καὶ ἀτάκτως, vorgefunden, aber nicht, es sei von Ewigkeit her in chaotischer Bewegung gewesen; aus demselben Grunde kann der Anfang des Aristotelischen Citats auf Tim. 52 D nicht wohl bezogen werden, wo auch nur gesagt ist, Idee und Materie und Genesis (nämlich ein chaotisches Wogen) sei gewesen καὶ πρὶν οὐρανὸν (die geordnete Welt) γενέσθαι, aber auch die Anfangslosigkeit einer solchen κίνησις nicht ausdrücklich ausgesprochen wird; zudem wird Aristoteles, dem die κίνησις sonst der Uebergang von der δύναμις zur ἐνέργεια ist, wenn er bei einer bestimmten Betrachtungsweise die *κίνησις* selbst schon eine *ἐνέργεια* nennt, dies doch am wenigsten in Bezug auf jene chaotische Bewegung thun, die vielmehr etwas durchaus Potentielles hat. Dagegen passen dieser Aristotelische Terminus und die nachstfolgenden Worte recht wohl auf Phaedr. 245, wo Plato der Seele die ewige Selbstbewegung zuschreibt: *κινήσεως ἀρχὴ τὸ αὐτὸ ἑαυτὸ κινοῦν· τοῦτο δὲ οὔτ' ἀπόλλυσθαι οὔτε γίγνεσθαι δυνατόν· ... τὸ αὐτὸ ἑαυτὸ κινοῦν ... ψυχή.* Die letzten Worte des Aristoteles in jenem Citat, die auf einen Widerspruch der Platonischen Ansicht in sich selbst deuten, halten jene Stelle im Phaedrus mit den Aussprüchen des Plato im Tim. zusammen, worin er die Seele für geworden, und zwar für das Früheste unter dem durch Gott Geordneten erklärt. Tim. 37 A: die Seele ist *τῶν νοητῶν ἀεί τι ὄντων ὑπὸ τοῦ ἀρίστου ἀρίστη γενομένη τῶν γεννηθέντων*, d. h. durch den, der unter dem Ewigen und Idealen das Beste ist, ist sie als das Beste unter dem Zeitlichen hervorgebracht worden. (Hermann hat in seiner Ausgabe die Construction und den Sinn ganz und gar verfehlt, indem er hinter *τῶν νοητῶν ἀεί τι ὄντων* ein Komma setzt und diesen Genitiv als von den vorangegangenen Substantiven *λογισμοῦ* und *ἁρμονίας* abhängig denkt.) Tim. 34 C: *καὶ γενέσει καὶ ἀρετῇ προτέραν καὶ πρεσβυτέραν ψυχὴν σώματος ὡς δεσπότιν καὶ ἄρξου-σαν ἀρξομένου ξυνεστήσατο.* Sie ist geworden als das Erste in der Zeit, früher als der Leib der Welt; die Zeit aber war noch nicht, als nur erst *ὄν τι καὶ χώρα καὶ γένεσις* waren, Tim. 52 D, son-dern ist zugleich mit der Gestaltung des Chaos durch die Gottheit geworden, Tim. 38 B: *χρόνος δ' οὖν μετ' οὐρανοῦ γέγονεν.* (Die Stelle Tim. 34 B: durch die Verbindung der Seele mit dem Körper der Welt *ὁ ὢν ἀεὶ θεός ... οὐρανὸν ἕνα ... κατέστησεν*, enthält, wie gleich darauf bestimmt erklärt wird, noch nicht die genaue Angabe der Zeitverhältnisse.) Ob Aristoteles mit Recht dem Plato jenen Widerspruch vorwerfe (so dass wir annehmen müssen, dass Plato im Tim. nicht mehr ganz die gleiche Ansicht festhielt, die er im Phaedrus geäussert hatte), oder mit Unrecht (wie Zeller und Andere wollen, nach deren Meinung Plato die zeitliche Entstehung der Welt und der Seele im Tim. trotz seiner bestimmten, ganz dogmatisch lautenden Aeusserungen doch nicht dogmatisch, sondern nur mythisch zum Behuf einer anschauli-cheren Darstellung aufgestellt hat), mag vorläufig noch unentschie-den bleiben; es genügt uns hier, ausser der Stelle in der Rhet.,

die einen Phaedrus nennt, in der Top. und Metaph. Beziehungen
auf Platonische Lehren gefunden zu haben, welche durchaus
in dem uns erhaltenen Dialog Phaedrus sich vorfinden. Dieser
Dialog ist demnach durch Aristoteles vollgenügend als ein Platonischer bezeugt.

Convivium. Das Convivium wird unverkennbar citirt
Pol. II, 4, 1262 B, 7: φιλίαν τε γὰρ οἰόμεθα μέγιστον εἶναι τῶν
ἀγαθῶν ταῖς πόλεσιν (οὕτω γὰρ ἂν ἥκιστα στασιάζοιεν), καὶ τὸ
μίαν εἶναι τὴν πόλιν ἐπαινεῖ μάλισθ' ὁ Σωκράτης, ὃ καὶ δοκεῖ
κἀκεῖνος εἶναί φησι τῆς φιλίας ἔργον, καθάπερ ἐν τοῖς ἐρωτι-
κοῖς λόγοις ἴσμεν λέγοντα τὸν Ἀριστοφάνην ὡς τῶν ἐρώντων
διὰ τὸ σφόδρα φιλεῖν ἐπιθυμούντων συμφῦναι καὶ γενέσθαι ἐκ
δύο ὄντων ἀμφοτέρους ἕνα. Ἐνταῦθα μὲν οὖν ἀνάγκη ἀμφοτέρους
ἐφθάρθαι ἢ τὸν ἕνα· ἐν δὲ τῇ πόλει τὴν φιλίαν ἀναγκαῖον ὑδαρῆ
γίνεσθαι διὰ τὴν κοινωνίαν τὴν τοιαύτην. Diese Anspielung passt
ganz auf die Rede des Aristophanes in dem auf uns gekommenen
Convivium und setzt auch nothwendig gerade eine solche Rede voraus. Ohne Zweifel bezieht sich Aristoteles auf diese Schrift, indem er entweder sie als Ganzes oder die in ihr enthaltenen Reden
unter den ἐρωτικοὶ λόγοι versteht. Dass er sie als eine Schrift
Plato's anerkenne, geht aus dem Zusammenhang mit sehr hoher
Wahrscheinlichkeit hervor; denn die Zusammenstellung der politischen Ansicht des Plato mit einem Scherze, den ein anderer
Schriftsteller dem Aristophanes in den Mund gelegt hätte, und
eine solche Verflechtung der Kritik, wie wir sie dort finden, wäre
matt und unberechtigt. Wie dürfte von einem Gedankenspiel
eines Fremden aus ein übler Schein auf Plato's politische Ein-
heitstheorie geworfen werden, ohne dass auch nur jener Andere
genannt oder doch von dem Verfasser der Rep. bestimmt unterschieden würde? Aristoteles pflegt nicht so zu verfahren. Gehören
aber beide Anschauungen, die politische und die erotische, Plato
an, so konnte Aristoteles füglich sagen, dass in beiden Fällen
gleich sehr eine die Differenz aufhebende Identität (denn diese,
und nicht, wie Suckow glaubt, die „Zerschneidung" ist gemeint)
durch Vernichtung der Individualität und der concreten Leben-
digkeit verderblich wirke.

Gorgias. In der Aristotelischen Schrift de sophist. elenchis,
c. 12, p. 173 A, 7 heisst es: Πλεῖστος δὲ τόπος ἐστὶ τοῦ ποιεῖν
παράδοξα λέγειν, ὥσπερ καὶ ὁ Καλλικλῆς ἐν τῷ Γοργίᾳ
γίγραπται λέγων, καὶ οἱ ἀρχαῖοι δὲ πάντες ᾤοντο συμβαίνειν,
παρὰ τὸ κατὰ φύσιν καὶ κατὰ τὸν νόμον. ἐναντία γὰρ εἶναι
φύσιν καὶ νόμον, καὶ τὴν δικαιοσύνην κατὰ νόμον μὲν εἶναι
καλόν, κατὰ φύσιν δ' οὐ καλόν. δεῖν οὖν πρὸς μὲν τὸν εἰπόντα
κατὰ φύσιν κατὰ νόμον ἀπαντᾶν, πρὸς δὲ τὸν κατὰ νόμον ἐπὶ
τὴν φύσιν ἄγειν. ἀμφοτέρως γὰρ εἶναι λέγειν παράδοξα. Diese
Stelle würde sogar dann, wenn nicht ausdrücklich dabei stände:
ἐν τῷ Γοργίᾳ, ganz unzweifelhaft auf den uns vorliegenden
Gorgias bezogen werden müssen. Dort sagt Kallikles p. 482 E:
ὡς τὰ πολλὰ δὲ ταῦτα ἐναντία ἀλλήλοις ἐστίν, ἥ τε φύσις καὶ
ὁ νόμος, ganz in Uebereinstimmung mit dem entsprechenden
Passus bei Aristoteles. Kallikles beschuldigt ferner den Sokrates
p. 483 A: κακουργεῖς ἐν τοῖς λόγοις, ἐὰν μέν τις κατὰ νόμον
λέγῃ, κατὰ φύσιν ὑπερωτᾶν, ἐὰν δὲ τὰ τῆς φύσεως, τὰ τοῦ
νόμου. Eben hierauf weist auch Sokrates p. 489 B zurück.
Hierin ist nun freilich die Uebereinstimmung keine ganz genaue
mehr, da im Gorgias vom Verwickeln des Mitunterredners in
Widersprüche durch Unterschiebung eines andern Sinnes mit
Verwechselung des Natürlichen und Gesetzlichen die Rede ist,
bei Aristoteles aber etwas unbestimmter vom ποιεῖν παράδοξα
λέγειν, auch ist der Ausdruck: ἀπαντᾶν κατὰ νόμον, ihm eigenthümlich, wogegen der andere: ἐπὶ τὴν φύσιν ἄγειν, wörtlich mit
dem vom Platonischen Sokrates p. 489 B gebrauchten übereinstimmt. Auch sagt Kallikles nicht so geradezu, die Gerechtigkeit
sei nach der Satzung zwar schön, nach der Natur aber nicht;
sondern er sagt nur, der Natur nach sei das ἀδικεῖσθαι ebensowohl unschöner wie auch schlimmer, als das ἀδικεῖν, dem
Gesetze nach aber verhalte es sich gerade umgekehrt; ist nun
hierdurch wenigstens nicht ausgeschlossen, dass dennoch auch
das ἀδικεῖν der Natur nach einiges Unschöne habe, die Gerechtigkeit aber etwas Schönes, so bestimmt Kallikles im Folgenden
(483 D) ausdrücklich das der Natur nach Gerechte so, dass es
mit dem, was ihm als das Gute und Schöne erscheint, zusammen-
fällt, nämlich: ὅτι δίκαιόν ἐστι τὸν ἀμείνω τοῦ χείρονος πλέον
ἔχειν καὶ τὸν δυνατώτερον τοῦ ἀδυνατωτέρου. Aber diese Abweichungen sind nicht der Art, dass sie der Ueberzeugung von

der Beziehung jener Aristotelischen Stelle auf den Dialog Gorgias Eintrag thun könnten. Ist ja doch wirklich nach Kallikles diejenige δικαιοσύνη, welche in den bestehenden Staaten diesen Namen führt, dem Gesetze nach zwar schön, aber der Natur nach nicht schön; und dies mag Aristoteles in dem betreffenden Satze seines Citates gemeint haben. Dass Plato der Verfasser des Gorgias sei, sagt Aristoteles nicht, und es könnte aus ihm allein auch nicht mit Sicherheit erschlossen werden, obschon doch mit einer gewissen Wahrscheinlichkeit; dass der Dialog zur Zeit des Aristoteles bereits existirte, ist das Einzige, was mit Gewissheit folgt. In welchem Masse das hinzutretende Zeugniss der Späteren den Platonischen Ursprung der Schrift sichere, wird unten zu untersuchen sein.

Meno. Den Meno erwähnt Aristoteles Anal. pri. II, 21, p. 67 A, 21: ὁμοίως δὲ καὶ ὁ ἐν τῷ Μίνωνι λόγος, ὅτι ἡ μάθησις ἀνάμνησις, was im Meno das Thema der Verhandlungen von p. 81 an ist; ferner Anal. post. I, 1, 71 A, 27: ἀλλὰ δῆλον ὡς ὡδὶ μὲν ἐπίσταται, ὅτι καθόλου ἐπίσταται, ἁπλῶς δὲ οὐκ ἐπίσταται. εἰ δὲ μή, τὸ ἐν τῷ Μίνωνι ἀπόρημα συμβήσεται. ἢ γὰρ οὐδὲν μαθήσεται ἢ ἃ οἶδεν, bezüglich auf Meno. p. 80 D sq.: καὶ τίνα τρόπον ζητήσεις, ὦ Σώκρατες, τοῦτο, ὃ μὴ οἶσθα τὸ παράπαν ὅτι ἔστι; κ. τ. λ. Ferner sagt Aristoteles Polit. I, 13, 1260 A, 21: οὐχ ἡ αὐτὴ σωφροσύνη (ἐστὶν) γυναικὸς καὶ ἀνδρός, οὐδ᾿ ἀνδρία καὶ δικαιοσύνη, καθάπερ ᾤετο Σωκράτης, ἀλλ᾿ ἡ μὲν ἀρχικὴ ἀνδρία, ἡ δ᾿ ὑπηρετική, ὁμοίως δ᾿ ἔχει καὶ περὶ τὰς ἄλλας. Dass hiermit eine Ansicht des historischen Sokrates gemeint sei, zeigt wenigstens mit Wahrscheinlichkeit das Imperfectum ᾤετο. Dies schliesst aber nicht aus, dass Aristoteles dabei doch zugleich die Stelle in Meno p. 73 A im Auge hat: ἡ δὲ ἀρετὴ πρὸς τὸ ἀρετὴ εἶναι διοίσει τι, ἐάν τε ἐν παιδὶ ᾖ ἐάν τε ἐν πρεσβύτῃ ἐάν τε ἐν γυναικὶ ἐάν τε ἐν ἀνδρί; Diese Beziehung wird um so wahrscheinlicher, da Aristoteles an der angeführten Stelle der Pol. gleich hernach das ἐξαριθμεῖν der Tugenden nach der Weise, wie Gorgias verfahren sei, relativ lobt, so dass wir an Meno p. 71 E erinnert werden, wo Meno im Anschluss an Gorgias dieses Verfahren übt. Auch hier geht die Aristotelische Aeusserung gewiss auf die historische Person, aber nicht ohne eine gewisse Mitbeziehung auf den Dialog, der von jenem Verfahren handelt und dasselbe wesentlich mit historischer Treue darstellt. Wie dem aber auch sei, jedenfalls beweisen die zuerst angeführten Stellen, wo der Dialog Meno genannt und daraus solches angeführt wird, was wir in der uns erhaltenen Schrift in entsprechender Weise vorfinden, dass diese Schrift dem Aristoteles bereits vorlag. Dass er sie als eine Schrift Plato's kannte, daran würde schon der Inhalt der an jenen ersten Stellen angeführten Lehren nicht zweifeln lassen, auch wenn nicht spätere Zeugnisse den Platonischen Ursprung bestätigten.

Was den Gebrauch des **Präsens** und der **Präterita** in den Aristotelischen Anführungen betrifft, so stellen wir gleich hier auf Anlass der den Meno betreffenden Citate die erforderlichen Bemerkungen zusammen. Gewöhnlich begnügt man sich mit der Annahme, Aristoteles citire Stellen aus Platonischen Schriften zwar gewöhnlich im Präsens, aber auch, obschon selten, im Präteritum. Dies sagt z. B. Zeller, Plat. Studien, S. 201, jedoch mit dem Zusatze, es scheine durch das Präteritum eine Aeusserung oder Ansicht als dem historischen Sokrates angehörig bezeichnet zu werden. Doch lässt sich hier Genaueres ermitteln. Es sind die verschiedenartigen Beziehungen auf die Vergangenheit zu unterscheiden, die Aristoteles durch den Gebrauch der Präterita ausdrücken will. Die Bedeutung des Präteritums ist von selbst klar an solchen Stellen, welche nicht ein Verbum des Sagens, sondern des Schreibens enthalten, wie z. B. Phys. IV, 2: ὥσπερ ἐν τῷ Τιμαίῳ γέγραφεν, de Soph. Elench. c. 12: ὥσπερ καὶ ὁ Καλλικλῆς ἐν τῷ Γοργίᾳ γέγρακται λέγων. Eine andere Classe bilden diejenigen Stellen, wo zwar von Verben des Sagens das Präteritum gebraucht wird, aber nicht bei einem einzelnen Ausspruch, sondern in Bezug auf eine ganze vorangegangene Entwickelung. So z. B. Pol. II, 5, fin : ἡ μὲν οὖν πολιτεία, περὶ ἧς ὁ Σωκράτης εἴρηκε, ταύτας τε τὰς ἀπορίας ἔχει καὶ τούτων οὐκ ἐλάττους ἑτέρας. Im Laufe des Capitels hat sich Aristoteles, indem er bestimmte einzelne Aussprüche des Platonischen Sokrates anführte, stets des Präsens bedient: λέγει, φησί, καθίστησιν ὁ Σωκράτης. Ebenso wechselt er im folgenden Capitel zwischen dem Perfectum und dem Präsens ganz charakteristisch:

περὶ τούτων οὐδὲν διώρικεν ὁ Σωκράτης, ἀλλὰ τὰς μὲν γυναῖκας οἴεται δεῖν συμπολεμεῖν, und bald hernach theils εἴρηκεν, theils παραλάγει, ἀποδίδωσι, φησίν. Offenbar misst Aristoteles hierbei die Zeiten so, dass ihm jeder einzelne Ausspruch, während er ihn liest (oder sich seiner zuerst erinnert), in's Präsens tritt, beim Abschluss der Lectüre eines Abschnitts aber (oder beim Abschluss der Erinnerung an denselben) diese früheren Präsentia nunmehr in Bezug auf den Moment des Abschlusses die Vergangenheit constituiren (so wie wir dies vorhin nachzubilden versuchten in den Worten: im Laufe des Capitels hat sich Aristoteles des Präsens bedient). Daneben aber gibt auch es Stellen, welche theils das Perfectum, theils das Imperfum oder den Aorist von Verben des Meinens und Aussagens in Bezug auf einen einzelnen Ausspruch enthalten. Diese gehen auf die Ansichten als solche und auf mündliche Aeusserungen. War die Quelle des Aristoteles eine Schrift, so konnte er nicht wohl anders den Ausspruch referiren, als indem er sich zugleich der betreffenden Stelle eben dieser Schrift erinnerte; für dieses Verhältniss sei uns der Ausdruck „Mitbeziehung auf eine Schrift" um der Kürze willen verstattet. Es könnte gezweifelt werden, ob nicht Aristoteles über den historischen Charakter irgend eines Ausspruchs, der etwa in einem Platonischen Dialog einer bestimmten Gesprächsperson beigelegt wird, im Irrthum gewesen sei; aber auch dann würde doch nach seiner eigenen Absicht das Präteritum die mündliche Aeusserung bezeichnen. Aristoteles sagt Rhet. III, 18: οἷον Σωκράτης Μελήτου οὐ φάσκοντος αὐτὸν θεοὺς νομίζειν εἴρηκεν . . . ἤρετο . . . ἔφη. Hätte er gemeint, Plato habe dem Sokrates diese Argumentation nur in den Mund gelegt, so hätte er gewiss nach seiner sonstigen Weise gesagt: ὁ Σωκράτης ἐν τῇ Ἀπολογίᾳ λέγει, oder: γίγραπται λέγων. Jene Präterita weisen auf die von dem historischen Sokrates gesprochene Vertheidigungsrede hin. Von dieser wusste aber Aristoteles das Genauere wohl nur aus der Apol., so dass eine Mitbeziehung auf diese Schrift in dem oben angegebenen Sinne statuirt werden darf. Für einen unterscheidungslosen Gebrauch des Präsens und des Präteritum scheint freilich zu sprechen und gegen unsere obigen Bestimmungen einen Einwurf zu begründen die Doppelanführung eines im Menexenus enthaltenen Ausspruchs, die an der einen Stelle im Imperfectum, an der andern im Präsens geschieht. Rhet. I, 9: ὥσπερ γὰρ ὁ Σωκράτης *ἔλεγεν*. Rhet. III, 14 : *ὃ γὰρ λέγει Σωκράτης ἐν τῷ Ἐπιταφίῳ, ἀληθές*. Aber nichts hindert uns anzunehmen, dass die Anführung an beiden Stellen in verschiedenem Sinne erfolge. Das einemal will Aristoteles einen von dem historischen Sokrates öfters gethanen Ausspruch referiren (der auch ganz im Charakter vieler von Xenophon in den Memorab. mitgetheilten Sokratischen Dicta ist); das anderemal abstrahirt er von dieser historischen Beziehung und citirt nur die Stelle einer Schrift, die er dabei zugleich ausdrücklich anführt. So dient auch diese Doppelanführung unserem Kanon zur Bestätigung.

Hippias minor. Metaph. V, 29, 1025 A, 2 bis 13 weist Aristoteles gewisse Fehler nach, die sich *ἐν τῷ Ἱππίᾳ* finden, und zwar in der Argumentation, durch welche dargethan werden solle, 1. dass der Lügner und der Wahrhafte identisch seien; 2. dass der freiwillig Lügende und überhaupt der freiwillig Schlechte der Bessere sei: (*ὁ αὐτὸς ψευδὴς καὶ ἀληθής*, und: *τὸν ἑκόντα φαῦλον βελτίω*). Gegen den ersten *λόγος* bemerkt Aristoteles, die Prämisse sei falsch, worin der *ψευδής* als der *δυνάμενος ψεύδεσθαι* bestimmt werde ; es sei vielmehr *ἄνθρωπος ψευδὴς ὁ εὐχερὴς καὶ προαιρετικὸς τῶν τοιούτων λόγων, μὴ δι᾽ ἕτερόν τι ἀλλὰ δι᾽ αὐτό*. Nun sei freilich die *δύναμις* doppelseitig, nämlich Fähigkeit zum wahr und unwahr reden, und diese Fähigkeit besitze allerdings der Wissende und Einsichtige, aber nicht auch die *προαίρεσις*, die nur eine bestimmte Richtung, nämlich entweder auf die Wahrheit oder auf die Unwahrheit, haben könne. Gegen den zweiten Satz : *τὸν ἑκόντα φαῦλον βελτίω*, bemerkt Aristoteles, derselbe sei durch eine ungültige Induction gewonnen, nämlich von Sätzen aus, wie, dass der freiwillig Hinkende der bessere sei. Das aber gelte nur von der Nachahmung des Hinkens, nicht von der Wirklichkeit, und dürfe nicht auf das *ἦθος* übertragen werden. Derjenige, dessen *προαίρεσις* sich auf die Lüge im ethischen Sinne dieses Begriffes gerichtet hat, bleibt der Schlechtere. Nun findet sich in dem unter Plato's Namen auf uns gekommenen Hippias minor gerade dasjenige vor, was Aristoteles anführt und tadelt. Es wird dort p. 365 bis 369 der Satz durchgeführt, der Wahrhafte und Falsche sei derselbe, und in der zweiten Argumentation, p. 373 bis 376, der Satz, dass die, welche vorsätzlich lügen und überhaupt die, welche vorsätz-

lich Unrecht thun, besser seien, als die, welche unvorsätzlich
fehlen. Freilich fügt Sokrates am Schluss noch die Clausel bei:
wenn es einen solchen gibt, der vorsätzlich Unrecht thut, so ist
er der Gute. Die Berufung auf das Bessersein des absichtlichen Hinkens findet sich inmitten einer reichhaltigen ἐπαγωγή p. 374 C, D.
Die Beziehung der Aristotelischen Stelle auf unseren Hippias
minor ist hiernach ganz unzweifelhaft. Als eine Schrift Plato's
wird der Hippias dort nicht bezeichnet, und die Annahme, dass
dieser Dialog von einem andern Schüler des Sokrates verfasst sei,
bliebe daher, wenn wir uns an diese Aristotelische Stelle allein
halten, immerhin möglich. Aristoteles nimmt in den Untersuchungen, inmitten deren jene Beziehung auf den Dialog Hippias
sich findet, nicht ausschliesslich auf Platonische Aeusserungen
Rücksicht; noch unmittelbar vorher war von einer Behauptung
des Antisthenes die Rede (nämlich von dem Satze, es dürfe ein
Jedes nur von sich selbst prädicirt werden). Aber die Beziehung
auf Plato herrscht doch so entschieden vor, dass schon hiernach
die Annahme als die natürlichste erscheinen muss, es sei unter
dem Ἱππίας eine Platonische Schrift zu verstehen.

Menexenus. Am räthselhaftesten ist die Stelle, in welcher
Aristoteles unter dem Titel: Ἐπιτάφιος (λόγος) den Menexenus
erwähnt, mindestens zu erwähnen scheint, eine Schrift, die in
ihrer ganzen Haltung so durchaus den Sokratisch-Platonischen
Grundsätzen widerstreitet, dass sie vielleicht von allen neueren
Forschern, sofern diese sich nicht nur mit der Geschichte der alten
Literatur, sondern auch mit der Philosophie Plato's eingehend
beschäftigt haben, einstimmig für unecht erklärt worden wäre,
wenn nicht die Autorität des Aristoteles das Urtheil gebunden
hätte. Die Aristotelischen Stellen sind: Rhetor. I, 9, 1367 B, 8:
σκοπεῖν δὲ καὶ παρ' οἷς ὁ ἔπαινος. ὥσπερ γὰρ ὁ Σωκράτης
ἔλεγεν, οὐ χαλεπὸν Ἀθηναίους ἐν Ἀθηναίοις ἐπαινεῖν. Rhetor.
III, 14, 1415 B, 30: ἐν δὲ τοῖς ἐπιδεικτικοῖς οἴεσθαι δεῖ ποιεῖν
συνεπαινεῖσθαι τὸν ἀκροατήν, ἢ αὐτὸν ἢ γένος ἢ ἐπιτηδεύματ'
αὐτοῦ ἢ ἁμῶς γέ πως· ὃ γὰρ λέγει Σωκράτης ἐν τῷ Ἐπιταφίῳ,
ἀληθές, ὅτι οὐ χαλεπὸν Ἀθηναίους ἐν Ἀθηναίοις ἐπαινεῖν, ἀλλ'
ἐν Λακεδαιμονίοις. Die erste Stelle muss auf eine mündliche
Aeusserung des historischen Sokrates gehen, wofür das Imperfectum ἔλεγε zeugt; die zweite aber verweist ausdrücklich auf

eine Stelle in einem Werke, das einen λόγος ἐπιτάφιος enthalte.
Dies trifft zu bei dem unter Plato's Namen auf uns gekommenen
Menexenus, in welchem p. 235 und 236 jene Aeusserung sich
findet, die sich sonst nirgendwo nachweisen lässt. Menex. p. 235 D:
οὐδὲ αὐτοσχεδιάζειν τά γε τοιαῦτα χαλεπόν. εἰ μὲν γὰρ δέοι
Ἀθηναίους ἐν Πελοποννησίοις εὖ λέγειν ἢ Πελοποννησίους ἐν
Ἀθηναίοις, ἀγαθοῦ ἂν ῥήτορος δέοι τοῦ πείσοντος καὶ εὐδοκι-
μήσοντος· ὅταν δέ τις ἐν τούτοις ἀγωνίζηται, οὕσπερ καὶ ἐπαινεῖ,
οὐδὲν μέγα, δοκεῖν εὖ λέγειν. 236 A: ἀλλὰ καὶ ὅστις ἐμοῦ κά-
κιον ἐπαιδεύθη, — ὅμως κἂν οὗτος οἷός τ᾽ εἴη Ἀθηναίους γε
ἐν Ἀθηναίοις ἱκανῶν εὐδοκιμεῖν. Demgemäss müssen wir anzunehmen geneigt sein, dass dieser Menexenus dem Aristoteles
bekannt gewesen sei, und zwar als eine Platonische Schrift.

Indess dies Letztere wenigstens besagen die angeführten Stellen nicht und es folgt auch nicht nothwendig aus dem Zusammenhang. Aristoteles könnte die Schrift eines andern Mannes
gemeint haben, von der dann nur erklärt werden müsste, wie sie
unter die Platonischen gekommen und später allgemein für ein
Platonisches Werk gehalten worden sei. Aeltere und neuere Philologen haben eine Aenderung der Lesart vorgeschlagen, nämlich
Ἰσοκράτης statt Σωκράτης. So Olearius in seiner Streitschrift
gegen Leo Allatius, welcher Letztere aus dem Menexenus
hatte beweisen wollen, dass Sokrates noch mindestens bis zum
Jahre 387 v. Chr. gelebt habe, da er die Ereignisse bis zu diesem Jahre in der Rede, die jener Dialog ihn halten lässt, er-
wähne. Suidas (Θεύδας) sagt sub voce Ἰσοκράτης, der jüngere
Isokrates, Sohn des Amykles, habe auf Bitten der Antemisia eine
Grabrede auf ihren Gemahl Mausolus verfasst. Auf diesen λόγος
ἐπιτάφιος soll sich nach der Meinung derjenigen Philologen,
welche die Conjectur Ἰσοκράτης vertreten, Aristoteles a. a. O.
beziehen. Aber diese Conjectur trägt doch gar zu sehr das Ge-
präge einer gesuchten Auskunft aus der Verlegenheit an der
Stirn. An zwei verschiedenen Stellen sollte statt des von Aristoteles
geschriebenen Wortes: Ἰσοκράτης das falsche: Σωκράτης so eingetreten sein, dass auch nicht eine Spur der echten Lesart in
allen unseren Handschriften geblieben wäre? Es ist nicht sehr
glaublich. Dazu kommt, dass Aristoteles eine Stelle aus einem
ἐπιτάφιος des jüngeren Isokrates wohl schwerlich so schlechthin
ohne jeden näher bestimmenden Zusatz bezeichnet hätte: Ἰσοκράτης

ἐν τῷ Ἐπιταφίῳ. Das von Suckow (Form der Plat. Schriften,
S. 55 ff.) der Berufung auf Olearius und Meursius hinzu-
gefügte Argument, Aristoteles wolle „ganz offenbar die eigensten
Worte des von ihm genannten Mannes anführen", wogegen im
Menexenus einige andere Worte stehen, ruht auf gar schwachen
Füssen. Aristoteles zieht in einen kurzen Ausdruck zusammen,
was in einer Rede oder auch in dem eine Rede einleitenden Gespräch ausgeführter und feiner gegeben werden' musste. Er thut
dies an den beiden verschiedenen Stellen in wesentlich gleicher Weise (obschon doch an der zweiten mit dem Zusatz: *ἀλλ'
ἐν Λακεδαιμονίοις*), weil sich ihm dieselbe Form beidemale am
leichtesten darbot; ein Beweis für eine beabsichtigte genaue
Uebereinstimmung mit den Worten der Rede kann hieraus nicht
(mit Suckow) entnommen werden. Im Menexenus steht (p. 235)
das Wort *χαλεπόν*, aber in Verbindung mit *αὐτοσχεδιάζειν τὰ
τοιαῦτα*, wo es auch noch angemessener ist, als bei *ἐπαινεῖν*.
Das Prädicat der Leichtigkeit oder Schwierigkeit wird dort (p. 235
und 236) nicht dem blossen *ἐπαινεῖν* beigelegt, sondern dem
πείθειν καὶ εὐδοκιμεῖν, dem *δοκεῖν εὖ λέγειν*, dem *ἐπαινῶν
εὐδο-κιμεῖν*. Ein sorgsamer Redner, dem an Schärfe und Genauigkeit des Gedankenausdruckes lag, konnte kaum den Ausdruck: *οὐ χαλεπὸν ἐπαινεῖν* gebrauchen, dessen sich immerhin
Aristoteles um der Kürze willen bedienen mochte. Eine wört-
liche Uebereinstimmung folgt demnach nicht nur nicht aus der
Natur der Sache mit Nothwendigkeit, sondern ist auch nicht
einmal als wahrscheinlich anzunehmen. Ebensowenig lässt sich
ein Beweis gegen die Beziehung auf unsern Menexenus daraus
entnehmen, dass in demselben die Peloponnesier, bei Aristoteles
aber die Lakedämonier genannt sind. Abweichungen dieser
Art darf man nicht urgiren. Schon überhaupt unter Nichtathe-
nern, namentlich aber unter den grösstentheils den Athenern
feindlichen Peloponnesiern, ist es schwer, mit dem Lobe der Athener durchzudringen, meint Sokrates im Menexenus. Hierfür konnte
Aristoteles, zumal da er wahrscheinlich aus dem Gedächtniss citirte,
recht wohl in kurzer und verständlicher Weise die äusserste Potenzirung des Gegensatzes, also Athener und Lakedämonier, ein-
setzen. Somit liegt kein gültiger Beweis gegen die Bezugnahme
des Aristoteles auf unsern Menexenus vor, und dieselbe muss
für höchst wahrscheinlich gelten.

Um so bestimmter aber müssen wir hervorheben, dass die Annahme, Aristoteles habe den Menexenus für ein Werk Plato's gehalten, durch jene Stellen nicht gerechtfertigt wird. Es ist wahr, dass Aristoteles, wie Steinhart bemerkt (Plat. Werke, Bd. VI, S. 413, Anm. 72), mit einer Formel gleich der in Rhet. III, 14: λέγει Σωκράτης ἐν τῷ Ἐπιταφίῳ, gewöhnlich Worte des Sokrates aus Platonischen Dialogen anführt; aber nichts nöthigt uns zu der Annahme, dass er immer so verfahren sei. Dass Aristoteles jemals geradezu den Plato mit dem Namen des Sokrates bezeichne, wird ohnedies Niemand glauben; Σωκράτης ist bei Aristoteles stets (wie Suckow S. 75 f. richtig nachgewiesen hat) entweder die historische Person oder die Gesprächsperson in einem Dialog, dieses Letztere allerdings in den meisten Fällen nachweislich in einem Platonischen Dialog, aber ob immer, steht dahin. So könnte Aristoteles sehr wohl auf die betreffenden Stellen aus dem Menexenus in der angeführten Weise auch dann Bezug genommen haben, wenn dieser Dialog nicht den Plato, sondern etwa Plato's Bruder Glauko zum Verfasser hätte. Diogenes der Laërtier bezeugt (II, 124), dass zu seiner Zeit neun für echt geltende Dialoge des Glauko von Athen (den er unter den Sokratikern erwähnt) existirten, die er einzeln nennt; diese seien in einem Bande enthalten; ausserdem gebe es 32, welche demselben mit Unrecht zugeschrieben würden. Unter den neun Dialogen, die für echt galten, ist auch ein Μενέξενος. Das Zusammentreffen dieser Angabe mit dem Aristotelischen Zeugniss für die Existenz eines λόγος ἐπιτάφιος, worin Sokrates auftrat und zwar mit Aeusserungen, denen die Aristotelische Anführung durchaus entspricht, legt die Annahme nahe, dass der unter Plato's Schriften auf uns gekommene Μενέξενος, der, wie er vorliegt, schwerlich von Plato selbst geschrieben ist, seinen Bruder Glauko zum Verfasser habe. Steinhart in seiner Einleitung zu dem Dialog findet als Resultat einer gründlichen Analyse, dass nicht Plato, wahrscheinlich aber doch ein Sokratiker, der manches Platonische nachgebildet habe, der Verfasser sei. Für die Schrift des Antisthenes: Μενέξενος, ἢ περὶ τοῦ ἄρχειν (Diog. L. VI, 18) wird den auf uns gekommenen Menexenus nicht leicht Jemand halten wollen; schon der Zusatz im Titel: ἢ περὶ τοῦ ἄρχειν, der wahrscheinlich von einem alexandrinischen Grammatiker herrührte, welchem eben diese (wirklich oder vermeintlich) Antisthenische Schrift vorlag, würde entscheidend gegen eine solche Annahme sprechen. Was wir aus Xenophon und Plato von dem Leben und Charakter des Glauko wissen, ist Weniges; aber dieses Wenige lässt sich unter der Voraussetzung, dass in der Platonischen Rep. sein Bild sehr idealisirt sei, wohl mit der Anschauung vereinigen, welche wir von dem Verfasser des Menexenus aus dieser Schrift selbst gewinnen, und scheint sogar zu manchen auffallenden Zügen einen Erklärungsgrund bieten zu können. Zu solchen Zügen gehören: die unbedingte Verehrung, die Menexenus dem Sokrates zollt, im Verein mit einer Anschauung von dem Meister, welche doch gar nicht wesentlich in's Idealische hinaufgehoben ist, mitunter in gewissen derb realistischen Zügen noch sehr über die Xenophontische Zeichnung des Sokrates hinausgeht; die aristokratische Gesinnung, die doch auch mit den bestehenden Zuständen sich zu versöhnen weiss; die Vorliebe für politische Reden, die im Verein mit der Verehrung gegen Sokrates und mit Erinnerungen an die Platonische Weise der Darstellung des Meisters im Phaedrus dahin führt, diesem selbst eine solche Rede in den Mund zu legen. Wenigstens dürfte diese Vermuthung an innerer Wahrscheinlichkeit der von J. Tüllmann (in seiner Greifswalder Inaugural-Dissertation: de Platonis qui vulgo fertur Menexeni consilio et origine, 1859) nicht nachstehen, wornach der Herausgeber der Leges, also (nach Diog. L. III, 37) Philipp der Opuntier, der zugleich für den Verfasser der Epinomis gilt, den Menexenus verfasst haben soll. Denn die Aehnlichkeiten in Sprache und Composition, die Tüllmann, auf Zeller's Forschungen fussend, in beiden Schriftwerken finden will, sind doch von zu unbestimmter Art, als dass sie beweisend sein könnten; vollends aber, was den Inhalt betrifft, so kann als ein „recedere a pristina severitate" das Allerverschiedenartigste bezeichnet werden, was darum unter sich noch wenig oder gar nicht verwandt zu sein und keineswegs alles von demselben Verfasser herzustammen braucht. Nach dieser Tüllmann'schen Hypothese würde Philipp (oder wer etwa statt seiner als Herausgeber und Ueberarbeiter der Leges angenommen werden mag) geradezu als Fälscher erscheinen, was Tüllmann auch selbst (S. 82) ausspricht; worin aber läge das Motiv zu solcher Fälschung, die nicht von einem obscuren Geldmacher zur Zeit der Gründung der Bibliotheken, sondern von demjenigen Platoniker begangen sein müsste, der entweder schon von Plato selbst oder von der Platonischen Schule mit der Function der Herausgabe des Nachlasses betraut worden war? Ohne zwingende Gründe dürfen wir ein so unredliches Verfahren nicht voraussetzen, das zudem nicht so ganz leicht hätte Erfolg haben können. Das Abbrechen der Geschichtsdarstellung mit dem Antalkidischen Frieden (387) hat Tüllmann von seinem Standpuncte aus nicht genügend erklärt. Der Anachronismus, dass Sokrates (ja schon Aspasia) Dinge vorträgt, die sich erst lange nach der Zeit des Redenden ereignet haben, besteht in beiden Fällen mit gleicher Stärke, die wahre Abfassungszeit mag 387 oder 347 sein. Dass rühmenswerthe Ereignisse aus den Jahren 387 bis 347 sich nicht gefunden hätten, will nichts heissen bei einer Rede, die so willkürlich die Geschichte nach dem Zwecke der Verherrlichung Athens umdeutet. Zudem entbehrt jene Vermuthung Tüllmann's durchaus aller directen Zeugnisse, woraus hervorginge, dass Philippus ein Werk solcher Art, wie der Menexenus ist, verfasst oder auch aus Plato's Nachlass herausgegeben habe, wogegen wir für Glauko als Verfasser eines Menexenus doch wenigstens das Zeugniss des Diog. L. besitzen, so dass hieran unsere Combination einen bestimmten Anhalt hat. Nichtsdestoweniger müssen wir gestehen, dass, wenn nicht das Aristotelische Zeugniss zu unabweisbar für das hohe Alter des Menexenus spräche, wir denselben lieber für eine spätere Schularbeit halten möchten.

Philebus. Der Philebus ist unter den als Platonisch überlieferten Dialogen derjenige, welcher von der Verbindung der ἡδονή und φρόνησις aussagt, dass sie einem jeden einzelnen dieser beiden Elemente vorzuziehen sei und so beweist, dass weder die ἡδονή, noch auch die φρόνησις mit dem Guten selbst als dem ἱκανόν identisch sei. Eben diese Argumentation aber schreibt Aristoteles in Betreff der ἡδονή dem Plato zu Eth. Nic. X, 2, 1172 B, 28: τοιούτῳ δὴ λόγῳ καὶ Πλάτων ἀναιρεῖ ὅτι οὐκ ἔστιν ἡδονὴ τἀγαθόν· αἱρετώτερον γὰρ εἶναι τὸν ἡδὺν βίον μετὰ φρονήσεως ἢ χωρίς· εἰ δὲ τὸ μικτὸν κρεῖττον, οὐκ εἶναι τὴν ἡδονὴν τἀγαθόν, vgl. Phileb. p. 20 sqq.; p. 60 sqq. Auch die übrigen Argumente, die Aristoteles a. a. O. und in dem folgenden Capital der Kritik unterwirft, weisen grossentheils auf den Philebus zurück.

Das Gleiche gilt im Allgemeinen auch von der Erörterung Eth.
Nic. VII, 12—15, und Magna Mor. II, 7. Indess da hier die
ausdrückliche Beziehung auf Plato fehlt, und es dazu sehr zweifelhaft ist, wie weit uns in jenem Abschnitt der Nikomachischen
Ethik die eigene Arbeit des Aristoteles vorliege, und da die sog.
Magn. Mor. nur der Auszug eines Schülers aus einer grösseren
Ethik, wahrscheinlich (nach Spengel) aus der von Endemus
verfassten oder doch redigirten „Eudemischen Ethik" oder auch
aus beiden grösseren Werken (vielleicht, nach Trendelenburg's
Vermuthung, ursprünglich unter dem Titel: τῶν μεγάλων ἠϑικῶν
ἐπιτομή) zu sein scheint, so dürfen wir von diesen Stellen hier
absehen. Dass Aristoteles den uns erhaltenen Philebus als ein
Platonisches Werk gekannt habe, ist durch die zuerst angeführte
Stelle mit genügender Wahrscheinlichkeit erwiesen.

Apologia. Zweimal führt Aristoteles in der Rhetor. (II, 23,
1398 A, 15; III, 18. 1419 A, 8) eine Argumentation an, deren sich
Sokrates gegen seinen Ankläger Meletus zufolge der Platonischen
Apolog. bedient hat. An der ersten Stelle heisst es: ἄλλος (sc.
τόπος τῶν δεικτικῶν) ἐξ ὁρισμοῦ, οἷον ὅτι τὸ δαιμόνιον οὐδέν
ἐστιν, ἀλλ' ἢ ϑεὸς ἢ ϑεοῦ ἔργον · καίτοι ὅστις οἴεται ϑεοῦ ἔργον
εἶναι, τοῦτον ἀνάγκη οἴεσϑαι καὶ ϑεοὺς εἶναι. An dieser Stelle
nennt Aristoteles den Sokrates nicht, noch weniger den Plato
und seine Schrift; aber die Uebereinstimmung mit dem Inhalt
von Apol. p. 27 B sqq. ist unverkennbar, und wird auch durch
die Modification: ϑεοῦ ἔργον statt: παῖδες ϑεῶν nicht aufgehoben. An der zweiten Stelle nennt Aristoteles ausdrücklich den
Sokrates; aber er erzählt von seiner Vertheidigung in Praeteritis,
wie εἴρηκεν, ἔφη etc.: οἷον Σωκράτης Μελήτου οὐ φάσκοντος
αὐτὸν ϑεοὺς νομίζειν εἴρηκεν, εἰ δαιμόνιόν τι λέγοι. ὁμολογή-
σαντος δὲ ἤρετο εἰ οὐχ οἱ δαίμονες ἤτοι ϑεῶν παῖδες εἶεν ἢ
ϑεῖόν τι · φήσαντος δέ, ἔστιν οὖν, ἔφη, ὅστις ϑεῶν μὲν παῖδας
οἴεται εἶναι, ϑεοὺς δὲ οὔ; Zwar ist nach unseren obigen Ausführungen (mit Zeller) anzunehmen, dass durch den Gebrauch
der Praeterita die Aeusserung als eine mündliche des historischen
Sokrates bezeichnet werde; aber für die Quelle des Aristoteles
haben wir dabei fast zweifellos die unter den Platonischen
Schriften befindliche Apologie zu halten, welche die Verhandlung
des Sokrates mit Meletus gerade in der entsprechenden Form

mittheilt. Eine gewisse Möglichkeit bleibt, dass Aristoteles dennoch aus einem andern Bericht geschöpft hätte; das Zeugniss für das Vorhandensein unserer Apol. zur Zeit des Aristoteles ist daher kein durchaus sicheres, und noch weniger ist durch die Aristotelischen Stellen für sich allein bereits erweisbar, dass Plato von Aristoteles als Verfasser dieser Schrift anerkannt werde. Erst die Verbindung dieser Stellen mit den Zeugnissen der Späteren macht uns möglich, mit ausreichender Wahrscheinlichkeit die uns vorliegende Apologia für eine Platonische Schrift zu halten.

Theaet., Soph., Politicus. Wir fassen die Erörterung der Aristotelischen Zeugnisse für diese drei formell mit einander verknüpften Dialoge hier zusammen, obschon nach dem Massstabe der Bestimmtheit der Aristotelischen Beziehungen oder Mitbeziehungen auf dieselben dem Theaet. für sich allein eine frühere Stelle gebühren würde.

Theaet. An Theaet.· p. 181 C f., wo die $\dot{\alpha}\lambda\lambda o\dot{\iota}\omega\sigma\iota\varsigma$ und die $\pi\epsilon\rho\iota\varphi o\rho\dot{\alpha}$ als die Arten ($\epsilon\dot{\iota}\delta\eta$) der $\varkappa\dot{\iota}\nu\eta\sigma\iota\varsigma$ unterschieden werden und die $\pi\epsilon\rho\iota\varphi o\rho\dot{\alpha}$ so bestimmt wird, dass darunter entweder die totale Aenderung des Ortes durch Fortschritt, oder die Drehung zu verstehen sei, werden wir erinnert durch Arist. Top. IV, 2, 122 B, 26 f., wo Aristoteles einen Fehler darin zu finden meint, $\dot{\omega}\varsigma$ $\Pi\lambda\dot{\alpha}\tau\omega\nu$ $\dot{o}\rho\dot{\iota}\zeta\epsilon\tau\alpha\iota$ $\varphi o\rho\dot{\alpha}\nu$ $\tau\dot{\eta}\nu$ $\varkappa\alpha\tau\dot{\alpha}$ $\tau\dot{o}\pi o\nu$ $\varkappa\dot{\iota}\nu\eta\sigma\iota\nu$. Die Correspondenz zwischen der Aristotelischen und der Platonischen Stelle ist jedoch keine genaue, weil Plato dort nicht definirt, sondern nur eine Eintheilung aufstellt, woraus jene Definition sich bilden lässt. Aber auch von diesem Umstande abgesehen, liegt ein Zeugniss für die Echtheit des Theaet. in jener Aristotelischen Stelle aus dem Grunde nicht, weil auch im Parmen. (p. 138 C) das $\varphi\dot{\epsilon}\rho\epsilon\sigma\vartheta\alpha\iota$ und die $\dot{\alpha}\lambda\lambda o\dot{\iota}\omega\sigma\iota\varsigma$ als die beiden einzigen Arten der $\varkappa\dot{\iota}\nu\eta\sigma\iota\varsigma$ unterschieden werden, der Ausdruck $\pi\epsilon\rho\iota\varphi\dot{\epsilon}\rho\epsilon\sigma\vartheta\alpha\iota$ aber (jedoch mit dem Zusatz $\varkappa\dot{\upsilon}\varkappa\lambda\omega$) auf die Drehung beschränkt ist, so dass die Aristotelische Angabe dieser Stelle sogar näher kommt, als der im Theaet. Jedoch auch mit dem Parm. besteht keine genaue Correspondenz, weil auch in diesem Dialog keine Definition der $\varphi o\rho\dot{\alpha}$ sich findet. Wahrscheinlich nimmt Aristoteles a. a. O. auf eine Definition Bezug, die Plato mündlich in der Akademie zu geben pflegte. Dagegen lässt sich zuversichtlich Metaph. IV, 5, 1010 D, 12 auf Theaet. p. 171 E ff. und 178 C beziehen. Aristoteles argumentirt gegen die Anhänger des Protagoreischen Satzes, nach welchem Schein und Sein identisch sein soll. Er bemerkt, es werde hierdurch der Satz des Widerspruchs aufgehoben, denn da dem Einen wahr zu sein scheine, was dem Andern unwahr, so müsste, falls das Sein mit dem Schein identisch wäre, das Nämliche sein und auch nicht sein. Um solche Meinungen zu widerlegen, musste ein über das Subject hinausweisendes Mass der Meinungen, ein Kriterium der Wahrheit aufgefunden, und so der Art, wie dem Einen gewisse Dinge erscheinen, ein objectiver Vorzug vor der Art, wie sie dem Andern erscheinen, vindicirt werden. Zu diesem Behuf liess sich nicht unmittelbar auf das Sein der Dinge selbst verweisen, da ja dieses einem Jeden immer nur in der Weise, wie es ihm erscheint, theoretisch zugänglich ist, sondern es mussten zunächst im Subjecte Kriterien aufgezeigt werden. Da beruft sich nun Aristoteles theils auf Unterschiede in der Art der Wahrnehmung, wovon die einen vor den andern offenbar den Vorzug der Naturgemässheit haben, theils mit einer geschickten Wendung auf das praktische Verhalten, dann aber auch, indem er eine Platonische Bemerkung adoptirt, auf den Vorzug der Ansicht des Sachverständigen vor der des Laien. In der Kritik des Protagoreischen Sensualismus, die wir im Theaetetus finden, wird darauf aufmerksam gemacht, wie über Meinungen, die auf die Zukunft gehen, die Zukunft selbst, nachdem sie Gegenwart geworden sei, entscheide. Tritt das Ereigniss ein, worauf die Vermuthungen sich bezogen, so wird dann die Verschiedenheit der Meinungen durch die Erfahrung selbst aufgehoben, also diejenige, zu welcher später Alle sich bekennen müssen, als die objectiv vorzüglichere erwiesen. Der Sachverständige ist derjenige, dessen Ansicht von vorn herein in diesem Sinne die Präsumption der objectiven Vorzüglichkeit für sich hat. Das ist es, was Theaet. 170 ff. und besonders 178 ausgeführt wird: ἢ καὶ τῶν μελλόντων ἔσεσθαι, φήσομεν, ὦ Πρωταγόρα, ἔχει τὸ κριτήριον ἐν αὑτῷ, καὶ οἷα ἂν οἰηθῇ ἔσεσθαι, ταῦτα καὶ γίγνεται ἐκείνῳ τῷ οἰηθέντι; οἷον θερμά, ἆρ' ὅταν τις οἰηθῇ ἰδιώτης αὑτὸν πυρετὸν λήψεσθαι καὶ ἔσεσθαι ταύτην τὴν θερμότητα, καὶ ἕτερος, ἰατρὸς δέ, ἀντοιηθῇ, κατὰ τὴν ποτέρου δόξαν φῶμεν τὸ μέλλον ἀποβήσεσθαι; ἢ κατὰ τὴν ἀμφοτέρων, καὶ τῷ μὲν ἰατρῷ οὐ θερμὸς οὐδὲ πυρέττων γενήσεται, ἑαυτῷ δὲ ἀμφότερα; — γελοῖον μέντ' ἂν εἴη. Eben hierauf nimmt Aristoteles Bezug a. a. O. Metaph. IV, 5, 1010 B, 11 bis 14: ἔτι δὲ περὶ τοῦ μέλλοντος ὥςπερ καὶ Πλάτων λέγει, οὐ δήπου ὁμοίως κυρία ἡ τοῦ ἰατροῦ δόξα καὶ ἡ τοῦ ἀγνοοῦντος, οἷον περὶ τοῦ μέλλοντος ἔσεσθαι ὑγιοῦς ἢ μὴ μέλλοντος. Da also Aristoteles dem Plato jene Aeusserung zuschreibt, die im Theaet. und nur in diesem sich findet, so dürfen wir hierin ein giltiges Zeugniss dafür erblicken, dass Aristoteles diesen Dialog als einen Platonischen gekannt habe.

Soph. Aristoteles sagt Metaph. VI, 2, 1026 B, 14: διὸ Πλάτων τρόπον τινὰ οὐ κακῶς τὴν σοφιστικὴν περὶ τὸ μὴ ὂν ἔταξεν. εἰσὶ γὰρ οἱ τῶν σοφιστῶν λόγοι περὶ τὸ συμβεβηκὸς ὡς εἰπεῖν μάλιστα πάντων. Aehnlich Met. XI, 8, 1064 B, 29: διὸ Πλάτων οὐ κακῶς εἴρηκε φήσας τὸν σοφιστὴν περὶ τὸ μὴ ὂν διατρίβειν. Diese Worte können, sofern überhaupt auf eine von den unter Plato's Namen auf uns gekommenen Schriften, nur auf den Dialog Soph. bezogen werden. Dort heisst es p. 254 A vom Sophisten: ὁ μὲν ἀποδιδράσκων εἰς τὴν τοῦ μὴ ὄντος σκοτεινότητα, τριβῇ προσαπτόμενος αὐτῆς, διὰ τὸ σκοτεινὸν τοῦ τόπου κατανοῆσαι χαλεπός. Dies bezieht sich zurück auf p. 237 sqq., wo das Meinen und die Scheinweisheit und der Irrthum, worin die Sophistik befangen bleibe, auf das μὴ ὂν zurückgeführt wird, welchem in der falschen Rede Realität beigelegt werde, welches aber, wie der Verfasser des Soph. annimmt, auch nicht einmal in der falschen Rede vorkommen und überhaupt gar nicht bezeichnet werden könnte, wenn es nicht in irgend einer Weise auch Existenz hätte, wie denn insbesondere das B i l d eine eigenthümliche Verflechtung von Sein und Nichtsein in sich aufzeige. Auch ist unter den Dialogen, die uns als Platonische überliefert sind, der S o p h. der e i n z i g e, welcher in der von Aristoteles bezeichneten Weise eine allgemeine Bestimmung der Sophistik enthält. Protag. und Gorg. geben mehr Einzelschilderung und gehen vorwiegend auf ethische Fragen; der Theaet. geht zwar auf die Formen und Stufen der Erkenntniss, aber ohne noch durch dieselben zugleich die Richtungen und Schranken bestimmter Classen von Theoretikern und Praktikern charakterisiren zu wollen, wie dies im Soph. (und in dem mit ihm verknüpften Polit.) geschieht. Also können wir nicht umhin, anzunehmen, dass Aristoteles, indem er dem Plato jene Aeusserung zuschreibt, falls er dabei einen be-

stimmten Dialog im Auge hat, auf den Soph. Bezug nehme und
denselben somit als Platonisch bezeuge. Ein Zweifel muss sich
jedoch an die Präterita anknüpfen: ἔταξεν und εἴρηκε φήσας,
die auf mündliche Aeusserungen hinweisen. Es bleibt freilich
eine Mitbeziehung auf den Soph. auch dann möglich, wenn
Aristoteles zunächst an mündliche Aeusserungen denkt. Denn
da Plato nach seinem Grundsatze von der Schrift als dem Abbild der Rede ohne Zweifel häufig in Schriften das mündlich
Verhandelte niederlegte, und wohl auch andrerseits nicht selten
mit neuen Schülern wieder mündlich durchgehen musste, was er
früher schon niedergeschrieben hatte, so kann Aristoteles füglich
die mündliche Aeusserung im Anschluss an die entsprechende
Stelle einer Platonischen Schrift erwähnen. Jedoch diese Möglichkeit begründet noch nicht einen zureichenden Beweis für die
Echtheit des Dialogs.

Dass aber wirklich eine Schrift, und zwar auch der auf
uns gekommene Soph., dem Aristoteles vorlag, dafür lässt sich
eine sehr hohe Wahrscheinlichkeit durch die Stelle de part. animal. I, 2, 642 B, 10 gewinnen, wo Aristoteles, indem er verschiedene Fehler rügt, die beim Eintheilen begangen zu werden pflegen, unter Anderm auch die Zerreissung eines natürlichen Genus tadelt, die durch Vertheilung der zu ihm gehörigen Individuen an verschiedene Classen entstehe, welche durch einen äusserlichen und zufälligen Eintheilungsgrund erzeugt werden. Aristoteles sagt a. a. O.: ἔτι δὲ προσήκει μὴ διασπᾶν ἕκαστον γένος,
οἷον τοὺς ὄρνιθας τοὺς μὲν ἐν τῇδε, τοὺς δ' ἐν ἄλλῃ διαιρέσει,
καθάπερ ἔχουσιν αἱ γεγραμμέναι διαιρέσεις· ἐκεῖ γὰρ τοὺς
μὲν μετὰ τῶν ἐνύδρων συμβαίνει διῃρῆσθαι, τοὺς δ' ἐν ἄλλῳ
γένει. Auf eine solche Zerreissung natürlicher Geschlechter, fährt
Aristoteles fort, führe nothwendig die durchgängige Zweitheilung;
insbesondere müssen bei der Dichotomie: „Land- und Wasser-
Thiere" die κολύποδις, die wesentlich zusammengehören, naturwidrig an diese beiden Classen vertheilt werden. Was nach
dieser Stelle die γεγραμμέναι διαιρέσεις enthalten sollen, findet
sich theils in Soph., theils auch, und zwar weit genauer, im Politicus. Im Soph. wird p. 220 A, B das πεζὸν γένος dem
νευστικὸν γένος coordinirt und dem letzteren das πτηνὸν φῦλον
und das ἔνυδρον φῦλον subordinirt. Nach der eigenen Absicht
und Meinung des Verfassers des Soph. soll offenbar das πτηνὸν

φῦλον sich mit dem Geschlecht der Vögel, und das ἔνυδρον mit dem der Fische decken. Er nennt die Jagd auf das eine schlechtweg ὀρνιθευτική, und die auf das andere (jedoch mit einem beigefügten σχεδόν) ἁλιευτική. Aristoteles aber, falls wir seine Kritik auf diese Stelle des Soph. beziehen dürfen, macht darauf aufmerksam, dass sich aus dem angenommenen Eintheilungsgrunde bei genauerer Betrachtung ein Resultat ergebe, welches das Unpassende eben dieses Eintheilungsgrundes erweise. Er gebraucht dabei seinen in solchen Fällen gewöhnlichen Ausdruck: συμβαίνει. Es findet sich nämlich bei einer vollständigeren Uebersicht, dass einige Vögel zu den Wasserthieren gehören, während die übrigen dem andern Theile des νευστικὸν γένος (dem πτηνὸν φῦλον sofern dasselbe nicht ἔνυδρον ist) zufallen müssen, so dass eine naturwidrige Zertheilung des Zusammengehörigen sich als die Consequenz dieses Eintheilungsprincips herausstellt. In dieser Beziehung passt das Aristotelische Citat ziemlich wohl auf die angeführte Stelle des Soph. Aber es passt darauf doch nicht durchaus. Denn da im Soph. das dem ἔνυδρον zur Seite gestellte φῦλον schlechtweg als das πτηνὸν bezeichnet wird, so war streng genommen nicht zu sagen, dass hiernach die Vögel zum Theil in die Classe der Wasserthiere und zum Theil in eine andere fallen, sondern vielmehr, dass sie alle in die Classe der πτηνά fallen und ein Theil von ihnen doch auch in die der ἔνυδρα, dieser Theil also in zwei Classen zugleich, und dass hierin der Fehler liege. Dazu kommt, dass die von Aristoteles zuletzt erwähnte Dichotomie: „Land- und Wasser-Thiere" sich im Soph. überhaupt nicht findet, der vielmehr die Dichotomie: „geflügelte Thiere und Wasserthiere" hat. Auf den Pol. aber passt in allen diesen Beziehungen das Aristotelische Citat vollkommen. Im Pol. werden p. 264 D zwei Genera der geselligen Thiere unterschieden: das ἔνυδρον und das ξηροβατικόν, und das letztere p. 264 E wiederum in das πτηνὸν und πεζὸν eingetheilt. Auch hier, und gerade hier mit strengerem Recht, muss die Kritik finden, dass die Vögel theils zu den im Wasser lebenden Thieren, theils zu „einem andern Geschlecht" zu stehen kommen, dass also auseinandergerissen wird, was der Natur nach zusammengehört; denn ein Theil der Vögel gehört dem ἔνυδρον γένος, der übrige Theil aber dem ξηροβατικὸν γένος an. Auf diese Stelle im Pol. passt auch durchaus jener

Theil der Aristotelischen Bemerkungen, der auf den Soph. überhaupt nicht bezogen werden kann, dass die πολύποδες durch die Dichotomie: „Land- und Wasser - Thiere" naturwidrig von einander getrennt werden. Aber obschon es nothwendig ist, das Aristotelische Citat vielmehr auf den Pol., als auf den Soph. zu beziehen, so thut dies doch der Folgerung keinen Eintrag, dass der uns überlieferte Dialog Soph. dem Aristoteles bereits bekannt gewesen sei; denn jedes Zeugniss für den Pol. ist zugleich ein solches für den Soph., der in dem Pol. mehrmals (p. 257 A; 266 D; 284 B; 286 B) fast förmlich citirt wird.

Aristoteles nennt zwar (de part. an. I, 2) den Plato nicht als den Verfasser der γεγραμμέναι διαιρέσεις. Nehmen wir aber jetzt die oben erörterten Beziehungen auf Aussprüche hinzu, die Aristoteles (in der Metaph.) ausdrücklich als Platonische bezeichnet und die sich in der Schrift Soph. wiederfinden, einer Schrift, welche nach der zuletzt erörterten Stelle dem Aristoteles bekannt gewesen sein muss: so gewährt uns diese Combination eine der Gewissheit sehr nahe stehende Wahrscheinlichkeit, dass der auf uns gekommene Dialog Soph. dem Aristoteles als eine Platonische Schrift vorgelegen habe; denn eine dem Aristoteles nachweislich bereits bekannte Schrift. welche zugleich specifisch Platonische Gedanken enthält, muss, so lange kein Gegenbeweis vorliegt, durchaus für eine Platonische gelten.

Von den γεγραμμέναι διαιρέσεις, die Aristoteles de part. an. I, 2 citirt, sind die von ihm de gen. et corr. II, 3 erwähnten Platonischen διαιρέσεις gänzlich verschieden. Er sagt an dieser letzteren Stelle (p. 330 B, 15): ὡσαύτως δὲ καὶ οἱ τρία λέγοντες, καθάπερ Πλάτων ἐν ταῖς διαιρέσεσι· τὸ γὰρ μέσον μίγμα ποιεῖ. Diese διαιρέσεις können eben wegen der Dreizahl der Eintheilungsglieder nicht die des Soph., noch auch die des Pol. sein. Eher wäre eine Beziehung auf Stellen im Tim., wie p. 35 A (die Elemente der Seelensubstanz), oder Licher p. 48 E ff. (ὄν, γένεσις, χώρα), oder auch im Philebus, wie p. 16 E (πέρας und ἀπειρία und das, was beide in sich hat) anzunehmen. Wahrscheinlicher aber ist, dass diese διαιρέσεις überhaupt nicht niedergeschriebene sind, sondern bloss Plato's mündlichen Vorträgen angehören. Uebrigens wird dabei schon wegen der Dreizahl nicht an die (vier) materiellen Elemente zu denken sein, sondern wohl eher an die στοιχεῖα der Ideen, die dem Plato nach Metaph. I, 6, 987 B, 19 zugleich auch στοιχεῖα alles Seienden waren, nämlich τὸ ἓν und τὸ μέγα καὶ τὸ μικρόν, so wie an τὸ ἐξ ἀμφοῖν μικτόν. — Auch die von Aristoteles Metaph. V, 11, 1018 A, 4 erwähnte Platonische διαίρεσις, die auf das πρότερον καὶ ὕστερον geht, muss den Schulverhandlungen angehören.

Noch sind einige Aristotelische Stellen zu erörtern, die zunächst zwar auf mündliche Aeusserungen Plato's in der Akademie zu gehen scheinen, aber doch auf solche, die im Soph. sich mindestens theilweise gleichfalls finden und daher der obigen Argumentation für die Echtheit dieses Dialogs zur Stütze dienen können. In dieser Weise erinnert Metaph. XIV, 2 an Soph. 237 A ff. und 258 B ff. Aristoteles unterwirft am Schluss des dreizehnten Buches der Metaph. die Platonische Ideenlehre überhaupt, und in dem ersten und einem Theile des zweiten Capitels des vierzehnten Buches insbesondere die Lehre von den Elementen oder Principien der Ideen der Kritik. Dann fragt er (von XIV, 2, 1088 B, 35 an) nach dem Ursprung der ἀτροπή zu diesen Principien. Er findet die Hauptursache in „alterthümlichen" Bedenken und mangelhafter Lösung derselben; namentlich seien die Argumentationen des Parmenides von massgebendem Einfluss gewesen. Metaph. XIV, 2, 1089, A, 2: ἔδοξε γὰρ αὐτοῖς κάντ' ἔσεσθαι ἓν τὰ ὄντα, αὐτὸ τὸ ὄν, εἰ μή τις λύσει καὶ ὁμόσε βαδιεῖται τῷ Παρμενίδου λόγῳ·

οὐ γὰρ μήποτε τοῦτο φανῇ *)· εἶναι μὴ ὄντα· ἀλλ' ἀνάγκην εἶναι τὸ μὴ ὂν δεῖξαι ὅτι ἔστιν· οὕτω γὰρ ἐκ τοῦ ὄντος καὶ ἄλλου τινὸς τὰ ὄντα ἔσεσθαι, εἰ πολλὰ ἔστιν (ἔσται conj. Bonitz). Met 1089 A, 19 (nach Aufzählung verschiedener Kategorien): ἐκ ποίου οὖν ὄντος καὶ μὴ ὄντος πολλὰ τὰ ὄντα; βούλεται μὲν δὴ τὸ ψεῦδος, καὶ ταύτην τὴν φύσιν λέγει τὸ οὐκ ὄν, ἐξ οὗ καὶ τοῦ ὄντος πολλὰ τὰ ὄντα. διὸ καὶ ἐλέγετο ὅτι δεῖ ψεῦδός τι

---

*) φανῇ nach Conjectur. Die Handschriften haben grösstentheils τοῦτ' οὐδαμῇ. Heindorf zu Plat. Soph. p. 237 A conjicirt δήξῃς, Steinhart an derselben Stelle δαμῇ (ποῦ parvusdendo sabigt). Graphisch ist φανῇ eine leichte Conjectur, und wohl dem Sinne nach die passendere; denn die Zuversicht, die sich durch οὐ μὴ ausspricht, muss darauf gehen, dass das Sein des Nichtseins einmal vorkommen und sich als wahrhaftes Resultat echter Untersuchung ergeben könne, und eben dies liegt in φανῇ.

ὑποθέσθαι, ὥσπερ καὶ οἱ γεωμέτραι τὸ ποδιαίαν εἶναι τὴν μὴ ποδιαίαν. Nun ist augenscheinlich, wie ganz diese Aristotelische Aeusserung auch in ihrer Form mit den Worten des Dialogs Soph. übereinstimmt. Dort heisst es p. 237 A: τετόλμηκεν ὁ λόγος οὗτος ὑποθέσθαι τὸ μὴ ὂν εἶναι· ψεῦδος γὰρ οὐκ ἂν ἄλλως ἐγίγνετο ὄν. Παρμενίδης δὲ ὁ μέγας, ὦ παῖ, παισὶν ἡμῖν οὖσιν ἀρχόμενός τε καὶ διὰ τέλους τοῦτο ἀπεμαρτύρατο, πεζῇ τε ὧδε ἑκάστοτε λέγων καὶ διὰ μέτρων·

οὐ γὰρ μήποτε τοῦτο φανῇ (παρῇ? δαῇς? δαμῇς?), φησίν,
εἶναι μὴ ἰόντα·
ἀλλὰ σὺ τῆσδ' ἀφ' ὁδοῦ διζήσιος εἶργε νόημα.

Am Schluss der Untersuchung, durch welche dieser Parmenideische Satz bekämpft wird, wird (p. 258 C) darauf aufmerksam gemacht, wie die nunmehrige Position noch über den Inhalt der Parmenideischen Negation hinausgehe, und, nachdem (p. 258 B) wiederum jene nämlichen Verse angeführt worden sind, wird dies näher erläutert: ἡμεῖς δὲ οὐ μόνον ὡς ἔστι τὰ μὴ ὄντα ἀπεδείξαμεν, ἀλλὰ καὶ τὸ εἶδος ὃ τυγχάνει ὂν τοῦ μὴ ὄντος ἀπεφηνάμεθα· τὴν γὰρ θατέρου φύσιν ἀποδείξαντες οὖσάν τε καὶ κατακεκερματισμένην ἐπὶ πάντα τὰ ὄντα πρὸς ἄλληλα, τὸ πρὸς τὸ ὂν ἕκαστον μόριον αὐτῆς ἀντιτιθέμενον ἐτολμήσαμεν εἰπεῖν ὡς αὐτὸ τοῦτό ἐστιν ὄντως τὸ μὴ ὄν, und zwar (wie schon p. 258 B bemerkt worden ist) τὸ μὴ ὄν, ὃ διὰ τὸν σοφιστὴν ἐζητοῦμεν, worin οὐκ ἐναντίον τι τοῦ ὄντος, ἀλλ' ἕτερον μόνον (p. 257 B; 258 B) erkannt werden soll, oder dasjenige μὴ ὄν, welches, wenn es sich mit Vorstellung und Rede verbindet, den Irrthum erzeugt (p. 260 C): μιγνυμένου δὲ δόξα τε ψευδὴς γίγνεται καὶ λόγος· τὸ γὰρ τὰ μὴ ὄντα δοξάζειν ἢ λέγειν, τοῦτ' ἐστί που τὸ ψεῦδος ἐν διανοίᾳ τε καὶ λόγοις γιγνόμενον (cf. p. 240 C sqq.). Der Aristotelische Ausdruck: βούλεται μὲν δὴ τὸ ψεῦδος, steht in offenbarer Beziehung zu dieser Aeusserung, und würde genau den Sinn derselben wiedergeben, wenn er gedeutet werden dürfte: das in dem ψεῦδος sich kund gebende μὴ ὄν, er gibt ihn aber ungenau wieder (worauf Bonitz in seinem Commentar zur Aristotelischen Metaph., XIV, 2, 1089 A, 15—31, S. 876, Not. 1. mit Recht aufmerksam macht), sofern Aristoteles das ψεῦδος selbst als ein μὴ ὄν bezeichnet, ohne dass dies jedoch der Evidenz der Beziehung auf die Stelle im Soph. Eintrag thut. Eine andere Abweichung der Aristotelischen Angaben über Plato's Lehre von dem Inhalt dieses Dialogs liegt darin, dass Aristoteles den Plato aus dem ὄν und μὴ ὄν die Vielheit des Realen, im Gegensatz zu der Parmenideischen Lehre von dem Einen Sein, construiren lässt, im Soph. dagegen die Gemeinschaft der Ideen untereinander, deren Vielheit die Voraussetzung bildet, auf das μὴ ὄν als θάτερον zurückgeführt wird, und auch die Polemik zunächst diese Beziehung hat und nicht unmittelbar gegen die Läugnung der Vielheit gerichtet ist. Indess folgt auch hieraus nicht, dass die Aristotelischen Aeusserungen sich gar nicht auf den Dialog Soph. mitbezögen. Auch muss nicht nothwendig nur eine ungenaue Anführung der Stelle im Soph., sondern vielmehr eine Doppelbeziehung, theils auf den Soph., theils auf Erörterungen in der Platonischen Schule angenommen werden, indem hier die Vielheit der Ideen selbst, welche die Voraussetzung möglicher Gemeinschaft bildet, gleichfalls aus dem μὴ ὄν in seiner Verbindung mit dem ὄν abgeleitet worden sein mag, wobei das μὴ ὄν von Plato selbst näher als das ἄνισον oder μέγα καὶ μικρόν, von einigen Platonikern aber als ἀόριστος δυάς (Met. I, 6, 987 B, 20; XIV, 1, 1087 B, 4—12; XIV, 2, 1088 B, 28—35) bestimmt wurde. Der Ausdruck bei Aristoteles: ταύτην τὴν φύσιν, findet in dem des Soph.: ἡ θατέρου φύσις, seine Parallele. Das Präteritum ἐλέγετο weist auf mündliche Aeusserungen hin; im Soph. findet sich die mit ἐλέγετο angeführte Aeusserung nicht, und auch sonst nicht in den als Platonisch geltenden Schriften. — Noch andere Stellen bei Arist., namentlich Phys. I, 9, 192 A, 7; Met. VII, 4, 1030 A, 25 (vgl. Phys. I, 3, 187 A, 5; de interpr. 11, 21 A, 32 und andere von Bonitz zur Arist. Metaph., S. 310 des Commentars, angeführte Stellen) enthalten Beziehungen auf die im Soph. vorkommenden Gedanken und Ausdruckeweisen, aber durchweg so, dass wir uns durch die Form des Aristotelischen Ausdrucks nicht sowohl auf den Dialog selbst, als vielmehr, zunächst wenigstens, auf Verhandlungen in der Platonischen Schule hingewiesen finden, und zum Theil auch die angedeuteten Lehren über den Inhalt dieses Dialogs hinausgehen. Die Stelle aus Met. VII, 4 lautet: ὥςπερ ἐστὶ τοῦ μὴ ὄντος λογικῶς (nach der Methode der Forschung in Begriffen, welche die Sokratisch-Platonische ist, vgl. Plat. Phaed. p. 99 E sqq., hier also in der Erörterung des Begriffs des μὴ ὄν) φασί τινες εἶναι τὸ μὴ ὄν, οὐχ ἁπλῶς, ἀλλὰ μὴ ὄν. Nicht gerade mit den nämlichen Worten, aber ganz in dem gleichen Sinne heisst es im Soph. p. 258 B: πότερον οὖν, ὥσπερ εἶπες, (τὸ μὴ ὄν) ἐστιν οὐδενὸς τῶν ἄλλων οὐσίας ἐλλειπόμενον, καὶ δεῖ θαρροῦντα ἤδη λέγειν ὅτι τὸ μὴ ὄν βεβαίως ἐστι, τὴν αὐτοῦ φύσιν ἔχον, ὥσπερ τὸ μέγα ἦν μέγα καὶ τὸ καλὸν ἦν καλὸν, . . . οὕτω δὲ καὶ τὸ μὴ ὄν κατὰ ταὐτὸν ἦν τε καὶ ἐστι μὴ ὄν, ἐνάριθμον τῶν πολλῶν ὄντων εἶδος ἔν. An der andern vorhin erwähnten Stelle aber (Phys. I, 9, 192 A, 7) sagt Aristoteles von den Platonikern: οἱ δὲ τὸ μὴ ὄν τὸ μέγα καὶ τὸ μικρὸν ὁμοίως (sc. φασὶν εἶναι, ohne zwischen dem Nichtseienden schlechthin, was dem Arist. die στέρησις ist, und κατὰ συμβεβηκός, was er von der ὕλη prädicirt, zu unterscheiden). Hier wird das Wesen des μὴ ὄν nach der Ansicht der Philosophen, von denen Aristoteles handelt, mit dem bekanntlich auch in der Metaph. feststehenden Terminus τὸ μέγα καὶ τὸ μικρὸν bezeichnet, wogegen es im Soph. p. 256 D, E; 258 D ἡ θατέρου φύσις genannt wird; vergleichen wir Aristotelische Stellen, wie Met. I, 6, 987 B, 20 und Phys. I, 4, 187 A, 17, wo auf Plato selbst die Lehre von dem μέγα καὶ μικρὸν als der ὕλη (neben dem ἕν als dem formgebenden Princip) zurückgeführt wird; Phys. III, 6, 206 B, 27, wo dafür der Ausdruck: „ein zweifaches ἄπειρον" eintritt, und Platonische Stellen, wie die im Philebus, die vom ἄπειρον als μᾶλλον καὶ ἧττον handeln, und dies dem πέρας als das andere Princip, nämlich als das Princip der Ungleichheit, des Wechsels und Wandels gegenüberstellen: so können wir kaum zweifeln, dass das μέγα καὶ μικρόν, womit jener Aristotelische Bericht das μὴ ὄν identificirt, und das θάτερον, worauf der Soph. es zurückführt, nur verschiedene Modificationen des nämlichen Begriffes seien. Wir müssen annehmen, dass Plato in seinen mündlichen Vorträgen sich näher über diese Verhältnisse erklärt habe und dass der Aristotelische Bericht auf jene Platonischen Gedanken gehe, deren Ausdruck zum Theil in jenen Dialogen, zum Theil aber erst in den Vorträgen gegeben war.

Die hiernach sich ergebende zweifache Beziehung mehrerer Aristotelischen Anführungen, theils auf den Dialog Sophistes, theils auf mündliche Verhandlungen in der Platonischen Schule, ist nicht nur als ein Zeugniss für die Echtheit dieses Dialogs, sondern auch als ein Mittel zur Bestimmung der Abfassungszeit von Werth. In der letzteren Rücksicht werden wir unten darauf zurückkommen.

Politicus. Ist der Soph. eine Platonische Schrift, so erweckt dies von vorn herein ein günstiges Vorurtheil für die Echtheit des so ganz eng damit verknüpften und in wesentlich gleichem Tone gehaltenen Politicus. Es ist nicht sehr wahrscheinlich, dass ein Anderer sein Werk dem von Plato im Soph. angekündigten und, wie man dann nothwendig mitannehmen müsste, entweder nicht ausgeführten oder früh verloren gegangenen Politicus untergeschoben und dabei im Ganzen und Einzelnen mit einer so glücklichen Vereinigung von Freiheit und Treue an den Soph. sich angeschlossen habe. Um so mehr aber werden wir den Polit. für echt halten müssen, da sich uns die Echtheit des Soph. zum Theil auf Grund der durch die Stelle de part. animal. I, 2 (über die γεγραμμέναι διαιρέσεις) gesicherten Gewissheit oder doch sehr hohen Wahrscheinlichkeit der Bekanntschaft des Aristoteles mit dem Pol. ergeben hat. Existirte der Pol. schon zur Zeit des Aristoteles, und ist der Soph., mit welchem der Pol. schon formell ganz eng verknüpft ist, eine Platonische Schrift, so muss auch der Pol. den Plato zum Verfasser haben; denn er stellt sich selbst augenscheinlich als eine Schrift des nämlichen Verfassers dar und eine Unterschiebung in so sehr früher Zeit ist nicht wohl denkbar.

Noch andere Stellen sprechen für die Bekanntschaft des Aristoteles mit dem Pol. Nicht auf den Soph., sondern nur auf den Pol., wenn anders überhaupt auf einen der Dialoge, geht die Stelle Arist. Metaph. VII, 12, 1038 A, 12: ὥστ᾽ οὐ λεκτέον τοῦ ὑπόποδος τὸ μὲν πτερωτόν, τὸ δ᾽ ἄπτερον, weil nämlich, wie Arist. meint: δεῖ γε διαιρεῖσθαι τὴν τῆς διαφορᾶς διαφοράν, οἷον ζῴου διαφορά τὸ ὑπόπουν· πάλιν τοῦ ζῴου τοῦ ὑπόποδος τὴν διαφορὰν δεῖ εἰδέναι *) ᾗ ὑπόπουν. Nun wird aber im Polit., nachdem p. 264 D das ἔνυδρον und das ξηροβατικόν φῦλον unterschieden worden war, das letztere 264 E in das πτηνόν und das πεζόν eingetheilt. Offenbar ist das ξηροβατικόν mit dem ὑπόπουν identisch, von seinen Arten aber das πτηνόν mit dem πτερωτόν, und das πεζόν, welches nach Aus-

---

*) Für die Richtigkeit dieser Lesart: δεῖ εἰδέναι, spricht der Gegensatz ib. 13: διὰ τὸ ἄπτερον werde die schlechtere Eintheilung gewählt, wo offenbar die Untähigkeit als theoretische ein Nichtwissen, nämlich ein Nichtkennen derjenigen specifischen Differenzen ist, worauf die nach der Ansicht des Aristoteles vorzüglichere Eintheilung beruhen müsste.

scheidung der geflügelten Thiere aus der Gesammtheit der auf dem Lande Wandelnden übrig bleibt, nur noch das ἄπτερον. Dass aber Aristoteles nicht etwa ein Beispiel eines möglichen Fehlers ganz frei ersonnen habe, sondern sich in der That auf einen vorgekommenen Fall beziehe, und dass er die Stelle im Politicus, obschon daneben wohl auch Aeusserungen in der Platonischen Schule, im Sinne habe, dafür spricht ziemlich bestimmt die Parallelstelle de part. animal. I, 3, 643 B, 17: ἐὰν δὲ μὴ διαφορὰς λαμβάνῃ τὴν διαφοράν, ἀναγκαῖον ὥσπερ συνδέσμῳ τὸν λόγον ἕνα ποιοῦντας, οὕτω καὶ τὴν διαίρεσιν συνεχῆ ποιεῖν, λέγω δ' οἷον συμβαίνει τοῖς διαιρουμένοις τὸ μὲν ἄπτερον, τὸ δὲ πτερωτόν, πτερωτοῦ δὲ τὸ μὲν ἥμερον, τὸ δ' ἄγριον, ἢ τὸ μὲν λευκόν, τὸ δὲ μέλαν· οὐ γὰρ διαφορὰ τοῦ πτερωτοῦ τὸ ἥμερον, οὐδὲ τὸ λευκόν, ἀλλ' ἑτέρας ἀρχὴ διαφορᾶς. Eine genaue Uebereinstimmung mit den Eintheilungen im Politicus findet sich hier zwar nicht, aber doch eine solche Wahl der Beispiele, wie sie durch eine Miterinnerung an den Politicus naturgemäss bedingt sein würde. Wie vorhin, lässt sich das ἄπτερον und πτερωτόν auf das πεζόν und πτηνόν im Pol. beziehen, eben dort wird p. 265 die Eintheilung in γένος ἥμερον und ἄγριον, gesellig lebende Thiere und einzeln lebende, mit der Eintheilung in geflügelte und ungeflügelte verbunden, freilich so, dass jene, auf die Thiere überhaupt bezogen, also gleich sehr auf πτερωτά ζῷα und ἄπτερα, p. 261 D schon vorangegangen ist; aber diese nämliche Combination zweier heterogener Eintheilungsgründe, wie sie Aristoteles tadelt, besteht doch, und ergibt nothwendig die als Beispiel von ihm angeführten Eintheilungsglieder, und hierin allein, nicht in der Reihenfolge der Verknüpfung, liegt das Wesentliche. Das mit ἢ angeknüpfte Beispiel: τοῦ πτερωτοῦ τὸ μὲν λευκόν, τὸ δὲ μέλαν, findet sich im Polit. nicht; dieses andere Beispiel könnte eine andere Beziehung haben, etwa auf irgend welche Platoniker; weit wahrscheinlicher aber ist es nur von Aristoteles hinzugethan worden, um in einer recht augenfälligen Weise denselben Fehler darzustellen, der nach seiner Meinung in dem ersteren, von dem wirklichen Verfahren eines Früheren entnommenen Beispiel auf eine mehr versteckte Weise begangen worden ist; denn es ist doch kaum glaublich, dass irgend Jemand im Ernste die geflügelten Thiere in naturhistorischem Sinne in weisse und schwarze habe eintheilen mögen. Die angeführte Stelle enthält demnach wahrscheinlich eine Beziehung oder vielmehr (da Arist. den Plural gebraucht: τοῖς διαιρουμένοις) eine Mitbeziehung auf den Politicus.

Im Anfang seines Werkes über die Politik, Pol. I, 1, gründet Aristoteles das Wesen einer jeden Gemeinschaft auf ihren eigenthümlichen Zweck, und tadelt diejenigen, welche, diese Eigenthümlichkeit verkennend, die verschiedenen Gemeinschaften nur quantitativ, nicht specifisch von einander unterscheiden, und demgemäss auch den Politiker und König und den Hausverwalter und Herrn, sofern diese ihrer Aufgabe entsprechen, für der nämlichen Kunst theilhaftig und somit für wesentlich identisch halten. Gerade die hier getadelte Ansicht wird im Politicus p. 259 vorgetragen, und zwar so, dass grossentheils nicht nur der Gedanke, sondern sogar der Ausdruck der gleiche ist. So heisst es im Polit. p. 259 B: τί δέ; μεγάλης σχῆμα οἰκήσεως ἢ σμικρᾶς αὖ πόλεως ὄγκος μῶν τι πρὸς ἀρχὴν διοίσετον; οὐδέν· bei Aristoteles a. a. O. aber: ὡς οὐδὲν διαφέρουσαν μεγάλην οἰκίαν ἢ μικρὰν πόλιν. Auch die Vierzahl in der Benennung: βασιλεύς, πολιτικός, δεσπότης, οἰκονόμος, ist die nämliche, obschon in der Art der Unterscheidung einige Verschiedenheit von untergeordneter Bedeutung besteht.

Viel offenbarer noch und fast völlig nnzweifelhaft ist die Beziehung auf den Politicus bei Aristoteles Pol. IV, 2, 1289 B, 5: ἤδη μὲν οὖν τις ἀπεφήνατο καὶ τῶν πρότερον οὕτως, οὐ μὴν εἰς ταὐτὸ βλέψας ἧμῖν ἐκεῖνος μὲν γὰρ ἔκρινε, πασῶν μὲν οὐσῶν ἐπιεικῶν, οἷον ὀλιγαρχίας τε χρηστῆς καὶ τῶν ἄλλων, χειρίστην δημοκρατίαν, φαύλων δὲ ἀρίστην. Der vorangegangene Gedanke, worauf die Anfangsworte dieses Passus zurückweisen, ist der, dass die παρέκβασις der besten unter den ungemischten Verfassungen, nämlich des Königthums, also die Tyrannis, die schlechteste Form sei, die Oligarchie dagegen als die παρέκβασις der Aristokratie weit weniger schlimm, und von allen schlimmen die erträglichste die Demokratie als die παρέκβασις der πολιτεία im engeren Sinne. Ganz das Entsprechende aber über drei gute und drei schlimme Verfassungen und ihre Stufenfolge neben einer allerbesten, durchaus idealen Verfassung lehrt auch der Politicus p. 302 ff. mit auffallender Uebereinstimmung in Gedanken und Ausdruck. Dass die Aristotelische Kritik statt des passenderen Wortes βελτίστη (die bei blosser Wahl unter schlimmen Verfassungen immer noch wählbarste) das minder passende ἀρίστη hat, beschränkt nur wenig die durchaus vorherrschende Gleichartigkeit der betreffenden Stellen. Nun liegen drei Folgerungen nahe: 1. dass Aristoteles sich gerade auf den uns erhaltenen Politicus beziehe; 2. dass dieser Dialog mit dem (gleichfalls dem Arist. bekannten) Soph. ursprünglich durch einen identischen Verfasser in die Verknüpfung gebracht worden sei, in der wir ihn finden, und nicht erst durch einen späteren Fälscher angeheftet; 3. dass, da der Soph. den Plato zum Verfasser hat, vom Polit. das Gleiche gelte, mithin unter dem τὶς τῶν πρότερον an der angeführten Stelle (Pol. IV, 2) kein Anderer, als Plato zu verstehen sei. Von den beiden neueren Forschern, welche die Unechtheit des Pol. behaupten, zieht Socher (Plat. Schriften, S. 276 ff.) gleichwohl die erste Folgerung und ist auch der zweiten nicht abgeneigt, obschon er sich darüber nur zweifelnd äussert, entgeht aber der dritten dadurch, dass er auch den Soph. für unecht, und zwar für das Werk eines mit Plato noch gleichzeitig lebenden Megarikers hält, was freilich, da dort die Megarische Lehre gerade bekämpft wird, durchaus falsch ist; Suckow aber (Form der Plat. Schriften, S. 78 ff.), der die Echtheit des Soph. anerkennt, zieht nur *ex hypothesi*, unter der Voraussetzung der Richtigkeit der ersten Folgerung, die zweite und dritte, um dann nachzuweisen, dass Aristoteles unter dem τὶς τῶν πρότερον nicht den Plato verstehen könne, dass also auch die erste Folgerung nicht gezogen werden dürfe, Aristoteles vielmehr irgend einen älteren Philosophen, vielleicht einen Pythagoreer, im Sinne gehabt habe, unser Politicus aber das entweder der Schrift dieses älteren Philosophen oder der Aristotelischen Angabe nachgebildete Werk eines späteren Fälschers sei. Aber Suckow's Gründe gegen die Deutung des τὶς τῶν πρότερον auf Plato müssten sehr stark sein, wenn sie zum Aufgeben der an sich so wahrscheinlichen ersten Folgerung nöthigen sollten. Nur einem durchaus zwingenden Argumente dürfte bei der augenfälligen Uebereinstimmung der Aristotelischen Anführung mit dem Inhalte des Polit. diese Wahrscheinlichkeit weichen. Und welches ist Suckow's mächtiges Gegenargument? Kein anderes, als dass Aristoteles nicht mit halber Anerkennung τὶς τῶν πρότερον gesagt, sondern den Plato genannt und getadelt, namentlich der offenbaren Widersprüche zwischen dem Inhalt des Pol. und dem der Schrift de Rep. (Politeia) überführt haben würde,

11*

wenn er ihn als Verfasser gekannt hätte. „Aristoteles", sagt Su ck o w
(S. 90), „wenn wir uns an seine ganze Art und Weise erinnern,
wie er seinen Lehrer behandelt, hätte die so günstige Gelegenheit begierig ergriffen, um ihm grosse innere Widersprüche nachzuweisen". Diese Su ck o w'sche Voraussetzung aber beruht auf
einem Bilde von der „Gemüthsart" des Aristoteles, welches nicht
nur widrig, sondern auch nachweisbar falsch ist. Aristoteles, meint
Su ck o w, S. 78 f., lasse nur selten dem Plato irgend eine Anerkennung widerfahren, und dann sei noch das Lob entweder ein
ironisches oder ein auf Nebenpuncte gerichtetes; wo es sich aber
um's Tadeln handle, da greife Aristoteles den tiefsten Kern der
Platonischen Philosophie als einen gehaltlosen an, erörtere auch
das minder Bedeutende ohne Schonung und ziehe Widersprüche
gewaltsam herbei; auf seine Darstellung sollen „gewisse Neigun-
gen, gewisse Erregtheiten des Gefühls" einen starken Einfluss geäussert haben. Die Erörterung der einzelnen Stellen, worauf
Su ck o w dieses Urtheil über die Gesinnung des Aristoteles begründet, ist reich an Missverständnissen, deren Aufdeckung nicht
gerade viele Mühe kosten, aber mehr Raum erfordern würde, als
wir im Zusammenhang dieser Untersuchung darauf wenden möchten, zumal da die richtigere Auffassung des ethischen Charakters der
Aristotelischen Polemik gegen Plato nicht erst neu zu erringen ist,
sondern in der Darstellung ausgezeichneter Forscher schon längst
vorliegt. Es genüge daher hier zu bemerken, dass freilich Aristoteles, wie es in der Natur der Sache liegt, weit öfter Anlass
findet, den Plato zu erwähnen, wenn er Abweichungen seiner eigenen Gedanken von denen seines Lehrers rechtfertigen muss,
als wenn er Uebereinstimmendes vorträgt, dass aber theils neben
dem Tadel auch ausdrückliche Beistimmung und ernste Anerkennung nicht fehlt, theils schon in der Führung der wissenschaftlichen Polemik selbst eine hohe Anerkennung liegt; denn
wen wir nicht achten, gegen den rechtfertigen wir uns nicht, wenigstens nicht durch Argumentationen von wissenschaftlich-objecti-
ver Haltung; die Polemik des Aristoteles gegen Plato aber ist
durchgängig von dieser Art. Dass Aristoteles dabei in „den
tiefsten Kern der Platonischen Philosophie" zu dringen sucht,
zeugt gerade für seinen Ernst um die Sache; dass er denselben
als einen „gehaltlosen" angreife, ist unrichtig, da er vielmehr
den echten Gehalt von der umhüllenden Schale des Irrthums zu

scheiden und die der Mythologie ähnelnde Verwechselung poëtischer Metaphern mit wissenschaftlichen Wahrheiten durch den Fortgang zur strengen logischen Form des Gedankens zu überwinden bemüht ist (Met. III, 2, 997 B, 9; I, 9, 991 A, 20; XIII, 5, 1079 B, 24). Er verwirft nicht schlechthin die Ideenlehre, den „Kern" der Platonischen Philosophie, sieht in ihr vielmehr ein berechtigtes Streben, über die am Einzelnen haftende Physik der Alten hinauszugehen, um das Allgemeine zu gewinnen, ohne welches die Wissenschaft nicht sei, und findet darin eine Annäherung an die Erkenntniss des τί ἦν εἶναι und der οὐσία (Metaph. I, 7, 988 A, 34; XII, 1, 1069 A, 26); nur sei Plato bei dieser berechtigten Tendenz auf eine falsche Bahn gerathen durch die Hypostasirung der Ideen und die Meinung von ihrer selbstständigen Existenz vor den Einzeldingen und unabhängig von diesen (Met. XIII, 9, 1086 B, 5—7: ἄνευ μὲν γὰρ τοῦ καθόλου οὐκ ἔστιν ἐπιστήμην λαβεῖν· τὸ δὲ χωρίζειν αἴτιον τῶν συμβαινόντων δυσχερῶν περὶ τὰς ἰδέας ἐστίν). Häufiger und augenfälliger ist die Polemik gegen das nach der Meinung des Arist. falsche Element der Ideenlehre, welches doch in der Platonischen Schule noch eine sehr grosse Rolle spielte, und dessen Weiterbildung edle Kräfte absorbirte; seltener ist die Anerkennung des Gemeinsamen, welches ja ein schon Gesichertes war; aber die angeführten Stellen beweisen, dass doch auch die letztere nicht fehlt. Aristoteles sucht nicht etwa seiner Lehre vom τί ἦν εἶναι einen falschen Schein durchgängiger Originalität zu geben, sondern stellt sie dar als eine berichtigende Umbildung der Platonischen Ideenlehre, die mit dieser zugleich auf dem Grunde der Sokratischen Forschung in Begriffen beruht. Analoges, wie von diesem metaphysischen Princip, gilt auch von den Grundlehren in anderen Zweigen der Philosophie. In der Analytik bezeichnet Aristoteles die Syllogistik als seine eigene, durchaus originale Leistung mit derselben Offenheit und Wahrheit, wie er anderswo andere methodische Elemente, namentlich die Lehre von dem Doppelwege zu den Principien hin und von den Principien aus, lobend auf Plato zurückführt. Er sagt Eth. Nic. I, 2, 1095 A, 32: εὖ γὰρ καὶ Πλάτων ἠπόρει τοῦτο καὶ ἐζήτει, πότερον ἀπὸ τῶν ἀρχῶν ἢ ἐπὶ τὰς ἀρχάς ἐστιν ἡ ὁδός, ὥσπερ ἐν τῷ σταδίῳ ἀπὸ τῶν ἀθλοθετῶν ἐπὶ τὸ πέρας ἢ ἀνάπαλιν, wohl unter Beziehung, wenigstens unter Mitbeziehung, auf Stellen im

VI. und VII. Buche der Rep., wo freilich hierüber nicht gezweifelt, sondern der Doppelweg geradezu aufgewiesen wird, ferner auf Stellen, wie Phaedr. 265 D ff., Phileb. 16 D, und vielleicht in nächster Beziehung auf mündliche Verhandlungen in der Schule, wo Plato über jenes logische Problem mehr nach Sokratischer Methode Zweifel anregen und Forschungen leiten mochte. Gewiss wird Suckow bei dieser Stelle nicht seinen Satz durchführen können, dass das Lob, welches Aristoteles dem Plato spende, immer nur entweder ein ironisches sei oder auf Unwesentliches gehe. Wahr bleibt, was auch Zeller und Andere schon ausgesprochen haben, dass die Aristotelische Kritik oft eine zu äusserliche sei und sich mehr an einzelne Aussprüche Plato's, als an den Geist seiner Lehre halte; insbesondere gilt dies von manchen seiner Ausstellungen an der Platonischen Rep. (obschon auch hier nicht durchweg); in nicht ganz wenigen Fällen möchten jedoch Zeller und Andere mit Unrecht dem Arist. eine zu buchstäbliche Auffassung Platonischer Aeusserungen vorwerfen (z. B. in Betreff der zeitlichen Entstehung der Welt, die Plato in der That im Tim. mit der vollsten dogmatischen Bestimmtheit behauptet, und mancher anderen Lehrpuncte des Timaeus), da sich sehr fragen lässt, ob nicht vielmehr diese neueren Forscher durch symbolisirende Deutung fehlen. Wie dem aber auch sei, jedenfalls trifft dieser Vorwurf, sofern er berechtigt ist, nur die theoretische Auffassungsweise, keineswegs aber, wie Suckow will, die Gesinnung des Aristoteles. Eine gewisse Lust an der Bethätigung seiner hervorragenden Denkkraft und kritischen Kunst ist wohl erkennbar in der Häufigkeit und Lebhaftigkeit der Polemik; aber nichts berechtigt dazu, diese ganz natürliche und auch ethisch unverwerfliche Lust zu einer hämischen Schadenfreude an dem Unterliegen des Gegners umzudeuten. Aristoteles nimmt die errungene Gedankenhöhe mit vollem Selbstbewusstsein und Selbstgefühle ein und bezeichnet die niederen Stufen als niedere, und das Verfehlte in ihnen als Verfehltes, Leeres und Nichtiges, ohne sich dabei durch irgend eine Rücksicht zarter Schonung oder banger Scheu beengen zu lassen; den Maasstab christlicher ταπεινότης wird ohnedies ein Verständiger so wenig an den Mann des vorchristlichen Alterthums anlegen, wie eine naive Nichtkenntniss der Vorzüge des eigenen geistigen Besitzes, eine reflexionslose Naturwüchsigkeit des

inneren Lebens, welche Kindern, Frauen und Dichtern wohlstebt,
bei dem Philosophen fordern oder erwarten ; den schönen Ausspruch des Aristoteles in der Nikomachischen Ethik aber, dass
er die Polemik gegen die Ideenlehre in sofern ungern übe, als
befreundete Männer diese Ansicht aufgebracht haben (womit nicht
nur die volle Schärfe, sondern auch die persönliche Lust an der
theoretischen Energie in eben dieser Polemik wohl verträglich
ist), dass aber die Wahrheit ihm noch höher stebe (Eth. Nic. I, 4:
ἀμφοῖν γὰρ ὄντοιν φίλοιν ὅσιον προτιμᾶν τὴν ἀλήθειαν), —
diese herrliche Maxime hat Aristoteles man darf sagen ausnahmslos
in seiner Polemik befolgt; denn auch wo er in der Auffassung
und Kritik nach unserem Urtheil gefehlt haben möchte, ist doch
seine Gesinnung mit keinem nachweisbaren Makel behaftet; ihn
leitet auch dort unverkennbar, da die etwaigen theoretischen
Mängel aus seiner gesammten Denkrichtung mit subjectiver Nothwendigkeit herfliessen, das ethisch reine Interesse an der Erforschung der Wahrheit. Ist aber dies der Sinn der Aristotelischen
Polemik, so lässt sich nicht mit Suckow aus der „Gemüthsart”
des Philosophen schliessen, dass er, wenn er den Plato für den
Verfasser des Politicus gehalten hätte, begierig die Gelegenheit
zur Aufzeigung von Widersprüchen und zum Tadel ergriffen haben würde. Die Leges forderten zur Vergleichung mit der Rep.
gleich sehr durch ihren Inhalt auf, wie auch, bei ihrer ausdrücklichen Bezugnahme auf die Rep., durch ihre Form; anders war
es mit einer Schrift wie Politicus, welche ausdrücklich erklärt, die politischen Probleme nicht sowohl um ihrer selbst, als
um der dialektischen Uebung willen zu behandeln. Pol. p. 285 D:
τί δ' αὖ; νῦν ἡμῖν ἡ περὶ τοῦ πολιτικοῦ ζήτησις ἕνεκα αὐτοῦ
τούτου προβέβληται μᾶλλον ἢ τοῦ περὶ πάντα διαλεκτικωτέροις
γίγνεσθαι; — καὶ τοῦτο δῆλον ὅτι τοῦ περὶ πάντα· — wobei
gar noch das Beispiel von dem Abfragen der einzelnen Buchsta-
ben, die in einem Worte vorkommen, beim Lesenlernen der Ele-
mentarschüler gebraucht wird, so dass offenbar die Bedeutung
des gerade vorliegenden Untersuchungs-Objectes ganz hinter die
formelle Tendenz zurücktritt. Nicht etwa nur die eingefügten
Betrachtungen über die Webekunst und anderes derartige, sondern auch die Untersuchungen über den Politiker und königli-
chen Mann werden unter diesen Gesichtspunct gestellt; denn,
heisst es p. 286 A, das höchste sind die unkörperlichen Wesen,

die Ideen; diese können nur durch den Begriff ($\lambda\acute{o}\gamma o\varsigma$) und auf keine andere Weise erkannt werden, und diesem Zwecke soll alles hier Gesagte dienen. Das jedesmalige Problem hat nur secundäre, die Methode aber, und zwar die der Eintheilung nach Arten, primitive Bedeutung, p. 286 D: $\pi o\lambda\grave{v}$ $\delta\grave{\eta}$ $\mu\acute{a}\lambda\iota\sigma\tau a$ $\varkappa a\grave{\iota}$ $\pi\rho\tilde{\omega}\tau o\nu$ $\tau\grave{\eta}\nu$ $\mu\acute{\eta}\vartheta o\delta o\nu$ $a\grave{v}\tau\grave{\eta}\nu$ $\tau\iota\mu\tilde{a}\nu$ $\tau o\tilde{v}$ $\varkappa a\tau'$ $\varepsilon\iota\delta\eta$ $\delta v\nu a\tau\grave{o}\nu$ $\varepsilon\tilde{\iota}\nu a\iota$ $\delta\iota a\iota\rho\varepsilon\tilde{\iota}\nu$. Auch ist dies nicht eine vereinzelt stehende Erklärung, sondern der Gesammtcharakter der miteinander verknüpften Dialoge: Theaet., Soph., Politicus ist dialektischer Art, so dass alle physikalischen oder ethisch-politischen Untersuchungen hier nur in den Dienst dieser herrschenden Tendenz treten können. Aus einem Werk, welches so die politischen Probleme behandelt, lassen sich nun wohl einzelne politische Ansichten citiren und auch etwa mit anderen vergleichen; aber es wäre unpassend und unbillig, dasselbe mit Schriften, wie Rep. und Leges, welche die politischen Probleme mit eigens darauf gerichtetem Interesse zusammenhängend erörtern, auf gleiche Linie stellen und mit denselben in ähnlicher Weise, wie diese unter einander, vergleichen zu wollen. Eine Vergleichung musste entweder die genaue Erörterung der verschiedenartigen Tendenzen der verschiedenen Schriften mit in sich aufnehmen, oder wenn diese Erörterung in dem gegebenen Zusammenhang zu weit zu führen schien, völlig unterbleiben. Nun hat auch Aristoteles in der That nicht eine Vergleichung solcher Art angestellt, wie er sie billiger Weise nicht anstellen durfte; was liegt hierin Befremdendes oder Unmögliches? Vielleicht bestimmten den Aristoteles noch andere, uns unbekannte Motive, die Sätze des Politicus nicht mit denen der Rep. und der Leges in Vergleich zu stellen; keineswegs aber haben wir ein Recht, aus dieser Unterlassung, die wissenschaftlich nicht nur erlaubt, sondern in gewissem Sinne geboten war, mit Suckow zu schliessen, dass Aristoteles a. a. O. nicht auf Plato Bezug nehme, und dass der Politicus keine Platonische Schrift sei. Wer sich nicht das Bild des ernsten Kritikers zu dem eines leidenschaftlichen Widerspruchsmannes verzerrt hat, wird diesen Schluss nicht ziehen. Zudem sind auch die Widersprüche, die zwischen dem Politicus und der Rep. oder den Leges bestehen, nicht so bedeutend, wie Suckow meint; einige von den Differenzen, die sich vorfinden, sind nicht Widersprüche, sondern ausgleichbare Verschiedenheiten. Das Staatsideal der Rep., die Philosophenherrschaft, wird im Politicus zwar weniger bestimmt gezeichnet, aber keineswegs verläugnet; denn die ἐπιστήμη, worauf nach Polit. p. 293 in dem besten Staate alle obrigkeitlichen Anordnungen beruhen müssen, in ihrem Unterschiede von der blossen δόξα, ist doch diejenige Erkenntniss, welche sich in dem Wissen von den Ideen vollendet, ganz wie auch in der Rep.; dass dort eine Philosophenclasse regieren soll, an deren Spitze aber recht wohl ein einzelner ἄριστος stehen kann, der Politicus dagegen der Herrschaft eines einzelnen philosophischen Königs vorzugsweise geneigt ist, ist kein wesentlicher Unterschied, da auch im Polit. nicht auf die Zahl, sondern auf die Bildung der Männer, welche die Herrschaft üben, das Gewicht gelegt, eine Mehrheit ausdrücklich zugelassen (p. 293 A), von den ἄρχοντες ἀληθῶς ἐπιστήμονες (p. 293 C) ganz ebensowohl, wie von dem ἀνὴρ μετὰ φρονήσεως βασιλικός (p. 294 A) geredet wird, und die geringe Zahl nicht an sich als Vorzug erscheint, sondern sich, zumal in einem kleineren Staate, als blosse Consequenz aus der Schwierigkeit der echten Herrscherkunst ergibt, deren nicht Viele theilhaftig zu werden vermögen (p. 293 A). Grösser ist die Verschiedenheit zwischen Rep. und Politicus in Betreff der minder guten und der ganz schlechten Staatsverfassungen. Die Rep. zählt vier Formen auf, die der idealen Aristokratie nachstehen: Timokratie, Oligarchie, Demokratie, Tyrannis; der Politicus sechs: gesetzmässiges Königthum, Aristokratie (als gesetzmässige Herrschaft der Reichen), gesetzmässige Demokratie; — gesetzübertretende Demokratie, Oligarchie (als gesetzlose Herrschaft der Reichen), Tyrannis. Nun sagt Suckow (S. 91): „in der Rep. nennt Plato unter den vier verwerflichen Verfassungen nicht etwa die Demokratie die erträglichste, sondern offenbar die Timokratie; der Politicus dagegen unterscheidet drei gute und drei schlechte, und unter den schlechten ist ihm die Demokratie die erträglichste". Aber wer sieht nicht, wie sehr diese Darstellung irreführt und wie sie erst die in der That bestehenden Unterschiede zu klaffenden Gegensätzen potenzirt? Was heisst denn im Politicus eine „gute" Verfassung? Es wird darunter ein gesetzmässig geordneter Zustand verstanden, der zwar im Vergleich mit wilder Gesetzlosigkeit rühmenswerth, im Vergleich mit der wahrhaft guten Verfassung aber, die allein die ὀρθή heisst, dennoch schlecht ist. Mithin müssen die drei „guten" Staatsverfassungen im Politicus mit denjenigen in der Rep. zusammengestellt werden, welche zunächst unter der idealen stehen, die drei „schlechten" aber nicht, wie von S u c k o w geschieht, mit den nichtidealen oder „verwerflichen" der Rep. überhaupt, sondern nur mit denjenigen unter denselben, welche sich von der idealen am weitesten entfernen. Wer so wie S u c k o w verfährt, trägt durch seine eigene Schuld erst Widersprüche hinein, die nicht in der Sache liegen. Bei dem richtigen Verfahren aber werden wir die Stufenordnung der Verfassungen in beiden Schriften nicht so gar verschieden finden. Am durchgreifendsten ist der Unterschied, welcher in dem dem Pol. eigenthümlichen Eintheilungs-Princip der nicht idealen Verfassungen nach ihrem gesetzmässigen oder gesetzlosen Verhalten beruht. Uebereinstimmend stellen beide die Tyrannis am tiefsten, sehr hoch beide eine gesetzmässige Herrschaft der Wohlhabenden; nur hat der Politicus als noch darüber stehend von dem idealen Königthum das reale gesetzmässige abgezweigt, dessen Zerrbild die Tyrannis sei, wogegen diese in der Rep. als das dem Idealstaate selbst gerade gegenüberliegende Extrem der schlechten Verfassungen erscheint. Die Demokratie nimmt in beiden Schriften unter den nicht idealen Verfassungen eine gewisse Mitte ein, oder steht doch (in der Rep.) nicht fern von der Mitte; die Unterscheidung zweier Formen der Demokratie im Pol. liegt im Eintheilungs-Princip überhaupt; keineswegs aber nimmt, wie es nach S u c k o w's Darstellung scheinen könnte, im Politicus die unordentliche Demokratie als die „erträglichste" Verfassung die nämliche Stelle ein, welche in der Rep. der Timokratie zugewiesen ist, d. h. die nächste nach dem Idealstaate. Am bedeutendsten ist bei der Betrachtung der einzelnen Formen ausser der Anerkennung des gesetzmässigen Königthums im Politicus, die in solcher Weise in der Rep. nicht ausgesprochen ist, der Unterschied in Betreff der Oligarchie. Zwar kommen beide Darstellungen darin überein, dass sie — sei es die Oligarchie überhaupt oder doch eine bestimmte Gestalt der Herrschaft Weniger — der Demokratie voranstellen; aber dem Pol. ist eigenthümlich die Unterscheidung zweier Formen der ἀρχὴ ὀλίγων (p. 302), wie auch der Demokratie und Monarchie, und die Schätzung, wornach die gesetzlose Oligarchie tiefer als die gesetzlose Demokratie steht. In allen diesen Beziehungen finden wir nur solche Unterschiede,

wie sie naturgemäss und nothwendig waren, wenn bei wesentlich
gleicher politischer Tendenz das in der Rep. (noch?) nicht vorhandene
Eintheilungs-Princip des gesetzlichen oder gesetzlosen Verfahrens angewandt wurde, welches sich in einer Schrift von wesentlich
dialektischer Tendenz, wie es der Pol. ist, um so mehr empfehlen
musste, als es, ohne dem Gegenstand unangemessen zu sein, die
gefälligste schematische Regelmässigkeit erzeugte. Sachlich entfernt sich der politische Standpunct des Politicus von dem der
Rep. um ein Weniges nach der Seite der Leges hin, sofern die
ideale Verfassung im Polit. schon mehr als in der Rep., aber
doch weniger als in den Leges, als der gegebenen Wirklichkeit
fremdartig und gleichsam in kaum erreichbarer Höhe über derselben
schwebend erscheint, so dass die Hoffnung der Realisirbarkeit des
Ideals sich stufenweise vermindert, zugleich aber, was hiervon die
nothwendige Folge ist, das wenigstens relativ Brauchbare und
Erträgliche unter dem Bestehenden milder beurtheilt und sorgsamer gepflegt wird.

Bei so geringer Haltbarkeit der Gründe, welche Suokow
(dessen erneuerte Anregung aller dieser Probleme jedoch höchst
verdienstlich ist), gegen die Deutung der Worte: ἤδη μὲν οὖν
τις ἀπεφήνατο καὶ τῶν πρότερον οὕτως auf Plato vorgebracht
hat, tritt die so nahe liegende Beziehung des Inhalts der Aristotelischen Anführung auf unseren Politicus wieder in ihr volles
Recht ein, um so mehr, da auch mehrere andere, oben angeführte
Stellen auf den Pol. mit Wahrscheinlichkeit zu beziehen sind;
dann aber gelten auch die beiden ferneren oben gezogenen Folgerungen : Identität des Verfassers des Polit. mit dem des
Soph., und : Platonischer Ursprung des Polit.; also sind auch
die Worte : τις τῶν πρότερον folgerecht auf Plato zu beziehen.
Der Politicus ist eine durch Aristoteles mit zureichender Deut-
lichkeit als Platonisch bezeugte Schrift.

Laches und Lysis. Was Eth. Nic. III, 9 (cf. Eudem. III, 1)
über die Tapferkeit, und was ebend. VIII, 2; 9; 10 (cf. Eudem. VII,
2; 5; Magn. Moral. II, 11) über die Freundschaft von Aristoteles
theils im eigenen Namen gelehrt, theils als Aeusserung Anderer
angeführt wird, erinnert mehrfach an jene Dialoge, deren Themata
eben diese ethischen Begriffe bilden. Eth. Nic. III, 9, 1115 A,
6 bestimmt Aristoteles die Tapferkeit vorläufig als eine μεσό-

της περὶ φόβους καὶ θάρρη, was mit der Definition, die Nikias im Lach. p. 195 A aufstellt: ἡ τῶν δεινῶν καὶ θαρραλέων ἐπιστήμη, so nahe übereinkommt, wie die ethische Gesammtanschauung des Aristoteles es gestattet. Freilich findet dieser noch die berichtigende Bestimmung nöthig (ib. lin. 32): κυρίως δὴ λέγοιτ᾽ ἂν ανδρεῖος ὁ περὶ τὸν καλὸν θάνατον ἀδεής· ib. lin. 17 sagt Aristoteles, wer Armuth und Krankheit nicht fürchte, sei darum nicht eigentlich ἀνδρεῖος, doch werde er mitunter auch so genannt, aber nur bildlich, καθ᾽ ὁμοιότητα. Gerade diese Zusammenstellung aber finden wir im Laches, p. 191 D: καὶ ὅσοι γε πρὸς νόσους καὶ ὅσοι πρὸς πινίας . . . ἀνδρεῖοί εἰσι, so dass auch hier die Aristotelische Aeusserung als Kritik der Platonischen erscheinen muss. Fast ein förmliches Citat liegt in den Worten ib. lin. 9: διὰ καὶ τὸν φόβον ὁρίζονται προςδοκίαν κακοῦ, da Sokrates im Lach. p. 198 B definirt: δέος γὰρ εἶναι προςδοκίαν μέλλοντος κακοῦ. Es ist hiernach als wahrscheinlich anzunehmen, dass Aristoteles auf den Laches Bezug nimmt. Noch zahlreicher sind in der Aristotelischen Ausführung über die Freundschaft die Sätze, die an den entsprechenden Dialog, nämlich den Lysis, erinnern. Eth. Nic. VIII, 1, 1155 A, 31 sagt Aristoteles: καὶ ἔνιοι τοὺς αὐτοὺς οἴονται ἄνδρας ἀγαθοὺς εἶναι καὶ φίλους. Möglicherweise hat derselbe hierbei unter Anderem auch die Stelle im Lysis p. 214 A ff. im Sinne, wo Sokrates das Dichterwort: αἰεί τοι τὸν ὅμοιον ἄγει θεός ὡς τὸν ὅμοιον, so deutet, dass nur zwischen Guten wahre Gleichheit und demgemäss auch Freundschaft bestehen könne. Die Worte: τὸν ὅμοιον ὡς τὸν ὅμοιον, führt Aristoteles am Anfang des zweiten Capitels (1155 A, 34) mit einem φασὶν an. Aristoteles fährt fort (ib. lin. 35): οἱ δ᾽ ἐξ ἐναντίας κεραμεῖς πάντας τοὺς τοιούτους ἀλλήλοις φασὶν εἶναι. Der Gang der Betrachtung und selbst der Ausdruck ist der gleiche im Lysis, p. 215 C ff., wo daran erinnert wird, es habe Jemand das Gleiche dem Gleichen für ganz feindlich erklärt unter Berufung auf Hesiod's Worte:

καὶ κεραμεὺς κεραμεῖ κοτέει καὶ ἀοιδὸς ἀοιδῷ
καὶ πτωχὸς πτωχῷ.

Ferner sagt Aristoteles, (1155 B, 1), es werde hierüber auch naturphilosophisch (ἀνώτερον καὶ φυσικώτερον) geforscht, und führt mehrere Aussprüche solcher Art von Euripides und Heraklit an, die

zwar über den Inhalt des Lysis hinausgehen, aber doch grossentheils sehr bestimmt an denselben erinnern (*ἱρᾶν ὄμβρου γαῖαν
ξηρανθεῖσαν*, cf. *ἐπιθυμεῖν ξηρὸν ὑγροῦ*, . . . *κενὸν πληρώσεως*.
— *οὐρανὸν πληρούμενον ὄμβρου πεσεῖν ἐς γαῖαν*, cf. *τὸ πλῆρες δὲ
κενώσεως*. — *τὸ ἀντίζουν συμφέρον*, cf. *τῆς ἐπικουρίας ἕνεκα*. . . .
τροφὴν εἶναι. . . *ἀπολαῦσαι*). Was Aristoteles im Verfolg (c. 2)
über das Verhältniss von *φιλία* und *ἀντιφίλησις*, und was er
c. 9, p. 1159 A, 27 über *φιλεῖν* und *φιλεῖσθαι* sagt, erinnert an
Lys. 212 B ff. In Cap. 10 finden sich besonders viele Anklänge
an den Lysis. So p. 1159 B, 7: *οἱ δὲ μοχθηροὶ τὸ μὲν βέβαιον
οὐκ ἔχουσιν, οὐδὲ γὰρ αὐτοῖς διαμένουσιν ὅμοιοι ὄντες*, cf. Lys.
p. 214 C, D; p. 1159 B, 13: *πένης πλουσίῳ, ἀμαθὴς εἰδότι*,
cf. Lys. p. 215 D; was p. 1159 B, 17 über die *ἐρασταὶ γελοῖοι*
gesagt wird, erinnert an die Scenerie des Dialogs. Nicht leicht
wird Jemand glauben, dass alle diese Anklänge zufällig seien.
Doch ist Plato nicht genannt, noch auch nur angedeutet; das
Zeugniss geht im besten Falle unmittelbar nur auf das Vorhandensein des Dialogs zur Zeit des Aristoteles. Hierfür gewinnen wir in der That eine nicht geringe Wahrscheinlichkeit;
denn dass der Dialog den Aristotelischen Stellen nachgebildet sei,
lässt sich schon wegen der Verhältnisse des Gedankens und Ausdrucks an den beiderseitigen Stellen nicht wohl annehmen.

Protagoras. Aristoteles bekämpft in der Nikomachischen
Ethik VII, 3, 1145 B, 23 die Ansicht des Sokrates, und zwar
offenbar des historischen, dass das richtige Wissen vom Guten
das gute Verhalten zur nothwendigen Folge habe, weil die
ἐπιστήμη als das Mächtigste im Menschen nicht wohl irgend
einer andern Gewalt unterliegen könne. Aristoteles gebraucht
bei der Erwähnung dieser Ansicht das Imperfectum: *ὁ Σωκράτης
ᾤετο, ἐμάχετο*. Im Dialog Protagoras (p. 352 B ff.; 360 D)
wird dem Sokrates als Gesprächsperson eben diese Ansicht
und zugleich die nämliche Begründung derselben beigelegt. Es
ist sehr wahrscheinlich, dass eben dieser Dialog dem Aristoteles
eine Quelle seiner Kenntniss der Ansicht des historischen Sokrates war und die Form seiner Darstellung derselben in der
Nikomachischen Ethik bedingte. Auch ist wahrscheinlich, dass
Aristoteles Metaph. I, 2. 982 B, 30 die Worte des Simonides:
θεὸς ἂν μόνος τοῦτο ἔχοι τὸ γέρας aus dem Protag. (p. 344 C)

entlehnt habe, so wie er die Worte des Polus Metaph. I, 1, 981 A, 4 aus dem Gorg. (p. 448 C), und die des Parmenides Metaph. XIV, 2, 1089 A, 4 aus dem Soph. (p. 237 A) entnommen zu haben scheint. Aber da diese Wahrscheinlichkeit erst auf der vorausgesetzten Echtheit des Dialogs beruht, so kann nicht auf dieselbe für eben diese Echtheit ein Beweis gegründet werden.

Euthydemus. De sophist. elenchis c. 20, p. 177 B, 12 zeigt Aristoteles, wie eine gewisse verfängliche Rede des Euthydemus mittelst richtiger Verbindung und Trennung zu lösen sei. Zu den Sophismen, die auf falscher διαίρεσις und σύνθεσις beruhen, gehöre auch der λόγος des Euthydemus: ἆρ' οἶδας σὺ νῦν οὔσας ἐν Πειραιεῖ τριήρεις ἐν Σικελίᾳ ὤν; — wo die doppelte Möglichkeit, das νῦν auf den Moment des Sehens oder auf den des Seins zu beziehen, einerseits die Täuschung, andrerseits ihre Auflösung bedinge. Im Dialog Euthydemus findet sich dieses Sophisma nicht vor. Aristoteles hat wahrscheinlich die historische Person selbst gemeint. Möglich bleibt jedoch auch die Annahme, dass er, aus dem Gedächtniss citirend, der Gesprächsperson des Dialogs irrthümlich jenen λόγος zugeschrieben habe. Aristoteles erörtert auch mehrere Sophismen, die in jenem Dialog vorkommen oder doch mit solchen, die sich dort finden, ganz nahe verwandt sind. So löst er namentlich c. 24, p. 180 A, 5 den Trugschluss auf: ἆρ' ἔστι τοῦτο σόν; — ναί· — ἔστι δὲ τοῦτο τέκνον· σὸν ἄρα τοῦτο τέκνον, ein Sophisma, welches mit dem im Euthyd. p. 298 E (ὥστε σὸς πατὴρ γίγνεται ὁ κύων) wesentlich übereinkommt. Aristoteles bemerkt, dass die σύνθεσις von σόν und τέκνον nur κατὰ συμβεβηκὸς bestehe: ὅτι συμβέβηκεν εἶναι καὶ σὸν καὶ τέκνον, ἀλλ' οὐ σὸν τέκνον. Ein anderes Mittel der Lösung von Sophismen gibt Aristoteles p. 181 A, 1 ff. an. Man solle erwägen, ob und in welchem Sinne aufgefasst anscheinend einander widerstreitende Aussagen auch wirklich in jeder Beziehung auf das Nämliche gehen (ὅπως ἔσται τὸ αὐτὸ καὶ κατὰ τὸ αὐτὸ καὶ πρὸς τὸ αὐτὸ καὶ ὡσαύτως καὶ ἐν τῷ αὐτῷ χρόνῳ). Dies erinnert an Euthyd. p. 293 B ff. und 295 B ff., wo Sokrates thatsächlich dem Euthydemus gegenüber so verfährt, indem er den anscheinenden Widerspruch, dass der Nämliche wissend und nichtwissend sei, durch Unterscheidung der Gegenstände des Wissens und des Nichtwissens und der verschiedenen Zeiten löst und zwar mit ausdrücklicher Beziehung auf den Satz, es sei nicht möglich, dass irgend etwas eben das Nämliche, was es sei, auch nicht sei. Unter der Voraussetzung der Echtheit des Euthyd. müssen wir es für sehr wahrscheinlich halten, dass die betreffenden Stellen desselben dem Aristoteles vorschwebten; aber ein Beweis für die Giltigkeit dieser Voraussetzung selbst lässt sich aus den Aristotelischen Aeusserungen nicht führen.

Cratylus. Der logische Satz, den Aristoteles de an. III, 6 aufstellt: *ἐν οἷς καὶ τὸ ψεῦδος καὶ τὸ ἀληθές, σύνθεσίς τις ἤδη νοημάτων ὥσπερ ἓν ὄντων* (vergl. de interpr. c. 1), erinnert theils an Soph. p. 260 ff., theils an Cratyl 431 B, ferner auch durch den Gegensatz der Ansicht an Crat. 385 B, C: *ὁ λόγος δ᾽ ἐστὶν ὁ ἀληθὴς πότερον ὅλος μὲν ἀληθής, τὰ μόρια δ᾽ αὐτοῦ οὐκ ἀληθῆ; — οὔκ, ἀλλὰ καὶ τὰ μόρια.* Der das Gespräch leitende Sokrates lässt sich diese letztere Annahme nicht etwa nur vorläufig von Hermogenes zugeben, um *es hypothesi* zu argumentiren, sondern hegt auch selbst die gleiche Ansicht, da er p. 430 D im eigenen Namen sagt: *τὴν τοιαύτην γάρ, ὦ ἑταῖρε, καλῶ ἔγωγε διανομὴν ἐπ᾽ ἀμφοτέροις μὲν τοῖς μιμήμασι, τοῖς τε ζῴοις καὶ τοῖς ὀνόμασιν, ὀρθήν, ἐπὶ δὲ τοῖς ὀνόμασι πρὸς τῷ ὀρθὴν καὶ ἀληθῆ.* Vielleicht hat Aristoteles eben diese Lehre berichtigen wollen. Aber diese Beziehung ist doch so unsicher, dass für die Prüfung der Echtheit des Cratylus die Aristotelischen Stellen kaum irgendwie in Betracht kommen können.

Es gibt unter den als Platonisch überlieferten Dialogen einige, für deren **Unechtheit** sich aus Aristotelischen Stellen eine gewisse Wahrscheinlichkeit gewinnen lässt. Wir rechnen hierher den **Hippias major** und auch — mit dem Frieden der Neuplatoniker und Hegelianer sei es gesagt — den **Parmenides.**

Hippias major. Gegen diesen Dialog begründet es (wie wir mit Snckow, S. 53 f., trotz Susemihl's Gegenrede, N. Jahrb. f. Phil. und Päd., Bd. 71, 1855, S. 640, urtheilen müssen (einen ganz entschiedenen Verdacht und fast schon für sich allein zureichenden Beweis der Unechtheit, dass Aristoteles Metaph. V, 29,

1025 A, 6, wo er von dem kleineren der unter dem Titel Hippias auf uns gekommenen Dialoge redet, den Ausdruck gebraucht: ὁ ἐν τῷ Ἱππίᾳ λόγος. Hätte Plato (was freilich schon an sich ganz unwahrscheinlich ist) zwei Dialoge unter dem Titel Hippias verfasst, so würden dieselben wohl sehr bald im Munde der Schüler gewisse feststehende Attribute zur Unterscheidung von einander erhalten haben, und von Aristoteles hätte nicht irgend einer derselben schlechthin als ὁ Ἱππίας bezeichnet werden können.

Parmenides. Nirgendwo citirt Aristoteles den Dialog Parmen. mit Nennung des Titels; nirgendwo erwähnt er auch nur Gedanken oder Ausdrucksweisen dieses Dialogs in einer solchen Art, dass eine Beziehung auf denselben mit Wahrscheinlichkeit anzunehmen wäre. Zwar entspricht die schon oben (S. 150) bei der Untersuchung über den Theaet. angeführte Stelle Top. IV, 2, 122 B, 26 ff., wo Aristoteles die Platonische Definition der φορά als der Ortsbewegung (κατὰ τόπον κίνησις) der Kritik unterwirft, einigermassen der Stelle Parm. 138 C, und sogar etwas weniger angenau, als der ähnlichen Stelle im Theaet. p. 181 C; jedoch geht die Aristotelische Anführung wohl nur auf Synusien in der Akademie. Phys. I, 3, 187 A, 5, passt nur auf den Soph., nicht auf den Parm. Wie aber sollte Aristoteles einen Dialog ignorirt haben, der Probleme von fundamentalster Bedeutung in einer gerade an seine eigene Form der Darstellung derselben vielfach erinnernden Weise behandelt? einen Dialog, der die Nothwendigkeit, Ideen zu statuiren, darthut, dieselbe gegen unverächtliche Einwürfe aufrecht erhält, und die Frage nach dem Verhältniss der Einheit der Idee zu der Vielheit der ihr zugehörigen Erscheinungen erörtert? In einem solchen Falle hat schon das Schweigen des Aristoteles Beweiskraft. Aber Aristoteles schweigt nicht bloss von dem, was der Parm. enthält, sondern er negirt mit dürren Worten, dass Plato jemals solche Untersuchungen angestellt habe, wie wir sie doch in dem Parm. vorfinden. Metaph. I, 6, 987 B, 13 heisst es von den Pythagoreern und von Plato: τὴν μέντοι γε μέθεξιν ἢ τὴν μίμησιν ἥτις ἂν εἴη τῶν εἰδῶν, ἀφεῖσαν ἐν κοινῷ ζητεῖν. Das Gewicht dieser Negation (welches ich selbst früher, in meiner Abhandlung über die Platonische Weltseele, Rhein. Mus. f. Ph. N. F. Bd. IX, 1853, S. 66 unterschätzt habe) kann nicht durch Vergleichung mit der

Stelle de gen. et corr. I, 2, 315 A, 29 aufgehoben werden, wo
Aristoteles sagt: Πλάτων ... ἐσκέψατο ... περὶ γενέσεως οὐ
πάσης, ἀλλὰ τῆς τῶν στοιχείων πῶς δὲ σάρκες ἢ ὀστᾶ ἢ τῶν
ἄλλων τι τοιούτων, οὐδέν, da doch Plato in der That hiervon
im Tim. p. 73 ff. handelt; denn theils betrifft dies eine Frage von
geringerer Bedeutung, so dass ein Uebersehen leichter erklärlich
wäre, theils bestimmt Aristoteles im Folgenden seine Meinung
näher dahin, dass mit Ausnahme des Demokrit keiner seiner
Vorgänger etwas wissenschaftlich Bedeutsames darüber gesagt
habe. Auch nicht durch Plat. Phileb. 15 B, worin Aristoteles
noch kein ζητεῖν finden mochte. Je weniger sich aber bei Aristoteles Beziehungen auf den Parm. finden wollen, um so mehr
lassen sich im Parm. Beziehungen auf den Aristoteles erkennen.
Gewisse Bedenken, die in jenem Dialog gegen die Ideenlehre
vorgebracht werden, kommen wesentlich mit Aristotelischen Einwürfen überein. Dies gilt insbesondere von einem Argument,
welches als eines der entscheidendsten anzusehen ist, dem sogenannten „τρίτος ἄνθρωπος". Dieses findet sich in fast gleicher Weise bei
Aristoteles (Metaph. I, 9, 990 B, 17 r. ö., vgl. Alex. Aphrod. z. d. St.;
de soph. el. 22, 178 B, 36) und im Parm. (p. 132 A, B). Um den
Sinn und das Gewicht desselben zu würdigen, müssen wir zuvörderst auf die Bedeutung der Platonischen Ideenlehre eingehen.

Die Platonische Idee ist das objective Correlat des subjectiven Begriffs. Wie durch die Einzelvorstellung Einzelobjecte
erkannt werden, so durch den Begriff etwas Allgemeines, das
zu allen diesen Einzelobjecten in Beziehung steht, woran sie alle
gleichsam Antheil haben, das Wesen, das ihnen allen zukommt
und ihre Verwandtschaft untereinander begründet; die Definition,
die den Inhalt des Begriffs darlegt, ist die Angabe des Wesens,
welches allen den Individuen gemeinsam ist, die in den Umfang
des betreffenden Begriffs fallen. So erkennen wir z. B. durch
die Wahrnehmung den einzelnen Menschen, durch den Begriff
aber den Menschen überhaupt, das Wesen des Menschen, den
Complex der wesentlichen Elemente, die jeder Mensch, um Mensch
zu sein, in sich vereinigen muss. Wie die Individuen, so hat auch
das ihnen gemeinsame Wesen objective Realität; das Objective
aber spiegelt sich in dem erkennenden Subjecte wieder, und zwar
so, dass jeder einzelnen Grundform der objectiven Realität eine
bestimmte Grundform der subjectiven Auffassung entspricht, und

insbesondere dem Einzelobjecte das concrete Wahrnehmungs-
bild, dem Wesen aber der Begriff. Das allgemeine Wesen, sofern es den Individuen innewohnt, erscheint als zertheilt und mit
Mängeln behaftet. Es hat z. B. jeder Mensch zwar Antheil an
dem Wesen der Menschheit, aber dieses Wesen ist nicht in seiner
Einheit und Vollendung in ihm. So zertheilt, ist das Wesen
nicht die Platonische Idee. Wenn aber hinweggenommen würde,
was die Individuität constituirt, die Vielheit der Erscheinung des
Einen Wesens an verschiedenen Orten im Raum und zu verschiedenen Momenten in der Zeit, so dass alle die vielen Objecte,
welche der nämlichen Species angehören, zu einem einzigen Objecte sich zusammenschlössen: so würde dieses frei sein von jenen
Mängeln, vollkommen in seiner Art, raumlos und ewig; aber doch
würde es nicht das Eine Absolute selbst sein, sondern nur eines
von den vielen allgemeinen Dingen, nur die reine Darstellung
eines bestimmten Species-Charakters neben anderen, von denen das
Gleiche gilt. So in sich geeinigt, ist das Wesen die Platonische Idee.
Der Phantasie stellt dieses Eine, in seiner Art Vollendete, sich
dar als das Ideal. Das Ideal ist ein subjectives Gebilde, das
jedoch auf objectiven Momenten beruht. Objectiviren wir aber
nun wiederum das Ideal gemäss der ihm im Subjecte eigenthümlichen Form, so stellt sich uns ein ideales Object dar, welches
neben und über den Einzelobjecten steht, z. B. ein Idealmensch
neben und über den einzelnen Menschen, ein ideales Schönes,
Wahres, Gutes neben den schönen, wahren, guten Einzelexisten-
zen, ein in seiner Art durchaus Vollendetes, als dessen unvoll-
kommene Nachbilder alle demselben zugehörigen Individuen erscheinen müssen. Den Einzelobjecten immanent kann dieses
ideale Object nicht sein, da es selbst nunmehr unter der Form
individueller Existenz vorgestellt wird; es existirt an und
für sich, ewig sich selbst gleich, als das absolute Prius der entsprechenden Classe von Individuen. Andrerseits aber hat es doch
wesentlich die Bedeutung, das Allgemeine zu sein, dessen Ort
eben diese Individuen als seine Träger bilden; in ihm selbst sind
alle die Mängel ausgetilgt, mit denen jede Einzelexistenz nothwendig behaftet ist, so dass nicht ohne Widerspruch die Individuität, welche die Phantasie ihm leiht, als die Form seiner realen
Existenz gedacht werden kann. Das Schwankende zwischen der
Form der Individuität und der Form der Allgemeinheit,

folglich auch zwischen einer Existenz neben und einer Existenz in den Einzelobjecten, welches aus dem Hineinspielen der Phantasie in die Arbeit des Gedankens folgt, haftet durchaus an Plato's Ideenlehre. Je mehr er der Phantasie Raum lässt, um so mehr prävalirt die Individualisirung der Idee; je mehr er der Reinheit des Gedankens zustrebt, um so mehr ihre Auffassung unter der Form der Allgemeinheit. Das Verflochtensein des Gedankens mit der Phantasie, nicht etwa nur in der Weise der Darstellung für Andere, sondern in dem innersten Kern und Wesen der eigenen Speculation, ist für Plato so charakteristisch, dass, wenn dasselbe aufgehoben, und wenn mit dieser Aufhebung Ernst gemacht wird, das Platonische System als solches mit aufgehoben wird und zunächst in das Aristotelische übergeht. Zu der Macht der Phantasie sind, die Form der Transscendenz stützend, Motive ethischer und religiöser Art hinzugetreten. Aber auch die Entwickelung der Philosophie selbst forderte den Durchgang durch diese Stufe innerhalb des Hellenismus ebensowohl, wie jenseits des letzteren. Aristoteles hat die Ideenlehre durch Sonderung ihrer rein philosophischen Elemente von den poëtischen zu der Lehre von dem Wesen ($o\dot{v}\sigma\acute{\iota}a$) als der Form ($\mu o\rho\varphi\acute{\eta}$) des Stoffes ($\ddot{v}\lambda\eta$) und der Erfüllung ($\dot{\epsilon}\nu\tau\epsilon\lambda\acute{\epsilon}\chi\epsilon\iota a$) der Anlage ($\delta\acute{v}\nu a\mu\iota\varsigma$) umgebildet. In den Berichten des Aristoteles über die Platonische Ideenlehre prävalirt das Element der Transscendenz über das der Immanenz noch beträchtlich mehr, als wir dies in den meisten Platonischen Schriften finden. Der Grund dieser Thatsache scheint ein zweifacher zu sein. Theils nämlich musste, da die heterogenen Elemente im Platonismus vereinigt lagen, Aristoteles, der in Bezug auf die betreffenden logisch-metaphysischen Probleme den Standpunct der Immanenzlehre einnimmt, bei Plato noch mehr Hinneigung zu der entgegengesetzten Theorie finden, als diesem eignete, gleich wie der, welcher räumlich auf der einen Seite einer Bahn steht, schon die Mitte derselben der entgegengesetzten Seite nahe liegend erblickt. Dazu aber kommt anderntheils, dass in der That bei Plato selbst und den meisten seiner Schüler die Voraussetzung der transscendenten Existenz der Ideen, die anfangs, aus der poëtischen Anschauung herfliessend, eine unbestimmte und schwebende war, sich allmählich ganz in scholastischer Art zu einem philosophischen Dogma verfestigt zu haben scheint, an welches sich eine Unzahl abstruser Grübeleien knüpfte. Aber eben dieses Element der Transscendenz, welches Aristoteles als Berichter- statter urgirt, sucht derselbe als Kritiker völlig aufzuheben. Gegen die Annahme, dass die Idee neben den Einzeldingen und getrennt von diesen an und für sich als eine Substanz existire, stellt er bekanntlich zahlreiche Argumente auf, und eins der schlagendsten von diesen ist der τρίτος ἄνθρωπος. Wenn die Idee neben den entsprechenden Einzelobjecten (παρὰ τοῖς αἰσθητοῖς), also z. B. der Idealmensch neben den einzelnen empirischen Menschen, substantiell existirte, also gleichfalls die Form der Einzelexistenz trüge, so würde sie mit den empirischen Objecten zusammen unter den nämlichen höheren Begriff fallen, also z. B. der Idealmensch und die übrigen Men- schen unter den Begriff des Menschen überhaupt. Da nun die Ideenlehre auf der Voraussetzung beruht, dass jeder Begriff einer substantiellen Idee entspreche, so müsste es auch wiederum eine Idee geben, welcher dieser Begriff, der die Idee und die betref- fenden Einzelwesen, z. B. den Idealmenschen und die empirischen Menschen, unter sich befasst, entspräche. Beruht, wie doch Plato will, alle Gleichartigkeit zwischen Individuen auf der Nachbildung eines gemeinschaftlichen Urbildes, so muss auch die Gleichar- tigkeit, welche zwischen dem Urbild und den ihm ähnlichen In- dividuen besteht, falls das Urbild in der Form der Individualität existirt, auf der Nachbildung eines ihm und den empirischen Indi- viduen gemeinsamen Urbildes beruhen. Die nämlichen Gründe also, welche zur Annahme eines Urbildes der Menschheit neben den empirischen Menschen geführt haben, nöthigen auch dazu, neben jenem und diesen wiederum einen neuen, höheren Ideal- menschen, also ein drittes Wesen, einen „dritten Menschen" zu sinuiren, und so fort in's Unendliche. Da dies aber absurd ist, so muss die Voraussetzung selbst, die hierauf geführt hat, als falsch erkannt und aufgehoben werden; d. h. die Idee kann nicht neben den Einzelobjecten substantiell und individuell für sich existiren; der Begriff geht vielmehr auf das allgemeine Wesen, das den Individuen immanent ist.

Nicht die Urheber einer Theorie, sondern erst Antagonisten von grundverschiedener psychischer Organisation pflegen auf solche grundstürzende Einwürfe zu fallen. Meint man, dass Plato selbst, wohl gar in seiner früheren Jugendzeit oder doch in der soge-

nannten „Megarischen Periode", ehe es noch einen Aristoteles
gab, dieses Argument gegen seine Ideenlehre ersonnen und in
dem Parm., worin wir es (p. 132 A) vorfinden, niedergelegt habe:
so müsste es sich auch fast eben so füglich denken lassen, dass
etwa die Hauptargumente des Euemerus gegen die hellenische
Götterlehre schon dem Homer und Hesiod bekannt gewesen oder
gar von diesen selbst aufgefunden worden wären. Indess es sei!
Plato habe die kritische That des Aristoteles anticipirt, und sei
zugleich gegen eben diese Kritik so gewappnet gewesen, dass sie
ihn in seiner Theorie nicht irre machte! Wird man aber den
Aristoteles eines Plagiates bezichtigen wollen? Man muss dies
unvermeidlich, wenn man den Parm. für echt hält; denn Aristoteles gibt auch nicht die leiseste Andeutung, dass er dieses
Argument, auf welches er ein grosses Gewicht legt, von Plato
selbst entnommen habe. Vielleicht stimmt diese Bezichtigung zu
dem Charakterbilde, welches sich Suckow von Aristoteles entworfen hat, aber gewiss nicht zu dem wirklichen Charakter des
Philosophen. Heimliche Aneignung fremder Schätze pflegt auch
in der Sphäre des geistigen Lebens eher ein Laster des Armen,
als des Reichen zu sein, und den Reichthum des Aristoteles, wenigstens an kritischen Bemerkungen, wird doch Niemand bezweifeln wollen. Dazu kommt, dass Plato, wenn er selbst den Einwurf gefunden und veröffentlicht hätte, nicht unterlassen haben
könnte, mindestens in seinen Synusien auch die Widerlegung desselben zu versuchen. Mit einer blossen Wiederholung des Ein-
wurfs hätte dann aber Aristoteles nicht hoffen können auf die
Anhänger der Platonischen Lehre Eindruck zu machen; er musste
die Nothwendigkeit erkennen, auf Plato's Widerlegungsversuch
einzugehen und denselben als untriftig zu erweisen. Nichts hiervon geschieht. Den ethischen Charakter des Aristoteles preis-
zugeben, mag Einigen leicht werden; aber wird man auch glauben wollen, dass er sich im logischen Verfahren eine so schlimme
Blösse gegeben habe? —

Alles kommt in das richtige Geleise, wenn wir den Dialog
Parm. später sein lassen, als die Aristotelischen Aeusserungen,
und ihn als eine Entgegnung auf diese auffassen. Der Aristotelische Einwurf wird zwar dort nicht direct widerlegt, und es mochte
auch schwer sein, eine triftige Antwort darauf zu finden; aber es
wird indirect die Nothwendigkeit dargethan, dass Eine und das

Viele im Verein anzunehmen und so das Sein und Nichtsein zu
vermitteln, d. h. Ideen und Gemeinschaft derselben untereinander
und mit Nichtideellem zu statuiren (wenn anders so und nicht
im skeptischen Sinne der zweite Theil des Parm. zu verstehen
ist). Vom Platonischen Standpuncte aus war eine Antwort von
jener Art nothwendig, und wir dürfen wohl in dem Parmen. die
wirklich aufgestellte Entgegnung erkennen. Ja, es scheint sogar
eine Andeutung dieser Beziehung auf den Aristoteles nicht zu
fehlen. Es scheint, dass man eine Namensgleichheit zu diesem
Zwecke verwendet habe. Der junge Mann, welcher dem gereiften
Denker Parmenides antworten und sich also durch ihn von der
Nothwendigkeit der Annahme der Ideen (oder auch von der
Unsicherheit aller dogmatistischen Lehren, folglich auch der anti-
ideologischen) überführen lassen muss, trägt den Namen *Aristoteles*. Natürlich ist darunter nicht der Philosoph zu verstehen,
sondern ein gleichnamiger Athener von etwas jüngerem Alter, als
Sokrates, und es wird (Parm. 127 D) angegeben, dass derselbe
später einer der dreissig oligarchischen Gewalthaber geworden sei.
Aber füglich könnte man absichtlich auf diese Weise an den
Philosophen erinnern. Recht wohl könnte insbesondere die Stelle
p. 135 C, D, wo gesagt wird, dass Sokrates bereits mit Aristoteles über die Ideenlehre verhandelt habe, auf Verhandlungen
des Plato mit Aristoteles oder auch der älteren Platoniker mit den
Aristotelikern bezogen werden. In ähnlicher Weise lässt S c h i l l e r
im „Tell" einen *Johannes Müller* glaubwürdige Kunde von einem
historischen Ereignies bringen. Auch Plato hat es nicht verschmäht,
der Namensgleichheit eine gewisse Bedeutung beizulegen; in diesem Sinne lässt er den Gesprächsleiter in den dem Theaet. zugehörigen Dialogen seine Fragen ausser an den Theätet, der als
besonders befähigt erscheint, auch an den gleichfalls nicht un-
befähigten jüngeren Sokrates richten, an den letzteren ausdrücklich auch um seines Namens willen, und so mag Plato selbst
mitunter in den akademischen Synusien verfahren sein, an denen
bekanntlich ein jüngerer Sokrates thatsächlich Theil genommen
hat. Wer die Beziehung des Parm. auf Aristotelische Einwürfe nicht zugibt, kann füglich die Namensgleichheit für zufällig
halten. Es lässt sich nicht aus derselben zu Gunsten der hier
aufgestellten Ansicht ein Beweis führen. Sofern aber diese Ansicht, auf die oben aufgestellten Beweise gestützt, bereits voraus-

gesetzt wird, so kann man kaum umhin, dann auch die Namensgleichheit für beabsichtigt zu halten.

Nun lässt sich die Frage aufwerfen, ob, falls der Parm.
eine Entgegnung auf die Aristotelische Bekämpfung der Ideenlehre enthält, er dennoch vielleicht von Plato verfasst sei, nämlich
in dessen höchstem Lebensalter, als bereits sein hochbegabter
Schüler ihm die Haupteinwürfe schriftlich oder mindestens mündlich
vorgelegt hatte. An sich wäre dies wohl denkbar. Zu den allerspä-
testen Dialogen würden wir den Parm., falls er echt wäre, schon
wegen der Form, welche in ihm die Ideenlehre hat, rechnen
müssen; denn diese Form ist derjenigen, die in den Aristotelischen
Berichten erscheint, ganz nahe verwandt und muss somit, sofern
sie überhaupt dem Plato angehört, seinen letzten Lebensjahren
zugeschrieben werden. Warum sollte in einem Dialog aus dieser
Zeit Plato nicht auch einen Einwurf berücksichtigt haben, den
einer seiner ausgezeichnetsten Schüler gegen seine Theorie gerichtet hatte? Auch Aristoteles konnte dann füglich, ohne dass
ihn ein ethischer Vorwurf träfe, jenes Argument gegen die
Ideenlehre als sein Eigenthum veröffentlichen. Aber schon der
Umstand muss Bedenken erregen, dass Plato sonst nie (namentlich nicht im Protag. und Lach.) den Sokrates schon in ju-
gendlicherem Alter im Besitz der Ideenlehre sein lässt. Ferner
würde Aristoteles, falls der Parm. eine wesentlich gegen ihn selbst
gerichtete Schrift Plato's wäre, dann gerade am wenigsten denselben unberücksichtigt gelassen, sondern die Art, wie dort seinen Einwürfen begegnet wird, einer eingehenden Kritik unterworfen haben. Dazu kommt, dass es dann ganz unmöglich wäre,
dass Aristoteles die oben citirten Worte (Metaph. 1, 6): ἀφεῖσαν
ἐν κοινῷ ζητεῖν geschrieben hätte, man müsste denn annehmen
wollen, die Aristotelische Metaph. oder doch das erste Buch derselben sei vor dem Platonischen Parm. verfasst worden; aber
selbst diese sehr gewagte Annahme würde doch wiederum nicht
zum Ziele führen, weil Aristoteles dann gewiss in späteren Schriften auf die Streitfrage zurückgekommen wäre und nachträglich
auf die Erörterungen im Parm. geantwortet hätte. So bleibt uns
nur übrig, diesen Dialog für unecht, und von einem Platoniker
zur Entgegnung auf Einwürfe wider die Ideenlehre, und darunter
wesentlich auch auf Aristotelische, verfasst zu halten.

Die Bekämpfung der Ansicht (p. 132 B ff.), dass die εἴδη blosse νοήματα seien, möchte auf eine Zeit deuten, in welcher bereits der Sloicismus bestand (nicht auf Antistenes, der die Ideen für „leere Einfälle" hielt). Dass das hypothetische Verfahren im Parm. anders bestimmt und geübt werde, als in allen anderen Platonischen Schriften (insbesondere in Rep. und Phaedo), habe ich schon in meiner Schrift: „System der Logik und Geschichte der log. Lehren", Bonn 1857, S. 392 bis 394, bemerkt, damals jedoch noch unter der Voraussetzung der Echtheit des Dialogs. Das dissererc in utramque partem, das wir in der zweiten Hälfte des Parm. vorfinden, scheint auf die mittlere Akademie (seit Arcesilaus) zu deuten, kann jedoch auch füglich von einem Gliede der älteren Akademie geübt worden sein; andrerseits aber kann der Dialog, der die dialektische Prüfung der Hypothesen als den Weg zur Erkenntniss der Wahrheit (p. 136 C; D, E) betrachtet, mindestens nicht der Culminationsperiode des akademischen Skepticismus angehören; sondern er muss entweder nach, oder vor derselben verfasst worden sein. Das Letztere ist das Wahrscheinlichere, weil die Motive, einen Dialog von dieser Form und diesem Inhalt zu verfassen, zumeist in der nächsten Zeit nach dem Tode Plato's wirken mussten.

Mit dem, was sich aus Aristoteles erschliessen lässt, ist nun das Zeugniss späterer Schriftsteller zu verbinden.

In der Rede des Isokrates an den König Philipp von Macedonien finden sich (p. 84. ed. Steph.) die Worte: ὁμοίως οἱ τοιοῦτοι τῶν λόγων ἄκυροι τυγχάνουσιν ὄντες τοῖς Νόμοις καὶ ταῖς Πολιτείαις ταῖς ὑπὸ τῶν σοφιστῶν γεγραμμέναις. Hieraus glaubt Suckow (Form der Platon. Schriften, S. 103 ff.) einen Beweisgrund für seine Ansicht entnehmen zu können, dass die beiden Schriften: de Republ. und: Leges zwei verschiedenen Verfassern beigelegt werden müssen. Seine Deduction gründet sich auf den Pluralis: σοφισταί, wornach von mehreren Verfassern die Rede sei; da nun andere politische Schriften von jener Art aus der Zeit bis kurz nach Plato's Tode uns nicht bekannt seien und auch schwerlich existirt hätten, (zum mindesten nicht solche, von denen Philippus hätte wissen mögen, an den doch Isokrates die Rede richte), so müssen, meint Suckow, die Rep. und die Leges gemeint sein; mithin müsse eine die.er beiden Schriften, und dann gewiss die Leges, dem Plato abgesprochen werden. Es bedarf jedoch kaum einer ausführlichen Widerlegung dieser sehr schwachen Argumentation. Der Plural findet sich bei Isokrates auch in der Bezeichnung der Schriften. Es heisst nicht nur: ὑπὸ τῶν σοφιστῶν, sondern auch: τοῖς Νόμοις καὶ ταῖς Πολιτείαις. Trägt nun zwar die eine von jenen beiden für Platonisch geltenden Schriften, nämlich die Νόμοι, einen Titel in der Pluralform, so heisst doch die andere im Singular: Πολιτεία, und der Plural dieses Wortes würde ja auch gar nicht zu ihrer Bezeichnung dienen können. Halten wir uns also ganz genau an den Ausdruck des Isokrates, so legt derselbe keineswege zwei Schriften, sondern mehrere, verschiedenen Verfassern bei, und nichts hindert uns, anzunehmen, dass er von zweien aus dieser grösseren Zahl, nämlich von den auf uns gekommenen Leges und der Rep., einen und den nämlichen σοφιστής, nämlich den Plato, für den Verfasser gehalten habe. Wäre nun wahr, was Suckow meint, dass andere politische Schriften von philosophischer Tendenz damals noch nicht existirt hätten, so hätte sich Isokrates wohl dennoch des Pluralis bedienen können, weil es ihm hier nicht um das Urtheil über den Werth zweier bestimmter Schriften, und solcher, die Philippus sämmtlich hätte kennen müssen, sondern einer ganzen Classe möglicher Schriften zu thun war, die er zunächst durch jene beiden (Platonischen) repräsentirt fand. Indess brauchen wir gar nicht den Plural so zu fassen, sondern können ihn ganz buchstäblich nehmen; denn es ist unrichtig, dass wir von gar keinen anderen zur Zeit des Isokrates schon existirenden Schriften jener Art wüssten. In dieser Hinsicht hat schon Susemihl (Neue Jahrb. f. Ph. und Päd, Bd. 71, S. 699) das Richtige erwidert, der als „Sophisten", an welche nebenbei gedacht werden könne, Phaleas den Chalcedonier, Hippodamus von Elis und Protagoras nennt. Aristoteles bezeugt Pol. II, 7 init., dass es zu seiner Zeit manche politische Theorien (und offenbar in Schriften niedergelegte) gegeben habe, die sich jedoch sämmtlich mehr, als die Platonischen, an das Bestehende anschlössen. Die ἀντιλογικὰ des Protagoras bezeichnet Diog. L. III, 37 nach Aristoxenus und III, 57 nach Phavorinus als Quelle der Platonischen Rep. Dieses Urtheil mag viel Unwahres enthalten, aber es zeugt

doch glaubwürdig für einen wenigstens partiell politischen Inhalt
jener Protagoreischen Schrift. (Die Identität dieser Schrift mit
der von Plato im Theaet. erwähnten *Ἀλήθεια*, wie auch mit den
Καταβάλλοντες hat J. Bernays im Rhein. Mus., N. F., VII,
S. 464 genügend erwiesen.)

Von den späteren Zeugen wäre zunächst Theopomp von
Chios, ein Schüler des Isokrates, zu nennen, von dem uns Athenäus (XI, p. 508 C, D) eine Aeusserung über die Platonischen
Dialoge erhalten hat, wenn wirklich in dieser (wie Suckow
S. 115 ff. meint) ein Zeugniss über die Echtheit oder Unechtheit, und nicht vielmehr nur ein Urtheil über den Werth der
Schriften und über die Quellen Plato's enthalten wäre. Die Worte
lauten: *καὶ γὰρ Θεόπομπος ὁ Χῖος ἐν τῷ κατὰ τῆς Πλάτωνος
διατριβῆς· τοὺς πολλούς, φησί, τῶν διαλόγων αὐτοῦ ἀχρείους
καὶ ψευδεῖς ἄν τις εὕροι, ἀλλοτρίους δὲ τοὺς πλείους, ὄντας
ἐκ τῶν Ἀριστίππου διατριβῶν, ἐνίους δὲ κἀκ τῶν Ἀντισθίνους,
πολλοὺς δὲ κἀκ τῶν Βρύσωνος τοῦ Ἡρακλεώτου.* Die Worte:
ἀλλοτρίους δὲ versteht nun Suckow (indem er mit einer grammatisch nicht zu rechtfertigenden Construction nach *δὲ* ein Kolon
setzt) so: „dem Platonischen Geiste fremdartig, weil in der That
von ganz anderen Sokratikern oder deren Schülern verfasst". Der
offenbare Sinn der Stelle, dass nämlich Plato's Dialoge grösstentheils werthlos und noch dazu nach ihrem Hauptinhalt aus den
Werken Anderer entlehnt seien, wird durch diese Deutung
völlig entstellt. Schon Suckow selbst hat (S. 117) bemerkt,
dass nach derselben der Rhetor, statt den Plato mit dem Vorwurf
unpraktischer und irrender Speculation zu belasten, diesen
davon vielmehr nach Möglichkeit zu entlasten gesucht hätte, und
zwar auf Kosten anderer Sokratiker und darunter auch des von
ihm sonst doch dem Plato vorgezogenen Antisthenes. Was Suk-
kow sich selbst antwortet, ist schwach. Das Richtige liegt nahe
und wird auch von Susemihl (N. Jahrb. 71, S. 636 f.) ausgesprochen, der in dem Ausdruck: *ἀλλοτρίους* die Anschuldigung des Plagiates erkennt.

Dass eine von Proclus (zum Tim. p. 24) uns überlieferte
Aussage des Krantor von Soli, Plato habe eine ägyptische
Quelle für seine Erzählung von den alten Athenern und Atlanti-

nern zugestanden, nicht zum Beweise für die Unechtheit des
Critias verwandt werden könne, wie auch, dass die Aeusserung des Diog. L. III, 38 über die Jugendlichkeit des Gegenstandes, von dem der Phaedrus handle, nicht durch die folgenden Worte (*Δικαίαρχος δὲ καὶ τὸν τρόπον τῆς γραφῆς ὅλον
ἐπιμέμφεται ὡς φορτικόν*) als ein Urtheil bezeugt werde, das auch
schon Dikäarch gefallt habe, hat Susemihl (Jahrb. Bd. 71,
S. 703) gegen Snckow (S. 158 ff.) richtig nachgewiesen. Aus
den erhaltenen Aeusserungen des Krantor und des Dikäaroh
ergibt sich mit Sicherheit nur, dass jenem die Platonische Rep.
und mindestens noch der Tim. (jedoch wohl auch der Critias)
als Platonische Schriften vorlagen, und dass dieser den Phaedrus kannte. Die Aeusserung des Aristoxenus (bei Diog.
L. III, 37) über die Rep., dieselbe sei fast ganz aus einer Schrift
des Protagoras geflossen (was ihm Phavorinus nachgesprochen
hat, Diog. L. III, 57), ist, als Zeugniss für die Echtheit der
Rep. betrachtet, neben dem Aristotelischen bedeutungslos.

Der Stoiker **Persäus**, nach D. L. VII, 36 ein unmittelbarer
Schüler des Zeno, sagt bei D. L. II, 61, dass Pasiphon von
Eretria der Verfasser der meisten unter den sieben Dialogen sei, die man dem Aeschines zuschreibe, und dieselben (be-
trügerisch) unter dessen Schriften gebracht habe; auch mehrere
des Antisthenes und die (unechten) der andern (Sokratiker) habe
er angefertigt. Unter den sieben dem Aeschines zugeschriebenen
Dialogen, wovon nicht alle, aber doch die meisten durch Pasiphon
ihm untergeschoben sein sollen, versteht Diog. L. die gemeinhin
für echt geltenden, im Gegensatz zu den unmittelbar vorher von
ihm erwähnten eingangslosen (οἱ καλούμενοι ἀκέφαλοι), die gar
nicht einmal in der Sokratischen Manier gehalten und auch nach
gangbarem Urtheil unecht seien; er will also sagen, dass selbst
von jenen sieben besseren Dialogen doch noch die meisten nach
des Persäus Angabe unecht seien. Warum hier (nach Welcker
im Rhein. Mus. II, S. 402, dem K. F. Hermann beistimmt,
Plat. Ph., S. 585) ein Missverständniss obwalten und Persäus vielmehr von den ἀκεφάλοις gesagt haben soll, dass die meisten
derselben unechte, durch Pasiphon verfertigte und untergescho-
bene Schriften seien, vermag ich nicht abzusehen. Dass auch der
unechten Dialoge nach Suidas sieben waren, begründet höchstens

eine gewisse Möglichkeit, aber noch durchaus keine Wahrscheinlichkeit einer Verwechselung. Dass ein Fälscher, wie Pasiphon der Eretrier, der den lebendigen Traditionen noch sehr nahe stand, von der Manier der Sokratiker so auffallend abgewichen sei, ἀσφάλους zu schreiben, ist wenig glaublich; noch weniger aber wohl, dass dann Persäus in seiner verwerfenden Kritik auf halbem Wege stehen geblieben sei und nicht auch die Unechtheit der übrigen ausgesprochen oder dass Diogenes dies gerade zu sagen unterlassen habe. Jene Vermuthung ist demnach nicht zu billigen. Wäre sie richtig, so würde dies (wie Susemihl, Jahrb., Bd. 71, S. 704 mit Recht bemerkt) die Autorität der Angabe des Persäus sehr vermindern, weil dieser dann manche unechte Dialoge fälschlich für echt gehalten hätte. Da sich aber jene Vermuthung als eine nichtige erwiesen hat, so tritt das Zeugniss des Persäus wieder in das ihm gebührende Recht ein. Wahrscheinlich hatte sich durch lebendige Tradition in den Schulen der Sokratiker noch die Kunde von den echten Schriften der Gründer dieser Schulen erhalten, und man war wohl eben hierdurch noch Unechtes fern zu halten befähigt; in dem Masse aber, wie jene Tradition erstarb, konnten Unterschiebungen erfolgen. Dass schon unmittelbar oder sehr bald nach dem Tode der nächsten Schüler des Sokrates Fälschungen versucht worden seien und die Geltung echter Schriften erlangt hätten, ist wenig wahrscheinlich; um die Zeit aber, da zuerst solche Betrügereien mit einiger Aussicht auf Erfolg unternommen werden konnten, trat zugleich auch eine starke Versuchung dazu ein, indem nämlich die Bibliotheken zu Alexandrien und Pergamus nicht lange nach dem Tode Alexanders des Grossen gegründet und von denselben für Werke der grossen Autoren der classischen Zeit hohe Preise gezahlt wurden. Eben zu dieser Zeit lebte Pasiphon der Eretrier. Ist nun unter den „andern" Sokratikern, denen dieser nach dem Zeugniss des Persäus Schriften untergeschoben hat, auch Plato zu verstehen, so dürfen wir mit einer gewissen Wahrscheinlichkeit einige von denjenigen Dialogen der Platonischen Sammlung, welche wir aus inneren Gründen für unecht erklären müssen, und die doch, obschon von Aristoteles nicht erwähnt, bereits dem Aristophanes von Byzanz für echt galten, (wie namentlich den Minos und vielleicht auch den Euthyphro) auf eben diesen Pasiphon zurückführen.

Dass sich in der That an die Gründung jener **Bibliotheken** vielfacher Betrug geknüpft habe, bezeugt **Galenus** in der (von K. F. Hermann S. 575, Anm. 120, und von Suckow S. 163, Anm. 2 citirten) Stelle ad Hippocr. de nat. hom. I, 42: πρὶν γὰρ τοὺς ἐν Ἀλεξανδρείᾳ τε καὶ Περγάμῳ γενίσθαι βασιλεῖς ἐπὶ κτήσει βιβλίων φιλοτιμηθέντας, οὐδέπω ψευδῶς ἐπεγέγραπτο σύγγραμμα λαμβάνειν δ' ἀρξαμένων μισθὸν τῶν κομιζόντων αὐτοῖς σύγγραμμα παλαιοῦ τινος ἀνδρός, οὕτως ἤδη πολλὰ ψευδῶς ἐπιγράφοντες ἐκόμιζον. Der zweite Theil dieser Aussage stützt sich ohne Zweifel auf eine Reihe von Thatsachen, die füglich dem Galenus bekannt sein konnten. Der erste Theil derselben freilich, dass früher überhaupt noch keine Fälschungen vorgekommen seien, beruht schwerlich auf einer so umfassenden historisch-kritischen Untersuchung, wie sie (ein äusserst zeitraubendes und schwieriges Geschäft!) hätte angestellt werden müssen, um denselben wissenschaftlich zu sichern; die Forderung aber, nicht ohne eine solche Untersuchung jene Antithese niederzuschreiben, überschreitet das Maass der Gewissenspflichten, woran sich die sorgsamsten Schriftsteller der Galenischen Zeit und vielleicht des gesammten Alterthums gebunden glauben mochten. Uns genügt es aber auch vollkommen, für die Häufigkeit der Fälschungen aus jenem Motiv ein glaubhaftes Zeugniss in dieser Stelle zu finden. Die Consequenzen, die sich hieraus ergeben, hat mit anerkennenswerther Sorgfalt Suckow (S. 163 ff.) gezogen, indem er zugleich die Grundsätze des Verfahrens der Bibliothekare zu ermitteln sucht. Zu den wichtigsten Consequenzen gehört, dass Hermann's Satz (Plat. Ph., S. 411) verworfen werden muss, es habe bei dem augenscheinlich traditionellen Charakter der Angaben und der kritischen Bemerkungen des Diog. L. und des Athenaeus jedes Gespräch, dessen sie ohne den Zusatz, dass Zweifel dagegen bestehen, erwähnen, schon darum die Präsumtion der Echtheit für sich. Ein solches Gespräch hat vielmehr (falls nicht ein Bürge aus der Zeit vor der Gründung der Bibliotheken genannt wird) nur die Präsumtion für sich, dass es an die Bibliotheken vergleichsweise früh gelangt sei, da man später vielleicht die Kataloge als geschlossen ansehen und neu vorgelegte Werke auf Grund derselben anzweifeln oder verwerfen mochte; ob es aber als ein echtes oder als ein untergeschobenes Werk an die Bibliotheken gekommen sei, ist völlig ungewiss.

Welche Werke es waren, die in der ersten Zeit von den Bibliotheken als echte oder doch als möglicherweise echte Schriften Plato's aufgenommen wurden, würden wir, wenigstens in Betreff der **Alexandrinischen** Bibliothek, bestimmt und vollständig wissen, wenn es Diog. L. (III, 61, 62) gefallen hätte, nicht nur die fünf Trilogien der ἔνιοι, ὧν ἐστι καὶ Ἀριστοφάνης ὁ γραμματικός, anzugeben, sondern auch die von denselben καθ' ἓν καὶ ἀτάκτως gestellten Werke einzeln zu nennen. Dass nämlich die Statuirung jener fünf Trilogien und nicht bloss die Eintheilung in Trilogien überhaupt, von Diog. auf den Aristophanes mitbezogen wird, ist trotz Suckow's Zweifel unzweifelhaft; das Subject zu τιθέασιν in der Verbindung: εἰς τριλογίας ἕλκουσι τοὺς διαλόγους καὶ πρώτην μὲν τιθέασιν, kann kein anderes sein, als das zu ἕλκουσιν, mithin die ἔνιοι, worunter auch Aristophanes. Anderenfalls würde Diog. gesagt haben: τιθέασί τινες αὐτῶν. Die Trilogien sind:

1. Rep., Tim., Critias ;
2. Soph., Politicus, Cratylus ;
3. Leges, Minos, Epinomis ;
4. Theaet., Euthyphro, Apologia;
5. Crito, Phaedo, Epistolae.

Von diesen fünfzehn Werken (die Epist. als Einheit gezählt) haben wir acht theils zweifellos, theils mit Wahrscheinlichkeit durch Aristoteles bezeugt gefunden: Rep., Tim., Soph., Polit., Leges, Theaet., Apol., Phaedo ; für die übrigen sieben ist das angeführte Zeugniss des Aristophanes das früheste.

Nach der vorhin gegebenen Ausführung ermangelt dieses letztere Zeugniss, sofern es für sich allein steht, einer strengen Beweiskraft durchaus und kann auch nicht einmal eine entschiedene Präsumtion für die Echtheit begründen. Dass Critias, Cratylus, Minos, Epinomis, Euthyphro, Crito und einige Briefe ungefähr ein Jahrhundert nach Plato's Tode bereits existirten, und dass sie auf der Bibliothek zu Alexandrien als echte Werke Plato's galten und aufbewahrt wurden, folgt aus der angeführten Stelle bei Diog. L.; aber ob dieselben echt seien oder alte Fälschungen, muss dahin gestellt bleiben, so lange es sich nicht anderweitig nachweisen lässt, und da etwaige spätere Zeugnisse wohl überhaupt keine grössere Beweiskraft haben können, so sind wir bei dieser Untersuchung wesentlich auf innere Gründe angewiesen.

Höheren Werth hat das Zeugniss des Aristophanes als ein ergänzendes in denjenigen Fällen, wo nicht zweifellos feststeht, ob Aristoteles an gewissen Stellen auf eine der unter Plato's Namen uns erhaltenen Schriften Bezug nehme, und ob, sofern dies der Fall ist, er sie für eine Schrift Plato's halte. Falls beides schon an sich wahrscheinlich ist, so wird durch das Zeugniss von dem Vorhandensein der Schrift in einer nicht viel späteren Zeit und von ihrer damaligen Anerkennung als einer Platonischen das Mass jener Wahrscheinlichkeit noch beträchtlich erhöht. Möglich bleibt zwar, dass ein Späterer ein solche Schrift gerade im Anschluss an Aristotelische Stellen verfasst und dem Plato untergeschoben habe; hierüber lässt sich zuletzt nur nach inneren Gründen entscheiden. Noch bedeutender ist der Gewinn aus späteren Zeugnissen dann, wenn feststeht, dass Aristoteles auf eine der noch vorhandenen Schriften Bezug nimmt, besonders wenn er dieselbe auch unter ihrem Titel nennt, aber doch aus der Aristotelischen Stelle an und für sich noch nicht mit Gewissheit hervorgeht, dass Plato als der Verfasser gedacht werden müsse. Es ist in dieser Beziehung zu fragen, in wiefern es möglich oder wahrscheinlich sei, dass man eine von einem andern Sokratiker verfasste und veröffentlichte Schrift später als ein Platonische angesehen habe.

Diese Untersuchung aber hat eine allgemeinere Beziehung. Sie ist nicht bloss auf die Combination der Aristotelischen Zeugnisse mit denen des Aristophanes zu richten, sondern auch mit denen der Späteren, namentlich des Thrasyllus, dessen Urtheil über die Echtheit der Platonischen Dialoge, und dessen Anordnung derselben bekanntlich Diog. L. vollständig mittheilt. In diesem allgemeineren Sinne ist sie von Susemihl (Jahn's Jahrb., Bd. 71, S. 635 ff.) geführt worden, nachdem Suckow (S. 47 f.; 49 ff.; 115 ff.; 158 ff.) zwar ganz mit Recht zuerst die Aristotelischen Zeugnisse für sich allein geprüft, hernach aber die Möglichkeit, an gewissen Aristotelischen Stellen die Bezugnahme auf Platonische Schriften durch Combination späterer Zeugnisse mit eben jenen Stellen zu einer höheren Wahrscheinlichkeit zu erheben, zu wenig erwogen hatte. Finden wir nämlich bei Aristoteles eine Bezugnahme auf eine Schrift, deren Verfasser er

nicht nennt, und wird die nämliche Schrift von Späteren als
Platonisch bezeugt, so dürfen wir im Allgemeinen mit sehr hoher
Wahrscheinlichkeit annehmen, dass auch Aristoteles dieselbe als
ein Werk des Plato gekannt habe; doch bedarf es hierbei
jedesmal der Erwägung der Eigenthümlichkeit der betreffenden
Schriften, da eine ausnahmslose Giltigkeit jener Regel sich
nicht mit Sicherheit voraussetzen lässt. Dass eine Uebertragung
einer Schrift eines andern Sokratikers auf Plato in der nächsten
Zeit nach Plato's Tode oder gar schon vor demselben wohl überhaupt nicht stattfinden konnte, behauptet Susemihl (S. 636)
gewiss mit Recht. Nach der Gründung der Bibliotheken zu
Pergamus und Alexandrien mag wohl mitunter auch diese Art
des Betruges versucht worden sein; doch war dann offenbar
die Wahrscheinlichkeit des Erfolges weit geringer, als bei
eigens in betrüglicher Absicht verfassten Schriften, falls nur
diese möglichst die Platonische Weise wiedergaben. War nämlich eine Schrift der letzteren Art den Bibliothekaren oder andern Gelehrten, die man fragen konnte, nicht bekannt, so konnte
hierin noch kein zwingender Beweis ihrer Unechtheit gefunden
werden, und es war eine löbliche Vorsicht, wenn man lieber Zwei-
felhaftes mitaufnehmen, als möglicherweise Echtes zurückweisen
und dadurch voraussichtlich dem allmählichen Untergange preis-
geben wollte. Echte Schriften anderer Sokratiker aber mussten
doch wohl auch unter den Namen der wirklichen Verfasser an
die Bibliotheken kommen und waren auch in den Schulen der
Sokratiker und ihrer Nachfolger schwerlich so unbekannt geworden, dass sich die Wahrheit nicht hätte erkunden lassen; zudem
lagen hier in dem Inhalt und in der Composition Kriterien, welche
zwar nicht mit der höchstmöglichen Strenge angewandt worden
sein mögen, aber doch auch gewiss nicht ganz vernachlässigt worden sind. Daher konnten solche Schriften nicht leicht durch
einen in betrüglicher Absicht veranlassten oder auch zufällig ent-
standenen Irrthum unter die Platonischen kommen. Nur bei einem
ungewöhnlichen Zusammentreffen besonderer Umstände mag zuweilen dieser Fall eingetreten sein. Wenn es z. B. Schriften von
Plato's Bruder Glauko gab, und diese in den äusserlich zumeist
auffallenden Zügen gewissen Platonischen ähnlich waren, so konnte
sich wohl die eine oder andere derselben gleich anfangs oder
später unter die Platonischen verirren, und es mochte vielleicht

auch mit Absicht ein solches Verhältniss zu einem Betruge benutzt werden. Von dem Clitopho ferner ist es nicht unwahrscheinlich, dass derselbe, zur Platonischen Zeit von einem Gegner Plato's verfasst, hernach irrthümlicherweise unter die Schriften Plato's gerathen ist.

Machen wir von diesen Grundsätzen zunächst auf das Zeugniss des Aristophanes Anwendung, so finden wir besonders die Echtheit der Apolog. durch dasselbe zu vollerer Sicherheit erhoben. Dass Aristoteles, wo er das Argument des Sokrates gegen Meletus erwähnt, sich dabei auf den Bericht in dieser Apol. stütze und in diesem Sinne implicite sich auf dieselbe mitbeziehe, ist sehr wahrscheinlich. Dass er diese Schrift als eine Platonische angesehen habe, lässt sich aus den betreffenden Stellen allein nicht erschliessen, so sehr auch innere Gründe auf Plato als den Verfasser hinweisen mögen. Combiniren wir aber das Zeugniss des Aristophanes für Plato mit der aus jenen Stellen sich ergebenden Wahrscheinlichkeit, dass die Apol. bereits dem Aristoteles vorlag, so können wir kaum an der Autorschaft des Plato zweifeln. Bei dem Cratylus wird das Aristophanische Zeugniss kaum irgendwie durch Aristotelische Stellen verstärkt. Bei den drei Dialogen: Theaet., Soph., Polit. ergab sich uns oben eine sehr hohe Wahrscheinlichkeit, dass Aristoteles auf sie Bezug nehme, und zwar an Stellen, wo er Plato nennt oder doch der Zusammenhang die Beziehung auf Plato (zum mindesten entweder auf Plato oder auf Platoniker) fordert; sofern bei dem Soph. und Pol. noch ein Zweifel blieb, konnte dieser nur darauf gehen, ob Aristoteles überhaupt eine Schrift und nicht vielmehr (da er Praeterita gebraucht) mündliche Aeusserungen Plato's in seiner Schule meine. Die Wahrscheinlichkeit, dass in der That wenigstens eine Mitbeziehung auf die uns erhaltenen Schriften stattfinde, gewinnt durch das hinzutretende Zeugniss des Aristophanes für deren Echtheit noch einen nicht unbeträchtlichen Zuwachs. Den Phaedo nennt Aristoteles, ohne ihn ausdrücklich dem Plato zuzuschreiben; aber der Zusammenhang weist doch, wie sich uns oben gezeigt hat, so entschieden auf Plato, dass es der Bestätigung kaum noch bedarf, die in dem Zeugniss des Aristophanes liegt. Für die drei umfangreichsten Schriften: Rep., Tim., Leges ist vollends das Zeugniss des Aristoteles, das zugleich diese Schriften unter ihrem Titel und Plato als ihren Verfasser nennt, ein so bestimmtes, dass wir zu seiner Deutung keiner Hilfe durch spätere Zeugnisse bedürfen, während zugleich, wenn seine Giltigkeit (etwa hinsichtlich der Leges) begründeten Zweifeln unterliegen sollte, diese durch Bernfung auf den Zutritt späterer Zeugen nicht gehoben oder auch nur gemindert werden könnten.

Nach chronologischer Folge ist das nächste Zeugniss das des Panaetius bei Diog. L. II, 64: πάντων μέντοι τῶν Σωκρατικῶν διαλόγων Παναίτιος ἀληθεῖς εἶναι λέγει τοὺς Πλάτωνος, Ξενοφῶντος, Ἀντισθένους, Αἰσχίνου· διστάζει δὲ περὶ τῶν Φαίδωνος καὶ Εὐκλείδου· τοὺς δ' ἄλλους ἀναιρεῖ πάντας. Höchst wahrscheinlich hat Panätius nur sagen wollen, dass bloss von den erstgenannten Sokratikern echte Dialoge existirten, und nicht, dass alle damals existirenden Dialoge, die ihren Namen an der Spitze trugen, echt seien; vielleicht hatte er bestimmte Verzeichnisse im Auge, vgl. Diog. L. II, 85. Die Aussage ist übrigens zu allgemein gehalten, als dass wir für unsere Untersuchung Gewinn daraus schöpfen könnten. Ob die Athetese des Phaedo durch Panaetius (Anthol. IX, 358) den Sinn habe, dass dieser Dialog nicht von Plato verfasst worden sei, oder den, dass die Lehre, die derselbe enthalte, nicht eine echt Sokratische sei (wie Socher, S. 25, annimmt), oder vielleicht nur den, dass diese Lehre philosophisch nicht echt, d. h. nicht richtig und haltbar sei (wie sich nach Cic. Tusc. I, 32 vermuthen liesse), oder ob die ganze Nachricht falsch und etwa aus einem Missverständnisse jener Stelle bei Cicero geflossen sei, ist ungewiss; der Platonische Ursprung des Phaedo aber ist jedenfalls schon durch die Aristotelischen Citate hinreichend gesichert.

Ebensowenig, wie jene Mittheilungen über Aussagen des Panaetius, gewähren uns einen beträchtlichen Gewinn die Zeugnisse Späterer, wie namentlich des Cicero, Dionysius von Halikarnassus und Plutarch, welche meist auf Dialoge gehen, wie Phaedo, Phaedrus etc., für die es neben den vollgenügenden älteren Zeugnissen neuer Beglaubigung nicht bedarf, und sofern sie andere Dialoge betreffen, für sich allein doch keine genügende Sicherheit zu gewähren vermögen. In gleichem Sinne gehen wir rasch vorüber an manchen vereinzelten, oft sehr anekdotenhaften Erzählungen, die zum Theil nicht ohne innere Wahrscheinlichkeit, aber sämmtlich zu ungenügend verbürgt sind, als dass Schlüsse, welche die Echtheit (oder auch die Zeitfolge) betreffen, mit Zuversicht darauf gebaut werden dürften. Hierher gehört die Erzählung des Themistius (Orat. XXIII, p. 356 sq. Dind.), wornach Zeno, der Stifter des Stoicismns, durch die Lectüre der Apol. für die Philosophie der Sokratiker gewonnen worden sein soll; ferner die Stellen: Dionys. Hal. de vi Demosth. c. 23 in Betreff der Apol. und des Menex.; Athen. XI, 113 in Betreff des Gorgias; Plut. vit. Sol. c. 32 in Betreff des Critias, Diog. L. III, 35 in Betreff des Lysis; ib. III, 37 nach Phavorinus in Betreff des Phaedo, und andere, die zum Theil unten (bei der Untersuchung über die Zeitfolge) näher zu erörtern sind.

Wichtiger ist der Bericht des Diog. Laërt. III, 56 ff. über die von Thrasyllus für echt gehaltenen Dialoge und über dessen Anordnung derselben in Tetralogien:

    I. Euthyphro, Apol., Crito, Phaedo;
    II. Cratyl., Theaet., Soph., Polit.;
    III. Parm., Phileb., Conviv., Phaedrus;
    IV. Alcib. I. und II., Hipparch., Anterast.;
    V. Theag., Charm., Lach., Lysis;
    VI. Euthydem.; Protag., Gorg., Meno;
    VII. Hippias maj. et min., Io, Menex.,
    VIII. Clitopho, Rep., Tim., Critias;
    IX. Minos, Leges, Epinom., Epist.

An der Echtheit der Anterasten bat Thrasyllus nach Diog. L. IX, 37 einen Zweifel ausgesprochen, vielleicht jedoch nicht in dem Sinn eigener Ungewissheit, da er mit Bestimmtheit die 9 Tetralogien aufstellt und in der Zahl 36 (wie auch bei Zerlegung der Rep. in 10 und der Leges in 12 Bücher in der Zahl 56) ein heiliges Mysterium findet (s. Hermann im Göttinger Winterkatalog 1852—53, S. 18; Suckow a. a. O. S. 174), welches ja durch Auswerfung der Anter. zerstört werden würde; er hat also wohl nur dem Zweifel (oder auch dem Verwerfungsurtheil) Anderer die Form seines Ausdrucks accommodirt.

Dass Thrasyllus an das Verzeichniss der Alexandrinischen Bibliothek sich angeschlossen habe, ist (mit Suckow S. 175 f.) als sehr wahrscheinlich anzunehmen; ob aber in der Weise, dass er alle dort zu seiner Zeit vorhandenen Dialoge für echt gehalten und seinen 9 Tetralogien eingereiht habe, lässt sich bezweifeln. Suckow's Argumentation (S. 173 ff.) überzeugt nicht. Dass Thrasyll, wenn er aus einer grösseren Zahl von Dialogen die Gesammtheit der nach seiner Meinung echten heraushob, nicht hätte sagen können: εἰσὶ τοίνυν οἱ πάντες αὐτῷ γνήσιοι διάλογοι ἓξ καὶ πεντήκοντα (D. L. III, 57), sondern hätte sagen müssen: πάντες οἱ γνήσιοι αὐτοῦ διάλογοι, ist eine willkürliche Behauptung; dass Thrasyll keine gründlichen historisch-kritischen Forschungen angestellt habe, ist freilich nur allzugewiss, beweist aber nicht, dass er nicht in seiner Weise auch eine Auswahl getroffen haben könne, vielleicht im Anschluss an kritische Bemerkungen in den Katalogen der Alexandrinischen Bibliothek; dass er Zahlenmystik trieb, musste subjective Willkür in der Kritik eher begünstigen, als ausschliessen, sofern er doch vielleicht mit der Gewaltsamkeit, die er sich in der Art der Zählung erlaubte, nicht ganz zur Herstellung der heiligen Zahlen ausreichte (zumal wenn er etwa die bestimmte Eintheilung der Rep. in 10 oder doch die der Leges in 12 Bücher schon als etwas Gegebenes vorgefunden haben sollte, vergl. Suidas s. v. Φιλόσοφος); dass Thrasyllus aber aus Scheu vor dem Vorwurf, seine Auswahl der heiligen Zahl zu Liebe getroffen zu haben, ganz auf eine Auswahl verzichtet habe ist unerweisbar, weil ein Mann, welcher der Zahlenmystik als ein gläubiger Anhänger ergeben war, jener Scheu zwar in gewissem Masse unterliegen mochte, aber doch wohl auch den falschen Glaubensmuth besass, nöthigenfalls solchen Anschuldigungen seitens ungeweihter Kritiker um der vermeintlichen Heiligkeit seiner Sache willen Trotz zu bieten. Auch ist nicht wahrscheinlich, dass das Verzeichniss, welches Thrasyllus vorfinden mochte, noch völlig mit demjenigen übereinstimmte, an welches Aristophanes sich gehalten hatte; es hatten seitdem doch wohl noch andere Dialoge, sei es als echte oder als zweifelhafte, Aufnahme gefunden, da einige von den vorhandenen wohl eine spätere Entstehungszeit verrathen.

Sofern das Zeugniss des Thrasyllus für den Platonischen Ursprung solche Dialoge betrifft, die nachweisbar schon dem Aristoteles vorlagen, so findet es, falls diese von Aristoteles auch als Platonische bezeugt werden, an eben diesem Zeugniss seine kräftigste Stütze; falls aber dieselben von Aristoteles nicht bestimmt als Werke Plato's bezeichnet werden, so gewinnt es, den

obigen Erörterungen zufolge, die Bedeutung einer wesentlichen
Ergänzung des Aristotelischen Citats. Sofern es aber andere
Dialoge betrifft, deren Vorhandensein zur Zeit des Aristoteles
oder überhaupt vor der Gründung der Bibliotheken zu Pergamus
und Alexandria sich nicht nachweisen lässt, so ist es an und für
sich durchaus ohne gesicherte Glaubwürdigkeit und bedarf der
Stütze durch innere Gründe, um auch nur eine überwiegende
Wahrscheinlichkeit für die Echtheit solcher Schriften zu begründen. Bei den Dialogen Rep., Tim., Leges, welche Aristoteles
unter ihrem Titel als Schriften Plato's anführt, ist das Zeugniss
des Thrasyllus durchaus glaubwürdig, aber entbehrlich, da es
dem Aristotelischen kein Gewicht zulegen kann. Fast das Gleiche
gilt bei Phaedo und Phaedrus, die von Aristoteles zwar nicht
mit Nennung Plato's, aber doch so, dass der Zusammenhang ganz
unverkennbar auf diesen hinweist, angeführt werden. Bereits eine
grössere Bedeutung hat es bei den übrigen Dialogen, die Aristoteles unter ihrem Titel anführt, ohne Plato als den Verfasser zu
nennen, dem Conviv., Meno, Gorgias und Hippias minor;
wie es mit dem Menexenus stehe, bleibt zweifelhaft. Von denjenigen Dialogen, auf welche Aristoteles, ohne sie zu nennen, doch höchst
wahrscheinlich Bezug nimmt, sind Theaet., Soph., Pol und
Apologia auch schon durch Aristophanes von Byzanz bezeugt;
das Thrasyllische Zeugniss für den Platonischen Ursprung des
Phileb., auf den gleichfalls Aristoteles ohne Nennung des Plato
und des Titels der Schrift anspielt, dient den inneren Gründen,
die auf Plato als den Verfasser hinweisen, zur Bekräftigung;
das Gleiche gilt auch bei den Dialogen Lysis, Laches, Protagoras, Euthydemus und etwa noch bei dem (auch schon durch
Aristophanes bezeugten) Cratylus, so zwar, dass das Thrasyllische Zeugniss zur Sicherung des Platonischen Ursprungs noth-
wendiger und in diesem Sinne werthvoller in dem Masse wird,
wie die Bezugnahme des Aristoteles auf Plato ungewisser ist;
dass es aber auch unzuverlässiger in dem Masse wird, wie die
Bezugnahme des Aristoteles auf eine bestimmte Schrift ungewisser
ist. Bei allen übrigen Schriften hat das Thrasyllische Zeugniss
nur die Bedeutung, uns zu einer Prüfung der Echtheit nach inneren Gründen aufzufordern.

An die Mittheilung der Thrasyllischen Anordnung schliesst
sich bei Diog. L. (III, 62) die Angabe der ὁμολογουμένως

unechten Dialoge an, die natürlich alle in dem Verzeichniss des
Thrasyllus fehlen, welches nur auf die von ihm für echt gehaltenen Dialoge geht. Ob jene alle erst nach der Zeit des Thrasyllus
entstanden sind, oder ob sie zu seiner Zeit wenigstens theilweise
auf den Bibliotheken schon vorhanden, aber mit der Bemerkung
versehen waren, dass sie unecht seien, lässt sich wohl kaum mit
Sicherheit ausmachen. Wahrscheinlich ist allerdings, dass das
allgemeine Verwerfungsurtheil nicht sowohl auf inneren Gründen,
als vielmehr auf äusseren Kriterien beruhte, und dass das ent-
scheidendste derselben in dem späten Auftauchen dieser Dialoge
nach völligem Abschluss der Verzeichnisse der echten Schriften
alter Autoren auf den Bibliotheken gefunden wurde. Aber das
kann wohl schon vor der Zeit des Thrasyll geschehen sein. Später wurde offenbar das Thrasyll'sche Verzeichniss selbst zur gel-
tendsten Autorität. Dass das Verwerfungsurtheil begründet war,
lässt sich mit grosser Wahrscheinlichkeit zum Voraus annehmen,
falls wirklich jenes Kriterium (der späteren Zeit des Erscheinens)
angewandt wurde, und auch aus inneren Gründen ist die neuere
Kritik über die Unechtheit mindestens aller derjenigen von diesen
Dialogen, welche auf uns gekommen sind, einverstanden. Ob
auf Phavorinus die ganze Notiz bei Diog. L. a. a. O. oder die
nach allgemeiner Annahme unechten Schriften oder (was nach
der Construction des Satzes wahrscheinlicher ist) nur die specielle Aussage über einen gewissen Leo als den Verfasser des
Dialogs Alcyo zurückgebe, darf hier dahingestellt bleiben.

Noch ist ein Zeugniss bei **Diog. L.** (III, 37) zu erwähnen,
welches derselbe nicht auf bestimmte Bürgen zurückführt: ἔνιοί
τέ φασιν ὅτι Φίλιππος ὁ Ὀπούντιος τοὺς Νόμους αὐτοῦ
μετέγραψεν ὄντας ἐν κηρῷ. τούτου δὲ καὶ τὴν Ἐπινομίδα φασὶν
εἶναι. Was den ersten Theil dieses Zeugnisses betrifft, die Ueber-
arbeitung und Herausgabe des nachgelassenen Platonischen Ma-
nuscriptes der Leges durch Philipp den Opuntier (den Diog. L.
auch III, 46 unter Plato's Schülern anführt), so liegt wenigstens
kein Gegenzeugniss vor, und wir werden der an sich nicht un-
wahrscheinlichen Angabe vertrauen dürfen, sofern innere Gründe
sie irgendwie bestätigen, zumal da sie und das Aristotelische
Zeugniss für die Echtheit der Leges einander gegenseitig unterstützen. Denn aus der Bezugnahme des Aristoteles auf die Leges

folgt mindestens das Vorhandensein derselben zu seiner Zeit, so
dass sie nothwendig entweder das Werk Plato's oder eines seiner
Zeitgenossen sein müssen; Aristoteles sagt auch (Pol. II, 6), die
Leges seien später geschrieben, als die Rep., was gleichfalls zu
der Nachricht von der Herausgabe aus dem Nachlass sehr wohl
stimmt. Nun ist zwar nicht schlechthin unmöglich, aber doch im
höchsten Grade unwahrscheinlich, dass Philippus ein eigenes Werk
als vorgeblich in Plato's Nachlass gefunden diesem untergeschoben,
und damit die anderen Platoniker und sogar auch den Arist. getäuscht habe. Es ist anzunehmen, dass die Schüler wussten, Plato
habe sich in seinen letzten Lebensjahren mit einem solchen Werke
beschäftigt. Vgl. Steinhart, Plat. Werke, Bd. VII, 1, S. 94 und
96. Hinsichtlich der Epinomis hält das Zeugniss für Philippus dem
Thrasyll'schen für Plato die Wage; welches von beiden glaub-
hafter sei, ist nach inneren Gründen zu entscheiden. (Doch sei hier
(nach Zeller) noch nachträglich bemerkt, dass dabei auch die
Stelle Arist. Pol. II, 6, 1265 B, 18 in Betracht zu ziehen ist.)

Suidas sagt s. v. φιλόσοφος (wo jedoch nach Boeckh
wahrscheinlich Φίλιππος ausgefallen ist, indem die Gleichheit
der Anfangsbuchstaben zum Uebersehen des einen Wortes Anlass gab; eine andere Vermuthung stellt Hermann, Pl. Ph.,
S. 589 und 660 auf): Φιλόσοφος, ὅς τοὺς Πλάτωνος Νόμους
διεῖλεν εἰς βιβλία ιβ΄. τὸ γὰρ ιγ΄ αὐτὸς προςθεῖναι λέγεται. καὶ
ἦν Σωκράτους καὶ αὐτοῦ Πλάτωνος ἀκουστής, σχολάσας τοῖς
μετεώροις. Dass bereits Philippus der Opuntier die Leges in 12
Bücher eingetheilt habe, ist wohl möglich, aber durch das auf keinen
Bürgen zurückgeführte Zeugniss des Suidas nicht genügend constatirt.

Als Resultat der bisherigen Erörterungen ergibt
sich, dass, sofern Zeugnisse entscheiden können, folgende Schriften
mit zureichender Gewissheit für Werke Plato's zu
halten sind:

Rep., Tim. und Leges auf Grund ausdrücklicher Zeug-
nisse des Aristoteles unter Nennung Plato's und der Schrift, in
Uebereinstimmung mit den Zeugnissen Späterer, namentlich des
Aristophanes und Thrasyllus, ohne dass irgend welche Gegen-
zeugnisse vorliegen; nur wird durch das Zeugniss „Einiger" bei
Diog. L. im Verein mit der Notiz bei Suidas die Redaction der
Leges einem Schüler Plato's, Philipp dem Opuntier, zugespro-

chen; — es mag hierbei die Thatsache miterwähnt sein, dass die
Echtheit der Leges in der neueren Zeit aus inneren Gründen bezweifelt worden ist, obschon das Eingehen auf diese Gründe selbst
vorläufig abgewiesen werden muss;

Phaedo, Phaedrus, Symposium auf Grund fast eben
so unzweifelhaft vorliegender Zeugnisse des Aristoteles mit Bezeichnung des Dialogs (Phaedo, Phaedrus und ἐρωτικοὶ λόγοι)
ohne Nennung Plato's, aber mit unverkennbarer Beziehung auf
denselben, im Verein mit späteren Zeugnissen (nämlich für Phaedo
des Aristophanes und Thrasyllus und Anderer, für Phaedr. und
Sympos. des Thrasyllus und Anderer);

Meno, Gorgias, Hippias (minor) auf Grund des aus-
drücklichen Zeugnisses des Aristoteles für ihr Vorhandensein unter
Anführung ihres Titels, obgleich ohne Nennung Plato's als des
Verfassers, im Verein mit dem Zeugniss des Thrasyllus, und für
Gorgias auch des Athenäus etc.; auch der Menexenus würde
hierher gehören, wenn nicht den inneren Gründen gegen die
Echtheit desselben durch die Anführung eines Μενέξενος unter
den von Diog. L. für echt gehaltenen Schriften des Sokratikers
Glauko eine gewisse Unterstützung zu Theil würde;

Theaet. und Philebus auf Grund fast völlig gewisser
Beziehungen des Aristoteles auf Stellen aus denselben unter
Nennung Plato's, aber ohne den Titel des Dialogs, im Verein mit
den Zeugnissen Späterer (und zwar für Theaet. des Aristophanes
und des Thrasyllus, für Phileb. des Letzteren allein);

Soph. und Politicus auf Grund sehr wahrscheinlicher
Beziehungen oder doch Mitbeziehungen des Aristoteles auf Stellen
derselben ohne Nennung des Titels der Schrift (wahrscheinlich
aber in dem Citat der γεγραμμέναι διαιρέσεις unter Bezeichnung
eines Abschnittes des Polit.) mit Nennung oder doch deutlicher
Bezeichnung Plato's, im Verein mit dem Zeugniss des Aristophanes und des Thrasyllus;

Apolog. auf Grund höchst wahrscheinlicher Mitbeziehung des
Aristoteles auf Stellen derselben, obschon ohne Nennung Plato's und
des Titels der Schrift, im Verein mit den Zeugnissen des Aristophanes und des Thrasyllus, sowie auch des Dionys. Hal. und der oben
angeführten Erzählung des Themistius von Zeno dem Stoiker.

Eine vorwiegende Wahrscheinlichkeit der Echtheit haben zufolge der äusseren Zeugnisse noch folgende Dialoge, bei denen es aber doch schon sehr der Unterstützung des Beweises durch innere Gründe bedarf: Lysis, Laches, Euthydemus, Protagoras (und etwa noch Cratylus) auf Grund nicht unwahrscheinlicher Beziehungen oder Mitbeziehungen des Aristoteles auf dieselben, wiewohl ohne Nennung Plato's und des Dialogs, im Verein mit dem Zeugniss des Thrasyllus, und bei dem Cratylus auch schon des Aristophanes, ferner bei dem Lysis der von Diog. L. III, 35 erzählten Anekdote etc.

Durch Aristophanes und zugleich durch Thrasyllus, zum Theil auch durch Andere, sind noch bezeugt, aber ohne dass dieses Zeugniss für sich allein, sofern nicht innere Gründe hinzutreten, die Echtheit zu erweisen oder auch nur eine bedeutende Wahrscheinlichkeit zu begründen vermag: Critias, Minos, Epinomis, Euthyphro, Crito, Epistolae (bei den Briefen fragt es sich jedoch, wie viele und welche dem Aristophanes vorlagen).

Die übrigen als echt überlieferten Schriften: Parmenides, Alcib. I. und II., Hipparchus, Anterastae, Theages, Charmides, Hippias major, Io, Clitopho, sind nur durch Thrasyllus und daneben durch noch Spätere, also überhaupt auf eine völlig unzureichende Weise bezeugt, und darunter die Anterastae nicht ohne einen durch Thrasyllus selbst überlieferten Zweifel; der Echtheit des Hippias major aber widerstreitet die Weise, wie Aristoteles dem Hippias, welcher der minor ist, offenbar als den einzigen, den er kannte, citirt, und ebenso widerstreiten die Aristotelischen Aeusserungen der Voraussetzung des Platonischen Ursprungs des Parmenides.

Die noch übrigen Schriften, welche an Plato's Namen geknüpft sind, hat schon das Alterthum als unecht bezeichnet.

———

Um nun nach Möglichkeit die Zeitfolge dieser Dialoge und wenigstens von einzelnen auch die Entstehungszeit selbst zu bestimmen, halten wir uns zunächst an äussere Kriterien, nämlich an glaubhafte Zeugnisse über die Schriften und an historische Data in ihnen selbst, darnach auch an innere

Beziehungen, die zwischen ihnen sich ermitteln lassen. Wenn hinsichtlich der unzweifelhaft oder sehr wahrscheinlich echten Dialoge ein bestimmtes Resultat gewonnen worden ist, so wird dieses dann auch als Fundament für Untersuchungen über die Echtheit und Zeitfolge der zweifelhaften Schriften dienen können; doch liegen die Untersuchungen dieser letzteren Art bereits jenseits der Grenzen unserer gegenwärtigen Aufgabe.

Unter den äusseren Zeugnissen kommen wieder vornehmlich die Aristotelischen in Betracht. Directe Zeugnisse des Aristoteles über die Reihenfolge Platonischer Schriften gibt es freilich keine ausser dem einzigen, dass die Leges später als die Rep. geschrieben seien. Pol. II, 6, 1264 B, 26: σχεδὸν δὲ παραπλησίως καὶ περὶ τοὺς Νόμους ἔχει τοὺς ὕστερον γραφέντας. Vorangegangen war die Kritik der Rep. Aber wir besitzen um so werthvollere Zeugnisse über die Genesis der Lehren Plato's und besonders über die Wandelungen der Ideenlehre, ferner Andeutungen über manche in der Akademie verhandelte Probleme, woraus sich über die Zeitfolge der Platonischen Schriften weit Mehreres mit ziemlich hoher Wahrscheinlichkeit entnehmen lässt, als von den bisherigen Forschern geschehen ist.

Aristoteles sagt Metaph. XIII, 4, 1078 B, 12: συνέβη δ' ἡ περὶ τῶν εἰδῶν δόξα τοῖς εἰκοῦσι διὰ τὸ πεισθῆναι περὶ τῆς ἀληθείας τοῖς Ἡρακλειτείοις λόγοις ὡς πάντων τῶν αἰσθητῶν ἀεὶ ῥεόντων, ὥστ' εἴπερ ἐπιστήμη τινὸς ἔσται καὶ φρόνησις, ἑτέρας δεῖν τινὰς φύσεις εἶναι παρὰ τὰς αἰσθητὰς μενούσας· οὐ γὰρ εἶναι τῶν ῥεόντων ἐπιστήμην. Σωκράτους δὲ περὶ τὰς ἠθικὰς ἀρετὰς πραγματευομένου καὶ περὶ τούτων ὁρίζεσθαι καθόλου ζητοῦντος πρώτου, ... ἐκεῖνος εὐλόγως ἐζήτει τὸ τί ἐστιν. συλλογίζεσθαι γὰρ ἐζήτει, ἀρχὴ δὲ τῶν συλλογισμῶν τὸ τί ἐστιν. ... δύο γάρ ἐστιν ἅ τις ἂν ἀποδοίη Σωκράτει δικαίως, τούς τ' ἐπακτικοὺς λόγους καὶ τὸ ὁρίζεσθαι καθόλου· ταῦτα γάρ ἐστιν ἄμφω περὶ ἀρχὴν ἐπιστήμης. ἀλλ' ὁ μὲν Σωκράτης τὰ καθόλου οὐ χωριστὰ ἐποίει οὐδὲ τοὺς ὁρισμούς· οἱ δ' ἐχώρισαν, καὶ τὰ τοιαῦτα τῶν ὄντων ἰδέας προσηγόρευσαν. (Vgl. Met. I, 6, 987 A, 32.) Die Ideenlehre, wie sie hiernach als bedingt durch die Heraklitische und Sokratische Lehre zuerst in Plato's Geiste erwachsen ist, war noch frei von jeder Verschmelzung mit Pythagoreischer Zahlenmystik; erst später ist, wie Aristoteles Met. XIII, 4 in den der angeführten Stelle unmittelbar vorangehenden Worten ausdrücklich bezeugt, die Verflechtung der Ideologie mit der Zahlentheorie hinzugetreten. Es erneuern sich nun die beiden bereits oben (gegen den Schluss des ersten Theils, S. 85 ff.) aufgeworfenen Fragen, ob der (frühere) Fortgang Plato's vom Begriff zur Idee, und ob der (spätere) von der Idee zur Zahl in der Zeitfolge seiner Schriften sich kund gebe. Die erste dieser Fragen ist dort im Allgemeinen bejahend entschieden worden, und wir müssen uns auch hier auf diese allgemeine Antwort beschränken, ohne noch die Zeitstelle der einzelnen Dialoge, die den allmählichen Fortschritt vom Begriff zur Idee bekunden, näher bestimmen zu können. Die andere Frage aber lässt sich hier zu einer volleren Lösung bringen.

Mit der Reduction der Ideenlehre auf die Zahlenlehre stand nämlich bei Plato nach dem Zeugniss des Aristoteles (Met. I, 6; XIV, 1 ff.) die Ableitung der Ideen aus gewissen στοιχεῖα, dem ἓν und dem μέγα καὶ μικρόν, in Verbindung; das ἓν habe Plato als οὐσία oder μορφή, und das μέγα καὶ μικρόν als ὕλη der Ideen gesetzt. Neben den Ideen und in realem Getrenntsein von denselben liess Plato nach Aristoteles theils das Mathematische, theils die sinnlichen Dinge existiren; auch in einer jeden dieser Gattungen unterschied er eine οὐσία oder μορφή, und eine ὕλη oder ein ἐκμαγεῖον. Dass die Ableitung der Ideen aus jenen στοιχεῖα durch ihre Reduction auf Zahlen bedingt war, geht deutlich aus den im Uebrigen mit einiger Unklarheit behafteten Worten des Aristoteles Metaph. I, 6, 987 B, 33 hervor: τὸ δὲ δυάδα ποιῆσαι τὴν ἑτέραν φύσιν (ἐγένετο) διὰ τὸ τοὺς ἀριθμοὺς ἔξω τῶν πρώτων εὐφυῶς ἐξ αὐτῆς γεννᾶσθαι, ὥσπερ ἔκ τινος ἐκμαγείου, d. h.: dass Plato das zweite στοιχεῖον nicht einfach, wie die Pythagoreer, nur als ἄπειρον bezeichnete, sondern als eine Zweiheit, nämlich als das Grosse und das Kleine, geschah darum, weil die Zahlen sich naturgemäss aus dieser Zweiheit (in Verbindung mit dem einheitlichen Elemente) erzeugen liessen, freilich mit Ausnahme der Idealzahlen (ἔξω τῶν πρώτων); diese letzteren nicht ganz klaren Worte werden jedoch nicht so zu verstehen sein, als habe Plato die Idealzahlen nicht auch aus jenen Elementen ableiten wollen, denn diese Deutung würde den übrigen Angaben des Aristoteles durchaus widerstreiten, sondern nur so, dass die Naturgemässheit der Ableitung (das εὐφυῶς) hier nicht mehr, wie doch bei den mathematischen Zahlen, bestehe. Hiernach war die Lehre von den Elementen der Ideen, oder doch wenigstens diejenige bestimmte Form dieser Lehre, von welcher Aristoteles berichtet, an die Reduction der Ideen auf Zahlen gebunden. Demgemäss lässt auch Aristoteles Metaph. XIII, 4 ff., wo er nur die ursprüngliche Form der Ideenlehre in Betracht ziehen will, mit der Reduction auf die Zahlen zugleich die Ableitung der Ideen aus den Elementen (στοιχεῖα) noch unerwähnt. Wir müssen also auch die Unterscheidung von Elementen oder Principien (στοιχεῖα oder ἀρχαί) innerhalb der Ideenwelt als der späteren Form des Platonismus angehörig erkennen.

Nun gibt es gewisse Platonische Dialoge, in welchen zwar nicht ganz und gar eben die στοιχεῖα, die Aristoteles nennt, bereits erscheinen, aber doch die bestimmtesten Anklänge an die von ihm bezeugte Lehre gefunden werden. Diese Dialoge sind vornehmlich der Philebus und der Soph.; in gewisser Beziehung ist auch der Tim. denselben zuzurechnen. Wir müssen daher (worauf mich zuerst meine im Rhein. Museum, N. F., IX, 1853, S. 37 bis 84 veröffentlichten Untersuchungen „über die Platon. Weltseele" geführt haben) geneigt sein, eben diese Dialoge in Plato's späteste Lebenszeit zu setzen.

Von der Reduction der Ideen auf (Ideal-) Zahlen ist die Stellung der mathematischen Objecte zwischen die Ideen und die sinnlichen Dinge wohl zu unterscheiden. Diese finden wir bereits in der Rep., aber dort noch ohne jede Spur jener Reduction, so wie der mit der letzteren verknüpften Unterscheidung von Elementen innerhalb der Ideenwelt (wie auch innerhalb einer jeden der übrigen Gattungen des Existirenden). Die deutlichsten Anklänge an diese Reduction und an die Lehre von den στοιχεῖα, die Plato in seinen mündlichen Vorträgen entwickelt haben muss, zeigt der Philebus. In diesem Dialoge werden (p. 15 A, B) die Ideen ἑνάδες und μονάδες genannt; dann wird es (p. 16 C sqq.) als eine Gabe und Offenbarung der Götter an die Menschen, und ursprünglich an ein besseres Geschlecht der Vorzeit, verkündet, von denen es durch Tradition an die späteren Geschlechter gekommen sei, dass, da das Existirende (oder was doch stets dafür gehalten werde) aus dem Einen und Vielen zusammengeordnet sei, welche das πέρας und die ἀπειρία als eingewachsene Momente in sich tragen, auch wir demgemäss immer eine Idee in

Bezug auf das jedesmal Gegebene setzend forschen müssen, um
dieselbe dann wiederum in ihre Arten zu zerlegen und so die
bestimmte Zahl zwischen der Einheit der Idee und dem ἄπειρον
der unbestimmt vielen Einzelwesen aufzufinden; dann wird
(p. 23 C ff.) ganz in abstracter Form, womit aber eine Tendenz
zur Hypostasirung dieser Abstracta augenscheinlich verbunden
ist, zwischen dem πέρας, dem ἄπειρον, dem τρίτον ἐξ ἀμφοῖν
ξυμμισγόμενον und der αἰτία τῆς ξυμμίξεως unterschieden, und
das ἄπειρον (p. 24 A ff.) mit Ausdrücken wie μᾶλλον καὶ ἧττον
bezeichnet, die dem Terminus des Aristoteles in seinem Bericht
über Plato: τὸ μέγα καὶ τὸ μικρόν, ganz nahe verwandt sind.
Wir finden im Phileb. die Pythagoreische Anschauung wieder,
welche das Sinnliche der Herrschaft der Zahl unterwirft, die Zahl
selbst aber durch den Gegensatz des πέρας und ἄπειρον bedingt
sein lässt; nur fügt Plato die αἰτία hinzu, die unverkennbar die
Idee ist, auf welcher die jedesmalige Gliederung des Gegebenen
in eine bestimmte Zahl von Arten beruht. Dass die Idee selbst
mit dem ἄπειρον behaftet sei, wie Aristoteles Metaph. I, 6 als
Platonische Anschauung bezeugt, ist hier zwar nicht ausgesprochen, noch weniger eine Ableitung der Ideen oder irgend eines
anderen Gebietes aus einem πέρας und einem ἄπειρον, einer
οὐσία oder μορφή und einer ὕλη versucht. Dass aber dem Plato
auch diese letzteren Anschauungen nicht fern lagen, sehen wir
aus dem Soph., wo ταὐτόν und θάτερον eine ähnliche Rolle spielen, wie im Phileb. πέρας und ἄπειρον, und zwar dort in ausdrücklicher Beziehung auf die Ideen selbst. Die Reduction des
ἕτερον im Soph. auf das μὴ ὄν, welche mit der Aristotelischen
Reduction des Platonischen ἄπειρον auf das μὴ ὄν übereinkommt,
bildet für uns ein Mittelglied zur Verknüpfung der Constructionen
im Soph. und im Philebus. Im Tim. (p. 35 A) erscheinen als
Elemente der Weltseele ταὐτόν und θάτερον, τὸ ἀμερὲς und τὸ
μεριστόν, und aus der Mischung wird das dritte. Welches auch
das Verhältniss der verschiedenen Begriffe, die Plato dort gebraucht, zu einander sein mag, so leuchtet doch jedenfalls ein, dass
eine Construction von gleicher Art, wie sie sich im Soph. und
im Phileb. findet, im Tim. auf die Weltseele bezogen wird. Die
von Arist. sogenannte ὕλη, die im Tim. als δεξαμενή der Gestalten
erscheint, liefert die Basis für eine analoge Construction der Sinnenwelt aus der Mischung eines einheitlichen, bestimmenden oder

begrenzenden, und eines anderartigen, an sich der Grenze und
Bestimmtheit ermangelnden Elementes. Es sind demnach in den
angeführten Dialogen die Prämissen gegeben, aus denen die
Consequenzen sich ziehen lassen, welche nach dem Zeugniss des
Aristoteles von Plato und seinen Schülern in der Akademie gezogen worden sind, und zum Theil wird auch in jenen Dialogen
selbst bereits der Fortgang zu diesen Consequenzen vollzogen.

Diese Betrachtung hat die wesentliche Treue der Aristotelischen Berichte über die späteste Form der Platonischen Lehre
zur Voraussetzung. Sie behält nicht ihre volle Kraft, falls in
den Aussagen des Aristoteles tiefgreifende Missverständnisse,
Abweichungen von den Platonischen Gedanken, ja auch nur
Umsetzungen in die eigene, dem Plato fremde und fremdartige
Terminologie gefunden werden. Bekanntlich hat Zeller in seinen
„Platonischen Forschungen" (Tübingen 1839) die Zuverlässigkeit
der Aristotelischen Berichte negirt. Einzelne Ungenauigkeiten in
denselben sind jedenfalls zuzugeben; ob aber dieselben in Wesentlichem von der Platonischen Lehre ein falsches Bild geben, ist eine Frage, die sich nur schwer und nicht ohne eine sehr
eingehende Erörterung entscheiden lässt. An dieser Stelle würde
eine irgendwie vollständige Behandlung derselben jedenfalls zu
weit führen. Die Entscheidung ist durch die Gesammtanschauung
bedingt, die wir uns von dem System Plato's bilden. Aristoteles
schreibt seinem Lehrer auf's entschiedenste die Annahme der Transscendenz der Ideen zu. Wer dafür hält, Plato's wahre Meinung
gehe auf die Immanenz, sei es der Ideen in den sinnlichen Dingen, oder (wohin mehrere der neueren Forscher neigen) der sinnlichen Dinge in den Ideen, der muss eine Menge von Aussprüchen
Plato's in seinen Schriften, die das Gegentheil besagen, als mythisch gemeint auffassen, auch wenn der Ausdruck Plato's ganz
dogmatisch lautet, und dem Aristoteles, der dieselben nach ihrem
Wortsinn als Philosopheme versteht, durchgängiges Missverständniss schuld geben. Wer im Gegentheil in der Platonischen
Philosophie ein System der Transscendenz erkennt, wird die
Berichte des Aristoteles im Wesentlichen zutreffend finden. Die
Einwürfe, welche gegen Annahmen, die auf der letzteren Ansicht
beruhen, von Zeller (a. a. O. und in dem II. Bde. der „Ph. d. Gr.")
und von Susemihl (in der zweiten Hälfte des II. Theils seiner
„genet. Entw. der Plat. Philos.") zum Theil mit Rücksicht auf

meine oben angeführte Abhandlung „über die Platonische Weltseele" gerichtet worden sind, erfordern eine genauere Erwägung,
die einer schicklicheren Gelegenheit vorbehalten bleiben muss.
Auch wenn Aristoteles den Plato in wesentlichen Beziehungen
missverstanden hätte, so würde doch immer noch mit einer gewissen Wahrscheinlichkeit anzunehmen sein, dass diejenigen Dialoge, welche die bestimmtesten Anklänge an Gedanken und Ausdrucksweisen enthalten, die Aristoteles (sei es auch durch eine
Art von optischer Täuschung) in Plato's mündlichen Vorträgen
gefunden hat, zu den spätesten gehören.

Nun aber erlangt diese Argumentation noch eine zweifache
kräftige Stütze theils durch die Form mancher Aristotelischen
Citate, theils durch gewisse Eigenthümlichkeiten jener Platonischen Schriften.

Die Aristotelischen Stellen, welche an den Soph. (und ebenso
die, welche an den Pol.) erinnern, erscheinen fast durchgängig
mit Präteritis (*Πλάτων ἔταξεν, εἴρηκε φήσας* etc.), deuten also
nach dem früher Bemerkten (s. oben S. 140 bis 142) auf
mündliche Aeusserungen Plato's hin. Wir müssen hiernach annehmen, dass die Themata des Soph. und des Pol. auch Themata für Schulverhandlungen gewesen sind, und dass Plato die
darüber im mündlichen Verkehr geführten Untersuchungen nachher irgend einmal auch durch die Schrift fixirt habe, den
im Phaedrus ausgesprochenen Grundsätzen gemäss. Eine frühe
Aufzeichnung und Veröffentlichung wäre zweckwidrig gewesen.

Die Form, in welcher der Soph., Pol. und Phileb. verfasst
sind, dient dieser Annahme zur vollsten Bestätigung. In allen
diesen Dialogen trägt der Leiter des Gesprächs, mag er nun noch
Sokrates genannt werden oder nicht mehr, eine Fülle philosophischer Gedanken in sich, und das Frage- und Antwort-Spiel ist
fast nur eine durchsichtige Hülle der Mittheilung fertiger Constructionen, im Soph. (und auch im Pol.) noch viel mehr, als
im Philebus. Die Mitunterredner sind grösstentheils Jünglinge,
die vor der tiefen Einsicht und Wissenschaft des Leiters einen
längst eingewurzelten Respect hegen, sich ihm auch willig unter-
ordnen, und gern in seinem Sinne antworten, sofern es ihnen nur
nicht zu schwer wird und er sie nicht allzulange mit Abstractionen quält, die sie übrigens keineswegs verachten, sondern nur
gern ein wenig erleichtert sehen (denn es gilt von ihnen in diesem

Sinne: ihr Geist ist willig, aber das Fleisch ist schwach); um
ihn dazu zu bestimmen, erheben sie sich auch mitunter zu
einer doch etwas schülermässigen Freimüthigkeit, und zu scherz-
haften Drohungen, die jedoch auf dem festen Grunde gesicherter
Liebe und Achtung ruhen und die sich daher der Alte auch
wohl gefallen lässt; er schilt mitunter halb im Ernst, halb
im Scherz die guten Knaben, bald wegen ihrer Klagen über
das lange Ausspinnen gewisser Untersuchungen, die nur formalen Werth haben, indem er die Bedeutung der logischen
Form ihnen vorhält, bald wegen ihrer jugendlichen Schwärmerei
und ihres muthwilligen Spiels mit der kaum gewonnenen dialektischen Einsicht und Fertigkeit; aber er gibt ihnen auch wieder
nach, begütigt sie, schlägt einen leichteren Weg ein, lässt sie zur
Abwechselung vor der Beendigung der logischen Untersuchungen
etwas von den saftigeren ethischen Problemen kosten, oder erzählt gar auch einmal den lieben Mitforschern, die doch zum Theil
eben erst die Knabenjahre überschritten haben, ein hübsches Ge-
schichtchen, freilich von philosophischem Gehalt, aber zunächst
in der Absicht, sie wie auf einer lieblichen Oase ausruhen und
zum fernern Marsch durch die logische Oede sich stärken zu lassen.
Wir haben die Züge zusammengefasst, die im Phileb., Soph. und
Polit. sich finden, und glauben hierzu berechtigt zu sein wegen
der wesentlichen Gleichartigkeit der Form in diesen Dialogen, nur
dass der Phileb., wie es seinem ethischen Thema entspricht, der
ursprünglichen Sokratischen Weise immer noch noch näher steht.
In solcher Weise schreibt nicht ein Mann (wie etwa Plato in der
sogenannten Megarischen Periode), der nur für sich in einsamer
Forschung oder im Verein mit gleichalterigen oder älteren Freunden
die Wahrheit sucht; sondern so verkehrt der ältere Lehrer, der
geehrte Greis mit den jüngeren Schülern, und so schreibt nur,
wer sich vorgesetzt hat, in der Schrift die mündlichen Verhandlungen im Wesentlichen getreu, obschon nicht ohne eine gewisse
poëtische Freiheit, wiederzugeben. Nachbildungen der Weise des
historischen Sokrates sind diese Dialoge gewiss nicht; — so
wenig, dass Plato nicht einmal mehr durchweg den Sokrates Gesprächsleiter bleiben lässt; — wir werden hier vielmehr durchaus
auf die eigene Weise des Plato im Verkehr mit seinen Schülern
hingewiesen. Ist uns ja doch auch der „jüngere Sokrates” historisch als einer der Genossen der Akademie bekannt (Arist.

Metaph. VII, 11, 1036 B, 25, eine Stelle, auf welche wir unten
bei der Specialuntersuchung über den Theaet. und die mit demselben verknüpften Dialoge zurückkommen werden). Diesem offenbaren Sachverhalte gegenüber wird die Annahme unmöglich, dass
Plato vor der Gründung seiner Schule in der „Megarischen Periode" den Soph. und Pol. verfasst habe. Auch eine Entstehung
dieser Dialoge in der nächsten Zeit nach der Gründung der Schule
kann schon nach den bisherigen Erörterungen nur für sehr unwahrscheinlich gelten; Inhalt und Form weisen im Verein auf
Plato's späteste Lebenszeit. Die genauere Bestimmung der Zeitstelle der genannten Dialoge muss der nachfolgenden Einzeluntersuchung vorbehalten bleiben.

Von nacharistotelischen Zeugnissen kommen
besonders folgende in Betracht.

Dass Aristophanes von Byzanz (bei Diog. L. III, 61)
bei der Aufstellung der fünf Trilogien, wornach er einen gewissen
Theil der Platonischen Dialoge ordnet, durch ein chronologisches
Princip bestimmt worden sei, behauptet Munk (natürl. Ordnung
der Pl. Schriften, S. 3 f., vgl. S. 397; 422). Ein bestimmtes
Princip müsse ihn geleitet haben; das Lebensalter, in welchem
jedesmal nach der Scenerie des Dialogs Sokrates erscheine, könne
schon darum nicht sein Princip gewesen sein, weil die dritte
Trilogie mit den Leges beginnt, in denen Sokrates überhaupt
nicht auftritt, und weil die Briefe mitaufgenommen worden sind;
auch die Zerreissung der von Plato selbst angezeigten Trilogie:
Theaet., Soph., Pol. sei unter dieser Voraussetzung unerklärbar.
Es gebe überhaupt nur einen einzigen Grund, durch den der Aristophanes bestimmt worden sein könne, den Theaet. dem Soph.
und Pol. nachzustellen, und zwar unter Zwischenschiebung der
Schriften: Crat., Leges, Minos, Epin.) und einen Theil der
Dialoge ungeordnet zu lassen, nämlich Aristophanes müsse Nachrichten über die Zeitfolge der Abfassung einiger Platonischen
Schriften besessen und diese hiernach geordnet haben. Offenbar
ist dieser Schluss viel zu gewagt, als dass er ein sicheres Resultat gewähren könnte. Welches Motiv den Aristophanes zu
jener Anordnung bestimmte, wissen wir nicht; Munk hat eine
Möglichkeit, die allerdings besteht, zur Nothwendigkeit potenzirt. Uebrigens ist es nicht sehr wahrscheinlich, dass dem Ari-

stophanes noch Zeugnisse über die Abfassungszeit der einzelnen
Platonischen Schriften vorlagen; schwerlich hatte irgend Jemand
solche Notizen aufgezeichnet. Wenn er aber wirklich solche Nachrichten besass, und wenn in der That seine Anordnung auf solchen
beruht, so ist doch die Zuverlässigkeit derselben sehr zu bezweifeln; hinsichtlich der Echtheit wenigstens war Aristophanes jedenfalls schlecht unterrichtet.

Dass der Lysis eine Jugendschrift des Plato sei und der
Phaedo eine Schrift aus seinem hohen Alter, wird in den Anekdoten bei Diog. L. III, 35 (dass Sokrates, als er Plato den
Lysis vorlesen hörte, ausgerufen habe: Ἡράκλεις, ὡς πολλά μου
κατεψεύδεϑ' ὁ νεανίσκος), und III, 37 (dass nur Aristoteles bei
der Vorlesung des Phaedo ausgeharrt habe) vorausgesetzt. Die
zweite führt Diog. auf Favorinus zurück. Beweiskraft haben
beide nicht. Wenn Hermann, der trotz der zweiten, die er in
anderem Sinne (S. 79) benutzt, den Phaedo gleich nach dem
Conviv., also um die Zeit der Geburt des Aristoteles verfasst
glaubt, auf Grund der ersten (S. 448) von einer „urkundlich
beglaubigten Stellung des Lysis in der ersten Periode der Platonischen Schriften" und gar (S. 538) von einer „urkundlichen
Sicherheit" redet, so streift dies an's Lächerliche. Nur in sofern, als keine gültigen Gegenzeugnisse und Gegenargumente vorliegen, mag in jenen Anekdoten eine nicht ganz verwerfliche Bestätigung für aus inneren Gründen wahrscheinliche Annahmen
gefunden werden.

Was über die Stelle bei Diog. L. III, 38: λόγος δέ,
πρῶτον γράψαι αὐτὸν τὸν Φαῖδρον · καὶ γὰρ ἔχει μειρακιῶδές
τι τὸ πρόβλημα, zu sagen ist, ist wohl durch die neueren Verhandlungen ziemlich erschöpft worden. Die richtige Lesart: λόγος
δέ, schneidet den bei der früheren Lesart: λόγον δέ (was für
διάλογον δέ, stehen sollte) geführten Streit ab, ob Diog. L. das
Zeugniss auf Euphorion und Panätius zurückführen wolle, oder
auf Aristoxenus, oder ob es unsicher sei, auf welchen dieser
Männer dasselbe zurückgehe; λόγος δὲ heisst: es geht die Rede,
und Diog. bestätigt diese Rede durch sein eigenes oder wenigstens im eigenen Namen hingestelltes, obzwar doch vielleicht von
Anderen entnommenes Urtheil, dass ja auch der Gegenstand etwas
Jugendliches habe. Als Gegenstand galt ihm natürlich der ἔρως,
da der zweite, trockene Theil des Phaedrus für Leute seiner Art

wohl nicht geschrieben war. Mit Diog. L. stimmt Olympiodorus überein (vit. Plat. p. 78), der vielleicht diese Angabe gerade aus der angeführten Stelle des Diog. geschöpft hat: ὅτε τοῦ Πλάτωνος τοῦτον πρῶτον γράψαντος διάλογον, ὡς λέγεται. Diesen Zeugnissen aber steht bekanntlich das Ciceronianische für die spätere Abfassungszeit des Phaedrus entgegen, wornach die Weissagung über Isokrates ein vaticinium ex eventu ist (Orat. c. 13): haec de adolescente Socrates auguratur, at ea de seniore scribit aequalis." Lange Zeit hat die Stelle in dem vielgelesenen Buche über die Geschichte der alten Philosophie als Autorität gegolten, während das in einem ganz anderen Zusammenhang auftretende Zeugniss des Cicero unbeachtet blieb. Aber wir dürfen doch auch auf dieses letztere Zeugniss nicht allzu vielen Werth legen, und können es kaum mit Zuversicht als ein eigentliches „Zeugniss" betrachten, weil wir nicht wissen, ob Cicero dabei auf Ueberlieferungen fusste, welche die Entstehungszeit des Phaedrus betrafen oder ob er nur (was sogar wahrscheinlicher ist) sich an die naheliegende Reflexion hielt: Sokrates zwar erlebte nur die Jugend des Isokrates; aber ihm hat ja auch nur Plato jene Aeusserung in den Mund gelegt, der doch selbst ein Zeitgenosse des Isokrates war: also ist wohl das Urtheil des Zeitgenossen in die Form eines vaticinium gekleidet worden. Um so mehr musste Cicero zu dieser Anschauung hinneigen, da er in jenem Urtheil eine Bekräftigung seines eigenen suchte, und die Autorität des ersteren um so grösser sein musste, wenn es über den Isokrates in dessen männlichem Alter, da von ihm schon rednerische Leistungen vorlagen, gefällt war. Vielleicht ist dem Cicero gar nicht einmal der Gedanke aufgetaucht, dass der Phaedrus ja doch auch von dem Jüngling Plato zu Lebzeiten des Sokrates geschrieben sein könne; sondern er schrieb wohl unbefangen in dem vorhin erläuterten Sinne. Wenigstens haben wir durchaus keine Bürgschaft, dass in seiner Aeusserung mehr zu suchen sei. Die Frage nach der Entstehungszeit des Phaedrus lässt sich überhaupt nicht aus den „Zeugnissen" der Späteren entscheiden, da diese alle zu wenig verbürgt oder zu unbestimmt sind, und zu sehr den Verdacht gegen sich haben, aus blossen Combinationen hergeflossen zu sein. Gab es wirklich eine alte Tradition über eine frühe Entstehung des Phaedrus, so kann dabei doch eine relative Priorität mit der absoluten verwechselt worden sein.

14*

Von späteren Zeugnissen ist hier noch das des Athenäus (XI, 113), zu erwähnen, wornach der Sophist Gorgias die Erscheinung des nach ihm benannten Dialogs noch erlebte (der Zeuge ist nicht der zuverlässigste, doch liegt auch nichts vor, woraus mit Gewissheit das Gegentheil folgte); ferner die Angabe des Plutarch (v. Sol. c. 32), dass Plato an der Vollendung des Critias durch den Tod gehindert worden sei (worin jedoch bei der entgegenstehenden glaubhaften Angabe über die Leges kein giltiges Zeugniss für jenes Fragment als letztes Werk gefunden werden kann), und die Stelle bei Gellius (N. A. XIV, 3) wornach die Rep. partienweise veröffentlicht sein muss: „quod Xenophon inclyto illi operi Platonis, quod de optimo statu reipublicae civitatisque administrandae scriptum est, lectis ex eo duobus fere libris, qui primi in vulgus exierant, opposuit contra conscripsitque diversum regiae administrationis genus". Dass freilich diese Aeusserung nicht durchaus richtig sein könne, ist längst (schon von Böckh in Minoem, p. 181 sq. und de simultate, quam PL cum Xen. exercuisse fertur, p. 25 sq.) erwiesen worden. Das Ende des zweiten Buches bietet keinen relativen Abschluss, wie es doch bei einer gesonderten Herausgabe sein müsste, und die beiden ersten Bücher der Rep. handeln auch noch gar nicht so von der Staatsverfassung, dass Xenophon dagegen ein „diversum regiae administrationis genus" hätte aufstellen können. Wenn die Angabe des Gellius etwas Richtiges enthält, so muss dies in einer successiven Herausgabe des Werkes, aber nach anderen Abschnitten, liegen. Das erste Buch kann als ein kleineres Ganzes gelten; daran schliesst sich II—IV; eine episodische Ausführung des IV, 424 A nur leicht angedeuteten Gedankens der Gemeinschaft in Besitz und Ehe bildet den Inhalt von V—VII; VIII und IX schliessen sich wieder an II—IV an, und endlich folgt mit mehreren Eigenthümlichkeiten in Inhalt und Darstellungsweise das letzte Buch. Vielleicht ist die Angabe des Gellius, statt von Büchern, von Partien des Werkes giltig. Die erste Partie wäre Buch I, die zweite B. II—IX, später erst wäre dann als dritte Partie B. X herausgegeben worden.

Wir haben bisher unter den äusseren Zeugnissen die *Ecclesiazusen* des Aristophanes nicht miterwähnt, weil die Beziehung, welche viele Neuere darin auf die Platonische Rep. zu finden glauben (Bizet, Lebeau, Morgenstern, Spengel, Bergk, Meineke,

Tcborzewski und Andere; an mündliche Aeusserungen Plato's denken namentlich Schleiermacher, Suckow, der wenigstens diese Möglichkeit offen lässt, und Steinhart) von Andern entschieden bestritten wird (namentlich von Stallbaum, K. F. Hermann, Susemihl und Zeller), und auch in der That sehr zweifelhaft ist. Ein Zeugniss für die Echtheit der Rep. kann darin keinesfalls liegen; aber es ist zu untersuchen, ob vielleicht, da die Echtheit dieser Schrift schon anderweitig (nämlich durch die Aristotelischen Zeugnisse) gesichert ist, irgend eine Beziehung zwischen ihr und jener Komödie sich mit einem genügenden Grade von Wahrscheinlichkeit annehmen lasse, um darauf einen Schluss in Betreff der Abfassungszeit der Rep. zu bauen. Die Eccl. sind auf Grund des Schol. zu vs. 193 und der historischen Beziehungen Vss. 193—203 in Ol. 96, 4 oder 97, 1—3 (392—389 vor Chr.) vor die zweite Aufführung des Plutus (Ol. 97, 4), zu setzen, und zwar in die zweite Hälfte des Olympiadenjahres, da sie an den grossen Dionysien aufgeführt wurden. Der Dichter lässt die Weiber die Herrschaft im Staate listig an sich reissen, und dieselbe dann zur Einführung einer zügellosen communistischen Wirthschaft missbrauchen. Es liegt auf der Hand, dass die Forderungen Plato's in der Rep. ganz andere sind. Die Weiber sollen nicht die Herrschaft haben, sondern nur einen gewissen Antheil an den Beschäftigungen und Rechten der Männer, nachdem eine möglichst gleichmässige Erziehung sie auf eine annähernd gleiche Bildungsstufe gehoben habe. Die Gemeinschaft der Güter und Weiber soll nur in dem Stande der Herrscher und Wächter bestehen, und das Motiv dieser Anordnung ist nicht die Hochschätzung des Genusses, sondern die Geringachtung desselben, nicht der Wunsch, dass Alle möglichst gleichen Antheil an demselben erlangen, sondern der entgegengesetzte, dass alle möglichst darauf verzichten um der ideellen Staatszwecke willen. Diese Unterschiede beweisen jedoch an sich noch gar nicht, dass nicht dennoch Aristophanes auf Plato's Communismus habe anspielen wollen. Es ist die Weise dieses Komikers, sich an äussere Züge zu halten, die er durch Zuthaten von eigener Erfindung verstärkt, um das Ganze in's Lächerliche zu ziehen. Mag auch seine Tendenz eine ernste sein, so ist doch seine Auffassung philosophischer Richtungen eine sehr unzulängliche. Bei dem historischen Sokrates beweist er nur Verständniss für die Seite, die dieser mit der Sophistik iheili, nämlich die selbständige Reflexion und Abweisung der bindenden Autorität des blossen Herkommens, aber keines für den Unterschied und Gegensatz zwischen beiden Standpuncten, für den positiven Neubau, den Sokrates begründete. So mag dem Komiker auch der Sinn und die Neigung gefehlt haben, Plato's philosophische Tendenzen zu verstehen; die Sorge aber, dass beim Eindringen communistischer Gedanken aus dem Philosophenkreise in das atheniensische Volk dieses den letzten Rest seiner früheren Tüchtigkeit einbüssen möchte, kann den patriotisch gesinnten Mann zum Entwurf eines anschaulichen Bildes von den verderblichen Folgen solcher Lehren, von der gänzlichen Zerrüttung aller sittlichen Verhältnisse, die durch dieselben entstehen müsse, veranlasst haben. Aristophanes schildert in den Ecclesiazusen in carikirender Weise Zustände und Tendenzen des damaligen atheniensischen Volkslebens, die Geringachtung von Gesetz und Sitte, die Ausbeutung der allgemeinen Institutionen zu den Zwecken des persönlichen Egoismus, die tolle Neuerungssucht, die alle Schranken niederwirft, und der nur noch das einzige bisher nicht Versuchte als letztes Extrem in der Umwälzung aller durch Natur und Herkommen geheiligten Verhältnisse übrig bleibt, dass die Weiber herrschen, da die Männer doch nichts Männliches mehr beschliessen, und dass Eigenthum und Ehe, wie sie längst aufgehört haben den Willen zu binden, so nun endlich auch aufhören gesetzlich zu gelten. Solche Vorschläge werden als „volksthümlich" bezeichnet (vs. 631); Aristophanes schildert den Communismus als der extremen Demokratie zusagend. Aber das hinderte nicht, dass nicht auch die Nachäfferei des Lakonenthums mithineingezogen und gegeisselt werde, zumal da dieselbe, obschon von Aristokraten ausgegangen, damals in gewissen Beziehungen (in Kleidertracht etc.) zur allgemeineren Mode geworden und in die niederen Schichten des Volkes eingedrungen zu sein scheint, natürlich nicht mit der ursprünglichen aristokratischen Tendenz, sondern eben nur als etwas Neues, das dem augenblicklichen Geschmack oder Ungeschmack zusagte. In den Komödien des Aristophanes handelt es sich überhaupt weit weniger um den Gegensatz zwischen Aristokratie und Demokratie (den Neuere oft übermässig hervorgehoben haben), als vielmehr um den Gegensatz zwischen der guten alten Zeit, die noch Gesetz und Sitte geachtet hat, und der Neuerungssucht, die mit den

Traditionen überhaupt bricht, und fast gleich sehr die alte Demokratie und Aristokratie über den Haufen wirft, um ganz andere, sophistische Elemente an die Stelle zu setzen, die nach der Auffassung des Aristophanes auf die reine Negation und Frivolität hinauslaufen, mögen sie nun mit aristokratischen oder demokratischen Gelüsten zusammengehen; in ihrer vollendeten Ausgestaltung stellen sie die Auflösung aller alten Gegensätze dar. Bei dieser Auffassung hebt sich der Einwurf auf, den Susemihl (die genet. Entw. d. Plat. Ph. II, S. 298, Anm. 155) gegen Stallbaum (in Bezug auf dessen Recension von Tchorzewski: de Politia, Timaeo, Critia, ultimo Platonis ternione, Kasan 1847, in Jahn's Jahrb., Bd. 58, S. 248 ff.) richtet, dass die beiden Zielscheiben des Spottes, die derselbe annehme, nämlich die Lakonomanie in Athen und die moralische Zerflossenheit des athenienschen Volkes, welche in der Sittenlosigkeit der Weiber culminire, sich zu keiner Einheit verbinden. Freilich ist Stallbaum bei der äusserlichen Nebeneinanderstellung stehen geblieben (S. 267: „Aristophanes wendet die Geissel seines Witzes doppelt an, gegen die Anhänger des Dorismus und gegen die Entartung der Frauenwelt"); aber es besteht doch zwischen diesen beiden Elementen und überhaupt zwischen den verschiedenen Seiten, nach welchen hin der Spott sich wendet, im Sinne des Aristophanes (der die positiven, neugründenden Elemente in den Abweichungen vom Althergebrachten nicht genügend würdigte) eine innere Beziehung vermöge des gemeinsamen Gegensatzes gegen die frühere Ordnung und Sitte und des gemeinsamen Ursprungs aus subjectivistischer Willkür und neuerungssüchtiger Frivolität. Hiermit aber eröffnet sich auch die Möglichkeit, dass theoretische Ansichten aristokratischer Lakonenfreunde und vielleicht darunter auch communistische Aeusserungen von Plato selbst dem Aristophanes mit vorgeschwebt haben. Dass die Schrift Plato's über den Staat dem Dichter bekannt gewesen sei, ist unwahrscheinlich; denn lag diese ihm vor, so setzt seine Weise der Carikirung ein so enormes Missverständniss voraus, wie wir es ihm trotz seiner antiphilosophischen Bildungsrichtung doch nicht zutrauen möchten; nur wenn bloss mündliche Aeusserungen ihm zu Ohren gekommen waren, blieb ihm die volle Freiheit, sich die Sache nach seiner Weise phantastisch auszumalen und in's Tolle zu ziehen. Dazu kommt (wovon wir aber hier noch absehen), dass gewisse Stellen in der Rep. (insbesondere VIII, 567; IX, 577) Beziehungen auf den älteren Dionysius zu enthalten scheinen, welche schon Plato's erste Reise nach Sicilien voraussetzen. Dass aber Aristophanes auf mündlich geäusserte Ansichten Plato's mit Bezug genommen habe, ist nach dem Charakter seiner Komödie sehr wohl möglich und nicht unwahrscheinlich. Ein Gegenbeweis liegt nicht in vs. 576 ff.: δεῖται γάρ τοι σοφοῦ τινος ἐξευρήματος ἡ πόλις ἡμῶν · ἀλλὰ πέραινε μόνον μήτε δεδραμένα, μήτ' εἰρημένα πω πρότερον, wornach noch Niemand, also, schliessen Einige, auch nicht Plato, Vorschläge solcher Art gemacht haben soll. Aber so darf man nicht folgern. Die Praxagora des Aristophanes kann als die poetische Repräsentation derjenigen gelten, welche zuerst solche Gedanken ausgesprochen haben, so dass dann eine Nennung Plato's nicht nur nicht erforderlich, sondern nicht einmal zulässig war. Freilich verfuhr die Komödie früher anders, indem sie die durchzuziehenden Personen namentlich auf die Bühne brachte. Seitdem dies aber gesetzlich untersagt war, blieb eine Repräsentation durch andere Gestalten ohne Namennennung übrig, und warum sollte Aristophanes in dieser späteren Zeit nicht dieses Verfahren geübt haben? Nur eine Andeutung, wer gemeint sei, darf dann mit Recht erwartet werden; eine solche aber kann sehr wohl in der φιλόσοφος φροντίς (vs. 569) liegen, obschon bei dem weiten Sinne von φιλόσοφος der Ausdruck nicht nothwendig so verstanden zu werden braucht. Durch das Bisherige soll nur der Beweis der Möglichkeit der Mitbeziehung der Eccles. auf Plato geführt sein. An andere Philosophen kann nicht gedacht werden, insbesondere nicht an Protagoras, dessen Schrift so wenig wie die irgend eines andern Philosophen vor Plato communistische Gedanken hinsichtlich der Ehe enthielt nach der bestimmten Aussage des Aristoteles Pol. II, 7, 1266 A 24: οὐδεὶς γὰρ οὔτε τὴν περὶ τὰ τέκνα κοινότητα καὶ τὰς γυναῖκας ἄλλος κεκαινοτόμηκεν, οὔτε περὶ τὰ συσσίτια τῶν γυναικῶν, auch konnte Aristophanes nur solches auf die Bühne bringen, was in den Gesichtskreis des atheniensischen Volkes fiel, also gewiss nicht blosse Meinungen eines nicht atheniensischen Sophisten. Eine Beziehung auf Plato setzt voraus, dass dieser um die Zeit der Dichtung jener Komödie in Athen gewesen sei. Nun steht zwar nicht die Beziehung der Aristophanischen Komödie auf Plato im Voraus fest, so dass aus derselben seine damalige An-

wesenheit in Athen sich erschliessen liesse; da aber der siebente
Brief (p. 326) ausdrücklich bezeugt, dass Plato seine politische
Ansicht (zunächst zwar über die Herrschaft der Philosophen,
womit aber für ihn der Communismus wesentlich zusammenhing)
bereits vor der Reise nach Italien und Sicilien ausgesprochen
habe, und doch wohl anzunehmen ist, dass dies in Athen geschehen sei, so liegt hierin ein unverächtlicher Wahrscheinlich-
keitsgrund für die Annahme, dass Aristophanes in den Eccles.
diese gerade damals zuerst geäusserte Ansicht mit verspotte. Das
zeitliche Zusammentreffen ist zu auffallend, um als zufällig zu
erscheinen. Zumeist aber spricht für diese Annahme die Weise, wie
Plato Rep. V, 452 (vgl. 451 und 457) von dem Spotte der Komiker
redet. Schon Böckh sagt (de simultate p. 26) : „Plato quinto Reip.
libro lepidorum hominum facetiis perstricta haec placita signi-
ficans, Aristophanis comoediam videtur respicere"; mit Recht, sofern die dem Sokrates in den Mund gelegte Erwähnung möglicher Angriffe durch Komiker als eine Andeutung der zur Zeit
der Abfassung des Werkes längst schon wirklich erfolgten
Angriffe aufzufassen ist. Zwar können jene Stellen die Beziehung
Plato's auf die Aristophanische Komödie nicht streng beweisen,
da sie sich nach dem nächsten Wortsinne auch als Beziehungen
auf bloss mögliche Angriffe verstehen liessen; auch bliebe die
Beziehung auf Aristophanes noch möglich, wenn dieser gar
nicht an Plato gedacht hätte; aber sie widerstreben doch nicht
nur jener ersten, volleren Deutung nicht, sondern erhalten auch
durch dieselbe einen weit befriedigenderen Sinn, so dass diese
Deutung sich durchaus empfiehlt, zumal, da ihre chronologische
Möglichkeit bereits anderweitig genügend gesichert ist. Demgemäss darf eine Beziehung des Aristophanes auf mündliche
Aussprüche Plato's für wahrscheinlich gelten; die Schrift de
Rep. aber scheint nach den Eccles. verfasst zu sein.

Es sind nun, der oben aufgestellten Disposition zufolge, zunächst die historischen Data in Plato's eigenen
Schriften zu durchforschen.

Da Plato in seinen Schriften nicht in eigener Person redet,
so können die historischen Beziehungen zunächst nur auf die
Zeit, in welche die Scene verlegt wird, oder, wenn frühere
Unterredungen als später wiedererzählt dargestellt werden, auf

eine dieser Zeiten gehen, und nicht auf die Abfassungszeit des Dialogs selbst. Doch wird dadurch jedenfalls ein Zeitpunct mitbezeichnet, vor welchem der betreffende Dialog nicht geschrieben sein kann. Der Werth der Bestimmung dieses Terminus wird dadurch verringert, dass in fast allen Platonischen Dialogen (nur mit Ausnahme der Leges) Sokrates auftritt, entweder als Leiter des Gesprächs oder doch mindestens als Mitunterredner, also, wie es zunächst scheinen muss, die historischen Spuren nicht über seinen Tod hinausgehen können, so dass der lange und wichtige Zeitraum von da bis zum Tode des Plato (399—347 vor Chr.) hiernach chronologisch unbestimmt bleiben würde. Indess führen doch mehrere Umstände über den Tod des Sokrates hinaus. Die Wiedererzählung eines Gespräches, an welchem Sokrates betheiligt ist, verlegt Plato zuweilen in eine viel spätere Zeit, so dass auch die Abfassungszeit mindestens um eben soviel später sein muss. Durch Beachtung dieses Umstandes allein lässt sich z. B. bereits die Schleiermacher'sche Annahme über die Entstehungszeit des Parmen. widerlegen. Ferner aber erlaubt sich Plato mitunter den Anachronismus, dass er Mitunterredner aus der Sokratischen Zeit auf spätere historische Ereignisse anspielen lässt, wodurch wir einige der werthvollsten chronologischen Anzeichen erlangen. Denn ergibt sich hieraus auch mit völliger Gewissheit nur, dass der Dialog nicht vor der Zeit eines solchen Ereignisses geschrieben sein kann, so folgt doch in den meisten Fällen mit sehr hoher Wahrscheinlichkeit, dass derselbe auch nicht lange nachher verfasst sei, da sonst die Anspielung nicht mehr das volle Interesse gehabt hätte und nicht ästhetisch gerechtfertigt sein würde. In einigem Masse gilt das Letztere auch von solchen historischen Beziehungen, die nicht Anachronismen sind und daher nicht erst einer besonderen ästhetischen Rechtfertigung bedürfen, namentlich von den historischen Anspielungen in den Leges, und von einzelnen Prophezeiungen, die wir für *vaticinia ex eventu* halten müssen. Doch kann auch der Fall vorkommen, dass Plato frühere Ereignisse, besonders das Schicksal des Sokrates, noch in viel späterer Zeit berührt, und man muss sich vor dem Schlusse hüten, den z. B. hinsichtlich des Phaedo viele Frühere gezogen haben, als ob ein Dialog, der solche Erinnerungen enthalte, nothwendig oder auch nur durchaus wahrscheinlich bald nach dem betreffenden Ereignisse geschrieben worden sei.

Convivium. Der bekannteste A n a c h r o n i s m u s, der zugleich die sicherste Zeitbestimmung an die Hand gibt, ist der im C o n v i v. p. 193 A ι καὶ πρὸ τοῦ, ὥσπερ λέγω, ἓν ἦμεν · νυνὶ δὲ διὰ τὴν ἀδικίαν διφκίσθημεν ὑπὸ τοῦ θεοῦ, καθάπερ Ἀρκάδες ὑπὸ Λακεδαιμονίων. Nach Xenoph. Hellen. V, 2 fällt die Dismembration Mantinea's durch die Lakedämonier in Olymp. 98, 4 (385—384 v. Chr.). Da nun die Zeitverwechselung, die Plato, in der Rede des Komikers gleichsam auch selbst Komödie spielend, den Aristophanes begehen lässt, unzweifelhaft voraussetzt, dass jene Begebenheit damals, als er das Sympos. schrieb und veröffentlichte, noch in frischem Andenken war, so haben wir allen Grund, eines der beiden Jahre 385 oder 384 als Entstehungszeit dieses Dialogs anzunehmen. Zwar hat S c h l e i e r m a c h e r (Plat. II, 2, S. 370) den Zweifel geäussert, ob nicht dieses Andenken sich eben so lebhaft erneuert haben möge zu der Zeit, als man zum Wiederaufbau der Stadt sich anschickte, und gemeint, es könne hiernach das Symp. vielleicht auch erst in dieser späteren Zeit (Ol. 102, 3 = 370—369 vor Chr.) geschrieben worden sein. Durch die vorsichtige Fassung des Gedankens: „zu der Zeit, als man zum Wiederaufbau A n s t a l t machte", hat S c h l e i e r m a c h e r im voraus S t e i n h a r t's Antwort abgeschnitten, die auf einer ungenauen Auffassung beruht (Bd. IV, S. 265), dass die Vergleichung der zerschnittenen Doppelmenschen mit dem zerschnittenen Mantinea n a c h der Wiederherstellung dieser Stadt keinen Sinn mehr gehabt haben würde und desshalb S c h l e i e r m a c h e r's Annahme, dass der Dialog sowohl 370 als 385 geschrieben sein könne, unhaltbar erscheine. Aber an sich ist S c h l e i e r m a c h e r's Zweifel doch unbegründet. Im Jahr 370, auch vor dem wirklichen Wiederaufbau Mantinea's, konnte sich die Erinnerung an den früheren διοικισμός doch nur an die Hauptvorstellung der jetzt bevorstehenden Restitution anlehnen, und wohl nur in dieser Verbindung zum Vergleich verwandt werden; die Erinnerung an die lange zuvor geschehene Zertheilung als solche lag nicht nahe genug und musste als zu gesucht erscheinen, um zu dem leichten phantastischen Spiel zu passen, das in dieser komischen Partie getrieben wird. Nur eine frische Reminiscenz liess sich hier einfiechten. Im Jahr 370 musste entweder auch die Wiedervereinigung als Bild gewählt werden, oder, wenn dies nicht passte (und es passte in der That nicht), so musste die Anspielung überhaupt unterbleiben. Wir dürfen dem Plato zutrauen, dass er nicht, um etwa einen Einfall zu schonen, die ästhetische Rücksicht hintangesetzt haben würde. Dass übrigens die Worte: καθάπερ Ἀρκάδες ὑπὸ Λακεδαιμονίων, von Plato selbst geschrieben seien, dafür zeugt das vorangegangene Verbum διῳκίσθημεν, welches von der Auflösung einer Stadtgemeinde in Dorfschaften das verbum proprium ist, von der Zerschneidung der ursprünglichen Doppelmenschen aber nur mittelst einer Metapher gebraucht werden kann, welche durch die Erinnerung an ein bestimmtes Ereignis gestützt werden muss. H. Müller fragt, um die Worte als Glossem zu erweisen oder eine Aenderung zu begründen (Plat. Werke, IV, S. 358): „wie kam Plato darauf, statt Μαντινεῖς das allgemeinere Ἀρκάδες zu setzen?" Aber die Antwort liegt nahe, dass die prosaische concrete Bestimmtheit, die in Μαντινεῖς liegen würde, durch die Wahl eines allgemeineren Ausdrucks bei jenem komischen Vergleich sehr passend vermieden wird, dass aber unter Ἀρκάδες nichts destoweniger die Mantineer und keineswegs alle Arkadier insgesammt zu verstehen sind. Hommel's Conjectur, der ἀπὸ statt ὑπὸ vorschlägt, um die Worte dann geognostisch auf die Trennung Arkadiens von Lakonien durch hohe Gebirge zu deuten, hat ungeachtet Müller's etwas schüchterner Vertheidigung (S. 358) Steinhart (S. 347) gebührend zurückgewiesen. Wir dürfen demnach die chronologische Folgerung, die man aus jenem Anachronismus zu ziehen pflegt, dass der Dialog 385 oder 384 geschrieben worden sei, mit voller Zuversicht uns aneignen.

Menexenus. Dass die Anachronismen im **Menexenus**, falls die Echtheit desselben vorausgesetzt wird, eines der ersten Jahre nach dem Antalkidischen Frieden (387) als seine Entstehungszeit erweisen, ist allgemein anerkannt. Gehen wir von der Voraussetzung der Echtheit ab, nehmen aber einen Zeitgenossen Plato's, etwa vermuthungsweise seinen Bruder Glauko, als Verfasser an, so führt uns dies immer noch auf die nämliche Zeit. Die Ansicht von Susemihl's Schüler, J. Tollmann, dass der Menex. von Philipp dem Opuntier verfasst und nach 348 (als dem Todesjahr Plato's, wofür aber vielmehr 347 zu setzen ist) herausgegeben worden sei, haben wir schon oben zurückgewiesen. Wer an einen späteren Fälscher dächte, würde nur schliessen, dass derselbe den Schein einer Abfassungszeit bald nach dem Antalkidischen Frieden erstrebt habe.

Leges. Hinsichtlich der Leges hat schon Böckh (in Platonis qui fertur Minoem, 1806, p. 73) im Anschluss an Bentley bemerkt, es gehe aus der Erwähnung eines Sieges der Syrakusier über die Lokrenser (I, p. 638 B) hervor, dass diese Schrift nach Ol. 106, 1 (= 356 vor Chr.) verfasst worden sei. Doch ist diese Beziehung unsicher. Die Stelle Leg. IV, p. 709 E ff. scheint Plato's Verkehr mit dem jüngeren Dionysius vorauszusetzen, vgl. Susemihl, II, S. 693 ff.

De Republica. Dass die lebendige Schilderung des tyrannischen Charakters im 9. Buche der Rep. (p. 577 A, B) Plato's Umgang mit dem älteren Dionysius voraussetze, bemerkt gleichfalls schon Böckh (de simultate, p. 26), und folgert mit Recht, dass das Werk nicht vor Ol. 98 verfasst sein könne, wofern man nicht eine öftere Emendation durch den Verfasser annehmen wolle, die jedoch aus einzelnen Zeugnissen der Alten über mehrfache stylistische Durchfeilung sich noch nicht erschliessen lasse. (In der That sagen die ältesten Zeugen, Euphorion und Panätius bei Diog. L. III, 37 nur, dass der Anfang der Rep. vielfach umgestellt gefunden worden sei, offenbar nach Plato's Tode in seinen Schreibtafeln, worin noch gar nicht liegt, was Spätere wissen wollen, dass er bis zu seinem Tode, auch nach der Herausgabe des Werkes, immer noch an demselben gefeilt habe.) Die Erwähnung des Thebaners Ismenias Rep. I, 336 A als eines μέγα οἰομένου δύνασθαι πλουσίου ἀνδρός erinnert an die Erwähnung desselben im Meno p. 90 A: ὁ νῦν νεωστὶ εἰληφὼς τὰ Πολυκράτους χρήματα Ἰσμηνίας ὁ Θηβαῖος. Sofern dabei an die Bestechung des Ismenias im Jahr 395 zu denken ist (von welcher unten bei der Untersuchung über den Meno das Nähere zu sagen sein wird), wäre die Beziehung anachronistisch, und würde dann eine Abfassung auch schon des ersten Buches, wenigstens in der vorliegenden Redaction, nach dem angegebenen Jahre erweisen. Jedoch diese Beziehung ist nur wahrscheinlich, nicht gewiss. Auch lässt sich mit einiger Wahrscheinlichkeit annehmen, dass Plato nach dem Jahr 382, in welchem Phöbidas die Kadmeia besetzte, worauf Ismenias dem Hasse der Aristokraten und der Spartaner zum Opfer fiel, nicht mehr den Sokrates diesen Mann als einen reichen und mächtigen ohne alle Hindeutung auf sein späteres Schicksaal hätte erwähnen lassen, dass also wohl mindestens das erste Buch der Rep. vor dieser Zeit geschrieben worden ist.

Parmenides. Beim Parmen. lässt sich aus der Scenerie wenigstens annähernd ein Terminus bestimmen, vor welchem derselbe nicht verfasst sein kann. Es sind in dem Dialog selbst (wie insbesondere Böckh mit grosser Klarheit nachgewiesen hat) **vier Zeiten zu unterscheiden. Die früheste ist die**, wo das **Gespräch im Hause des Pythodorus** gehalten gedacht wird, an dem sich Zeno, Sokrates, Parmenides und ein Aristoteles, der später zu den dreissig Gewalthabern gehörte, betheiligen. Dieses Gespräch wurde geführt, wie der Verfasser des Parm. sagt, als Sokrates noch sehr jung war. Da aber der noch jüngere Aristoteles dem Parmenides schon in die tiefsten metaphysischen Abstractionen zu folgen und auf seine Fragen verständig zu antworten weiss, also auch nicht mehr Knabe sein kann, so wird das sehr jugendliche Alter des Sokrates nämlich nur vergleichsweise im Verhältniss zu dem hohen Alter, in welchem er in den meisten Dialogen auftritt, zu verstehen sein, und wir werden ihn somit als etwa fünfundzwanzigjährig zu denken haben, auch abgesehen von dem späten und an sich ganz unzureichenden Zeugniss des Synes. (Calv. encom. c. 17): Σωκράτης — κίνει καὶ εἴκοσιν ἔτη γεγονώς, ὁπηνίκα Παρμενίδης καὶ Ζήνων ἧκον Ἀθήναζε, ὡς Πλάτων φησί, τὰ Παναθήναια θεασόμενοι. Diese Voraussetzung führt uns (nach Böckh und Hermann) auf Ol. 83, 3 — 446 vor Chr., vorausgesetzt, dass Sokrates, der nach der Apol. (p. 17 D) und dem Crito (54 E) bei seiner Verurtheilung (399 vor Chr.) etwas mehr als 70 Jahre alt war, etwa im Jahre 471 (Ol. 77, 1, 2te Hälfte) geboren ist (und nicht, nach der früher gewöhnlichen Annahme, erst Ol. 77, 3 — 469). Der **zweite** Zeitabschnitt im Parm. ist der längere Zeitraum, in welchen die öftere **Wiedererzählung** jenes ersten Gespräches durch **Pythodorus**, in dessen Gegenwart es gehalten worden war, an **Antipho**, den Sohn des Pyrilampes und (wie nach dem Parm. anzunehmen ist, jüngeren) Halbbruder des Glauko und Adeimantos von Mutterseite fällt. Antipho hat, als er μειράκιον (Parm. 126 C) war, dieses Gespräch von Pythodorus nicht nur gehört, sondern es auch sehr wohl sich eingeprägt, so dass es ihm fest im Gedächtniss geblieben ist, auch nachdem er später zu philosophiren aufgehört und nach dem Beispiel seines gleichnamigen Grossvaters sich der Pferdeliebbaberei ergeben hat. Ob Antipho schon zu der Zeit, wo jenes erste Gespräch gehalten wurde, lebte und im Knabenalter stand, oder ob er erst später das Alter erreichte, das ihn zum Auffassen jenes Gespräches befähigte, wird uns im Parm. nicht gesagt. Wir wissen also nicht, wie lange Zeit von der Haltung des Gespräches bis dahin, wo Antipho dasselbe sich eingeprägt hat, verflossen sein soll. Die dritte Zeit im Parm. ist die, wo Antipho das Gespräch dem Klazomenier Kephalus wiedererzählt. Er ist längst Mann geworden; es ist viele Zeit verflossen, seit Kephalus zuletzt in Athen war, wo er den Antipho nur als Knaben kennen gelernt hatte, der indess doch bereits in einem solchen Alter stand, dass er später den Kephalus wiedererkannte. Die Wiedererzählung des Gespräches durch Antipho an Kephalus erfolgt nach Ol. 94, 1 (404), denn Antipho erwähnt die Herrschaft der dreissig. Wollten wir den Ausdruck urgiren, (Parm. 127 D): αὐτός τε ἐπεξελθεῖν ἔφη ὁ Πυθόδωρος ἔξωθεν καὶ τὸν Παρμενίδην μετ' αὐτοῦ καὶ Ἀριστοτέλη τὸν τῶν τριάκοντα γενόμενον, so liesse sich daraus entnehmen, dass schon der Bericht des Pythodorus an Antipho nach 404 falle, also die Wiedererzählung des Antipho an Kephalus in eine noch viel spätere Zeit. Aber dieser Schluss wäre allzu unsicher, da ja die Worte: τὸν τῶν τριάκοντα γενόμενον recht wohl auch als ein erläuternder Zusatz des Antipho gefasst worden können. Wahrscheinlich ist aber, dass der Bericht des Antipho an Kephalus nicht nur in die Zeit nach 404, sondern auch nach 399, dem Todesjahr des Sokrates, zu setzen sei, da sonst Kephalus vorgezogen haben möchte, den Sokrates selbst zu fragen. Die vierte Zeit ist die, wo Kephalus seinerseits das von Antipho Gehörte wiedererzählt. Durch welchen Zeitraum sie von der dritten getrennt sei, wird uns nicht angedeutet. Ebensowenig liegt ein Merkmal vor, woraus wir abnehmen könnten, um wie viele Zeit diese letzte Wiedererzählung vor der Abfassungszeit des Dialogs liegend zu denken sei. Ist aber der Bericht des Antipho an Kephalus jedenfalls als nach 404 und höchst wahrscheinlich als erst nach dem Tode des Sokrates erfolgt zu denken, so verträgt sich hiermit nicht wohl Schleiermacher's Annahme, der den Dialog zu Plato's Jugendwerken rechnet, ihn (I, 2. S. 105) als „Gegenstück des Protag." fasst, „wiewohl nicht ohne die Steigerung, die im Fortschritt von einem Platonischen Werke zum andern niemals fehlt", und ihn bald nach des Sokrates Tode während des Aufenthaltes zu Megara und noch vor dem Gorg., Theaet., Meno verfasst sein lässt. Es wäre eine zu auffallende Ungleichmässigkeit, wenn von der ersten bis zu der dritten Scene mindestens 42, wahrscheinlicher aber mehr als 50 Jahre, von der dritten zu der vierten aber und von dieser bis zu der Abfassungszeit des Dialogs zusammen nur ein oder ganz wenige Jahre zu rechnen wären. Die Scenerie weist eher auf eine sehr späte Abfassungszeit hin.

Waren Glauko und Adeimantus, die der Dialog erwähnt, die Brüder Plato's (von denen Adeimantus nach Plat. Apol. 34 A älter, Glauko aber nach Xen. Memor. III, 6, 1 jünger als Plato gewesen sein muss) und also Antipho ihr und auch sein Halbbruder, und zwar wie nach der Art der Bekanntschaft mit Kephalos anzunehmen ist, ein jüngerer Halbbruder, also aus einer zweiten Ehe der Periktione, so kann derselbe nicht wohl vor der Zeit der Dreissig, vielleicht nicht einmal vor dem Tode des Sokrates, ein μειράκιον von solchem Alter gewesen sein, um jenes Gespräch sich einzuprägen. Dann fällt die Wiedererzählung an Kephalus von Klazomenä (der nicht mit dem Kephalus in der Rep. verwechselt werden darf) in eine noch viel spätere Zeit. Gewiss aber sind unter den erwähnten Brüdern Glauko und Adeimantus die bekannten Brüder Plato's zu verstehen, ebenso wie auch in der Rep. (obschon Hermann sie für ein älteres Brüderpaar erklärt, das aber dann merkwürdigerweise nach der Rep. auch wieder einen Aristo zum Vater gehabt haben müsste), weil jeder Leser zunächst an diese denken musste (wie auch die Alten durchaus an diese gedacht haben), und es also eine Pflicht des Verfassers war, die schwerlich versäumt worden wäre, falls doch andere Personen gemeint sein sollten, dies ausdrücklich zu sagen und sie von den bekannten jüngeren Personen gleiches Namens zu unterscheiden. Wenn aber Hermann (Plat. Ph., S. 667) aus der rhetorischen Wendung bei Apulejus (de hab. doctr. I, 158) in der Traumgeschichte vom Schwan (wo natürlich alles kindlich und pietätsvoll gehalten sein muss), dass

der Vater Aristo den Sohn dem Sokrates zugeführt habe, den
Schluss zieht, dass also Aristo noch fünfzehn Jahre nach der
Schlacht bei Delion (424) gelebt habe, in der doch nach Plut. de
daem. Socr. c. 11 Pyrilampes gefallen sei (vielmehr nur: verwundet und gefangen wurde, wenn anders in der That Identität
der Person und nicht blosse Namensgleichheit besteht): so ist
dieses Ineinanderwirren von Sage und Geschichte eine offenbare
Unkritik. Zudem könnte eine Scheidung der Periktione von Aristo
und eine zweite Heirath bei seinen Lebzeiten, vielleicht mit einem
ihrer Verwandten, möglicherweise ihrem Oheim Pyrilampes, der
Charm. p. 158 A erwähnt wird, ja auch noch angenommen werden.
Ausführlicher handeln über diese Fragen einerseits Schleiermacher, Plat. I, 2, S. 100 ff.; K. F. Hermann, Allg. Schul-
zeitung, 1831. S. 653; de reip. Plat. temporibus, Marb. 1839.
Plat. Philos., S. 24, 94; 506 ff. etc., andrerseits besonders Böckh,
Index lect. Berol. bib. 1838, aest. 1839, p. 13—15; 1840. p. 9
sqq.; Susemihl, genet. Entw. II, S. 76 ff., und Munk, nat.
Ordn. S. 63 ff. und 264 ff., welcher Letztere hier vieles Treffende
neben einigen in der Luft schwebenden Vermuthungen bringt.

Meno. Im Meno wird p. 90 A eine Bestechung des Thebaners Ismenias erwähnt, die kürzlich vorgefallen sei: Anthemio,
der Vater des Anytus, wurde reich durch seine Geschicklichkeit,
und Betriebsamkeit, nicht durch Zufall und nicht δόντος τινός, ὥσπερ
ὁ νῦν νεωστὶ εἰληφὼς τὰ Πολυκράτους χρήματα Ἰσμηνίας ὁ Θηβαῖος.
Nun erzählt Xenophon (Hellen. III, 5, 1), dass die Persische Politik,
als das siegreiche Vorrücken des Agesilaus in Asien immer ge-
fahrdrohender wurde, in der Bestechung hellenischer Parteihäupter
das Mittel gefunden habe, seine Entfernung zu bewirken. Tithrau-
stes, der Statthalter in Vorderasien, sandte fünfzig Talente zur
Vertheilung an die einflussreichsten Staatsmänner in Theben, Korinth und Argos, um sie für ein Kriegsbündniss gegen Sparta zu
gewinnen. Der Plan gelang, und es kam in Folge dessen zum
Korinthischen Kriege, der bald einen solchen Verlauf nahm, dass
Agesilaus sich zur Rückkehr nach Griechenland genöthigt sah. Unter
den Bestochenen war Ismenias von Theben. Es fragt sich, ob
im Meno an diese Bestechung zu denken sei. Zwei Gründe
scheinen dagegen zu sprechen: das Zeitverhältniss, wornach
Sokrates nicht von dieser Bestechung gewusst haben kann, und

die für den Ausdruck: τὰ Πολυκράτους χρήματα, zu geringe
Höhe der Summe, welche bei der Vertheilung an Ismenias fallen
konnte, auch wenn dieser vielleicht am reichlichsten bedacht wurde.
Aber beide entscheiden nicht unbedingt gegen jene Beziehung.
Den Anachronismus mochte sich Plato hier, wie öfter, als poëtische
Licenz erlauben, zumal da derselbe nicht die Scenerie, sondern
nur einen Passus in der Rede betrifft; in der Bezeichnung der
Bestechungssumme aber scheint Plato (worauf schon der gewählte
Ausdruck deuten kann) dem Gerüchte zu folgen, welches leicht
sehr übertreiben mochte; der Historiker gab später die bestimmte
Summe an, da es seine Aufgabe war, den wirklichen Sachver-
halt genau zu erforschen und mitzutheilen. Für die Beziehung
der Platonischen Stelle auf die Bestechung vom Jahr 395 lässt
sich einigermassen schon der Mangel aller Nachrichten von einer
früheren Bestechung in den uns erhaltenen Schriften der Alten
geltend machen, da eine frühere bedeutende Bestechung des Ismenias mindestens bei Gelegenheit der Erzählung von der späteren
doch wahrscheinlich auch erwähnt worden wäre, insbesondere
wohl von Xenophon, dann aber besonders die historische Un-
wahrscheinlichkeit, dass vor der Bedrängniss durch Agesilaus der
Persische Staat oder überhaupt in jener früheren Zeit irgend eine
Macht zur Bestechung eines Thebanischen Parteihauptes grosse
Summen aufgewandt habe. Da nun die bestimmte Beziehung auf
die spätere Anklage des Sokrates, ja die unverkennbare Beziehung auf eine spätere Nemesis, die den Anytus getroffen haben
muss (ein Erfahren der Wirkungen übler Nachrede, nach welchem er nicht mehr so böse sein werde, Meno p. 95 A,
und welches also nicht auf ein Ereigniss vor der Anklage bezogen werden darf), uns jedenfalls nöthigt (trotz Steinhart's
und Anderer entgegenstehender Ansicht) den Dialog eine geraume Zeit nach dem Tode des Sokrates geschrieben zu denken, so ist um so eher anzunehmen, dass Plato die Bestechung,
die im Jahr 395 erfolgte, gemeint haben möge. Ob aber der
Dialog sehr bald oder lange nachher verfasst worden sei, bleibt
zweifelhaft. Das νῦν νεωστί (p. 90 A.) kann man geneigt sein,
da es doch hinsichtlich der Zeit, wo das Gespräch gehalten zu
denken ist, (die Richtigkeit der Beziehung auf die Bestechung vor
dem Korinthischen Kriege vorausgesetzt) nicht passt, hinsichtlich
der Zeit zu verstehen, wo der Dialog geschrieben worden ist.

Aber diese (Schleiermacher'sche) Annahme ist doch unsicher. In der Rede des Aristophanes im Sympos. entschuldigt der komische Charakter die Verwechselung der Zeiten, aber im Meno waltet nüchterner Ernst. Es liesse sich auch (mit Munk, S. 365) annehmen, dass der Dialog zu einer Zeit geschrieben worden sei, wo das Datum der Bestechung schon weit genug zurücklag, um dem Leser und vielleicht Plato selbst nicht mehr bestimmt in's Bewusstsein zu treten, so dass der Anachronismus übersehen werden konnte, und vielleicht erst um 382, als der Process des Ismenias auf das Factum der Bestechung die öffentliche Aufmerksamkeit wieder gelenkt hatte. Man kann beifügen, dass der Ausdruck: τὰ Πολυκράτους χρήματα nicht nur, und vielleicht überhaupt nicht, auf eine ganz enorme Höhe der gewonnenen Summe, sondern vielmehr, mit vorwiegender Rücksicht auf das endliche Schicksal des Polykrates, auf das unglückliche Ende des Ismenias deute, also für eine Ablassung des Dialogs nach (und dann wahrscheinlich bald nach) 382 zeuge. Dies Alles bleibt sehr hypothetisch, und erst die Beachtung innerer Beziehungen (die hier nicht am Orte wäre) mag zu bestimmteren Resultaten führen; hier können wir nur das Eine als wahrscheinlich bezeichnen, dass der Meno nach 395 verfasst worden sei.

Theaetetus. Zu den schwierigsten und zweifelvollsten Untersuchungen gehört die über die Entstehungszeit des Theaet. An diesem Orte kann dieselbe nur in soweit geführt werden, als die äusseren historischen Anzeichen massgebend sind. In der Hauptscene, dem Gespräche des Sokrates mit Theodorus und Theätet, wird ausdrücklich gesagt, dass sie auf den Tag falle, an welchem Sokrates in der Königshalle der Klage des Meletus entgegentreten musste (p. 210 D); auch das einleitende Gespräch zwischen Euklides und Terpsio (p. 142 C) bestätigt, dass jene philosophische Unterredung als kurz vor Sokrates Tode geführt zu denken sei. An der zuletzt angeführten Stelle der Einleitung wird hinzugefügt, Theätet sei damals noch μειράκιον gewesen; Sokrates aber, erzählt Euklid, habe nach der Unterredung mit ihm vorausgesagt, er werde ein ausgezeichneter Mann werden, wenn er das reifere Alter erreiche. Terpsio antwortet (142 D): καὶ ἀληθῆ γε, ὡς ἔοικεν, εἶκεν, indem er offenbar die Voraussage durch den Erfolg bewahrheitet findet. Diese Bewahrheitung

kann nun nicht wohl ausschliesslich in der Tapferkeit liegen, die
Theätet in dem Treffen bei Korinth bewiesen hat, aus dem
er verwundet nach Athen zurückgekehrt ist, da das Sokratische
Urtheil ausser auf die moralische Tüchtigkeit auch auf die
Entfaltung der intellectuellen Anlage zu beziehen ist, ja nach
dem Inhalt der Unterredung wohl zunächst und vorzugsweise auf
die letztere, und da auch Terpsio (p. 142 B), schon ehe er von
dem rühmlichen Verhalten des Theätet im Kampfe gehört hat,
da er ihn nur in Lebensgefahr weiss, ausruft: οἷον ἄνδρα
λέγεις ἐν κινδύνῳ εἶναι, und das Lob, das ihm in jener Beziehung gespendet wird, mit den Worten aufnimmt: καὶ οὐδέν γ'
ἄτοπον, ἀλλὰ πολὺ θαυμασιότερον, εἰ μὴ τοιοῦτος ἦν, was
eine schon anderweitig bewährte Tüchtigkeit voraussetzt. Verbinden wir hiermit die Angaben des Proklus (zu Euklid's
Elem. II, 1) und des Suidas über Theätet's mathematische Leistungen, so wird höchst wahrscheinlich, dass Terpsio vorzugsweise in diesen die thatsächliche Bestätigung der Sokratischen
Voraussage gefunden habe. Dann aber kann Theätet, als das
Treffen stattfand, nicht wohl mehr ein ganz junger Mann, etwa
von 21 Jahren, gewesen sein, und daraus folgt weiter, dass
die μάχη (142 D), woran er theilgenommen hatte, als er von
Korinth aus dem Lager an Megara vorbei nach Athen gebracht
wurde, nicht das von Xen. Hell. IV, 2 und Diodor XIV,
83 erwähnte Treffen zwischen Korinth und Sikyon am Flusse
Nemea 304 vor Chr. gewesen sei, an dem freilich (nach Xen.
Hell. IV, 2, 10) von Seiten Athen's 6000 Hopliten theil-
nahmen, und ebensowenig einer der von Xen. Hell. IV, 4 erwähnten Kämpfe bei Korinth, die in's Jahr 393, oder der IV, 5
erwähnten, die (wofür namentlich auch die Feier der Isthmien
zeugt) in 392 zu fallen scheinen. Nach der Schlacht unter den
Mauern Korinth's 393, welche gleich auf den Mord der Optima-
ten folgte, und in der Praxitas an der Spitze der Lacedämonier
und Sikyonier und der korinthischen Flüchtlinge ruhmreich kämpfte,
wurden, wie Xen. Hell. IV, 4, 14 bezeugt,' nicht mehr grosse
Feldzüge unternommen, aber Besatzungen von den Einen nach
Korinth, von den Andern nach Sikyon gelegt, und von hier aus
besonders mit Söldlingen der Krieg fortgeführt. Diodor setzt
den Mord in Korinth und einen Theil der folgenden Kämpfe
(XIV, 86) in Ol 96, 3 (394—393) die übrigen (XIV, 91) in Ol.

96, 4 (393 - 392). Bei mehreren Einzelheiten schwankt hier die Chronologie. Schleiermacher (Plat. II, 1, S. 185) will lieber, als an „das Gefecht, dessen Xenophon im vierten Buche seiner Hellen. Geschichten erwähnt" (c. 2 oder 4?) an „minder bedeutende Vorfälle" denken, „die sich späterhin, als Iphikrates in jener Gegend den Befehl hatte, ereignet haben mögen". Iphikrates hatte nach Xen. Hell. IV, 5, 13 den Befehl über die Peltasten, und Kallias, des Hipponikus Sohn, über die Hopliten; an die Stelle des Iphikrates trat aber Ol. 96, 4 (wahrscheinlich 392 vor Chr.) nach Diod. XIV, 92 Chabrias, seitdem nämlich die Argiver die Akropolis von Korinth besetzt hatten. Die Argiver behaupteten die Herrschaft in Korinth bis zum Antalkidischen Frieden (bis 387 oder sogar bis 386). Von einer Schlacht bei Korinth nach dem Jahr 393 ist uns nichts überliefert. Durch die Beziehung auf eine etwaige spätere Schlacht bei Korinth im Laufe des Korinthischen Krieges würde übrigens auch wenig gewonnen werden. Auf die Ereignisse des korinthischen Krieges könnte man den Eingang des Theaet. wohl nur in dem Sinne beziehen, dass Theätet, von der Wunde hergestellt, später sich den verbreiteten Ruhm als Mathematiker erworben, Plato aber in anachronistischer Anticipation die hierauf mitbezügliche Anerkennung schon dem Terpsion in den Mund gelegt habe. Jedoch auch so würde die Abfassungszeit des Dialogs eine beträchtlich spätere sein müssen. Aber es nöthigt uns nichts, an den korinthischen Krieg zu denken. Fast scheint es, als habe die psychologische Vorstellungs - Association: Schlacht bei Korinth, korinthischer Krieg, eine übergrosse Macht geübt. Es gibt ein anderes Treffen bei Korinth, worin die Athener siegreich und höchst ruhmvoll kämpften, nicht gegen die Lacedämonier, sondern als deren Verbündete, so dass die Verherrlichung der Tapferkeit eines Einzelnen für Plato nicht in eine so schroffe Collision mit einem widerstreitenden Gefühle trat, wie es bei dem durch Persisches Gold erregten korinthischen Kriege, dem Bruderzwist, der den Agesilaus von seiner Siegeslaufbahn in Asien abrief, in ihm nothwendig sich erzeugen musste. Dieses spätere Treffen ist das des Jahres 368 (Ol. 102, 4, zweite Hälfte), welches Xen. Hell. VII, 1, 8 und Diod. XV, 68 f. erwähnen. An dieses spätere Treffen erinnert ganz passend Munk (S. 394). Nachdem die Thebaner unter Epaminondas den Weg über den Isthmus in den

Peloponnes durch einen siegreichen Kampf erzwungen hatten, griffen sie mit Glück Sikyon und Phlius, mit ungünstigem Erfolge aber Korinth an, an dessen Thoren sie vornehmlich durch die Athener unter Chabrias zurückgeschlagen wurden. Χαβρίας μὲν οὖν, sagt Diodor (c. 69), ἐπὶ ἀνδρείᾳ καὶ στρατηγικῇ δυνάμει θαυμασθεὶς τοῦτον τὸν τρόπον ἀπετρίψατο τοὺς πολεμίους. Auf eine spätere Zeit der Entstehung des Theaet., als die des korinthischen Krieges, weisen noch andere Anzeichen. Schon im Theaet. tritt, obwohl noch als stumme Person, der jüngere Sokrates auf (p. 147 D), der später im Soph. (p. 218 B) näher charakterisirt wird, und im Politicus den Theätet in der Function des Antwortens ablöst. Wir wissen aber aus Arist. Metaph. VII, 11, p. 1036 B, 25, dass der Platonischen Schule ein jüngerer Sokrates angehörte, welchem Plato höchst wahrscheinlich die Gesprächsperson nachgebildet hat. Von diesem Sokrates berichtet Aristoteles u. a. O., dass er einen Vergleich häufig gebraucht habe, der jedoch falsch sei; er setze nämlich voraus, dass, wie der Kreis ohne das Erz (oder überhaupt: ohne einen Stoff, dessen Form er sei), so auch der Mensch ohne seine materiellen Theile existiren könne. Der Vergleich führt auf die für Plato's Ideenlehre charakteristische Objectivirung der Products der Abstraction. Der jüngere Sokrates sucht die Ideenlehre durch eine mathematische Analogie zu stützen. Dies stimmt wohl mit dem zusammen, was im Theät. über die gemeinsamen mathematischen Studien des Theätet und des jüngeren Sokrates erzählt wird. Aristoteles seinerseits setzt jener vermeintlichen Analogie entgegen, dass nicht überall von der Materie abstrahirt werden dürfe, sondern die Verbindung der Form mit ihr in vielen Fällen wesentlich und die Trennung undenkbar sei. Diese Bemerkung steht an der angeführten Stelle in Verbindung mit der Polemik des Aristoteles gegen einige Pythagoreisirende Platoniker, welche in der Zweizahl das Wesen der Linie fanden, indem sie die Ausdehnung als zur ὕλη derselben gehörig von der Idee der Linie ausschlossen. (Wir dürfen hierin wohl eine metaphysische Anticipation des Princips der Sonderung von quantitativen und Ortsverhältnissen erkennen, worauf die analytische Geometrie der Neueren beruht, und wodurch sie im Verein mit der eben hierdurch mitbedingten Anwendung der Differential- und Integralrechnung ihre grossartigen Erfolge erzielt hat.) Ob freilich der jüngere Sokrates zu diesen Pythagoreisirenden Platonikern gehört und seinem Vergleich auch jene Beziehung gegeben habe, wissen wir nicht. Wenn es wäre, so müsste er wohl bis in eine sehr späte Zeit an den Verhandlungen der Platonischen Schule sich betheiligt haben. Wenn aber auch nicht, so muss er doch jedenfalls derselben angehört haben, und entweder noch gleichzeitig mit Aristoteles oder wenigstens fast noch gleichzeitig, da der Ausdruck: ἡ παραβολὴ ἣ ἐπὶ τοῦ ζῴου, ἣν εἴωθε λέγειν Σωκράτης ὁ νεώτερος, wahrscheinlich so zu nehmen ist, dass Aristoteles selbst diesen Vergleich oft aus dem Munde des jüngeren Sokrates gehört oder doch mindestens einer noch frischen Tradition entnommen hat. Auf den jüngeren Sokrates als Gesprächsperson in jenen Platonischen Dialogen kann die Bezeichnung: Σωκράτης ὁ νεώτερος, nicht gehen, schon weil dort jener Vergleich nicht vorkommt., noch weit weniger natürlich auf Plato selbst. Im Soph. (218 D) wird der jüngere Sokrates der Alters- und Uebungsgenosse des Theätet genannt. Wahrscheinlich ist dies historisch zu nehmen und auf Plato's späteren Schüler zu beziehen. Ob wirklich dieser jüngere Sokrates irgend einmal bei einer Unterredung des greisen Sokrates mit dem jungen Theätet zugegen gewesen sei, ist sehr ungewiss. Dass Sokrates kurz vor seinem Tode den Theätet kennen gelernt und seine künftige Berühmtheit prophezeit habe, muss wohl nach dem Eingange zum Theaet. (besonders nach p. 142 C, D) mit vorwiegender Wahrscheinlichkeit als thatsächlich angenommen werden. Dass der Inhalt der Unterredung in den Dialogen von Plato frei geschaffen worden ist, ist selbstverständlich. Nun fragt es sich, ob es wahrscheinlich sei, dass Plato um 393 zu Megara oder auf der Aegyptischen Reise oder zu Athen vor Begründung seiner Schule den Theaet. geschrieben und darin den jüngeren Sokrates, seinen künftigen Schüler (mit dem er jedoch auch damals schon bekannt sein mochte), so miterwähnt habe, dass derselbe in einem der sich anschliessenden späteren Dialoge als Gesprächsperson mit auftreten konnte, oder ob vielmehr anzunehmen sei, dass Plato später, als dieser Sokrates wahrscheinlich jahrelang seiner Schule angehört hatte, ihm diese Ehre habe zu Theil werden lassen. Wahrscheinlicher ist gewiss das Letztere und damit zugleich die spätere Abfassungszeit des Theaet., um so mehr, da sich uns doch schon früher ergeben hat, dass der Soph. und Pol. zu Plato's letzten

Schriften zu rechnen seien. Mit Recht macht Schleiermacher
(II, 1, S. 183 ff.) darauf aufmerksam, dass der Theaet. solche
Anspielungen auf Aristippus und Antisthenes zu enthalten scheine,
die den Bestand der „Schulen des Plato sowohl, als der meisten
anderen Sokratiker zu Athen" zur Voraussetzung haben. Was
Sokrates Theaet. p. 201 E als Bestimmung Anderer über die
Erkennbarkeit des Einfachen und des Zusammengesetzten referirt,
stimmt mit dem, was Aristoteles Met. VIII, 3, 1043 B, 23 sqq.
den Antisthenern beilegt, so sehr zusammen, dass wenigstens diese
Beziehung gesichert sein möchte. Eine Reihe von Anzeichen der Abfassungszeit lässt sich aus der Episode entnehmen Theaet. p. 172 C
bis 177 C, worin der Gegensatz zwischen denen, die auf die
rechte Weise philosophiren und den Weltmenschen, insbesondere
den gerichtlichen Rednern, geschildert wird, und zwar in einer
solchen Weise, dass die Darstellung, obschon allgemein gehalten,
ihre Lebhaftigkeit und Frische bestimmten persönlichen Erfahrungen zu verdanken scheint. Die Schilderung des Verhältnisses
zwischen Philosophen und Rednern (p. 177 B) weist auf eine
Zeit hin, wo Plato's philosophische Schule Rhetorenschulen ge-
genüberstand. Bei dem allgemeinen Bilde, das von dem echten
Philosophen entworfen wird, könnte man zunächst geneigt sein,
mit K. F. Hermann und Anderen) an das Verhalten und das)
Schicksal des Sokrates und an die Wirkung seines tragischen
Endes auf Plato's Gemüth zu denken, und in der Schilderung
des zurückgezogenen Lebens des Philosophen das Abbild von
Plato's philosophischer Abgeschiedenheit in Megara zu finden;
später, meint Hermann, habe der Verkehr mit den Pythagoreern
ihm die Möglichkeit eines Einflusses der Philosophie auf das
Staatsleben gezeigt, und diese Erfahrung zugleich mit der hei-
lenden Wirkung der Zeit ihn wieder mit dem Leben ausgesöhnt.
Es liegt hierin viel Scheinbares, und gewiss auch die Wahrheit,
dass zu den concreten Grundlagen, auf denen die allgemein gehaltene Schilderung von dem Leben des Philosophen ruht, auch
jene Erinnerungen sehr wesentlich mitgehören; aber eine genauere
Erwägung der betreffenden Stellen zeigt doch, dass diese Beziehungen für sich allein nicht ausreichen, sondern noch andere,
einer späteren Zeit angehörende Anschauungen mit hinzugetreten
sein müssen. Was p. 173 C mit Erwähnung einer Pindarische
Dichtung über die Denkrichtung des Philosophen gesagt wird,

dass er das Unter- und Ueberirdische erforsche, würde wohl auf
Anaxagoras passen, aber nicht auf Sokrates, und auch wohl nur
wenig auf Plato während seines Aufenthaltes zu Megara (und
gerade nach Hermann's eigenen Voraussetzungen am wenigsten), wohl aber auf Plato in der späteren Zeit, insbesondere als
er in dem Gedankenkreise des Tim. und des Phaedo stand. Auch
die fernere Ausführung p. 174 B: τὸν τοιοῦτον ὁ μὲν πλησίον
καὶ ὁ γείτων λέληθεν κ. τ. λ. passt gar nicht recht auf den historischen Sokrates; sehr wohl aber auf Plato in seinem höheren
Alter und vielleicht auf manche seiner Lieblingsschüler. Die
Ungeschicklichkeit in mancherlei niederen Dienstleistungen (δου-
λικὰ διακονήματα, p. 175 E) möchte, falls sie eine bestimmte
persönliche Beziehung hat, füglich (mit Munk) auf Plato's Stellung am Syrakusischen Hofe gedeutet werden können: die ἁρ-
μονία λόγων im Preisen der seligen Götter und Menschen (p. 176 A)
weist auch nicht gerade auf die Megarische Zeit, viel weniger noch
auf den historischen Sokrates, sondern vielmehr auf Plato's spätere Zeit. Ob speciell auf den Gegensatz zwischen dem Verhalten
Plato's und Aristipp's am Syrakusischen Hofe angespielt werde
(wie Munk glaubt), ist zweifelhaft; vielleicht schwebte neben
anderen Beziehungen auch diese dem Plato vor; aber im Vor-
dergrunde steht doch die Vergleichung mit den διακονίοις, zu
denen Aristipp nicht gehörte. Die Mahnung, aus dem Irdischen
zum Jenseits zu fliehen, und zwar durch ὁμοίωσις θεῷ κατὰ τὸ
δυνατόν (p. 176 B) mittelst der Gerechtigkeit und Frömmigkeit
könnte ein Ausfluss der Stimmung in der Megarischen Zeit zu
sein scheinen, wie sie sich nach Ueberwindung des ersten heftigen Schmerzes über den Tod des Sokrates und der ersten Bitterkeit,
die sich im Gorg. kund gebe, gestaltet habe; aber die gleiche
Lehre von dem Philosophiren als einem Sterbenwollen erscheint
auch noch im Phaedo, den ja auch Hermann für ein lange nach
der Megarischen Zeit verfasstes Werk hält, und die ὁμοίωσις
θεῷ setzt die Lehre von Gott als dem schlechthin Guten voraus,
von der es doch sehr zweifelhaft sein möchte, ob sie schon der
Megarischen Zeit angehöre. Die Zurückgezogenheit, die der Theaet.
an dem echten Philosophen rühmt, ist Enthaltung von weltlichen
Händeln. Sie schliesst die Betheiligung an der Verwaltung eines
idealen Staates, sofern diese nicht aus Neigung, sondern aus
Pflichtbewusstsein und nur während eines bestimmten Lebensab-

schnitts übernommen wird, keineswegs aus, so dass zwischen
Theaet. und Rep. nicht nothwendig ein Widerspruch anzunehmen
ist. Es lässt sich nicht behaupten, dass Plato im Theaet., wenn
er damals einen Idealstaat gekannt und die Verpflichtung der
Philosophen zur Verwaltung desselben statuirt hätte, dies jedenfalls auch gesagt haben würde, und dass also die Unterlassung von einem Standpuncte zeuge, auf dem ihm selbst noch
jene Lehren fremd gewesen seien; ebensowenig lässt sich schliessen,
dass er die Leser noch nicht auf jenen Standpunct habe führen
wollen. Plato hatte im Theaet. nur Anlass, von dem Verhalten
der wahrhaft Philosophirenden in den empirisch gegebenen Staaten zu reden; Erörterungen über das Verhalten in einem Idealstaate, wenn einmal ein solcher existire, konnten, aber mussten
nicht angeknüpft werden, und die Episode sollte kurz sein
(p. 177 C). Nur einen Umschwung der Stimmung mag man
im Theaet. mit Recht erkennen, gleich dem „Sterbenwollen" im
Phaedo. Die Art, wie Susemihl (Genet. Entw. II, S. 105,
besonders Anm. 852) die Annahme eines wirklichen Widerspruchs
zwischen Rep. und Theaet. aufrecht zu erhalten sucht, ist keineswegs überzeugend. Sein Argument ist, es fehle im Theaet.
jede Andeutung, dass die Philosophen doch nicht für die Verwaltung jedes Staates (nämlich nicht für die des Idealstaates)
„untauglich" seien. Aber das ist nach dem vorhin Bemerkten ohne
Beweiskraft. Auch ist der Ausdruck schief, die Philosophen
seien „untauglich" für das irdische Leben (Hermann) oder für
die Verwaltung der schlechten, empirischen Staaten (Susemihl).
„Untauglich" sind sie im Sinne der Unfähigkeit, Ungeschicklichkeit oder „Unbrauchbarkeit" nur für niedere Dienstleistungen
und gerichtliche Händel; dass sie es auch für eine Staatsverwal-
tung im ethischen Sinne oder für eine solche praktische Rolle,
wie die Rep. sie ihnen anweist, seien, sagt der Theaet. keineswegs, und dies ergibt sich auch nicht aus ihm als eine still-
schweigende Voraussetzung des Verfassers. Eher könnte man eine
Ungeneigtheit zu jedem praktischen Verhalten heraus lesen, die
freilich dem Pflichtbewusstsein nicht unüberwindbar sein dürfte;
dann aber besteht kein Widerspruch mit der Rep., die gerade
so lehrt. „Untauglich", „unbrauchbar" ist nach beiden Dialogen
eigentlich nicht der Philosoph für den empirischen Staat, sondern
umgekehrt dieser für ihn; die Rep. fügt ausdrücklich bei, was

der Theaet. nicht ausschliesst, dass der Philosoph tauglich sei, den schlechten Staat zu verbessern, falls er darin die Herrschaft erlange. Die „strengere Abhängigkeit des sittlichen Lebens vom staatlichen in der Rep." gilt nur für den als bereits verwirklicht gedachten Idealstaat; der Verfasser des Theaet. kann diese recht wohl bereits gekannt und früher entwickelt, und doch ganz so geschrieben haben, wie wir es vorfinden.

Sind nun zwar nicht alle Beziehungen gleich sicher, so ist doch Mehreres unter dem Aufgezeigten der Art, dass es über die Zeit des historischen Sokrates gewiss, und über Plato's nächste Periode nach dem Tode des Sokrates mit sehr hoher Wahrscheinlichkeit hinausweist. Dass der Theaet. und noch mehr der Soph. das Bestehen der Platonischen Schule schon voraussetze, erkennt auch Zeller (Ph. d. Gr. II, 2. Aufl., S. 299) als wahrscheinlich an; da er diese Dialoge aber dennoch für bald nach 394 verfasst hält, so nimmt er an, dass die Gründung der Schule wohl schon vor der Sicilischen Reise stattgefunden haben möge. Es hat sich uns aber oben (S. 128) diese Annahme als sehr unwahrscheinlich ergeben. Die Einkleidung des Gesprächs, meint Zeller (S. 298) in Uebereinstimmung mit Hermann (S. 492), Steinhart (III, S. 27) und Susemihl (I, 177), komme einer „Widmung" an Euklides gleich, und weise demnach auf eine Zeit, in welcher Plato sich von dem Stifter der Megarischen Schule noch nicht so bestimmt getrennt habe, wie wir es schon im Soph. finden. Aber dies ist mindestens sehr unsicher, oder vielmehr geradezu zu verneinen. Eine freundschaftliche, vielleicht pietätsvolle Erinnerung an Euklid und der Ausdruck der Hochachtung liegt allerdings in der Einkleidung; aber dieser Gesinnung konnte Plato diesen Ausdruck füglich zu einer Zeit geben, als Euklid nicht mehr unter den Lebenden war; als Form einer Widmung dagegen war die Fiction, dass eben dieses Gespräch, welches dem Euklid als Gabe dargebracht werden sollte, ihm schon als von ihm selbst niedergeschrieben vorliege, gerade recht unpassend. Die Einkleidungsform macht demnach zwar wahrscheinlich, was auch ohnedies schon nahe genug liegt, dass Probleme erkenntnisstheoretischer und metaphysischer Art zwischen Plato, während er sich in Megara aufhielt, und seinen Gastfreunden verhandelt worden seien; aber sie weist uns gar nicht mit Nothwendigkeit, noch auch nur mit überwiegender Wahrscheinlichkeit, auf eine

Zeit, die jenen mündlichen Verhandlungen sehr bald gefolgt wäre. Plato gestaltet auf dem realen Grunde dieser Megarensischen Verhandlungen und wahrscheinlich auch ihrer öfteren Wiederaufnahme in seiner Schule mit künstlerischer Freiheit ein ideales Bild. Wie das Auftreten des Sokrates in seinen Dialogen mit einer Abfassung lange nach dem Tode desselben wohl zusammenbesteht, sogar in Schilderungen, wie denen des Phaedo, so auch jene Erinnerung an die Vermittlung des Gedankenkreises des Theaet. und des Soph. und Politicus durch Megarensische Anregungen mit einer viel späteren Abfassungszeit. Aus den Lebensverhältnissen des Euklid lässt sich kein Gegenbeweis entnehmen. Wir können nicht die Zeit seiner Geburt und seines Todes. Dass er älter war, als Plato, lässt sich mit Grund annehmen; aber man kann nicht aus der unsichern Anekdote bei Gell. N. A. VI, 10 über seine nächtlichen Besuche bei Sokrates zur Zeit der Ausschliessung der Megarenser aus Athen (die Ol. 87, 1=432 v. Chr. stattfand) mit Zuversicht auf ein weit höheres Alter schliessen, wie Hermann will, Plat. Ph., S. 652, Anm. 460. Nach den Verzeichnissen der Namen seiner Schüler liesse sich auf eine Lehrthätigkeit bis lange über den Tod des Sokrates hinaus schliessen, wenn wir nur durchweg gegen die Verwechslung mittelbarer und unmittelbarer Schülerschaft in den uns erhaltenen Berichten gesichert wären. S. Zeller, Ph. d. Gr., II, 2. A., S. 174 ff. Wäre jedoch auch nachweisbar, dass die Eingangsscene in die Zeit des korinthischen Krieges, nämlich in das Jahr 394 oder 393, gesetzt werden müsste, so würden nichts destoweniger die Gründe in Kraft bleiben, die eine viel spätere Abfassungszeit des Dialogs erweisen; denn der Gegengrund, der nach Beseitigung der Widmungs-Hypothese noch übrig bleibt, nämlich, dass „der ganze Eingang den Eindruck mache, dass er sich auf Dinge beziehe, welche den Lesern noch frisch im Gedächtniss waren" (Zeller, Ph. d. Gr., II, 2. Aufl., S. 298), bietet zu wenig Gewissheit, als dass er zwingenderen Argumenten gegenüber in's Gewicht fallen könnte. Viel wahrscheinlicher ist freilich, dass allerdings kurz zuvor Geschehenes erwähnt werde, aber nicht Ereignisse der Jahre 394 und 393, sondern des Jahres 368. Aus den Beziehungen auf den Mathematiker Theodorus lässt sich so wenig eine Abfassung des Dialogs um die Zeit der Reise nach Cyrene folgern, wie aus den Beziehungen auf Euklid und Terpsio eine Entstehung in der Megarischen Periode. Zur Wahl des Theodorus als eines Mitunterredners scheint die Erinnerung an den Verkehr, den Plato einst, sei es in Cyrene oder in Athen, mit demselben gehabt hatte, den äusseren Anlass geboten zu haben; der innere Grund lag in den aus der Mathematik zu entnehmenden erkenntnisstheoretischen Argumenton und zugleich (nach Theaet. p. 168 D sqq.) in dem Bedürfnise eines Mitunterredners von männlicher Reife, der zum Protagoras in befreundetem Verhältniss gestanden habe und seiner Lehre nach Möglichkeit sich annehme. Ist der Theaet. in Athen und wohl erst geraume Zeit nach der Gründung der Schule verfasst worden, so bleibt immer noch möglich, dass zwischen ihm und dem Soph. und Polit. wiederum ein längerer Zeitraum liege. Zu ermitteln, wie es hiermit stehe, muss jedoch ferneren Untersuchungen vorbehalten bleiben.

Die theils offenbare, theils nur andeutende Bezugnahme auf den **Process des Sokrates** in verschiedenen Dialogen und zum Theil auch auf den **tragischen Ausgang** desselben beweist mit voller Strenge zunächst nur, dass jene Dialoge nicht vor den betreffenden Ereignissen verfasst sein können. Dies gilt von dem **Meno**, **Gorg.** und **Politicus** mit ihren Hindentungen auf die Anklage (Men. p. 94 E; Gorg. p. 521; Pol. p. 299 B), dem **Theaet.** mit seiner ausdrücklichen Erwähnung der Anklage (p. 210 D) und des Todes (p. 142 C), von dem **Euthyphro** (p. 2 A ff.; 15 E), falls er echt ist, von der **Apol.**, dem **Crito** und dem **Phaedo.** Die Annahme, dass diese Dialoge auch nicht lange nach den betreffenden Ereignissen geschrieben seien, würde, auf alle insgesammt bezogen, jedenfalls falsch sein, wie sich uns schon hinsichtlich des **Meno**, **Theaet.** und **Politicus** ergeben hat; auf einzelne Dialoge beschränkt, kann sie richtig sein, bedarf aber bei einem jeden derselben eines besonderen Beweises.

Apologia. Dass die Apol. gleich nach der Gerichtsverhandlung selbst von Plato niedergeschrieben worden sei, muss ein Jeder annehmen, der in ihr (mit Schleiermacher und, wie wir oben S. 141 aus den Aristotelischen Präterital-Citaten geschlossen haben, auch mit Arist.) eine im Wesentlichen treue Aufzeichnung der von Sokrates wirklich gesprochenen Vertheidigungsrede erkennt. Es ist nicht zu bezweifeln, dass Plato, da er zugegen war (Apol. p. 34 A; 38 B), bei der Spannung, mit der er gefolgt sein mag, sich die Aufgabe einer treuen Wiedergabe der Sokratischen Rede stellen konnte, und es liegt gegen die Annahme, dass er eben dies auch wollte, wenigstens kein giltiger Gegenbeweis vor. Socher's Bemerkungen (S. 69 ff.) sind mehr Behauptung, als Beweis. Auf Georgii's Argumentation hat schon Zeller (Ph. d. Gr. II., S. 134, 2. A.) genügend geantwortet. Ebenso möchte auch Steinhart's Versuch eines Beweises der freien Idealisirung (Plat. W. II, S. 235 ff.) sich als unhaltbar erweisen. Steinhart's erstes Argument wird eigentlich schon von ihm selbst in den beigefügten Anmerkungen widerlegt. Er sagt (II, S. 235): „sowohl Xenophon in seinen Denkwürdigkeiten, als der Verfasser der fälschlich dem Xenophon zugeschriebenen Apologie, die wenigstens aus gleichzeitigen Quellen geschöpft zu haben scheint, berichtet über die Rede des Sokrates Manches, was in der Platonischen entweder gar nicht, oder doch in ganz anderer Fassung vorkommt". Suchen wir nach den Belegen, so finden wir S. 280 f., Anm. 2 aus Xenophon's „Denkwürdigkeiten" gar nichts angeführt, was dort über die Rede des Sokrates berichtet würde und bei Plato sich nicht so finde. Als Hauptquelle der Pseudo-Xenophontischen Apologie aber bezeichnet Steinhart Xen. Memor. I, 1, 2 und IV, 8; daraus sei grösstentheils dieses Machwerk „zusammengestoppelt". Das ist ganz richtig; aber wer dies anerkennt, sollte auch die naheliegende Consequenz ziehen, dass man sich auf eine solche Schrift nicht als auf ein giltiges Zeugniss gegen die historische Treue der Platonischen Apol. berufen dürfe. Liegt die Quelle der dort dem Sokrates in den Mund gelegten Berufung auf seine offenkundige Theilnahme an Opfern und Festen in Xen. Mem. I, 1, 2 klar zu Tage, wie kann denn die „Abweichung" in diesem Puncte „vom Plato" der Authenticität der von dem Letzteren aufgezeichneten Rede Eintrag thun? Xenophon selbst in den Memorab. sagt ja keineswegs, dass Sokrates sich so vertheidigt habe, sondern er bringt als Apologet im eigenen Namen jenes Argument vor. Ganz das Gleiche gilt von den Aeusserungen über das Dämonium. Woher die Pseudo-Xenophontische Schrift die Erzählung von der Prophezeiung des Sokrates über den Sohn des Anytus habe, wissen wir nicht; es ist sehr möglich, dass dieser Vorfall sich ereignet hat; aber die Weise, wie jene Schrift denselben ausbeutet, bezeichnet S t e i n h a r t selbst als „abgeschmackt genug", so dass hier gewiss nicht die Worte des Sokrates vor Gericht, etwa nach einer guten gleichzeitigen Quelle, treu wiedergegeben werden. Der Vergleich mit Palamedes kann recht wohl aus der Platonischen Apol. entlehnt sein. Es liegt also durchaus kein Beweis vor, dass der Verfasser jener Apologie hinsichtlich der Rede des Sokrates vor Gericht aus guten, uns aber verlornen, „gleichzeitigen Quellen" geschöpft habe, so dass die Platonische Schrift durch die „Abweichung" unzuverlässig würde. So fällt der erste Grund S t e i n h a r t's, aus vermeintlichen Zeugnissen entnommen, in sich zusammen. Wir sind somit ausschliesslich auf die inneren Gründe angewiesen. In dieser Beziehung sagt S t e i n h a r t (S. 215): „es ist auch an sich selbst sehr wahrschein- lich, dass der angeklagte Weise sich in mehr als einer Beziehung anders vertheidigt und namentlich die eigentlichen Anklagepuncte ausführlicher und mit Hervorhebung entlastender Thatsachen aus seinem Leben, wie Xenophon mehrere anführt, widerlegt haben wird". Sokrates soll sich ungefähr in der Weise, wie das Pseudo- Xenophontische Machwerk ihn reden lässt, (S. 281) „mit seiner gewohnten Ironie gewiss zu der Fassungskraft seiner Ankläger und Richter herabgestimmt und ihnen nicht zu hohe Dinge ge- sagt" haben. Für die Richter unverständliche S p e c u l a t i o n e n enthält aber auch die Platonische Apol. nicht. In Bezug auf die G e s i n n u n g dagegen konnte ein Sokrates bei seiner Vertheidi- gung nicht sich selbst untreu werden und zu der e t h i s c h e n Fassungskraft seiner Gegner sich herabstimmen. Wenn es dafür noch eines besonderen Zeugnisses bedarf, so liegt ja ein gewiss vollgiltiges bei dem realistischen Xenophon vor, der Mem. IV, 8, 1 von Sokrates sagt: τήν τε δίκην πάντων ἀνθρώπων ἀλη- θέστατα καὶ ἐλευθεριώτατα καὶ δικαιότατα εἰπών. S t e i n h a r t ist dem Idealismus der Gesinnung des historischen Sokrates nicht gerecht geworden. Es ist zwar ein löbliches Streben, aus der Platonischen Idealgestalt des Meisters auf die historische Realität zurückzugehen, und hierbei leistet uns Xenophon unschätzbare Dienste. Aber es ist dabei die Gefahr zu überwinden, der Manche der Neueren unterlegen sind, dass, wer die Scylla der Identifici- rung des Platonischen Idealbildes mit dem historischen Sokrates meidet, in die Charybdis einer schroffen Entgegensetzung von

Ideal und Wirklichkeit falle, wo dann die letztere als des höheren Gehaltes bar oder doch nur wenig von solchem durchdrungen erscheint. Steinhart weist an manchen Stellen ganz vortrefflich nach, warum ein ideal gesinnter Denker auf die Anklage gerade diese Antwort geben musste, und doch soll Sokrates sie nicht gegeben, sondern erst Plato gedichtet haben. Hätte aber Sokrates so gesprochen, wie Steinhart mit vielen Anderen es erwartet, nämlich dem „Wirksamen" nachstrebend, ungefähr so, wie Xenophon in den Memorab. seinerseits ihn vertheidigt, dann wäre er ganz gewiss nicht zum Tode verurtheilt, sondern von einer entschiedenen Mehrheit freigesprochen worden ; aber er hätte auch seinen Lohn dahin gehabt. Ein solcher Mann wäre immer noch eine höchst ehrenwerthe Persönlichkeit ; aber er wäre nicht der Sokrates, der der Geschichte angehört. Doch wir brauchen nicht bloss aus dem Erfolge zu schliessen. Xenophon sagt uns auch ganz ausdrücklich, wie Sokrates nach eingebrachter Anklage sich verhalten, und in welchem Sinne er sich auf die Antwort vorbereitet habe, Mem. IV, 8, 4 sqq.: λέξω δὲ καὶ ἃ Ἑρμογένους τοῦ Ἱππονίκου ἤκουσα περὶ αὐτοῦ κ. τ. λ. Wer sich so, wie es Xenophon dort schildert, vor der Verhandlung der Anklage verhielt, von dem dürfen wir nicht erwarten, dass er, während seine Gegner sprachen, mit ängstlicher Sorgfalt auf die einzelnen Puncte geachtet und dann sich bemüht habe, in seiner Antwort ja keinen zu übergehen, die Bedeutung dessen, was er nicht läugnen konnte, abzuschwächen (wie es Xenophon in den Mem. gegen Polykrates mit manchen Puncten, z. B. der Sokratischen Kritik der Demokratie, hält), das Uebrige aber, was thatsächlich unrichtig war, durch thatsächliche Gegenbeweise zu widerlegen. Das war theils unter der Würde, theils nicht nach dem Sinne des Sokrates. Sokrates, der sein ganzes Leben als die beste Vertheidigung ansah (wie Xenophon a. a. O. bezeugt), konnte, wenn er sich zu einer Vertheidigungsrede genöthigt fand, in dieser nur eine „Vereinigung der vereinzelten Strahlen seines Strebens zu einem Gesammtbilde" geben, wie dies Hermann (S. 471), der jedoch (S. 630 f.) mehr der Annahme einer freien Composition sich zuneigt, mit Recht in der von Plato niedergeschriebenen Apol. findet, so dass also in diesem Charakter der Rede vielmehr ein Zeugniss für ihre Geschichtlichkeit, als gegen dieselbe liegt. Sokrates ging auf den Kern der Sache, fertigte die Ankläger kurz ab, hielt sich bei

ihren Anschuldigungen nicht sowohl an die vorsichtig gewählte
Form, als vielmehr an ihre eigentliche Meinung, da sie (was
wenigstens von Meletus auch schon nach dem Euthyphro, p. 2 B,
falls dieser als eine zuverlässige Quelle gelten dürfte, anzunehmen
wäre) seinen wirklichen Charakter wenig kannten, um so mehr
aber, so scheint es, das Aristophanische Zerrbild vor Augen hatten,
und mit dem Komödiendichter manche Züge theils von Anaxagoras,
theils von den schlimmeren unter den Sophisten auf ihn übertru-
gen. Hieraus erklärt sich auf's natürlichste die Art, wie Meletus
nach der Platonischen Apol. dem Sokrates geantwortet hat, und
wie Sokrates gegen ihn argumentirt, der seinen Götterglauben aus
seinem Glauben an das δαιμόνιον erweist, übrigens aber die Anschuldigung der Fremdheit seiner Götter als ganz in der Luft schwebend unberührt lässt. Es widersprach wohl schon seinem logischen Gewissen, solche Thatsachen, die doch nicht streng beweisen konnten (z. B. seine Theilnahme an religiösen Handlungen),
als Beweismittel anzuführen; er konnte nur seiner Weise treu
bleiben, den Gegner selbst zum Eingeständniss der Unhaltbarkeit
seiner Behauptungen zu zwingen. So aufgefasst, wird die Art,
wie Sokrates sich vertheidigt, gar nicht von dem Vorwurfe des
sophistischen Charakters getroffen, den Neuere nur allzuhäufig
darüber ausgesprochen haben, sondern verdient vielmehr das von
Arist. Rhet. III, 18 ihr gespendete Lob. Freilich gibt es noch
eine zweifache Möglichkeit, Dämonisches und Göttliches zu statuiren ohne Götter, nämlich einerseits im Sinne des strengen Mo-
notheismus, andererseits im Sinne des (Spinozistischen) Pantheis-
mus, und diese beiden Standpuncte lässt Sokrates unberührt, aber
nicht mit sophistischer Umgehung, sondern ganz einfach und ehr-
lich darum, weil sie ihm selbst fremd waren. Den letzteren würde
er wohl, wenn er ihn kennen gelernt hätte, nach seiner gewohnten
Weise für eine Lehre erklärt haben, die ihm unverständlich sei
und das Mass seiner Einsicht überschreite; den ersteren kannte
er zwar insofern historisch, als Anaxagoras ihn vertreten hatte;
aber Anaxagoras kannte kein δαιμόνιον im Sinne des Sokrates, und dieser, gewohnt, die innere Stimme nach seinem eigenen Götterglauben zu interpretiren, mag gar nicht auf die
Reflexion gefallen sein, dass diese Stimme auch mit der Anaxagoreischen Ansicht sich vertrage, die er wenigstens in ihren gegen
den Hellenischen Volksglauben feindlichen Elementen nicht theilte,

obschon er daraus den Gedanken einer im All waltenden und
die Einzelgötter überragenden göttlichen Vernunft sich angeeignet
zu haben scheint. Die specielleren Anklagepuncte aber, die
wir in Xenophon's Memorabilien vorfinden, sind gar nicht von
Meletus, Anytus und Lyko, sondern erst von dem Rhetor Polykrates in seiner nach dem Tode des Sokrates verfassten Ankla-
geschrift aufgestellt worden, was C. H. Cobet (Novae lectiones,
Lugduni-Batavorum, 1858, p. 662 sqq.) besonders aus Isocr. Busir.
§. 6; Favorin. ap. Diog. L. II, 39; schol. ad Aristidis Panath.
(v. ed. Dindorf. vol. III, p. 480) gut erwiesen hat. Steinhart
meint ferner (a. a. O., S. 235 f.), eine „möglichst wortgetreue
Aufzeichnung der eigenen Worte des Sokrates" sei zwecklos gewesen, da Plato wohl habe erwarten dürfen, dass die vernommene
Rede bei ihrem mächtigen Eindruck noch lange in treuer Ueberlieferung von Mund zu Mund gehen werde; es sei ihm um
etwas Höheres, als um einen historisch genauen Bericht über das
Verhalten des Sokrates, nämlich um das ideale Bild eines für
Wahrheit und Recht sich opfernden Weisen zu thun gewesen.
Diese Argumentation aber ruht wiederum auf dem πρῶτον ψεῦδος
einer falschen Trennung von Idee und Wirklichkeit. Als ob
nicht gerade das wirkliche Verhalten des Sokrates ein so ideales
gewesen wäre, dass hier die historisch-genaue Richtigkeit mit
der idealen Wahrheit in Eins zusammenfiel. Jene Trennung ist
ein Unglaube an die Macht der Idee über das Leben, den doch
gerade solche Erscheinungen, wie die des Sokrates (auch abgesehen
von der Streitfrage, die uns hier beschäftigt) jedenfalls war, auf's
kräftigste der Unwahrheit überführen. Die Speculation des Sokrates musste Plato vertiefen, seine Erscheinung in der Gesell-
schaft, seine Reden auf den Uebungsstätten und bei Gastmählern
idealisiren; aber der Gediegenheit seiner Gesinnung, die sich in
dem Verhalten während des Processes kund gab, konnte nur
durch eine historisch treue Wiedergabe ihr volles Recht werden.
Hier, wo es sich um die Sokratische Bewährung der ethischen
Kraft in einem der ernstesten Lebensmomente handelte, der Darstellung durch subjective Idealisirung und poëtischen Schmuck
nachhelfen wollen, hiess Flittergold dem echten Golde zur Ver-
zierung beigeben und kam fast einer Entweihung gleich. Auch
im Phaedo ist zwar der speculative Gehalt der Reden unend-
lich vertieft, aber die Aeusserungen, worin die Gesinnung sich

kund gibt, sind unverkennbar mit historischer Treue dargestellt.
Es kann nicht genügen, dass im Uebrigen das Lebensbild des
Sokrates in der Apol. wesentlich treu sei; auch seine Vertheidigungsrede selbst war eine ethische That, und auch dieser durfte
hier nicht etwas Heterogenes substituirt werden. Dass es aber
einer schriftlichen Aufzeichnung der wirklichen Rede nicht bedurft
hätte, weil die mündliche Tradition hätte genügen mögen, lässt sich
nicht mit Recht behaupten. Längere Reden werden nicht leicht
„in treuer Ueberlieferung" häufig wiederholt; eher ist dies bei den
Erzählungen von Ereignissen, auch bei der Wiedergabe einzelner
pikanter Aeusserungen, und doch auch hier kaum, zu erwarten.
Schon für die Zeitgenossen, selbst für die, welche die Rede gehört hatten, vollends aber für Spätere, war eine möglichst treue
Aufzeichnung der Sokratischen Worte wohl der Mühe werth, und
auch keineswegs (wie S o c h e r, Plat. Schriften, S. 70 f. und M n n k,
nat. Ordn., S. 460 meinen) unter der Würde des Plato. Der
Vergleich mit den Reden in historischen Werken, namentlich bei
Thucydides, würde, wie schon Z e l l e r (II, 2. Aufl., S. 135)
richtig bemerkt hat, nicht eine so volle Freiheit der Dichtung
beweisen, wie S t e i n h a r t anzunehmen scheint; übrigens trifft
der Vergleich auch nicht ganz zu. Bei der Einreihung einer
Rede in ein grösseres Werk muss der Charakter des Ganzen auf
dieses einzelne Glied, bei einer aufgezeichnet vorliegenden Rede
wenigstens auf die Auswahl der aufzunehmenden Abschnitte,
und bei einer vor Jahren gesprochenen und aus dem Gedächtniss
wiedergegebenen, mehr noch bei einer von dem Schreibenden
nicht einmal gehörten Rede auf die Composition selbst mitbestimmend einwirken. Wird aber eine Rede eigens als ein selbständi-
diges Ganzes aufgezeichnet, so unterliegt sie keinem fremden
Gesetz, mit welchem die volle historische Genauigkeit unverträg-
lich wäre. Wenn S t e i n h a r t sich (S. 236) auf das sonstige
Verfahren des Plato beruft, so ist der Fall nicht der gleiche. Bei
den meisten anderen Dialogen lag ebensosehr ein Hinausgehen über
die Weise des historischen Sokrates in der Aufgabe Plato's, wie
bei der Apol. die historische Treue. Man könnte eine Stufenreihe
entwerfen, worin von den Platonischen Schriften die einen auf
die äusserste Seite der Freiheit in der Composition zu stehen
kämen, andere in die Mitte, wieder andere auf die Seite der vorwiegenden historischen Treue, und nach dieser Seite hin möchte

16*

dann die Apol. ein Aeusserstes bezeichnen. Die einfache Analogie, bei der Steinhart stehen bleibt, reicht nicht aus. Es gibt, wie in anderen Beziehungen, so auch in dieser, nicht „ein Verfahren, das allein der schriftstellerischen Eigenthümlichkeit Plato's entsprach, wie wir sie aus allen seinen Dialogen kennen" (Steinhart, S. 236), sondern auf einem einheitlichen Grunde eine reiche Mannigfaltigkeit von Formen, worüber Plato gebot, und unter denen er jedesmal die dem Inhalt angemessene zu wählen wusste. Noch beruft sich Steinhart auf Einzelheiten, wie z. B. (S. 241 und 282) auf das Sokratische Urtheil über die Naturphilosophen in der Apol. und bei Xenophon, um darzuthun, dass der Sokrates der Apol. nicht der historische sei. Freilich ist er nicht der Xenophontische; aber es ist auch eine blosse, ganz unerwiesene Voraussetzung, dass Xenophon „gewiss treu die Gedanken des Sokrates wiedergebe, wenn er ihn sowohl die Eleatischen, als die Ionischen Speculationen über das Wesen der Dinge als gleich unpraktisch verwerfen lasse". Wohl mag Xenophon der Meinung gewesen sein, nur Gedanken des Sokrates wiederzugeben; aber es fragt sich, ob er nicht unwillkürlich seinen eigenen Nützlichkeitsstandpunct untergeschoben habe. Sokrates, berichtet Xenophon selbst (Mem. I, 6, 14), las mit seinen Freunden oft die Schriften der Alten (τῶν πάλαι σοφῶν ἀνδρῶν). Zwar will Hermann (Plat., S. 50 und 109, Anm. 97), dass dies nur poëtische Werke, nicht naturphilosophische gewesen seien; aber ein stichhaltiger Beweis fehlt durchaus. Nichts steht der Annahme im Wege, dass, wenn Sokrates sich wirklich ganz in dem Sinne äusserte, wie die Platonische Apolog. es angibt, Xenophon diese Aeusserungen so aufgefasst und wiedergegeben habe, wie wir es in den Memor. finden, zumal da die Abweichung mehr in den Motiven, als in dem Resultat liegen möchte. Der Sokrates der Platonischen Apolog. sagt (p. 19 E): ὧν ἐγὼ οὐδὲν οὔτε μέγα οὔτε σμικρὸν πέρι ἐπαΐω. Dies deutet Hermann (S. 50) ganz falsch dahin, Sokrates stelle alle die Kenntnisse in Abrede, die Aristophanes ihm andichte. Nicht die Kenntnisse, sondern die φλυαρία weist Sokrates von sich ab, und, sofern es sich um die Wissenschaft von der Natur handelt, das Verständniss der Sache; die historische Kenntniss von naturphilosophischen Lehrmeinungen aber, wenigstens von denen des Anaxagoras, erklärt er für sehr leicht zugänglich und allverbreitet. In diesem Puncte besteht auch nicht

einmal ein Gegensatz gegen Xenophon, der sogar hinsichtlich der
schwierigeren Partien der Mathematik und Astronomie von Sokrates sagt (IV, 7, 3): καίτοι οὐκ ἄπειρός γε αὐτῶν ἦν· (ib. 5):
καίτοι οὐδὲ τούτων γε ἀνήκοος ἦν. Auch wird durch Xenophon's
Bericht (Mem. IV, 7, 7) Hermann's Voraussetzung (S. 50) entschieden widerlegt, dass Sokrates jene „Lehren und Meinungen
nur in ihren Aeusserungen und Wirkungen auf's praktische Leben
angriff". Die Kritik, welche Sokrates übte, hat eine gewisse Kenntniss zur nothwendigen Voraussetzung. F. A. Wolf geht allerdings zu weit, wenn er Sokrates eine Zeitlang Naturphilosoph
sein lässt; aber die Bekanntschaft mit der Naturphilosophie schreibt
er ihm gewiss mit Recht zu. Die Differenz zwischen dem Platonischen und Xenophontischen Bericht beginnt erst da, wo es sich um
das Motiv der Abkehr von diesen Studien handelt. Bei Plato
erklärt Sokrates (Ap. 19 C): οὐχ ὡς ἀτιμάζων λέγω τὴν τοιαύτην ἐπιστήμην, εἴ τις περὶ τῶν τοιούτων σοφός ἐστιν, was seinem Urtheil über die Wissenschaft von der menschlichen und
bürgerlichen Tugend (p. 20 B) analog ist, so dass er beide Wissenschaften an sich selbst hoch hält und nur nicht das, was sich
gewöhnlich dafür ausgibt, als echte Wissenschaft anerkennt.
Die Naturphilosophie, als wirklich erreicht gedacht, wird von ihm
nicht darum verachtet, weil sie nicht nützen würde, sondern das
Streben nach ihr weist Sokrates, wie wir nach dem Zusammenhang annehmen müssen, mindestens für seine Person aus
dem Grunde ab, weil es das Ziel nicht erreichen, sondern nur zur
Scheinweisheit führen, von der erreichbaren und zugleich auch
noch wichtigeren Wissenschaft des ethischen Lebens aber ablen-
ken und in diesem Betracht unnütz und schädlich sein würde.
Bei Xenophon wird die Wissenschaft selbst nach dem Nutzen
gewürdigt. Auf Glaubwürdigkeit hat die Platonische Auffassung
mindestens den gleichen, und in der That höheren, Anspruch,
als die Xenophontische. Die Vereinigung des logischen Interesses,
welches den Sokrates beseelte und ihn zur Begründung der Methode der Induction und Definition (cf. Ar. Met. XIII, 4) führte,
mit einer Reflexion, die das Wissen ausschliesslich in den Dienst
fremder Zwecke stellte, und vollends, die seinen Werth nach dem
Nutzen für das äussere Leben abschätzte, ist zwar nicht völlig
unmöglich, aber doch weit weniger wahrscheinlich, als die Annahme, dass Xenophon, der nicht, wie Sokrates, ganz der Phi-

losophie lebte, sondern sie nur als ein Mittel für seine praktischen Lebenszwecke verwandte, den Sokratischen Standpunct mit seinem eigenen fälschlich identificirt habe. Es lässt sich demnach auf Xenophon's Memorabilien kein Beweis gegen die Geschichtlichkeit jener Sokratischen Aeusserungen in der Platonischen Apol. begründen. Ebensowenig sind die noch übrigen Argumente Steinhart's haltbar. In der Milde gegen die Sophisten sieht Steinhart (S. 242) eine weise Absicht und Berechnung Plato's. Da müsste zuvor bewiesen sein, dass das historische Verhältniss ein anderes war, da doch vielmehr das Wahrscheinliche ist, dass erst Plato nach dem Tode des Sokrates den Gegensatz so scharf und schroff ausgeprägt hat. Müsste freilich (mit Hermann und Steinhart) der Euthydemus unter Plato's Jugendwerke gerechnet werden, so läge darin ein kräftiges Gegenargument; aber diese Voraussetzung schwebt selbst in der Luft, und ist sogar, da der Euthydemus (p. 301 A) die Ideenlehre kennt, und auch um Aporien in Bezug auf das Verhältniss der Idee zur Erscheinung weiss, vom Hermann'schen Standpunct aus eine crasse Inconsequenz. Und so wird es zuletzt wohl bei Schleiermacher's Ausspruch sein Bewenden haben müssen (Plat. I, 2, S. 184 f.), die Absicht der Schrift sei, den wahren Hergang der Sache im Wesentlichen darzustellen und aufzubewahren, für die Athener, welche nicht Hörer sein konnten und für die anderen Hellenen und für die Nachkommen (und wir fügen hinzu: auch für die Hörer selbst zur bleibenden Erinnerung); nun aber sei ja nicht zu glauben, dass Plato in einer solchen Sache dem Kitzel nicht habe widerstehen können, ein selbstgearbeitetes Kunstwerk dem Sokrates unterzulegen; es sei vielmehr nichts wahrscheinlicher, als dass wir an dieser Rede von der wirklichen Vertheidigung des Sokrates eine so treue Nachschrift aus der Erinnerung haben, als es bei dem geübten Gedächtniss des Plato und dem nothwendigen Unterschiede der geschriebenen Rede von der nachlässig gesprochenen nur möglich war. („Nachlässig gesprochen" ist nach Schleiermacher's Absicht, wie aus dem Nachstfolgenden, S. 186 f., hervorgeht, auf das Stylistische zu beziehen; im Uebrigen war die Rede zwar ohne specielle Vorbereitung, aber gewiss mit höchster Sammlung des Geistes gesprochen.) Ist dem so, so beseitigt sich dadurch von selbst die Annahme, die bei der Steinhart'schen Ansicht (abgesehen von

etwaigen anderweitigen Gegengründen) als möglich erscheinen
muss, und zu der M u n k (Nat. Ordn., S. 437 ff.) wirklich fortge-
gegangen ist und die er auch (besonders S. 461 und S. 462 f.)
von jener Voraussetzung aus mit unverächtlichen Argumenten
unterstützt, dass die Apol. von Plato erst lange Zeit nach dem
Tode des Sokrates, sogar als eines der spätesten Werke, verfasst
worden sei; sie muss vielmehr unmittelbar nach der Verhandlung
niedergeschrieben worden sein.

Crito. Was von der Apol. gilt, lässt sich nicht ganz in
gleichem Sinne auf den Crito übertragen. Dass eine Thatsache
zum Grunde liegt, beweist die Anspielung im Phaedo p. 99 A,
die freilich zunächst mit Bezug auf die betreffenden Stellen im
Crito geschrieben sein mag, aber nicht als auf eine Fiction, sondern so, dass die Facticität deutlich vorausgesetzt wird. Die
Form, in welcher die Pseudo-Xenophontische Apol. (23) dieselbe
Sache erwähnt: ἀλλὰ καὶ ἐπισκῶψαι ἐδόκει ἐρόμενος, εἴ που
εἰδείη τι χωρίον ἔξω τῆς Ἀττικῆς, ἵνθα οὐ προσβατὸν θανάτῳ,
scheint noch auf eine andere Quelle, als den Crito, zu weisen,
wiewohl es auch nicht unmöglich wäre, dass der Verfasser doch
in loserem Anschluss an die entsprechenden Aeusserungen über
eine etwaige Flucht im Crito jenen Ausdruck selbst gebildet hätte.
Für die Geschichtlichkeit einer solchen Unterredung, abgesehen von
der Person des Crito, können auch die Stellen Diog. L. II, 60
und III, 36 als Zeugnisse mitverwandt werden, wo gesagt wird,
dass nach der Angabe des Idomeneus Plato den Crito die Rolle
spielen lasse, die in der That Aeschines gespielt habe; freilich
reicht die Bezeugung zur Beglaubigung keineswegs zu, auch
müsste dann Plato den Charakter der Unterredung ganz umgebildet haben, um ihn der Person des Crito so durchaus anzu-
passen, wie wir es in dem Dialoge finden. Nicht unwahrscheinlich ist es, dass Plato Vorwürfe, die später den Freunden des
Sokrates von ferner Stehenden gemacht wurden, und die er vielleicht in Athen, vielleicht auch auf seinen Reisen öfters vernehmen
men mochte, in den Dialog verwebt und dem Crito als zu er-
wartende Beschuldigungen in den Mund gelegt habe. Wie dem
aber auch sei, keinesfalls hatte hier Plato ein so bedeutsames
Motiv zu v o l l e r historischer Treue, wie bei der Vertheidigungsrede, und wenn er in der That nicht gegenwärtig war (wie ja

wenigstens der Dialog Crito die Gegenwart eines Dritten ausschliesst), so mochte er in diesem Falle zu einer treuen Reproduction nicht einmal die Möglichkeit haben, da die Wiedererzählung
durch Crito (oder Aeschines) ihm wohl kaum die Sokratischen
Worte ganz ungefärbt durch die Subjectivität des Andern überliefert hatte. Dazu kommt, wie schon mehrere neuere Forscher
bemerkt haben, dass wenigstens die Veröffentlichung eines solchen Dialogs gleich nach der Begebenheit selbst nicht rathsam
gewesen wäre, um nicht das Geheimniss der Freunde den Män-
nern des Gesetzes zu einer Zeit zu verrathen, wo noch der Be-
stechungsversuch der Gefängnisswärter und die zum Theil ausgeführte Bestechung vor die Gerichte gezogen werden konnte.
Auch setzte wohl die Veröffentlichung einen Umschwung der
Stimmung des Volkes in der Sache des Sokrates voraus, der
nicht alsbald nach der Hinrichtung, sondern erst geraume Zeit
hernach, vielleicht besonders in Folge der späteren Bemühungen
der Freunde des Sokrates, namentlich der Xenophontischen Memorabilien und des Platonischen Wirkens, erfolgt zu sein scheint.
Doch mag der Crito weit früher geschrieben, als veröffentlicht,
und auch im Allgemeinen historisch wahr gehalten sein; wenigstens werden wir uns nicht von einigen Neueren überreden
lassen, dass derselbe über die Motive des Sokrates wesentlich
Unhistorisches berichte, und dass der wirkliche Sokrates nicht,
um sich selbst treu zu bleiben und den Adel seiner Gesinnung
nicht zu verläugnen, sondern nur, um den Beschwerden des
Alters zu entgehen, den Fluchtversuch abgelehnt habe. Im
Einzelnen aber ist im Crito von historischer Genauigkeit gewiss
weniger, von freier Composition dagegen mehr zu finden, als in
der Apol., und seine Entstehungszeit ist minder gesichert, als
die der letzteren, wiewohl die Annahme der Abfassung bald nach
der Zeit der wirklichen Begebenheit die vorwiegende Wahrscheinlichkeit hat.

Phaedo. Vom Phaedo ist es gewiss, dass er in seinem
speculativen Theile über die eigene Lehre des Sokrates weit hinausgeht. Dafür zeugt schon die Basirung der Hauptbeweise auf
die nach dem öfters angeführten Zeugnisse des Aristoteles dem
Sokrates noch fremde Ideenlehre. Hieraus folgt nun noch nicht
ohne Weiteres, dass der Phaedo auch zeitlich von dem Ereignisse,

das er in seinen historischen Partien darstellt, sich um Vieles
entferne. Es fragt sich, wann Plato in seiner eigenen Entwickelung zu jenen Lehren gelangt sei, und wie dieser Dialog sich zu
anderen, nachweislich spät geschriebenen, verhalte. Die Beant-
wortung dieser Fragen aber gehört nicht in diesen Abschnitt.

Gorgias. Die harte und bittere Weise, wie Plato sich im
Gorgias über das atheniensische Staatsleben und die geachtet-
sten Staatsmänner äussert, im Vergleich mit milderen Urtheilen
in anderen Dialogen, die Schärfe und Schroffheit des Gegensatzes
gegen Sophistik und Rhetorik, die Weise, wie das Schicksal des
Sokrates in deutlicher Anspielung aus seinem Widerstreit gegen
die Entartung der Zeit und seinem Verschmähen der allgemein
geübten Schmeichelkunst abgeleitet wird, dies alles macht sehr
wahrscheinlich, dass dieser Dialog in der nächsten Zeit nach dem
Tode des Sokrates verfasst worden sei. Die Angabe des Athenaeus
(XI, 113), dass Gorgias die Erscheinung desselben noch erlebt
habe, ist nicht durch sich selbst so gesichert, dass sie (mit Hermann, S. 635, Anm. 391) zu einem Beweismittel gebraucht werden dürfte; aber ihre Harmonie mit der Wahrscheinlichkeit, die
sich aus dem Dialog selbst ergibt, mag immerhin willkommen
sein. Die Annahme Hermann's, der den Gorg. gleich nach
der Apol. und dem Crito folgen lässt, empfiehlt sich mehr, als
Schleiermacher's Meinung (II, 1, S. 20 ff.), dass dieser
Dialog wohl als der erste oder zweite nach der Rückkehr von
der sicilischen Reise, also um das vierzigste Lebensjahr Plato's,
verfasst sein möge; denn die von Schleiermacher vermutheten
Beziehungen auf Aristophanes und auf Dionysius den Aelteren von
Syrakus sind, wie Schleiermacher selbst sich nicht verhehlt,
doch gar unsicher, das Bestehen der Schule des Plato bleibt
somit auch eine unerwiesene Voraussetzung, die Weise aber, wie
das Schicksal des Sokrates berührt wird, macht die Voraussetzung
der zeitlichen Nähe annehmbarer. Doch liegt hierin allerdings
kein strenger Beweis. Es bleibt möglich, dass Gorg. später, vielleicht gar, falls nicht andere Gründe das Gegentheil darthun, um
Vieles später, verfasst worden sei. Eine ähnliche Schärfe und
selbst Bitterkeit der Kritik kehrt noch im Politicus (p. 294
sqq.) wieder, aber hier nicht mehr ausdrücklich gegen die Personen, sondern gegen das Princip des atheniensischen Staats-

lebens gewandt, und in einer Form, die aber den Greis zu verrathen
scheint (gleich wie Kant die einschneidendste principielle Kritik
der damals bestehenden Zustände in Kirche und Staat erst als
Greis veröffentlicht hat). Es sei fern, auf solche unbestimmte
Eindrücke (und Analogien) Beweise bauen zu wollen; wesentlich
ist uns hier nur die Bemerkung, dass bloss die Abfassung nach
den betroffenden Ereignissen sich mit voller Zuversicht annehmen
lässt, über die zeitliche Nähe oder Ferne aber nach diesen Anzeichen für sich allein nur mehr oder minder wahrscheinliche
Vermuthungen sich bilden lassen.

Euthyphro. Sehr zweifelhaft ist die Abfassungszeit des
Euthyphro, dessen Echtheit durch äussere Zeugnisse nicht genügend gesichert ist. Die Vermuthung S o h l e i e r m a c h e r's (I, 2,
S. 55), welcher S t e i n h a r t und Andere beigetreten sind, dass der
Euthyphro während der Zeit des Processes geschrieben sei, ist sehr
gewagt. Als Vertheidigungsschrift hätte dieser Dialog seinen Zweck
durchaus verfehlt, wäre in's Volk schwerlich recht gedrungen
und hätte dann doch mit seiner wenigstens anscheinend resul-
tatlosen Dialektik nicht die vermeintlich beabsichtigte Wirkung
üben können; die Ankläger aber, zunächst Meletus, wären
dadurch wohl nur noch mehr erbittert worden. Als heiterer
Scherz aber stimmte eine solche Schrift nicht zu dem Ernste der
Situation, selbst dann nicht, wenn die Hilfshypothese richtig
sein sollte, dass die Freunde des Sokrates die Anklage ursprünglich nicht für gefährlich gehalten hätten. Aber diese letztere
Voraussetzung hat S o c h e r (S. 60) durch Berufung auf den
Crito nicht bewiesen, noch auch nur wahrscheinlich gemacht;
denn dort sagt Crito (p. 44 B, C; 45 E) nur, es sei der Vorwurf
der Lässigkeit zu befürchten, worauf ihn aber Sokrates belehrt
(p. 44 C; 46 B sqq.), es seien eben nicht alle Meinungen der
Menschen zu beachten, sondern nur die der Einsichtigen, die
über den Fall richtig zu urtheilen vermögen. Die Freunde sind nicht
lässig gewesen n a c h der Verurtheilung, sondern Sokrates hat seinerseits auf ihr Vorhaben nicht eingehen wollen; und dass v o r der
Verurtheilung die Sache nicht wesentlich anders lag, sondern dass
auch damals wenigstens manche Freunde die Anklage besorglicher
aufnahmen, als Sokrates selbst, den der schlimme Ausgang nicht
schreckte, geht schon aus dem Gespräche zwischen Sokrates und

Hermogenes Xen. Memor. IV, 8, 4 hervor (auf welche Stelle
Munk S. 444 mit Recht verweist). Nun mochte zwar Plato zu
den Unbesorgtesten gehören, und ein Scherz über die vermeint-
liche Gefahr mochte ihm nahe liegen, schwerlich aber die sofortige Verwendung der Situation zur Scenerie eines dialektischen
Uebungsstückes. Zu der Stimmung Plato's gleich nach dem
Tode des Sokrates, die wir der Natur der Sache nach als eine
sehr ernste voraussetzen müssen, passt wiederum der leichte und
heitere Ton des Gespräches nicht; die Annahme einer kurzen
Zwischenzeit reicht schwerlich aus, um den Contrast mit der
Bitterkeit zu erklären, die sich im Gorg. kund gibt, und mit der
Krankheit, die Plato selbst (Phaedo, p. 59 B) bezeugt in den
bekannten Worten: Πλάτων δέ, οἶμαι, ἠσθένει, denn diese Angabe
ist gewiss nicht als eine blosse Fiction zu verstehen, welche dazu
dienen sollte, die Abwesenheit, die der Idealisirung freieren Spielraum lasse, zu motiviren, sondern (mit Hermann und Anderen)
auf eine wirkliche Krankheit zu beziehen, die sich an die ermat-
tende Nachwirkung des erschütternden Ereignisses knüpfen mochte;
das ist nicht (wie Susemihl I, S. 477 Hermann entgegen-
hält) moderne Sentimentalität; auch kann die freilich nicht lo-
bende Erwähnung der heftigen Gefühlsäusserungen des Apollodorus (59 A) mit einem tiefen Schmerze des Plato selbst, der
auch die angegebene Folge hatte, sehr wohl zusammenbestehen.
Die wenig dialektische Art, wie im Euthyphro die Ideenlehre gleich von vorn herein (p. 5 D) eingeführt wird, das Prädicat: ἔχον ἰδέαν, auf das ὅσιον (und ἀνόσιον!) αὐτό bezogen,
welches doch vielmehr selbst eine ἰδέα ist, während das ἔχειν
von der Einzelhandlung gesagt sein sollte, der Gegensatz von
οὐσία und πάθος (p. 11 A), die von der sonstigen Platonischen
Weise abweichende Verwendung der Termini παράδειγμα (p. 6 E)
und ὑπόθεσις (p. 11 C), die Phädrusrolle (Phaedr. p. 229 E),
die hier Sokrates in der Frage an Euthyphro (Euthyphr. p. 6 B)
spielen muss, die διατριβαί (p. 2 A), das Verhältniss der Scenerie
zu der des Theaet., die Anklänge an Rep. II, 378 sqq., Meno 97 D,
Crat. 396 D, 399 A sqq.: dies alles weckt den Verdacht einer Nachbildung Platonischer Formen durch irgend einen Fälscher. Doch
muss diese schon früh erfolgt sein (etwa durch Pasipho von
Eretria), da Aristophanes von Byzanz den Dialog bereits zu den
Platonischen zählt.

Phaedrus. Für die Abfassungszeit des **Phaedrus** ist nach unseren Erörterungen in dem allgemeinen Theil die Beziehung an Plato's mündlichem Unterricht entscheidend. Nur folgt daraus nicht gerade, dass dieser Dialog das „Antritts-Programm der Lehrthätigkeit in der Akademie", also gleich bei der Eröffnung derselben oder auch unmittelbar vorher ausgegeben worden sei. Es ist auch das Andere möglich, dass die Schule schon eine gewisse, nur nicht allzu lange Zeit bestanden und im Publicum von sich reden gemacht hatte, so dass Plato in den Fragen und Urtheilen der näher und ferner Stehenden den Anlass zu einer öffentlichen Erklärung fand. Nach den Grundsätzen, die der Phaedr. aufstellt, ist die philosophische Schriftstellerei überhaupt nicht für das grössere Publicum bestimmt, also, könnte man folgern, auch dieser Dialog selbst nicht; also setzt derselbe die Schule als schon bestehend voraus und wendet sich an deren Glieder. Indess dieser Schluss sieht doch mehr einem dialektischen Spiele gleich, als einer historischen Argumentation. Wer einem leselustigen weiteren Publicum mitzutheilen hat, für es zu schreiben fruchte nicht, aber man sei bereit zu mündlicher Belehrung, kann sich doch genöthigt sehen, ihm diese Erklärung schriftlich zukommen zu lassen, indem er von der Regel, an die er sich im Uebrigen zu binden gedenkt, diese eine Ausnahme macht. Nun ist wahrscheinlich die Schule im Akademusgarten von Plato nach seiner Rückkehr von der ersten Sicilischen Reise gegründet worden, die er, dem siebenten Briefe zufolge, „ungefähr vierzig Jahre alt", unternommen hat. Wir müssen dieselbe etwas später ansetzen, als Hermann, der schon Plato's Geburtsjahr unrichtig bestimmt, da er das Jahr 429 v. Chr. statt eines der beiden nächstfolgenden (worunter 427 das bestbezeugte ist) annimmt. Doch dürfen wir auch nicht über die Zeit des Antalkidischen Friedens hinausgehen, so dass die Rückkehr Plato's und die wahrscheinlich sofort sich anschliessende Gründung der Schule in das Jahr 387 fallen mag. In eben diesem Jahr oder wahrscheinlicher in einem der nächstfolgenden wird daher der Dialog Phaedrus zu setzen sein. (Die andere Grenze ist das Jahr 385 oder 384, die Zeit der Abfassung des Sympos, welchem der Phaedr. gemäss dem inneren Verhältniss beider Dialoge zu einander vorausgegangen sein muss, wofür formell schon die dem Mitunterredner Phädrus bei dem Sokrates ungewohnte εύροια p. 238 C zeugt, da andernfalls hierbei

wohl irgendwie an das Sympos. erinnert worden wäre, materiell
namentlich die genaueren Bestimmungen im Sympos. über den
Ἐρως als einen Halbgott im Vergleich der Unbestimmtheit im
Phaedr. p. 242 D, E, wie auch über die Erzeugung in dem
Schönen. Doch diese Beziehungen näher in Betracht zu ziehen,
ist nicht dieses Ortes.)

Das, wie es scheint, noch heute beliebteste und auch wirk-
samste Argument für eine frühe Entstehung des Phaedrus ist die
vielberufene „Jugendlichkeit", die sich in demselben kund
geben soll. Dieses Argument knüpft sich an den ersten Eindruck,
den das Thema (und zum Theil auch die Art der Behandlung)
der ersten Partien des Phaedr. hervorzurufen pflegt, und verdankt eben diesem Umstande seine Popularität. Dass der philosophische Gehalt der zweiten Rede des Sokrates und auch die
nüchternen Reflexionen in den späteren Partien jenem ersten
Urtheil wenig entsprechen, ist ein Nachgedanke, der im Nachtheil steht, wenn der Sinn schon präoccupirt ist. Der Begriff
der „Jugendlichkeit" ist ein sehr schwankender. Man kann das
Merkmal der Jugendfrische betonen, aber auch das der jugendlichen Unreife. Auf eine Entstehung in jugendlichem Alter
kann mit logischer Nothwendigkeit nur das letztere führen, welches Schleiermacher in der Einleitung zum Phaedr. (Plat.
Werke, 1, 1, S. 67 ff.) vorzugsweise heraushebt. Aus dem Eindruck poëtischer Jugendfrische auf ein jugendliches Alter des
Verfassers zu schliessen, wäre ein Paralogismus *); denn warum
sollte nicht Plato jene bis über sein vierzigstes Jahr hinaus, ja
in gewissem Sinne immer bewahrt haben? Die Zeit des Sympos.
steht fest; hat ihm etwa damals die rege poëtische Kraft geman-
gelt? In diesem Alter ist bei kräftigen Geistern das Feuer ju-
gendlicher Begeisterung noch unerloschen, aber mit männlicher
Reife gepaart, und es pflegt zwar minder heftig, aber um so
intensiver zu wirken. Plato schrieb, als er seine Schule eröffnete,
besonders für Jünglinge, und accommodirte sich bis zu gewissen
Grenzen hin dem Jugendalter der Leser; man geht irre, wenn
man in der „Jugendlichkeit" mancher Partien der Schrift einen

---

*) „Es ist ein modernes Vorurtheil, daraus entstanden, dass bei uns die poëtische
Kraft so häufig mit der schwindenden Jugend verwelkt; die besten und wärm-
sten Erzeugnisse der griechischen Dichter sind in reifen Jahren geschaffen" (Leop. Schmidt).

Beweis seines eigenen Jugendalters zu finden vermeint. Es ist auffallend, dass die Vertreter des methodischen und des genetischen Principe hier gewissermassen ihre Rollen tauschen müssen, indem jene bei dem Phaedr. die Form, die aus didaktischen Gründen gewählt sein kann, auf Plato's eigene Entwickelungsstufe deuten, und diese in der vorliegenden Frage zur Begründung ihrer Ansicht gerade wesentlich auf Beachtung didaktischer Motive gewiesen sind. Was aber Schleiermacher auf Jugendlichkeit im tadelnden Sinne deutet, fällt zum Theil unter diesen Begriff überhaupt nicht, und würde zum anderen Theil nur dann unter denselben fallen, wenn schon die Abfassung zur Zeit des Sokrates erwiesen wäre, wobei also recht eigentlich eine petitio principii vorliegt. Dass zwei Reden der Lysianischen entgegengestellt werden, ist in keinem Fall ein „epideiktisches" Verfahren, hervorgegangen aus jugendlichem Uebermuth, sondern eine durch den Plan des Ganzen bedingte und gerechtfertigte Nothwendigkeit. Den „Gipfel der Epideixis" findet Schleiermacher (I, 1, S. 70) in der „echt Sokratischen erhabenen Verachtung alles Schreibens und alles rednerischen Redens". Aber dies war nur dann „epideiktisch", wenn so ein junger Mann verfuhr, der doch selbst nur als Schriftsteller zum Publicum redete und einen Sokrates, der in dieser Weise gar nicht existirte, bei Lebzeiten des Mannes zeichnete, aber nicht, wenn damit dasjenige angekündigt wurde, was Plato wirklich gab, als er seine Lehrthätigkeit eröffnete. Auch die Art, wie der Eros des Sokrates behandelt wird, war Jahre lang nach dem Tode des Meisters nicht „apologetischer Trotz" (wofür sie Schleiermacher I, 1, S. 69 hält), sondern poëtische Verklärung. Somit können diese Argumente so wenig den Charakter der „Jugendlichkeit" und dieser wiederum die Entstehung des Dialogs in Plato's Jugendzeit beweisen, dass sie selbst vielmehr nur unter der Voraussetzung dieser Entstehungszeit gelten. Was aber auch ohne diese Voraussetzung von „Jugendlichkeit" im Schleiermacher'schen Sinne in diesem Dialoge sich findet, erklärt sich sehr wohl auch bei dem immer noch jugendlich strebenden Manne, der eben erst eine in ihrer Art wesentlich neue Schule in Athen eröffnete, und, noch nicht durch trübe Erfahrungen niedergebeugt, mit frischem, herausforderndem Muthe begann.

Die Beziehungen auf I so kr at e s und auf L y s i a s, welche
sich im Phaedrus finden, dienen der bereits durch das Verhältniss
dieses Dialogs zu Plato's mündlicher Lehrthätigkeit gesicherten
Zeitbestimmung noch zur Bestätigung. II er m a n n's Bemerkung,
(Pl. Ph., S. 382) dass das Vaticinium über den I so kr at es in
einer Schrift des jungen Plato eine so enorme Unschicklichkeit
sei, dass wir sie diesem durchaus nicht zutrauen können, bleibt
unwiderlegt. Dass die Weissagung über den Isokrates als ein
vaticinium ex eventu lächerlich sein würde, behauptet S c h l e i e r-
m a c h er (Pl. W. I, 1, S. 73) ohne Grund. Hätte es dem vier-
zigjährigen Plato freigestanden, zwischen der Form eines Urtheils
aus der Gegenwart und der einer Voraussage aus früherer Zeit
zu wählen, so möchte S c h l e i e r m a c h e r Recht haben, sofern
die letztere Form dann als willkürlich, gesucht und anmassend
erscheinen könnte; da aber in einer Schrift, worin Sokrates auftreten sollte, nur die Form der Voraussage möglich war, und da
zugleich dem Sokrates der Scharfblick, dessen es zur Bildung
einer begründeten Erwartung über die künftige Entwickelung eines
wohlbegabten jungen Mannes bedurfte, sich füglich zutrauen
liess, so war Plato zu dem letzteren Verfahren ebenso genöthigt,
wie berechtigt, und von Lächerlichkeit kann dabei gar keine
Rede sein.

Die bedeutendste, aber doch unzureichende Hilfe hat der
S c h l e i e r m a c h er'schen Ansicht neuerdings L e o n h a r d S p e n-
g e l gebracht durch seine Untersuchungen über „I so kr at e s
u n d P l a t o n" in den „Abh. der philos. - philologischen Classe
der K. Baierischen Akademie der Wissenschaften", Bd. VII,
Abth. 3, München 1855, S. 729 bis 769. Die Fundamentalstelle
bei Plato, nämlich die Weissagung über den Isokrates im Phaedrus, will S p e n g e l (S. 733 f.) durch Herstellung des Platonischen Ausdrucks εἴτε statt der vulgata ἔτι τε emendiren, so dass
der Platonische Sokrates es für nicht wunderbar erklärt, wenn
Isokrates e n t w e d e r in der Rede vor allen Anderen sich weit
auszeichnen, o d e r, falls dies ihm nicht genüge, ein noch
Grösseres, nämlich die Philosophie, ergreifen werde. (Die S p e n-
g e l'sche Emendation scheint die fernere nothwendig zu machen ꞉
ἐπὶ μείζω δή statt: ἐπὶ μείζω δ᾽). Mit anerkennenswerther Offenheit und Wahrheitstreue erklärt S p e n g e l selbst (S. 734), dass
hiernach die so wichtige Stelle nicht mehr dieselbe Bedeutung,

wie bei der Lesart ἔτι τε, für die Bestimmung der Entstehungszeit des Phaedrus habe. Hat Plato geschrieben: ἔτι τε, so hat
er damals ausser und nach der Auszeichnung des Isokrates
in der Redekunst a u c h n o c h seine Hinwendung zur Philosophie mit einer gewissen Zuversicht erwartet; hat er aber ἔτι
geschrieben, so ging seine Zuversicht nur darauf, dass irgend
einer von beiden Erfolgen eintreten werde, und in diesem letzteren Sinne mochte Plato vielleicht noch zu einer späteren
Zeit schreiben, als schon die thatsächliche Entwickelung des
Isokrates die früher möglicherweise vorhandene „Hoffnung, dass
dieser sich ganz für die Philosophie werde gewinnen lassen",
auf einen geringen Grad herabgedrückt hatte. Grosses Gewicht
ist hierauf freilich nicht zu legen, da es sich bei der Hoffnung der Zuwendung des Isokrates zur Philosophie doch nur
um das Mass der Zuversicht handelt. Aber auch die schwä-
chere Hoffnung, meint S p e n g e l, habe Plato um die Zeit, da er
seine Schule gründete, nicht mehr hegen können; denn Isokrates
bekämpfe in seiner (vielleicht um das Jahr 396, vielleicht jedoch erst um mehrere Jahre später verfassten) Rede „gegen die
Sophisten", mit welcher er seine rhetorische Schule eröffnete,
nicht nur andere Rhetoren, sondern auch Lehrer der Philosophie,
die er Eristiker nenne, und diese in einer Weise, die den Plato habe
abstossen müssen. Die Eristiker (οἱ περὶ τὰς ἔριδας διατρίβον-
τες), sagt Isokrates, geben vor, die Wahrheit zu suchen und
verheissen zur Tugend und Glückseligkeit zu führen, was doch
Täuschung ist, da es von der richtigen Lebensführung kein Wissen,
sondern nur Meinungen gibt. Diese Polemik bezieht nun S p e n -
g e l (S. 747) auf die Megariker und sagt dann: „es ist schwer
zu glauben, dass Plato jetzt noch geneigt sein mochte, aus dem
Munde seines Sokrates jene Prophezeiung von dem, was man
von den Fähigkeiten des angehenden jungen Redners zu erwarten
habe, der Welt zu verkünden". Dann zeigt S p e n g e l, wie Isokrates in weit späterer Zeit von Plato's eigenen Bestrebungen nur
wenig günstiger geurtheilt hat, und meint, sobald Isokrates in
einem Alter gestanden habe, in welchem sein Charakter sich schon
genug entwickelt und ausgeprägt haben müsse, habe Plato von
ihm durchaus nicht mehr eine Hinneigung zur Philosophie hoffen
können; auch habe Plato im Euthyd. ein ganz anderes Urtheil
über ihn gefällt. Demgemäss meint S p e n g e l in dem Lobe des

Isokrates „den grössten Beweis" für die frühe Abfassung des Dialogs Phaedrus zu finden, einen Beweis, „den man vergebens widerlegen wird".

Indess die Kraft der angeführten Argumente steht zu der Fülle dieser Zuversicht in einem auffallenden Missverhältniss. Das Argument, dass schon das von Isokrates in seiner Rede „gegen die Sophisten" über die Megariker gefällte Urtheil es dem Plato habe unmöglich machen müssen, jetzt noch so über den Isokrates zu urtheilen, wie es im Phaedr. geschieht, würde zwar trefflich sein, wenn die Beziehung auf die Megariker feststände; aber eben diese Beziehung ist von Spengel nur angenommen, nicht erwiesen worden, und hat auch an sich nur eine sehr geringe Wahrscheinlichkeit. Spengel bringt für diesen Cardinalpunct nur einen ganz hinfälligen Beweisgrund bei. Nachdem er nämlich mit Recht bemerkt hat, dass wir uns durch die Worte des Isokrates auf die Sokratische Schule hingewiesen sehen, die allen Werth auf die ἐπιστήμη legte, fährt er fort (S. 747): „und es liegt nahe, an die Megariker, den Euklides zumeist, zu denken, die auch eigentlich den Namen ἐριστικοί führen". Also der Umstand, dass der Name Eristiker besonders an den Megarikern haften geblieben ist und in späteren Darstellungen der Geschichte der Philosophie ihnen beigelegt zu werden pflegt, soll beweisen helfen, dass Isokrates diese gemeint habe? — Als ob dieser Rhetor nicht (was ja doch Spengel selbst gut nachgewiesen hat) alle und jede philosophische Speculation mit dem Namen der Eristik bezeichnete! Die Aeusserungen des Isokrates gelten unverkennbar seinen Concurrenten in der Unterweisung der Jugend zu Athen; die Megariker waren ihm schon örtlich fern genug. Aber zu Athen bestand aller Wahrscheinlichkeit nach schon damals die Schule des Antisthenes, und eben hierauf passen alle Wendungen, deren sich Isokrates bedient, ganz vortrefflich. In der Einleitung zum „Lob der Helena" verspottet Isokrates unzweifelhaft (wie Spengel S. 755 nachweist) auch den Antisthenes, der auch seinerseits gegen den Isokrates geschrieben hat (Diog. L. VI, 15); warum sollen die Aeusserungen in der Rede „gegen die Sophisten" nicht vielmehr auf diesen, als auf die Megariker gehen? Nun aber ist es bekannt genug, dass Plato über den Antisthenes auch nicht eben günstig urtheilte, dass auch ihm (obschon in einem andern Sinne, als dem Isokrates) die Weisheit desselben zu wohlfeil war, und dass er denselben Antisthenischen Satz, es lasse sich nicht widersprechen, an welchem Isokrates Anstoss nahm, nicht ohne tadelnde Hindeutung auf das an's Sophistische anstreifende Spiel, welches jener Sokratiker mit solchen Problemen treibe, der Kritik unterworfen hat. Plato mochte durch die Weise, wie Isokrates den Unterricht des Antisthenes beurtheilte, zwar nicht völlig befriedigt sein; aber dieselbe konnte ihn doch keineswegs abstossen, sondern ihm nur ein günstiges Vorurtheil erwecken. Die Vermuthung dürfte nicht zu kühn sein, dass gerade die gute Einsicht, die Isokrates durch seine Anfzeigung der Schwächen des Antisthenes zu bewähren schien, wesentlich dazu beigetragen habe, den Plato zu der im Phaedrus geäusserten Erwartung zu führen, zumal wenn er damals, eben erst nach Athen zurückgekehrt, das Treiben des Rhetors noch nicht längere Zeit hatte beobachten können. Unter diesen Verhältnissen war es sehr wohl möglich, dass Plato von Isokrates noch zu einer Zeit, als dieser längst sich bestimmt entwickelt hatte, die im Phaedr. ausgesprochene Hoffnung hegte; diese Annahme ist sogar leichter, als die Spengel'sche, dass der eben erst des Sokratischen Unterrichts theilhaftig gewordene Jüngling über den damals doch auch bereits dreissigjährigen und also doch wohl schon zu einer bestimmten Geistesrichtung gelangten Isokrates jene dann sehr unziemliche Vornsssage veröffentlicht hätte. Bald nach der Herausgabe des Phaedr. mag Plato sich überzeugt haben, dass seine idealistische Voraussetzung einer philosophischen Anlage bei dem ganz unphilosophischen Isokrates ihn getäuscht hatte. Er musste die Erfahrung machen, dass dieser Mann, der den Werth aller Momente des geistigen Lebens nur nach dem Beitrag abschätzte, den sie der Förderung der Rhetorik lieferten (gleich wie eine banausische Staatskunst den Menschenwerth nach dem Steuerquantum), seine eigene Philosophie zwar nicht mit Ungunst abwies, wie die Antisthenische, aber doch nur mit gnädiger Toleranz für unschädlich erklärte und sogar eines mässigen Nutzens in dem bescheidenen Dienste einer Vorbereitung zu der hochwichtigen rhetorischen Technik für fähig hielt. Die Enttäuschung war bitter, und sie erfolgte, wie es scheint, frühzeitig. Wohl dürfen wir ihren Ausdruck in dem Schluss des Euthyd. erkennen, wo unter dem zwischen einem Philosophen und Politiker in der Mitte stehenden Mann, der sich dünke weiser als beide zu sein, aber weniger weise sei, und doch wegen seines tüchtigen Strebens in seiner Sphäre eine gewisse Achtung verdiene, höchst wahrscheinlich (mit Spengel, S. 763 ff.) Isokrates zu verstehen ist. Nur folgt nicht (wie Spengel S. 767 meint), dass der Phaedrus sehr viel früher, als der Euthyd. geschrieben sein müsse. Die frühere Schrift muss zwar gewiss der Phaedrus sein; es ist grundfalsch, den Euthyd. für ein Jugendwerk zu halten. Aber der Umschwung im Urtheil Plato's kann rasch erfolgt sein, indem bald nach der Aeusserung seiner früheren, günstigeren Ansicht die widerstreitenden Erfahrungen ihn eines Andern belehrten. Der weite Abstand des Urtheils über Isokrates im Euthyd. von der im Phädr. geäusserten Hoffnung ist auch ohne die Voraussetzung eines grossen Zeitabstandes zwischen beiden Dialogen verständlich. Wir finden uns demnach nicht genöthigt, das Urtheil über Isokrates als eine durch den wenig mehr als zwanzigjährigen Plato veröffentlichte Vorausverkündigung anzusehen und zugleich die so bestimmten Anzeichen der Beziehung des Phaedrus zu der Lehrthätigkeit, die Plato um sein vierzigstes Lebensjahr eröffnet hat, hintanzusetzen.

Die Beziehungen auf den Redner Lysias bieten zur Ermittelung der Entstehungszeit des Phaedr. schon darum, weil die Geburtszeit des Lysias selbst sehr zweifelhaft ist, keine gesicherten Anhaltspuncte. Bei der Frage nach dem Alter des Lysias kommt alles, wie bei den meisten ähnlicher Art, auf den methodischen Grundsatz an. Bei späteren Schriftstellern finden sich ausdrückliche Zeugnisse, welche die Geburt und einige Hauptereignisse aus dem Leben des Lysias mit voller Bestimmtheit an gewisse Olympiadenjahre knüpfen, ohne freilich ganz von Abweichung untereinander frei zu sein. Es ist natürlich, dass so bestimmte Angaben zunächst imponiren, und, sofern sich Differenzen vorfinden, zu künstlichen Ausgleichungsversuchen veranlassen, wobei das Bestreben obzuwalten pflegt, solche Combinationen zu bilden, bei welchen möglichst wenige Angaben verworfen zu werden brauchen. Das ist überall die Kindheitsstufe der historischen Kritik. Ueber diese hat sich auch ein K. F. Hermann in den meisten Fällen nicht wesentlich erhoben. In der Lysianischen Frage verfährt er (besonders Ges. Abh., S. 15, Note) mit einer gewissen, doch nicht genügenden Umsicht. Die historische Forschung kann ihr Ziel, die historische Wahrheit, d. h. die treue Reconstruction

17*

des Gewesenen in unserem Bewusstsein, erst dann erreichen, wenn
sie zuvörderst mit der unsichern Tradition gebrochen hat, sogenannte „Zeugnisse", deren Quellen wir nicht mit Gewissheit
aufzeigen können, vorläufig ganz auf sich beruhen lässt, um
zunächst nur aus den durchaus zuverlässigen Documenten das
Bild zu ermitteln, welches diese für sich allein betrachtet
gewähren, und zuletzt erst von den spätern, an sich unzuver-
lässigen Angaben den dann, aber auch erst dann, möglichen Nutzen
zu ziehen. Dieser besseren Weise nähert sich bei der Frage
nach dem Alter des Lysias zum Theil mehr die Forschung
Vater's an (in der Abhandlung: Rerum Andocidearum partic. II.,
N. Jahrb. für Philol. und Päd., hrsg. von Jahn und Klotz,
9. Supplementband, 2. Heft, 1843, S. 165 ff.). Nach Dionysius von
Halikarnassus soll Lysias Ol. 80, 2 = 459 — 458 v. Chr. geboren
sein; aber wäre diese Angabe richtig, so müsste derselbe sich
erst nach seinem fünfundfünfzigsten Lebensjahre der gerichtlichen
Beredsamkeit zugewandt und von nun an in einer ernsten und
würdigen Form geschrieben haben, während seine früheren Arbeiten
als jugendlich und zum Theil als pueril erscheinen und noch
allzusehr den Einfluss der Sicilianischen Lehrer verrathen, welche
die rhetorische Effecthascherei begünstigten. Ein solcher Umschwung
kann, wie Vater mit vollem Rechte bemerkt, nicht in eine so
späte Lebenszeit fallen. Da derselbe jedoch an ein äusseres
Ereigniss, nämlich an das Unglück der Familie unter der Herrschaft der Dreissig, geknüpft ist, so brauchen wir ihn auch nicht
in ein so frühes Lebensalter zu setzen, als wenn der Austritt
aus den Jugendjahren für sich allein schon den höheren Ernst der
Gesinnung bewirkt hätte. Auch steht wohl nicht so fest, wie Vater
annimmt, dass Lysias vor 413 noch gar keine Reden veröffentlicht
habe; er könnte, sei es in Sicilien oder vielleicht auch in
Athen, rhetorische Arbeiten, die nicht auf uns gekommen sind,
verfasst haben. In der Rede gegen den Eratosthenes (403 v. Chr.)
sagt Lysias, er habe bisher weder eigene noch fremde Rechts-
sachen betrieben; sein Vater Kephalus sei, durch Perikles über-
redet, nach Athen gekommen und habe daselbst dreissig Jahre
lang gewohnt, und während dieser ganzen Zeit habe weder der
Vater, noch auch er (Lysias) selbst oder sein Bruder Polemarchus
jemals als Kläger oder Angeklagter vor Gericht gestanden. Hiernach ist mit hoher Wahrscheinlichkeit anzunehmen, dass Kephalus

ununterbrochen dreissig Jahre hindurch zu Athen gelebt
habe; Lysias hätte sich gewiss anders ausgedrückt, wenn jene
Zahl (wie Susemihl will) nur aus der Zusammenrechnung zweier
durch einen weiten Zwischenraum von einander getrennten Abschnitte gewonnen worden wäre. Wir kennen nicht das Todesjahr
des Kephalus; wir wissen nur, dass er zur Zeit der dreissig
Oligarchen nicht mehr lebte. Die dreissig Jahre seines Aufenthaltes zu Athen können die Jahre vor Chr. 435 bis 405,
jedoch auch beträchtlich frühere sein. Das Geburtsjahr des
Lysias ist spätestens (mit Vater) auf 432 zu setzen; es ist
jedoch theils nach dem Alter des Kephalus, der um 490 bis
485 geboren sein muss, theils nach dem Plat. Phaedr., in welchem
Lysias doch wohl als ein etwas älterer Zeitgenosse des Isokrates
erscheint, weit wahrscheinlicher, dass dasselbe um einige Jahre
früher, nämlich gegen 440 falle. Nach Sicilien ging Lysias wohl
zumeist um seiner rhetorischen Ausbildung willen, ohne den
Vater, aber nicht (wie Spätere fälschlich gedeutet haben) nach
dem Tode des Vaters. Als einen Knaben vor dieser Reise
konnte ihn Plato nicht bei den Unterredungen in der Rep. zugegen
sein lassen, wohl aber als jungen Mann, einige Zeit nach seiner
Rückkehr aus Sicilien, etwa in einem der Jahre 410 bis 405 oder
näher 408 bis 406, worin die Scene dieses Dialogs fallen muss,
wenn die Worte bei Xen. Mem. III, 6, 1: καὶ διὰ Πλάτωνα,
echt sind. Die Scene des Phaedrus könnte man, falls Lysias etwa
von 425 an in Sicilien war, hiernach fast versucht sein, schon
in die nächste Zeit nach 420, etwa in 418, also noch vor die Scene
des Sympos. zu setzen, wenn nicht auch das doch wohl zu geringe
Alter des (436 geborenen) Isokrates entgegenstände. In den Nachrichten der Späteren mag die Angabe, dass Lysias im fünfzehnten
Lebensjahre jene Reise angetreten habe, glaubwürdig sein; aber
die Anknüpfung der biographischen Notizen an bestimmte Olympiadenjahre und historische Ereignisse ist fast durchweg mit
grosser Unsicherheit behaftet. Unter den Daten dieser Art haben
vergleichsweise die höhere Zuverlässigkeit diejenigen Nachrichten,
welche auf die Zeit des gereifteren Alters gehen, und so mag
insbesondere der Notiz (in welcher Dionysius und der Verfasser
der Vitae decem oratorum übereinstimmen), dass Lysias in dem
Jahre, als Kallias zum ersten Male Archon war, also Ol. 92,
1 = 412 – 411 v. Chr. nach Athen zurückgekehrt sei, eine gewisse

Wahrscheinlichkeit zukommen. Auf diesem Gebiete der Forschung ist überall die Lösung des einen Problems durch die des
andern bedingt, und es lässt sich erst von der zusammenstim-
menden Erörterung aller die gesicherte Entscheidung über die
Richtigkeit jeder einzelnen Annahme erwarten; so lange dieses
Ziel nicht erreicht ist, thun wir wohl, von dem Zweifelhaften
möglichst zu abstrahiren und unsere Argumentationen nur auf
das völlig Gewisse zu gründen. Das Alter des Lysias hat für
das Problem der Entstehungszeit des Phaedrus nur secundäre
Bedeutung. Offenbar ist für die Ansicht, welche diesen Dialog
an die Platonische Lehrthätigkeit geknüpft findet, die Voraussetzung einer späteren Geburtzeit des Lysias die günstigere, und
doch zeigt sich, dass K. F. Hermann, der den Phaedrus als
um das Jahr 389 entstanden denkt, den Redner Lysias für beträchtlich älter hält, als Vater, der die Schleiermacher'sche
Ansicht über den Phaedrus theilt. Den Aufruf, sich der Philosophie zuzuwenden, mochte Plato an jedes Lebensalter richten
zu sollen glauben, da er in ihr das Heil fand, gleichwie der
Fromme in der religiösen Bekehrung, und so ist derselbe keinesfalls unschicklich in Betracht des Alters des Lysias, welches immer
dieses auch sein mochte; gewiss aber war die gleiche Mahnung
dann unangemessen, wenn sie von dem ganz jungen Sokratiker
ausging, der selbst eben erst zu philosophiren begonnen hatte.
Damals stand auch wohl kaum schon der Name φιλοσοφία
für die Philosophie im specifischen Sinne als ein allgemein verständlicher Ausdruck in der Art fest, dass zugleich die Bestrebungen der Naturphilosophen und die der Sokratiker und doch
nicht die der Rhetoren darunter befasst wurden.

Dass die erste Liebesrede im Phaedrus eine wirklich
Lysinnische und nicht bloss nachgebildete sei, ist bei der Art,
wie Plato sie der Kritik unterwirft, selbstverständlich. Wie hätte
der Tadel, den Plato gegen Gedanken, Anordnung und Styl
richtet, überzeugend sein können, wenn zweifelhaft blieb, ob von
demselben in der That die eigene Weise des Lysias oder nur das
vielleicht carikirende Nachbild getroffen werde? Die Kritik des
Eingangs zumal, die auf die Einzelheiten des Ausdrucks und der
Satzbildung geht, wäre, wenn sie an einer selbstgemachten Lysi-
anisch sein sollenden Rede geübt würde, nichts Besseres als eine
Absurdität. Wollte Plato eine solche Kritik üben, wie er sie hier

geübt hat, und wie auch die Natur der Sache es forderte, so lag
darin für ihn ein vollausreichendes, durchaus zwingendes Motiv,
von seiner sonstigen Weise freier Nachbildung abzugeben, die
wohl an ihrem Orte war, wo es sich um die Charakteristik von
Persönlichkeiten und philosophischen Anschauungen handelte,
die aber nicht angewandt werden durfte, wenn so, wie hier, die
rhetorische Form gewürdigt werden sollte. Die Charakteristik
des Prodikus im Protag. ist von ganz anderer Art. Für den
Lysianischen Ursprung jenes λόγος ἐρωτικός zeugt auch entscheidend die Uebereinstimmung, die bei aller sonstigen Verschiedenheit zwischen demselben und den uns erhaltenen Gerichtsreden
des Lysias in gewissen kleinen Eigenheiten des Ausdruckes stattfindet, welche dem Lysias dauernd angehaftet zu haben scheinen,
welche aber doch dem nicht grammatisch analysirenden Leser zu
wenig auffallen, als dass sie bei einer Nachbildung dem Zwecke
der anschaulichen Charakteristik dienen könnten, und welche daher
Plato schwerlich mit pedantischer Treue wiedergegeben hätte.
Dahin gehört der häufige Gebrauch von ἄξιον und χρή mit dem
Infinitiv, von ἔστι δέ, τοίνυν, καὶ μὲν δή und καίτοι mit ange-
fügter Frage. Auch hat Dionysius von Halikarnasseus, der genaueste Kenner des Lysias, die erste Rede im Phaedrus für sein
Werk gehalten, und wir kennen aus dem gesammten Alterthum
kein abweichendes Urtheil. K. F. Hermann's Beweisversuch
(Ges. Abh., Göu. 1849, S. 1—21), dass diese Rede eine Pla-
tonische Nachbildung sei, widerlegt höchstens einige verfehlte
Argumentationen für die Autorschaft des Lysias, aber nicht diese
Annahme selbst. Auf der Einzelforschung von Hänisch (in
seiner Specialausgabe der Rede, Leipzig 1827) fussend, und in
sachlicher Uebereinstimmung mit Krische (über Pl. Phädrus,
Göttingen 1848, S. 26 ff.) und Anderen hat vor Kurzem Leopold
Schmidt (in einem vor der Philologen-Versammlung zu Wien
1858 gehaltenen Vortrag, abgedr. in den „Verhandlungen", S. 93 bis
100) einige der entscheidendsten Argumente für den Lysianischen
Ursprung der Rede in klarer und überzeugender Weise dargelegt.

Dass Plato, falls er den Phaedrus im Jahr 387 oder 386
schrieb, auch in dieser späteren Zeit noch eine der früheren, un-
vollkommeneren Reden des Lysias zum Object seiner Kritik er-
wählte, darf nicht befremden; denn er musste dies einerseits für
zulässig halten, andrerseits als nothwendig erkennen. Legte

er seinen ideellen Massstab an, der ihm der gewohnte und natürliche war, so konnte er den Unterschied zwischen den früheren
und späteren Reden des Lysias bei der durchgängigen Gleichheit einer unphilosophischen Gesinnung, die in jeder Lebenssphäre
nur der hergebrachten realistischen Praxis huldigte, kaum als
wesentlich erkennen und gewiss nicht für so bedeutend halten,
um der Besorgniss Raum zu geben, dass von seiner Kritik der
früheren Rede die späteren nicht mitgetroffen würden. Hatte Plato
später nicht mehr an einer der früheren Reden des Lysias die
Kritik der Lysianischen Rhetorik überhaupt üben dürfen, so wäre
ihm aus den gleichen Gründen eine freie Nachbildung jener früheren
Reden allein damals auch nicht und noch viel weniger gestattet
gewesen. War aber aus ethischen und logischen Gründen die
Wahl einer der älteren Reden wohl zulässig, so war dieselbe in
künstlerischem Sinne für Plato eine Nothwendigkeit, da nur das
erotische Thema und nicht ein gerichtliches sich zu jener philosophischen Behandlung vom ideellen Standpuncte aus eignete,
welche Plato dem Erzeugnisse der Lysianischen Rhetorik gegenüberzustellen gedachte. Demgemäss kann aus der Aufnahme
des Lysianischen λόγος ἐρωτικός in den Phaedrus kein giltiges
Argument gegen die oben begründete Ansicht über die Entstehungszeit dieses Dialogs entnommen werden.

Selbstverständlich mussten bei der vorstehenden Argumentation solche Probleme unberührt bleiben, die ihrerseits nur auf
Grund einer bereits anderweitig gesicherten Erkenntniss der Zeitfolge der Schriften entschieden werden können, sofern sie überhaupt entscheidbar sind, wie namentlich die Frage, zu welcher
Zeit Plato die Pythagoreischen Elemente, deren Hineinarbeitung in
den Phaedrus heute keines Beweises mehr bedarf, nicht sowohl
kennen gelernt — denn das mag sehr früh geschehen sein —,
als vielmehr mit den Sokratischen Elementen und den sonstigen
Anregungen zu einem neuen einheitlichen Ganzen, dem Ausdruck
seiner eigensten Geistesrichtung, harmonisch verbunden und sie
so sich gleichsam geistig assimilirt habe; ebenso die Frage, ob
das Urtheil über den vollendeten Unwerth der Tyrannenseele,
welches Plato dem Mythus im Phaedrus eingeflochten hat, durch
seine Erfahrungen am Hofe des älteren Dionysius, und auch, ob
es durch seine im Geist schon construirte Staatstheorie bedingt
sei, ob in der Bezugnahme auf Aegyptische Institutionen und

Sagen Spuren der Reise Plato's nach Aegypten zu finden seien und Aehnliches.

Euthydemus. Dass die Dialoge Soph., Polit. und Phileb. das Bestehen der Platonischen Schule voraussetzen, ist oben gezeigt worden. Mit sehr grosser Wahrscheinlichkeit lässt sich das Gleiche vom Euthydemus behaupten. Die Antipathie des Künstlers gegen den Charlatan in der Dialektik spricht sich in diesem Dialoge so lebendig aus, dass die Annahme einer thatsächlichen persönlichen Berührung entweder des Sokrates oder des Plato selbst mit solchen Sophisten, wie sie dort gezeichnet sind, fast unabweisbar sich aufdrängt; da aber (p. 300 E ff.) gewisse Einwürfe gegen die Ideenlehre gerichtet werden, welche doch nach dem Zeugniss des Aristoteles dem Sokrates fremd war, so fällt die erste Möglichkeit weg, und es ergibt sich die Nothwendigkeit, den Conflict auf Plato selbst zu beziehen, und daher auch mindestens eine hohe Wahrscheinlichkeit, dass nach der Eröffnung der Schule die Abfassung erfolgt sei, und zwar, nach der Lebhaftigkeit und Erregtheit der Darstellung zu schliessen, wohl ziemlich bald nachher. Dieser Dialog ist gleichsam ein Xenion Plato's an die Repräsentanten der sich spreizenden Scheinweisheit, des pseudo-philosophischen Gaukelspiels. Von der Beziehung des Schlusses auf den Isokrates war schon oben (beim Phaedrus) die Rede.

Wenden wir uns nun zu den **inneren Beziehungen** zwischen den verschiedenen Dialogen oder auch zwischen einzelnen Stellen und Sätzen derselben, sofern sich aus ihnen sichere Schlüsse über die Zeitfolge der Dialoge ziehen lassen, so sind zunächst diese Beziehungen in mehrere Classen zu theilen, welche freilich in Wirklichkeit nicht durchweg eben so scharf von einander geschieden sind, wie sie begrifflich unterschieden werden müssen, und noch weniger, als sie in Wirklichkeit auseinandertreten, von uns überall im Einzelnen nach ihrem besonderen Charakter mit Sicherheit erkannt und von einander gesondert werden können. Die Unterschiede sind im Allgemeinen folgende. Die Beziehung einer Aeusserung zu einer andern kann **erstens** liegen in dem **eigenen Entwickelungsfortschritt Plato's**, so dass die höher entwickelte Gedankenform auf die minder

entwickelte als auf ihre Basis in der Genesis des Platonischen
Geistes zurückweist; dabei kann der Schriftsteller wiederum entweder die Berichtigung, Erweiterung oder Vertiefung der früheren
Gedankenäusserung zur bewussten Absicht haben, und diese
Absicht vielleicht auch förmlich oder andeutend ausdrücken, oder
nur den neuen Gedanken selbst bilden und mittheilen, so dass
zwar vielleicht der frühere Gedanke, aber nicht dessen Aeusserung an bestimmten Stellen der Schriften ihm in's Bewusstsein
tritt und eine Berichtigung nicht geradezu in seiner Absicht
liegt, sondern nur thatsächlich gegeben wird. Alle Beziehungen
dieser Art, die im Entwickelungsfortschritt des Schriftstellers gegründet sind, nennen wir kurz genetische, und unterscheiden,
wie angegeben, beabsichtigte und bloss thatsächliche.
Die zweite Classe von Beziehungen wird durch die methodischen gebildet. Die Beziehung kann nämlich auch solcher Art
sein, dass der Schriftsteller selbst die verschiedenen Gedankenelemente von Anfang an in sich trägt und die Weise und Reihenfolge ihrer Aeusserung nach gewissen Zwecken bestimmt. Hierbei
fällt selbstverständlich die Unterscheidung in beabsichtigte und unbe-
absichtigte weg, da eine methodische Planmässigkeit nur den ersteren
Charakter tragen kann; nach einem anderen Eintheilungsgrunde
aber zerfallen auch die methodischen Beziehungen in zwei Classen,
nämlich in pädentische und systematische (didaktische und
scientifische), je nachdem entweder die Rücksicht auf die jedesmalige Bewusstseinsstufe des zur Wissenschaft heranzubildenden
Schülers, oder das wissenschaftliche Verhältniss selbst den Charakter und die Folge der Aeusserungen bestimmt.

Eine vollständige Aufzeigung aller genetischen Beziehungen
würde mit einer Entwickelungsgeschichte der Philosophie Plato's,
und ein vollständiger Nachweis aller methodischen Beziehungen
mit einer Erörterung der Tendenz und Gliederung der sämmtlichen Platonischen Dialoge sich völlig decken. Dabei aber könnte
der chronologische Gesichtspunct nicht mehr der vorwaltende sein,
sondern müsste mit einer untergeordneten Stelle im Plane jener
umfassenden Untersuchungen sich begnügen. In der That gehört
zur vollen Lösung der chronologischen Frage eben dies, dass einer
Abhandlung, worin sie das Hauptproblem ausmacht, zwei andere
folgen, die ihrer Lösung nur nebenbei, wesentlich aber jenen
grösseren Zwecken gewidmet seien. Da aber unser Thema nicht

auf jene dreifache Arbeit geht, sondern in der chronologischen
Untersuchung, sofern sie sich als Hauptproblem behandeln lässt,
wesentlich beschlossen sein muss, so könnten wir hier abbrechen,
indem wir zugleich in dem Gedanken uns beruhigten, für jene
anderweitigen Untersuchungen nach Möglichkeit die gesicherte
Basis errungen zu haben, ohne welche sie in luftige Constructionen
sich verlieren müssen. Es ist zwar durch unsere bisherigen Untersuchungen nur bei wenigen Dialogen, und noch dazu zum Theil
bei solchen, deren Zeitstelle ohnedies in Folge der verdienstlichen
Bemühungen vieler achtbaren Forscher schon längst fast unbe-
zweifelt feststand, eine bestimmte Entstehungszeit erwiesen worden; bei mehreren mussten wir uns begnügen, nur die Periode
ermittelt zu haben, der sie angehören, wie namentlich Theaet.,
Soph., Polit. (und Philebus) unserer obigen Beweisführung zufolge
nicht in die Zeit, wo Plato zu Megara weilte, noch auch in die
Zeit der nächstfolgenden Reisen, sondern nur in die Zeit nach
der Gründung der Schule fallen können und wahrscheinlich nach
dem Beginn der zweiten Hälfte dieser Periode verfasst worden
sind, wogegen der Phaedrus in die Zeit des Anfangs der Lehrthätigkeit fallen muss und der Euthydemus mit vorwiegender
Wahrscheinlichkeit in die nächstfolgende Zeit zu setzen ist, der
Gorgias aber wahrscheinlicher in die Zeit zwischen dem Tode des
Sokrates und der Eröffnung der Schule, als in eine spätere. Aber
die gewonnenen Resultate enthalten doch, falls sie wirklich als
genügend erwiesen anerkannt werden müssen, für die Kritik gel-
tender Ansichten und für positive Constructionen bereits so viel,
dass die Unhaltbarkeit sowohl der Schleiermacher'schen
Ansicht, als auch der Hermann'schen in der Form, wie beide
bei ihren Begründern selbst vorliegen und in den sämmtlichen
Umbildungen, die sie bei den Nachfolgern jener Forscher erfahren haben, als unabweisbare Consequenz erscheint; dass sowohl der methodischen Berechnung und künstlerischen Form,
als auch einer Bekundung der philosophischen Selbstentwickelung
Plato's in seinen Dialogen eine Stelle gesichert bleibt, und insbesondere die Bedeutung gewisser Schriften als Documente einer
noch vorwiegend Sokratischen Periode und die Bedeutung anderer
als Documente der späten Periode, in welcher die Pythagoreisirende Umbildung der Ideenlehre eintrat, sich als sehr wahrscheinlich ergeben hat. Diese Resultate aber sind auf demjenigen

Wege gewonnen worden, auf dem allein zur möglichst vollen
Gewissheit in allen derartigen Untersuchungen gelangt werden
kann, nämlich nach inductiver Methode. Unser Streben war
darauf gerichtet, von ganz festen Puncten auszugehen, dann jedes
neue Element an der Stelle zu geben, wo für den möglichst
strengen Erweis desselben die Prämissen gewonnen waren und es
selbst als Prämisse zu ferneren Argumentationen dienen konnte,
so dass für die Anordnung der Darstellung alle anderen Gesichtspuncte nur in sofern mitbestimmend werden durften, als jener
oberste Zweck der Erlangung möglichster Gewissheit ihnen gleichsam einen freien Spielraum übrig liess. Sofern die volle Gewissheit sich nicht erreichen liess, suchten wir (nach Niebuhr's
nie zu vergessender Forderung) die verschiedenen Grade der
Wahrscheinlichkeit genau zu ermitteln und zu bezeichnen. Wie
weit nun auch die wirkliche Ausführung hinter diesen Normen
zurückgeblieben sein mag, so hoffen wir doch, dass auch schon
das Streben nach strenger Einhaltung dieses Forschungsweges
sich als heilsam und fruchtbar für die Discussion der Platonischen
Fragen erweisen wird.

Indess die volle Berechtigung, diese Abhandlung hier zu
schliessen, wäre uns doch nur dann gegeben, wenn wir wirklich auf zwei nachfolgende Schriften der oben bezeichneten Art
verweisen könnten. Da solche aber nicht existiren und ein auf
ihre Ausarbeitung gerichtetes Versprechen misslich wäre, so
bleibt uns hier noch die Aufgabe übrig, aus dem, was den Inhalt
jener nachfolgenden Schriften bilden müsste, solches herauszu-
heben, was sich auch ohne die umfassenderen Untersuchungen,
innerhalb deren es seinen Ort finden würde, mit genügender
Sicherheit ermitteln und in dieser Vereinzelung darstellen lässt.
Es gibt nicht gerade sehr viele Beziehungen, die sich in dieser
Weise behandeln lassen. Zwar finden sich unzählige Stellen in
Platonischen Dialogen, die an verwandte Stellen in anderen Dialogen erinnern, und wollten wir diese Menge von Anklängen
erörtern, so wäre noch ein sehr reicher Stoff zu ferneren Untersuchungen geboten. Aber wir würden dabei der Gefahr nicht
entgehen, Behauptungen an die Stelle der Beweise treten zu
lassen, und den Gang der eigenen psychologischen Vorstellungs-
verknüpfung, die bei jenen Anklängen sich bildet, dem genetischen
oder methodischen Gange Plato's zu substituiren. Vor dieser

Gefahr schützt nur ein streng methodischer Fortschritt der Untersuchung, und dieser erheischt bei der Würdigung jener Anklänge fast in allen Fällen, dass dieselben nur zusammen mit dem Plane der Dialoge, in denen sie vorkommen, erörtert werden, und dass, sofern der genetische Charakter einer Beziehung in Frage kommt, auf die bereits gesicherten Data über den philosophischen Entwickelungsgang Plato's überhaupt zurückgegangen werde, so dass wir uns mit logischer Nothwendigkeit zu eben jenen zwei umfassenden Untersuchungen hingetrieben sehen, die doch hier nicht ihre Stelle finden. Nur bei wenigen Beziehungen macht jene Anforderung sich nicht gebieterisch geltend, weil dieselben mehr isolirt stehen; gewisse andere Beziehungen aber sind von so allgemeiner Bedeutung, dass die Anforderung der Betrachtung im Zusammenhange des Ganzen zwar bei ihnen gerade am entschiedensten festzuhalten ist, aber auch gerade in ihnen selbst für die Betrachtung dieses Zusammenhanges überhaupt das Fundament liegt, so dass sie sich vor der Menge der Einzelheiten und unabhängig von derselben erwägen lassen. Beziehungen zu erörtern, die eine dieser beiden Formen tragen (und zwar sowohl genetische, wie methodische), muss demnach die Aufgabe des noch übrigen Theiles unserer gegenwärtigen Untersuchungen sein.

Wir gliedern diese Betrachtung nicht nach den verschiedenen Classen von Beziehungen, weil die Unterschiede derselben zum Theil fliessend sind, zum Theil aber auch ihr wahrer Charakter sich erst durch die Untersuchung selbst herausstellen muss. Vorzugsweise werden wir uns an die genetischen Beziehungen halten, welche meistens die sichersten chronologischen Schlüsse ergeben. Wir disponiren nach dem Inhalt der Lehren, und erörtern demgemäss nacheinander Sätze aus der Ideenlehre, aus der Physik mit Einschluss der Psychologie, und aus der Ethik.

Von der Ideenlehre suchten wir schon im ersten Theile dieser Schrift zu erweisen, dass ihr Fehlen in gewissen Dialogen im Allgemeinen mit höherer Wahrscheinlichkeit aus dem Nochnichtgelangtsein Plato's zu derselben, als aus didaktischer Berechnung zu erklären sei, und dass mindestens diejenigen unter denselben, welche als Jugendwerke anerkannt werden müssen, in diesem Sinne aufzufassen seien, weil vor dem Bestehen einer Platonischen Schule ein so umfassender didaktischer Plan, wie

ihn das absichtliche Absehen von der Ideenlehre in vorbereitenden
Schriften vorauasetzen würde, sich nicht annehmen lasse. Von
den verschiedenen Formen der Ideenlehre bei Plato ist die
späteste bereits oben erörtert und die Frage, ob sich Spuren
derselben in gewissen Platonischen Dialogen vorfinden, bejaht
worden. Es fragt sich nun ferner, ob etwa aus dem Wesen
der Ideenlehre selbst, vielleicht im Verein mit gewissen historischen Anzeichen, eine bestimmte Folge von Formen abgeleitet
werden könne, und ob sich hieraus Kriterien der Abfassungszeit
einiger Dialoge entnehmen lassen.

Die Herbart'sche (und Strümpell'sche) Construction
der Platonischen Ideenlehre, die wir oben (S. 38 bis 43) wiedergegeben haben, verspricht unserer Forschung einen solchen Dienst
zu leisten. Die Ideen als einfache, absolut gesetzte Qualitäten;
(ihre Gemeinschaft unter einander;) ihre Bedingtheit durch die
Idee des Guten; endlich ihre Gemeinschaft mit den sinnlichen
Dingen und die halbe Realität, die den letzteren zugestanden wird,
sollen, wie oben angegeben, die Stufen sein. Die Anwendung
dieses Kriteriums würde freilich, auch wenn die angegebene
Stufenfolge streng erwiesen wäre, der Beschränkung unterliegen,
dass nicht gerade jeder später geschriebene Dialog die späteren
Gedankenelemente enthalten müsste, wie z. B. von der Idee des
Guten, auch nachdem Plato sie gefunden und zu den übrigen
Ideen in das angegebene Verhältniss gesetzt hatte, darum doch
nicht nothwendig in jedem nach dieser Zeit geschriebenen Dialog
in diesem Sinne die Rede zu sein brauchte. Indess diese Beschränkung würde dem Kriterium keineswegs allen Werth rauben;
es könnte in gewissen Fällen uns sicher leiten, in anderen wenigstens als ein heuristisches Mittel bei der chronologischen Forschung mitverwandt werden, wenn es nur selbst auf sicherem
Fundamente ruhte. Dies aber ist nicht der Fall. Die Annahme
jener drei (oder vier) Formen der Ideenlehre ist nicht zureichend
erwiesen. Für die ursprüngliche Bedeutung der Ideen als einfacher,
absolut gesetzter Qualitäten beruft sich Herbart auf Rep. p. 523 A.
Hier wird gesagt, dass, wo in der Wahrnehmung Widersprechendes
als geeinigt erscheine, ein Antrieb liege, die Vernunft zur Betrachtung mit hinzuzurufen, welche durch Trennung den Widerspruch beseitige. An die Stelle des in der Sinneswahrnehmung
in widerspruchsvoller Weise verschmolzenen Entgegengesetzten

(wobei dasselbe Ding als hart und weich, leicht und schwer, gross
und klein erscheine; vgl. Phaedo p. 102: Simmias ist klein und
gross, jenachdem er mit Phaedo oder mit Sokrates verglichen
wird), setzt das Denken die beiden Glieder des Gegensatzes als
für sich existirende Ideen. Non kann freilich diese Trennung
zum Einfachen führen, und es stimmt hiermit wohl zusammen,
dass auch der Phaedo (p. 78 sq.) die Idee ein Einfaches nennt
und Gleichartiges, $\dot{\alpha}\xi\dot{\nu}\nu\vartheta\varepsilon\tau o\nu$, $\mu o\nu o\varepsilon\iota\delta\acute{\varepsilon}\varsigma$, womit auch die häufige
Bezeichnung (im Phaedo, Tim. etc.) zusammenstimmt: $\tau\dot{o}$ $\dot{\alpha}\varepsilon\dot{\iota}$ $\kappa\alpha\tau\dot{\alpha}$
$\tau\alpha\dot{\upsilon}\tau\dot{\alpha}$ $\kappa\alpha\dot{\iota}$ $\dot{\omega}\sigma\alpha\dot{\upsilon}\tau\omega\varsigma$ $\ddot{\varepsilon}\chi o\nu$. Aber doch ist hierdurch Herbart's
Ansicht von der Basis der Platonischen Ideenlehre, die im Satze
des Widerspruches liege, und von der ursprünglichen Bedeutung
der Ideen als absoluter Qualitäten noch keineswegs genügend
erwiesen. Denn wenn auch Plato die Nothwendigkeit der Anerkennung der Ideen auf die angegebene Weise darzuthun sucht,
so folgt nicht, dass er selbst auf dem gleichen Wege zur Statuirung der Ideen gelangt sei; würde aber auch dies zugegeben, so
läge darin doch nicht die absolute Einfachheit der Ideen, welche
jegliche Mehrheit verschiedener Qualitäten in der nämlichen
Idee ausschlösse, sondern nur das Nichtvereinigtsein entgegen-
gesetzter Qualitäten in der nämlichen Idee. Auch der $\alpha\dot{\upsilon}\tau o$-
$\dot{\alpha}\nu\vartheta\rho\omega\pi o\varsigma$ ist eine Idee, ohne doch eine einfache Qualität zu sein.
Wir müssen, um über die Genesis der Ideenlehre etwas Zuver-
lässiges zu erfahren, immer wieder vorzugsweise auf den Aristotelischen Bericht an den beiden öfters angef. Stellen Metaph. I, 6
und XIII, 4 zurückgehen, wo die Heraklitische und die Sokratische Lehre als die bestimmenden Motive genannt werden. Wie die
Sinneswahrnehmung und der Begriff im Subjecte neben einander-
stehen, so stellte Plato objectiv neben einander die sinnlich wahrnehm-
baren Dinge und eine andere, gleich den Begriffen wandellose Classe
von Objecten, die er Ideen nannte. Nach dieser Aristotelischen Angabe
trieb ihn also über die sinnliche Welt ursprünglich nicht schon der in
dieser sich kund gebende Widerspruch hinaus (den ja auch Heraklit darin fand, aber ausdrücklich als objectiv bestehend anerkannte), sondern erst der Sokratische Begriff. Nicht weil er zuerst erkannt hätte, dass der Begriff des Wechsels sich selbst
aufhebe, sondern darum, weil er durch Sokrates eine wechsellose
Erkenntniss gefunden hatte, nämlich in den Begriffen, statuirte
er wechsellos beharrende Objecte, in der Ueberzeugung, dass die

Erkenntniss nur in sofern wahr sei, als sie der Objectivität entspreche. (In diesem Grundsatz stimmt ihm Aristoteles seinerseits ganz bei, nur dass dieser nicht die verschiedenen Arten der Erkenntniss, die sinnliche und die begriffliche, auf verschiedene Classen von Objecten, sondern auf verschiedene Seiten der Einen Objectivität bezieht und in diesem Sinne das Platonische χωρίζειν der Ideen bekämpft, um die Lehre von dem Wesen als der — actuellen — Form der Dinge und dem Stoffe als der δύναμις an die Stelle zu setzen.) Die Begriffe aber bestehen zwar, wenn einmal richtig gebildet, unwandelbar in ihrem logischen Charakter, aber sie sind nicht nothwendig von einfachem Inhalt. Es gibt einfache Begriffe, es gibt aber auch solche, die eine Mehrheit von Elementen in sich schliessen. Jeder Begriff ist eine Einheit gegenüber den vielen Einzelobjecten, die in seinen Umfang fallen, aber sein Inhalt kann recht wohl ein mehrfacher sein. Dies spricht Plato zwar nicht in den Terminis der späteren Logik aus, aber das Verhältniss selbst konnte sich ihm nicht verbergen, sobald mittelst der Definitionen (die ja schon Sokrates durchweg suchte) der Inhalt der Begriffe dargelegt wurde. Somit ist nicht die Einfachheit des Inhaltes, sondern das wandellose Beharren desselben charakteristisch für die Idee, wie dieselbe als das Object der begrifflichen Erkenntniss von Plato ursprünglich gedacht worden sein muss. Hieran konnte sich freilich die fernere Reflexion anschliessen, dass auch schon die blosse Vielheit in der Einheit einen Widerspruch involvire, der durch ein Zurückgehen auf die einfachen Qualitäten und durch deren absolute Setzung gehoben werden müsse; aber dieser Gedanke ist doch der Natur der Sache nach ein secundärer, und möchte überhaupt in dieser Form vielmehr ein Herbartischer, als ein Platonischer sein. Die Prädicate, welche Plato in der Rep. und im Phaedo den Ideen beilegt, bezeichnen vorwiegend das wandellose Beharren derselben in steter Sichselbstgleichheit. Das μονοειδές bildet den Gegensatz zu dem, was die ἀλλοίωσις, den Anderswerden, zulässt. Im Tim. (p. 51 D, E) basirt Plato die Gewissheit der Existenz zweier Classen von Objecten, der sinnlichen und der ideellen, auf die Gewissheit der wesentlichen Verschiedenheit der Erkenntnissarten: δόξα ἀληθής, die gleichsam als die Spitze und Blüthe der sinnlichen Erkenntniss erscheint, durch Ueberredung entsteht und vernunftlos und wandelbar ist, und νοῦς,

der durch Belehrung entsteht und wahre Einsicht in sich schliesst
und unwandelbar beharrt. Dem entsprechend wird im Theaet.
dieser Unterschied der Erkenntnissarten eigens festgestellt, wobei
dann die Verschiedenheit der Objecte, in jenem Dialog nur nebenbei angedeutet, als die Consequenz erscheint, die in den folgenden Dialogen, zuhöchst in dem beabsichtigten Philosophus, zu
ziehen ist. Dieser Beweisgang, auf den Plato selbst das grösste
Gewicht legt, kommt im Wesentlichen, nämlich in der Richtung
von dem Subjectiven auf das Objective, mit der von Aristoteles
angegebenen Weise der Genesis der Ideenlehre überein, obschon die Mitaufnahme der δόξα ἀληϑής in diese Betrachtungen ein späteres Element sein mag. Hierin aber liegt wiederum nur die Wandellosigkeit als das wesentliche Merkmal
der Idee. Ferner würde sich, wenn die Einfachheit im Herbart'schen Sinne den Ideen ursprünglich von Plato zuerkannt
worden wäre, nicht erklären, wie denn irgend dieser Denker blosse
Verhältnissbegriffe zu Ideen hypostasiren und ganz unbefangen
als eines der charakteristischen Beispiele gerade eine solche Idee
(nämlich τὸ ἴσον) anführen könne, da doch ein Verhältniss am
allerwenigsten eine einfache Qualität, noch auch der absoluten
Existenz fähig ist. Ist aber die Idee nur der hypostasirte Begriff,
sei es der einfache oder nicht einfache, so stehen zwar immer
noch der Hypostasirung von Verhältnissbegriffen ganz besondere
Bedenken entgegen, aber es lässt sich doch verstehen, wie diese
sich Plato verbergen konnten, da seine Aufmerksamkeit ursprünglich
nur auf die Nothwendigkeit eines realen Correlates für den Begriff,
nicht auf die Existenzweise dieses Correlates gerichtet sein mochte.
Wäre die Meinung, jedes Zusammengesetzte zur Vermeidung des
Widerspruches in Einfaches zerlegen und die einfachen Elemente
als absolut setzen zu müssen, bei Plato ein ursprüngliches Motiv
gewesen (wie sie ein solches in anderem Sinne bei Herbart selbst
war), so wäre er schwerlich zu jener „Erweiterung" geschritten,
die Strümpell (Gesch. der theoret. Ph., S. 112), übrigens vom
Herbart'schen Standpunct aus ganz consequent, ihm zuschreibt,
dass er die absolute Existenz auf das in allen logischen Begriffen
Gedachte übertragen und dabei noch die Meinung gehegt hätte,
hierdurch erst ganz den logischen Forderungen gerecht zu werden. Ein ursprüngliches Motiv würde sich wohl kräftiger gegen
widerstreitende Elemente behauptet haben.

Wenn Herbart ferner die Präponderanz der Idee des Guten und die Bedingtheit aller übrigen Ideen durch sie für eine spätere Stufe hält, so ist dies zwar an sich sehr wahrscheinlich; aber der Beweis, der bei Herbart in dem Widerspruch dieser Ansicht gegen die von ihm bei Plato vorausgesetzte ursprüngliche Auffassung der Ideen als absolut existirender einfacher Qualitäten liegt, fällt mit dieser Voraussetzung selbst weg. Sind die Ideen die objectiven Correlate der subjectiven Begriffe, so kommt ihnen zwar eine die subjective Auffassung bedingende und von dieser nicht bedingte, auch eine die sinnlichen Dinge bedingende und von diesen nicht bedingte Existenz zu; aber ob jede einzelne Idee für sich absolut existire oder bedingt durch eine oder mehrere höhere, bleibt dabei unentschieden und es besteht für verschiedene Annahmen ein offener Raum. Nur eine (zeitliche) Entstehung ist ausgeschlossen, nicht eine (zeitlose) Bedingtheit; jene nimmt Plato nicht an; diese liegt in der Annahme, dass die Ideen einander untergeordnet und zuoberst durch die Idee des Guten beherrscht seien, aber sie widerspricht auch nicht der ursprünglichen Tendenz der Platonischen Ideenlehre. Einen anderweitigen Beweis für die Posteriorität der Unterordnung der Ideen unter die Idee des Guten hat Herbart nicht geführt. Wir dürfen daher nicht diese Annahme von vorn herein als ein Kriterium der früheren oder späteren Abfassung gewisser Platonischer Schriften verwenden, sondern müssen sie ihrerseits, falls sie gesichert werden soll, erst durch die aus anderen Anzeichen zu ermittelnde Entstehungszeit der Schriften zu stützen suchen.

Aehnlich steht es mit Herbart's Ansicht von der, wie er meint, dritten und letzten Stufe der Platonischen Ideenlehre, wo der Materie eine unerklärliche Theilnahme an den Ideen zugestanden und der hierdurch gewordenen Sinnenwelt eine widerspruchsvolle Mitte zwischen Sein und Nichtsein zugewiesen werde. Wir können auch hierauf nicht mit Zuversicht bauen, weil der Beweis auf bestreitbaren Voraussetzungen ruht, und weil auch der genaue Anschluss an die Aeusserungen Plato's in den verschiedenen Schriften fehlt, wovon Herbart nur Einzelnes eingehend behandelt, Anderes unerörtert gelassen hat.

Zu festeren Resultaten, obschon nur zu wenigen, führt hier wiederum der inductive Forschungsweg.

Wir finden in vielen Dialogen die Ideen als schlechthin unveränderlich bezeichnet. Hierher gehören die oben angeführten Stellen aus dem Phaedo, ferner Tim. 52 A: τὸ κατὰ ταὐτὰ ἔχον εἶδος, ἀγέννητον καὶ ἀνώλεθρον, οὔτε εἰς ἑαυτὸ εἰσδεχόμενον ἄλλο ἄλλοθεν οὔτε αὐτὸ εἰς ἄλλο ποι ἰόν, und so vielfach. Die Ausdrücke, welche Phaedr. 250 C von den Ideen gebraucht werden: ἁπλᾶ καὶ ἀτρεμῆ, lassen sich nicht zu einem eigentlichen Beweise verwenden, dass Plato dort den Ideen Einfachheit und Unbewegtheit im strengen Sinne beilege, da sie in einem Zusammenhang vorkommen, der bildliche und bloss relativ giltige Bezeichnungen rechtfertigt: ὁλόκληρα δὲ καὶ ἁπλᾶ καὶ ἀτρεμῆ καὶ εὐδαίμονα φάσματα μυούμενοί τε καὶ ἐποπτεύοντες ἐν αὐγῇ καθαρᾷ, und da sie nicht auf die Idee als solche, sondern auf ihre Erscheinung in unserem Bewusstsein bezogen sind, wie namentlich das Prädicat εὐδαίμονα nur in Bezug auf das Glück des Anblicks Sinn hat; aber die Ausdrücke beruhen doch wesentlich auf der Voraussetzung der Ideen als des in sich Einigen und Beharrlichen im Gegensatz zu den mannigfachen und wechselvollen Objecten der sinnlichen Wahrnehmung. Dagegen wird im Soph. (p. 248 sq.) den Ideen nicht nur das μὴ ὄν und die θατέρου φύσις, sondern auch die κίνησις beigelegt und mit ihr zugleich Leben und Vernunft, unter ausdrücklicher Bekämpfung der einseitigen Annahme des blossen Beharrens in bewegungsloser Unwandelbarkeit. Es fragt sich hierbei zunächst, was unter dieser κίνησις in den Ideen zu verstehen sei. Dass die γένεσις nur eine Art der κίνησις sei, und nicht diejenige Art, die in Plato's Sinne den Ideen zugeschrieben werden müsse, dass den Ideen (wenigstens vorwiegend) Selbstbewegung beizulegen sei als „intensive geistige Activität", in diesen Bestimmungen wird man Deuschle („die Begriffe der Bewegung und des Werdens bei Plato", in Jahn's Jahrb., Bd. 71, 1855, S. 176—181) beitreten können, auch wenn man nicht die Voraussetzung, dass die Inhärenz der sinnlichen Dinge in den Ideen Plato's wahre Meinung sei, mit ihm (und anderen neueren Forschern) zu theilen vermag, sondern dafür hält, dass Plato (Tim. 52 A u. ö.) den Nachdruck auf die Transscendenz gelegt habe. Aber die Untersuchung über die Bedeutung der κίνησις bei Plato wird sich strenger, als es in jener Abhandlung geschieht, mit Plato's eigener Aussage Theaet. 181 C vermitteln müssen, wo φέρεσθαι und ἀλλοίωσις als die Arten der Bewegung unterschieden

18 *

werden, wie auch mit mehreren anderen Stellen, die Deuschle selbst anführt, um in ihnen die Schwierigkeiten aufzuzeigen, aber ohne sie von seinem Princip aus befriedigend zu lösen. Ist denn nun, muss man fragen, jene geistige Activität ein φέρεσθαι oder ein ἀλλοιοῦσθαι oder eine dritte Art der κίνησις? Eine φορά im Sinne räumlicher Bewegung ist sie selbstverständlich nicht; auch hat Deuschle die scheinbar räumliche Bewegung der Ideen, welche der Phaedo statuirt, auf eine Bewegung der sinnlichen Dinge zu und von den Ideen reducirt, so dass ihm in dieser Beziehung die Ideen in Ruhe bleiben. Eine ἀλλοίωσις wird jene Activität auch nicht sein sollen, da Deuschle (a. a. O., S. 177) diese Bestimmung mit Berufung auf Phaedo 78 D, wo jede μεταβολή oder ἀλλοίωσις den Ideen schlechthin abgesprochen wird, von dem im Platonischen Sinne wahrhaft Seienden durchaus fern hält. Eine dritte Art der κίνησις aber nennt nicht nur Plato nicht, sondern er schliesst jede solche ausdrücklich aus. Eine Andeutung, wie Deuschle diese Schwierigkeiten zu lösen gedenke, werden wir S. 177 in der Parenthese: — freilich absolut — zu suchen haben, worin ein relativer Antheil des Seienden an der κίνησις (sei es an der περιφορά oder an der ἀλλοίωσις) zugestanden wird; aber die Lösung selbst ist von Deuschle nicht gegeben worden, und es bleibt wenigstens nach seinen dort „vorläufig" mitgetheilten „Andeutungen" noch sehr fraglich, ob sie von seinem Princip aus überhaupt zu geben sei. Aber wie wir auch über das Verhältniss von Immanenz und Transcendenz bei Plato urtheilen mögen, in keinem Falle wohl lässt sich die Differenz zwischen den Erklärungen im Phaedo und den meisten übrigen Dialogen einerseits, dem Soph. (und wenigen anderen Dialogen) andrerseits ohne die Annahme einer Umbildung der eigenen Ansicht Plato's verstehen. Absolutes Ausschliessen und relatives Anerkennen einer κίνησις in den Ideen sind nicht auf derselben Entwickelungsstufe des Platonismus vereinbar, sondern müssen nothwendig der Zeit nach auseinander liegen. Dann aber muss die exclusive Anerkennung des ἀεὶ κατὰ ταὐτὰ ὡσαύτως ἔχειν die frühere Form der Platonischen Ideenlehre sein, und die Mitaufnahme der κίνησις in die Ideen die spätere; denn von der Unwandelbarkeit des richtig gebildeten Begriffes aus ist nach dem Aristotelischen Zeugniss Plato auf die Ideenlehre gekommen, indem er für denselben das objective Correlat suchte, welches dann ursprünglich, gleich dem logischen Begriff selbst, als ein schlechthin unwandelbares gefasst worden sein muss; erst die logisch-metaphysischen Bedenken, die später auftauchen mochten, konnten zu einer Modification dieser Grundansicht führen. Im Soph. wird die Anerkennung der κίνησις im Reiche der Ideen durch eine Kritik der Ansicht gewonnen, welche die Ideen schlechthin unbeweglich sein lässt und so die Sphären der οὐσία und der γένεσις schlechthin von einander trennt. An sich beweist nun zwar dieser Gang der Argumentation keineswegs, dass Plato auch genetisch denselben Weg genommen habe; da dies aber doch in Folge der Beziehung der Idee zum Begriff wahrscheinlich ist, so dürfen wir in der Ansicht der εἰδῶν φίλοι (Soph. p. 248 C) Plato's eigene frühere Auffassung erkennen, und es möchte am richtigsten sein, unter diesen Ideenfreunden diejenigen von Plato's eigenen Anhängern zu verstehen, die noch in der früheren Form seiner Lehre standen, über welche er selbst im eigenen Denken bereits hinausgeschritten war. Die Deutung auf die Megariker unterliegt dem besonders von Ritter geltend gemachten und weder von Zeller, noch von irgend einem anderen Forscher gehobenen Bedenken, dass alle Berichterstatter den Megarikern statt der Anerkennung einer Mehrheit von wahrhaft seienden Wesen gerade das Gegentheil, nämlich die Reducirung der vermeintlichen realen Mehrheit auf eine blosse subjective Mehrheit der Namen (und Begriffe?) für das nämliche Reale zuschreiben. Es darf nicht so argumentirt werden, dass doch „wenigstens" eine Mehrheit der Begriffe von den Megarikern auch nach sonstigen Berichten anerkannt werde, da von denselben, falls irgend jenen Berichten zu trauen ist, die (anscheinende) objective Vielheit ebenso auf eine blosse subjective der Namen reducirt wird, wie von uns die (anscheinende) Bewegung des Himmelsgewölbes auf die unsers Standpunctes. Auch Arist. Metaph. XIII, 4. 1078 B, 9: περὶ δὲ τῶν ἰδεῶν πρῶτον αὐτὴν τὴν κατὰ τὴν ἰδέαν δόξαν ἐπισκεπτέον, μηθὲν συνάπτοντας πρὸς τὴν τῶν ἀριθμῶν φύσιν, ἀλλ᾽ ὡς ὑπέλαβον ἐξ ἀρχῆς οἱ πρῶτοι τὰς ἰδέας φήσαντες εἶναι, wo offenbar Plato mit seiner Schule gemeint ist (denn es folgt in unmittelbarem Anschluss die bekannte Ableitung der Ideenlehre aus der Lehre des Heraklit und aus der des Sokrates als den beiden Factoren), spricht entscheidend gegen die Annahme, dass bereits Euklides ἀσώματα ἄττα εἴδη gesetzt hätte; man müsste dem Aristoteles, um diese Annahme aufrecht zu erhalten, einer so starken Nachlässigkeit beschuldigen, wie sie keineswegs bei ihm für wahrscheinlich gelten kann. Zeller's Hauptargument für die Beziehung von Soph. 248 A ff. auf die Megariker liegt darin, dass diese Lehre keiner der übrigen Schulen angehören könne, und doch zu bedeutend sei, als dass ihre Vertreter namenlos hätten bleiben können. Dieses Argument verliert seine Kraft, sobald wir innerhalb der Platonischen Schule die Träger dieser Ansicht finden. Eine Mitbeziehung auf die Megariker ebensowohl wie auch auf die Eleaten mag übrigens in sofern bei Plato wohl angenommen werden, als dieser Soph. p. 249 C, D die Ideenfreunde τοὺς ἓν ᾖ καὶ τὰ πολλὰ εἴδη λέγοντας nennt; aber in der Annahme der vielen unbeweglichen Ideen vermögen wir nur Plato's eigene frühere Ansicht zu erkennen. Wir glauben demgemäss in jener Lehre des Soph., indem wir dieselbe mit den Aeusserungen Plato's in anderen Dialogen und mit dem Zeugniss des Aristoteles über die Genesis der Ideenlehre vergleichen, eine Bestätigung unserer oben auf andere Betrachtungen gestützten Ansicht von der späten Entstehungszeit des Soph. und also auch mindestens noch des an diesen sich anschliessenden Politicus finden zu dürfen.

Dass die Dialoge Euthyd., Cratyl., Soph. und Polit. dem Phaedrus erst nachgefolgt sind, lässt sich auch daraus mit grosser Wahrscheinlichkeit erweisen, dass der Begriff und Name der Dialektik im Phaedrus (p. 265 C ff.) als etwas Neues eingeführt wird, in jenen anderen Dialogen aber schon als etwas Geläufiges erscheint. Die betreffenden Stellen hat Zeller (Ph. d. Gr., II, 2. Aufl., S. 341, Anm. 3) angeführt.

Steinhart sagt hinsichtlich der Entwickelung der Ideenlehre (Bd. IV, S. 41): „Zu diesen eigenthümlichsten Platonischen Lehren (die im Phaedrus zuerst in einer gewisser Vollendung zu einem organischen Ganzen verknüpft erscheinen) gehört vor Allem seine Auffassung der Ideen, die wir zuerst, wenn wir von früheren Andeutungen (nämlich im Euthyphro, Euthydemus und Meno, vergl. Steinhart's Zusammenstellung III, S. 5) absehen, noch einem Traumgesicht ähnlich im Cratylus ihm aufgehen, dann im Theaet. gleich dem verhüllten Wort eines Räthsels, dessen volle Lösung noch nicht gefunden ist, vorwalten, im Parmen.

endlich sich durch mannigfache Schwierigkeiten und Widersprüche durchkämpfen sehen, bis sie zuerst im Soph. in voller Klarheit auftritt". Nach unseren bisherigen Erörterungen ist es wohl evident, dass S t e i n h a r t hier, wie in dem Ganzen seines Werkes nicht nur die Reihenfolge der Dialoge unrichtig bestimmt, sondern auch Darstellungsformen, die nur in didaktischem Sinne aufgefasst werden dürfen, fälschlich als Selbstgeständnisse gedeutet hat. Als ein „Traumgesicht" trägt Sokrates im Cratylus eine Lehre vor, die nach der Oekonomie des Dialogs dort nicht ihren strengen Beweis finden kann, und die doch auch nicht ganz bei Seite gelassen werden darf, weil sie den Schlüssel zur Lösung der Hauptfrage enthält, und weil ausser der Widerlegung einseitiger Ansichten doch auch wenigstens die Andeutung der richtigen in der Absicht des Verfassers liegt. Im Theaet. wird für die (nach unserer Terminologie metaphysische) Lehre von der objectiven Existenz der Idee durch eine (erkenntniss-theoretische) Untersuchung des Problems, was das Wissen sei (eine Untersuchung, welche nicht bei dem positiven Resultate einer haltbaren Definition anlangt, aber durch kritische Zurückweisung ungenügender Definitions-Versuche den wesentlichen Unterschied des Wissens von den niederen theoretischen Functionen feststellt), streng methodisch der Grund gelegt; aber der Dialog beschränkt sich auch im Wesentlichen auf diese Grundlegung, so dass die Nothwendigkeit, das Wissen im Unterschiede von der Vorstellung auf eine besondere Classe von Objecten, nämlich eben auf die Ideen, zu beziehen, nur in verhüllter Weise angedeutet, aber nicht förmlich ausgesprochen wird; mit der Idee selbst sollen die zugehörigen Dialoge (Soph., Pol., Philos.) in stufenmässiger Folge sich beschäftigen *). Diese sorgsame, wohlüberlegte Disposition,

*) Steinhart's Ansicht, (III, S. 94), der Theaet. solle „den Nachweis geben, wie Wahrnehmung und Vorstellung sich nach den nothwendigen Gesetzen des Geistes allmählich zum Wissen fortbilden", ist nicht nur in sofern unrichtig, als sie dem Dialog statt der vorwiegenden negativ-kritischen Bedeutung eine positiv-dogmatische beimisst, sondern trägt auch ein der Platonischen Anschauung fremdartiges Element hinein. Nach Plato geht das Wissen nicht aus der Vorstellung durch Fortbildung, Läuterung und Vergeistigung gleichsam als deren Blüthe hervor, sondern stammt aus einer anderen, höheren Quelle. Plato's Ansicht ist (cf Phaedo p. 74 B) nicht monistisch, sondern dualistisch, jedoch mit der stark hervortretenden Tendenz zur Vermittlung, am we-

die nur bei völliger Beherrschung der Sache und klarer Einsicht
in die Gesetze streng methodischer Entwickelung möglich war,
wird durchaus verkannt, wenn man aus dem Theaet. herausliest,
dass die Idee für Plato selbst noch gleichsam ein verhülltes Wort
gewesen und auch von ihm selbst die volle Lösung des Räthsels,
die er später gefunden habe, damals noch nicht erreicht worden
sei, bis sie nach den Windungen im Parmen. ihm endlich im
Soph. klar in's Bewusstsein getreten sei, und so im Phaedrus
erscheine. Bei solchem eigenen Suchen lassen sich wohl unreife
Entwürfe auf's Papier bringen, aber nicht Werke schaffen von
künstlerischem, didaktischem und wissenschaftlichem Werthe. Für
das Verständniss des Platonismus ist kaum ein anderer Irrthum
gefährlicher, als der, eine Zurückhaltung, die Plato aus methodischen Gründen übte, mit einem Nochnichtwissen zu verwechseln,
in welchem er selbst befangen sei; denn diese Verwechselung
trübt zugleich den Blick für das logische und didaktische Element, und versperrt den Weg zur Auffindung des Entwickelungsganges, den Plato in Wirklichkeit durchgemacht hat.

---

nigten aber monistisch in dem Sinne der aufsteigenden Stufenfolge und der
gesetzmässigen Hervorbildung des Höheren aus dem Niederen. Auch ist dem
Plato das Wissen nicht die höchste „Selbstbestimmung" (Steinhart III,
S. 6) des subjectiven Geistes, und das höchste Wissen nicht das „Wissen
der Wissens", sondern das Wissen ist ihm die Erkenntniss der Idee und das
höchste Wissen die Erkenntniss der Idee des Guten. Erst die späte, im
Soph. auftretende Bestimmung, dass die Idee selbst denke, bahnt den Uebergang zu dem, worin Aristoteles das Höchste findet: νοῦν δὲ νοεῖ ὁ νοῦς.
Dies sei zugleich mit Bezug auf die ἐπιστήμη ἐπιστήμης im Charmides und
das Wissen des Wissens und des Nichtwissens Theaet. p. 200 gesagt, worüber
sich Steinhart Bd. III, S. 61 in sofern ganz richtig erklärt, als er Plato
in der Erkenntniss der Idee die Norm für alles übrige Wissen finden lässt,
in sofern aber unrichtig, als er hierdurch seine Annahme über das Wissen
vom Wissen als Platonisch gerechtfertigt glaubt, da doch gerade das Gegentheil in der Consequenz jenes Satzes liegt. Der unendliche Progress wird
dadurch vermieden, dass nicht das Wissen, sondern ein anderes, höheres
Object, die Idee, der Gegenstand der begrifflichen Erkenntniss ist. In diesem
Sinne erklärt sich Plato über das Verhältniss des Wissens zu der ideellen
Wirklichkeit als dem Objecte des Wissens auch in der bekannten Stelle
der Rep., da beide schön sind, γνῶσις und ἀλήθεια ist doch die letztere
das Schönere und Höhere, und es gebührt sich, ihr den höheren Rang zuzugestehen. Unter allem Wissen muss hiernach nicht das Wissen von dem
Wissen, sondern das Wissen von der ideellen Wirklichkeit das höchste sein.

Von den Lehren der Physik im weitesten Sinne heben wir diejenigen heraus, welche auf das Wesen und die Theile der Seele und deren Sterblichkeit oder Unsterblichkeit geben. Im Phaedrus wird die Seele bekanntlich ἀρχὴ κινήσεως genannt (p. 245 C, D), und der Grundsatz aufgestellt: Was auf Anderes bewegend wirkt und von Anderem bewegt wird, hat auch ein Ende der Bewegung und ein Ende des Lebens; nur was sich selbst bewegt, da es sich selbst nie untreu wird, hört nie auf in Bewegung zu sein, und dieses Immerbewegte ist ungeworden und unsterblich. Im Phaedrus lässt Plato ausser dem erkennenden Theile der Seele auch das in anderen Dialogen sogenannte θυμοειδὲς und das ἐπιθυμητικόν an der Existenz vor und somit auch nach diesem Leben theilnehmen. Diese drei Theile sind unverkennbar durch den Führer und die beiden Rosse symbolisirt. Hermann's Beziehung der Rosse auf die niederen Functionen der erkennenden Seele, wie sie der Tim. unterscheidet (Index lect. Gott. 1850/51, S. 9 bis 11), scheitert durchaus an der einer rein theoretischen Bedeutung sehr widerstreitenden Weise, wie nach Plato's Darstellung die beiden Rosse sich verhalten. Der Gegensatz, der durch sie repräsentirt wird, ist wesentlich ein ethischer: gehorsame Unterwerfung unter die Vernunft, und wildes Aufbrausen der Begierden. Dieser Auffassung widerstreitet es nicht, dass das edle Ross p. 253 D nicht nur τιμῆς ἐραστής, sondern auch ἀληθινῆς δόξης ἑταῖρος genannt wird, da Plato, wie er überhaupt das Ethische in durchgängige Abhängigkeit von dem Theoretischen setzt, nothwendig dem θυμοειδὲς und ἐπιθυμητικόν einen gewissen Antheil an untergeordneten Weisen der Erkenntniss zugestehen musste; in gleichem Sinne wird ja auch Tim. p. 71 gesagt, dass das wilde Thier in uns, welches Gott in die Gegend zwischen Zwerchfell und Nabel gebannt habe (also ganz unzweifelhaft das ἐπιθυμητικόν), da es sich nicht durch Vernunftgründe, sondern nur durch Trugbilder und Schattengestalten leiten lassen könne, vermittelst der Leber Antheil an den theoretischen Functionen erhalten habe; eben dieser Seele kommt, heisst es p. 77 B, auch in den Pflanzen angenehme und schmerzhafte Empfindung zu im Verein mit Begierden (αἰσθήσεις ἡδεῖα καὶ ἀλγεινὴ μετὰ ἐπιθυμιῶν). Die drei Theile der Seele bezeichnen bei Plato überhaupt nicht sowohl die drei Richtungen der Seelenthätigkeit: Erkenntniss, Gefühl und Begehren, als vielmehr die drei

Stufen: das, was schon der Pflanze (nach Platonischer Ansicht) zukommt, das, was in den Thieren, wenigstens den edleren, Besseres hinzutritt, und das, was den Menschen vor dem Thier auszeichnet. Jedoch ist diese Sonderung von Plato nicht rein durchgeführt worden; erst Aristoteles hat die „Vermögen" der Seele nach festen Eintheilungs-Principien schematisirt. Wenn Plato im Tim. der im Haupte wohnenden Seele die sämmtlichen rein theoretischen Functionen beilegt, so wird sich dieser scheinbare Widerstreit gegen das Princip der Stufenordnung im Sinne Plato's etwa so ausgleichen lassen, dass ihm damals die Fähigkeit, sich rein theoretisch zu verhalten, ohne Einmischung von Affect und Begierde, und sei es auch in der blossen Wahrnehmung und in den Bildern einer unstet schweifenden Phantasie, als ein Vorzug erschienen sein mag, der den Menschen über das Thier erhebe. Dies freilich geben wir als blosse Vermuthung; gewiss aber ist, dass Plato den obersten der drei Seelentheile im Tim. zwar denken, vorstellen und wahrnehmen lässt, auch mittelst vernünftiger Erwägung der sittlichen Verhältnisse zur sittlichen Herrschaft berufen glaubt, aber ihm nicht diejenigen Eigenschaften beilegt, welche im Phaedrus die beiden Rosse charakterisiren; ja dieselben können gar nicht der im Haupte wohnenden Seele zugetheilt werden, wenn noch für andere Seelentheile Raum bleiben soll. Also folgt mit gleicher Gewissheit, dass die Rosse im Phaedrus von Hermann falsch gedeutet worden sind. Der Führer und die beiden Rosse zusammengenommen sind das Symbol für die ganze Seele in allen ihren Theilen. Da nun der Tim. das θυμοειδὲς und das ἐπιθυμητικόν als sterblich bezeichnet, so besteht in dieser Beziehung zwischen ihm und dem Phaedrus eine unläugbare Differenz, welche die Annahme eines Wechsels in der eigenen Ansicht Plato's nothwendig macht.

Diese Differenz hängt mit der anderen zusammen, dass im Timaeus die Seele nicht, wie im Phaedrus, als ἀρχὴ κινήσεως und daher auch nicht als schlechthin ungeworden, sondern als bedingt durch die Ideen und als geworden, und zwar als zugleich mit der Zeit und im Beginne der Gestaltung des Chaos und vor der Bildung des Leibes der Welt geworden erscheint. In dem Grundsatz aber, der jene beiden Differenzen mit einander verknüpft, dass nämlich das Selbstbewegte immerdauernd, das durch ein Anderes Bewegte aber seiner Natur nach (geworden und) vergänglich sei, kommt der Timaeus mit dem Phaedrus überein. Der Phaedrus nämlich knüpft an dieses Princip ausdrücklich den Untersatz an: nun aber ist die Seele ein Selbstbewegtes, und so folgt mit Nothwendigkeit die Anfangslosigkeit und die endlose Fortdauer der Seele, und zwar der ganzen Seele in allen ihren Theilen. Der Timaeus dagegen verknüpft mit demselben Princip der Sache nach, obschon nicht ausdrücklich, den Untersatz: nun aber ist die Seele durch ein Anderes, nämlich durch die Ideen bedingt in ihrem Wesen und Werden; sie ist eine synthetische Einheit verschiedener Elemente, zusammengefügt in der Zeit und daher auch auflösbar in der Zeit, und wirklich der Auflösung anheimfallend, sofern nicht ein teleologisches Moment dem Walten der blossen, an sich blinden Nothwendigkeit Einhalt thut. Dies ist nicht der Fall hinsichtlich der niederen Theile, für die daher die Consequenz der Vergänglichkeit wirklich gezogen wird, während im Phaedrus die ewige Dauer auch dieser Theile nothwendig war; wohl aber hindert bei der vernünftigen Seele die Rücksicht auf das Gute die Verwirklichung jener Möglichkeit, dass ihre Theile sich wieder von einander lösen und sie so untergehe; denn sie ist durchaus schön und gut gefügt (sie ist ja auch ein unmittelbares Werk des höchsten Gottes, nicht ein Gebilde der Untergötter); das schön Gefügte aber wiederum zu lösen, wäre Frevel. Das kann der Gott nicht wollen, dem die Seele ihre Existenz verdankt, und so hat sie an dem Willen Gottes als des Guten ein stärkeres Band, als in ihrer eigenen Natur, nach welcher sie vielmehr, wenn diese allein sich selbst überlassen wäre, irgend einmal dem Untergang anheimfallen würde. So stellt Plato Tim. p. 41 A f. das Verhältniss dar in der Rede des höchsten Gottes an die Planeten, welche selbst wiederum Götter über Götter sind, nämlich über die Götter des Volksglaubens, deren Dasein man freilich nur auf Tradition hin annehmen kann (καίπερ ἄνευ τε εἰκότων καὶ ἀναγκαίων ἀποδείξεων λέγουσιν). Es heisst dort: τὸ μὲν οὖν δεθὲν πᾶν λυτόν τό γε μὴν καλῶς ἁρμοσθὲν καὶ ἔχον εὖ λύειν ἐθέλειν κακοῦ. δι' ἃ καὶ ἐπείπερ γεγένησθε, ἀθάνατοι μὲν οὐκ ἐστὲ οὐδ' ἄλυτοι τὸ πάμπαν· οὔτι μὲν δὴ λυθήσεσθέ γε οὐδὲ τεύξεσθε θανάτου μοίρας, τῆς ἐμῆς βουλήσεως μείζονος ἔτι δεσμοῦ καὶ κυριωτέρου λαχόντες ἐκείνων, οἷς ὅτ' ἐγίγνεσθε ξυνεδεῖσθε. Diese Worte können unmöglich bloss auf die Verbindung der Planetenseelen mit den Planetenkörpern gedeutet werden; denn Plato sagt: δεθὲν κ ᾱ ν λυτόν, und nach p. 34 C ff. ist ja auch die Seele ein μεμιγμένον und δεθέν, er sagt ferner: ἐπείπερ γεγένησθε, nicht: ἐπείπερ σώματος ἐλάχετε, und die Worte: τὸ κάμπαν, sagen nicht etwa, dass nicht alle Theile unaußöslich seien, nämlich der Körper nicht, die Seele aber wohl, sondern vielmehr, dass die Unaußöslichkeit nicht schlechthin bestehe, d. h. nicht schon an sich oder dem Wesen nach ihnen zukomme, wohl aber vermöge des göttlichen Willens. Die Unsterblichkeit kommt, wie wir in der christlichen Terminologie diese Ansicht ausdrücken würden, nicht von Natur der Seele zu, sondern ist Gottes Gnadengabe. Gilt dies nun sogar von den Seelen der Gestirne, bei denen am ehesten eine natürliche Unsterblichkeit erwartet werden möchte, dann nothwendig um so mehr von den Seelen der Menschen, die jenen nach Platonischer Ansicht an Rang so weit nachstehen; einen metaphysischen Beweis für ihre Unsterblichkeit kann es nach dem Standpuncte des Timaeus nicht geben, sondern durchaus nur einen ethisch-religiösen.

Nun aber liefert bekanntlich der Phaedo nach manchen anderen Argumenten zuletzt einen metaphysischen Beweis, der dem Plato selbst als der zwingendste von allen erscheint, da er denselben aus den obersten Principien entnommen hat, wie er denn auch gegen ihn keine Einwürfe mehr vorbringen lässt, sondern nur noch wegen der menschlichen Schwäche, welche Täuschung auch in den festesten Ueberzeugungen nicht ausschliesse, ein gewisses Misstrauen hegt. Mit dem Timaeus theilt der Phaedo im Gegensatz gegen den Phaedrus die Ansicht von der Bedingtheit der Seele durch die Idee, aber nicht die hieraus im Tim. gezogene Consequenz. Nach Phaedo p. 79 ist die Seele dem Ideellen, dem Einfachen und Unwandelbaren, durchaus ähnlicher und verwandter, als dem Materiellen, und es kommt ihr daher zu, entweder ganz unaußöslich zu sein oder doch fast so (προσήκει ψυχῇ τὸ παράπαν ἀδιαλύτῳ εἶναι ἢ ἐγγύς τι τούτου), wie es in der noch elementaren Darstellung p. 80 C in dem ersten Theile der Beweisführung heisst; aber sie wird nicht selbst eine Idee, nicht selbst einfach und unauflöslich genannt. In der genaueren Darstellung p. 103 sqq. wird die Seele zu der Idee des Lebens in dasselbe Verhältniss gesetzt, wie die Dreizahl zu der Idee des Ungeraden, das Feuer zu der Wärme und der Schnee zu der Kälte, und zwar nach p. 106 A wie dasjenige Feuer, welches verlöschen und derjenige Schnee, welcher schmelzen kann, also nicht wie die Ideen des Feuers und Schnees, sondern wie das Einzelne. Nun ergibt sich zwar — die Richtigkeit der Argumentation vorausgesetzt, die freilich an demselben Gebrechen leidet, wie Anselm's ontologisches Argument — der wesentliche Unterschied, dass Dreizahl, Feuer, Schnee, wenn das Gerade, die Kälte, die Wärme an sie herantritt, nicht nothwendig entweichen, sondern oft auch untergehen, indem sie aufhören, als das zu existiren, was sie bis dahin waren, die Seele aber, und zwar die Einzelseele, wenn der Tod sich ihr naht, stets entweicht und niemals aufhört, als Seele zu existiren und zu leben; aber dieser Unterschied ist nicht darin begründet, dass die Einzelseele eine Idee wäre, sondern darin, dass sie als ein Nichtideelles, aber den Ideen Verwandtes, gerade zu der Idee des L e b e n s, welche Tod und Untergang ausschliesst, und nicht zu irgend einer a n d e r e n Idee, in deren Wesen nicht ein solcher Gegensatz gegen Tod und Untergang liegt, in jenem untrennbaren Verhältnisse steht. Also ist die Seele t r o t z ihrer Bedingtheit durch die I d e e n und gerade w e g e n ihrer Bedingtheit durch die b e s t i m m t e Idee, mit der sie verknüpft ist, nämlich durch die Idee des L e b e n s, unsterblich. Hiermit ist die Voraussetzung durchbrochen, die der Phaedrus und Timaeus mit einander theilen, dass a l l e s, was durch ein Anderes bedingt sei, dem es seine Existenz und seine Activität verdanke, seiner eigenen Natur nach der Vergänglichkeit anheimfalle, und an die Stelle der Sicherung der Unsterblichkeit der erkennenden Seele im Timaeus durch einen e t h i s c h e n Willensact der G o t t h e i t tritt hiermit eine ideelle Nothwendigkeit nach m e t a p h y s i s c h e n Verhältnissen und auf Grund des l o g i s c h e n Satzes vom Widerspruch.

Damit die Verhältnisse der Gedanken in den verschiedenen Dialogen um so deutlicher hervortreten, stellen wir die entscheidenden Sätze zusammen.

P h a e d r u s. 1. Das Principielle ist immerdauernd, das Bedingte vergänglich.

2. Die Seele ist ein Principielles, nämlich ἀρχὴ κινήσεως.

3. Die Seele ist daher immerdauernd.

T i m a e u s. 1. Wie im Phaedrus.

2. Die Seele ist nicht ein Principielles, sondern gefügt durch den Weltbildner (die Idee des Guten) aus verschiedenen Elementen und in ihrem Wesen und ihrer Thätigkeit durch die Ideen bedingt.

3. Sie ist daher ein zeitlich Gewordenes, und ihrer Natur nach auch Auflösbares, in ihren niederen Theilen auch wirklich der Auflösung Anheimfallendes, in ihrem werthvolleren Theile aber durch den göttlichen Willen gegen die wirkliche Auflösung Gesichertes.

Phaedo: 1. Der Satz, der im Phaedrus und Timaeus den Obersatz bildet, gilt in seiner zweiten Hälfte nicht mehr, sondern im Gegentheil der Satz: Auch ein Bedingtes, wenn es an einer gewissen Idee (nämlich zu der Idee des Lebens) in einem wesentlichen, untrennbaren Verhältniss steht, ist mit metaphysischer Nothwendigkeit der Unvergänglichkeit theilhaftig.

2. Wie im Tim. : Die Seele ist durch die Ideen bedingt, mit der näheren Bestimmung: Sie steht zur Idee des Lebens in untrennbarer Beziehung.

3. Die Consequenz ist die gleiche, wie im Phaedrus, wenigstens nach der Seite der Zukunft hin. Die Seele ist unsterblich.

Von der Begierde, die im Phaedo mehr als Function, wie als selbstständiger Theil erscheint, reinigt sich mehr und mehr der Weise, so dass sie durch das rechte Philosophiren schon während des irdischen Lebens allmählich abstirbt und der Weise nach dem Tode ganz von ihr befreit ist; bei den Unweisen aber überdauert sie das irdische Leben, indem sie an dem mithinübergenommenen Reste der Leiblichkeit haftet und so die Seele später wieder ganz in die Leiblichkeit herabzieht. Ueber das θυμοειδἱς hat sich Plato im Phaedo nicht näher erklärt. Die Gattungsunsterblichkeit, welche eine natürliche Seelenwanderung ist, kommt selbstverständlich auch den niedrigsten Formen der „Seele", nämlich auch dem Thier- und Pflanzenleben zu. Die Consequenz, welche aus diesem Verhältniss der Gedanken in den angeführten Dialogen hinsichtlich ihrer Abfassungszeit sich ergibt, ist offenbar diese, dass ihre Folge sein muss: Phaedrus, Timaeus, Phaedo. Dass der Tim. später als der Phaedrus geschrieben sei, wird ohnedies keinem Zweifel unterliegen; Plato konnte nur von der grösseren Selbstständigkeit, in welcher die Seele ihm anfangs erschien, zu der strengeren Bedingtheit durch die Ideen fortgehen; er konnte nicht das ein-

mal gewonnene Bewusstsein ihrer Abhängigkeit von den Ideen
wieder aufgeben. Das Zeitverhältniss aber zwischen dem Phaedo
und dem Timaeus pflegt man anders zu bestimmen, indem man
jenen diesem vorangehen lässt. Diese Hypothese muss jedoch
an der Thatsache scheitern, dass der Timaeus mit dem Phaedrus
einen Grundsatz theilt, der im Phaedo aufgegeben ist. Um sie zu
retten, wäre die Hilfshypothese erforderlich, Plato habe, als er
den Timaeus schrieb, an die Kraft seiner Beweise im Phaedo
selbst nicht mehr geglaubt, namentlich nicht an die Stringenz des
letzten, auf die Gemeinschaft der Seele mit der Idee des Lebens
gestützten Argumentes. Das wäre nun freilich an sich nicht unmöglich; aber wahrscheinlich ist es keineswegs, um so weniger,
da wir dann von Plato eine bestimmtere Andeutung dieser Art
wohl erwarten dürften, wie sie dem wahrheitsliebenden Denker
geziemt. Lange Zeit nach dem Tim. braucht übrigens der Phaedo
nicht geschrieben zu sein. Die Besorgniss, welche Sokrates p. 95
B ausspricht, dass bei übermüthigem Selbstvertrauen leicht ein
böser Zauber den Gedanken rauben möge, der ausgesprochen
werden solle, passt am besten bei einem solchen Gedanken, der
ihm selbst erst vor Kurzem aufgegangen war; denn ein altbe-
festigter und dann gewiss auch schon öfters ausgesprochener
Gedanke konnte so leicht nicht entschwinden. Ist dem so, so
hindert nichts, anzunehmen, dass wenige Zeit vorher Plato noch
in der Denkweise des Tim. stand.

Ein nahe liegender Einwurf mag hier nicht unberührt bleiben. Man könnte sagen, das Absehen von metaphysischen Beweisen im Tim. und die Begründung der Unsterblichkeit auf den
Willen der Gottheit sei in der „mythischen" Darstellungsweise dieser Schrift begründet und beweise demnach nicht einen
Wechsel der Ansicht. Nun ist freilich ganz unläugbar vieles Mythische im Timaeus. Dass z. B. die Sätze über die Seele dem
Demiurg in den Mund gelegt werden, der sie in einer Rede an
die Gestirne vorträgt, ist augenscheinlich ein mythisches Element,
und es ist mindestens fraglich, ob der Demiurg selbst in
dogmatischem Sinne oder als eine poëtische Personification aufzufassen sei. Aber der Inhalt seiner Rede kann darum doch
füglich dogmatische Bedeutung haben. Wenn Plato Tim. p. 28 B
sagt: es ist zu untersuchen, ob die Welt ewig oder geworden
sei, sich dann für das zweite Glied der Disjunction entscheidet

und dafür wissenschaftliche Gründe beibringt, und doch meinte, in Wirklichkeit wäre das Erste der Fall, aber das Zweite passe besser für die Darstellung, dann liessen sich zur Charakteristik eines solchen Verfahrens keine gelinderen Ausdrücke wählen, als solche, deren man sich bei wirklicher Anwendung auf Plato in tiefster Seele zu schämen hätte: er wäre unter jener Voraussetzung entweder ein Heuchler oder ein Narr. Dass es sich bei jener Erklärung noch wesentlicher um einen Urheber, als um einen zeitlichen Anfang der Welt handelt (wie Zeller, Ph. d. Gr., II, 2. A., S. 609 bemerkt), raubt der Aussage über das Gewordensein der Welt nichts von ihrer Kraft; Plato setzt Immersein und Aussichselbstsein und andrerseits Gewordensein und Durchanderessein als nothwendig miteinander verknüpft, so dass der Beweis für den Urheber der Welt die Realität ihres zeitlichen Anfangs zur Voraussetzung hat. Aber nur die Welt als das Geordnete hat einen Anfang; Materie und chaotische Genesis war immer. Wenn ferner Plato den obersten Gott sagen lässt: ὅθεν πᾶν λυτόν, und somit metaphysische Beweise für die Unsterblichkeit nicht nur nicht erwähnt, sondern ausschliesst, und er meinte doch, es gäbe solche, so wäre das die schlimmste Verwirrung. Aber es fällt vielmehr der Tadel auf jene Interpretationsgrundsätze zurück, deren bedenkliche Natur sich auch darin offenbart, dass eine unwahre Ausgleichung der bedeutendsten philosophischen Gegensätze in ihrer Consequenz liegt. Kant möchte hiernach als ein guter Leibnitziane erscheinen, der nur, um die allgemein werthvollen Resultate philosophischer Forschung dem Volke zugänglicher zu machen, zum Behuf der Darstellung statt der spitzfindigen metaphysischen Argumente für Gott, Freiheit und Unsterblichkeit die verständlicheren ethischen gewählt habe; Origenes, der eine ewige Schöpfung lehrt, wäre mit der kirchlichen Orthodoxie so zu versöhnen, dass das Augustinische Dogma als nur symbolisch giltig auf die Ansicht des Alexandriners reducirt würde! Im Gegentheil, keine Behauptung ist mit grösserem Misstrauen aufzunehmen und bedarf, wenn sie gelten soll, eines zwingenderen Beweises, als die, dass ein anscheinend philosophischer Satz des Plato nicht so gemeint sei, wie er sich gebe. Die Berufung auf Tim. p. 29 C, D, wo nur die volle Genauigkeit und strenge Beweisführung auf dem naturphilosophischen Gebiete für unmöglich und das Wahrscheinliche für genügend erklärt wird,

reicht zur Rechtfertigung einer m y t h i s c h e n Deutung der
Hauptsätze bei weitem nicht zu. Gegen Susemihl's Einwurf
(genet. Entw. der Plat. Philosoph., Theil II, S. 320 f.), die Uebersetzung des Ausdrucke *εἰκός* durch: „das Wahrscheinliche" treffe
den Sinn desselben nur zum geringen Theile, vorwiegend liege
darin: „das Bildliche", muss ich jene Uebersetzung als die einzig
zulässige aufrecht erhalten. Am wenigsten kann ich den Doppel-
sinn zugeben, da beides, auf denselben Fall bezogen, sich ausschliesst. Die etymologische Verwandtschaft mit *εἰκών* beweist
nicht die von Susemihl dem *εἰκός* vindicirte Bedeutung. Dass
nach Plato im Gebiete des Werdens das Wahre stets nothwendig
mit Irrthum und Widerspruch vermischt sei, während das Wahrscheinliche doch wahr sein könne, ist ein mehr scheinbares, als
triftiges Argument; denn bei der Beschränkung auf blosse
Wahrscheinlichkeit (und Plausibilität) ist im Ganzen die Mischung
von Wahrheit und Irrthum nothwendig, und im einzelnen Falle
die Wahrheit wenigstens niemals gewiss, und dazu nach Plato,
der Natur des Werdens gemäss, stets in's Gegentheil umschlagend.
Was in der Form der *πίστις* erkannt wird, kann symbolische Bedeutung nur in sofern haben, als man es auf das ideelle Sein bezieht;
auf die *γένεσις* bezogen, hat es Wahrscheinlichkeit. Der Hauptinhalt des Tim. geht aber auf die *γένεσις*. Symbolisch ist in dem
Tim. nur: a) vieles, was auf die *οὐσία* Bezug hat (z. B. der Demiurg als Personifikation der Idee des Guten); b) in Bezug auf
die *γένεσις* gewisse Aeusserlichkeiten, bei denen die *εἰκασία* in
die *πίστις* hineinspielt. In *μῦθος* aber liegt bei Plato vielmehr
das Ungesicherte (vgl. Gorg. 523 A), als das Bildliche.

Ist die Ordnung jener drei Dialoge: Phaedrus, Timaeus,
Phaedo richtig bestimmt, so lässt sich hiernach auch für den
Meno, die Rep. und den Politicus die Zeitfolge erörtern.
Dass der Meno vor dem Phaedo geschrieben ist, ist sicher; denn
abgesehen von Rückweisungen methodischer Art (wie namentlich
in Betreff der *ἀνάμνησις*, Phaedo p. 72 E ff. bezüglich auf Meno
p. 81 A ff.) folgt es schon mit grosser Wahrscheinlichkeit aus
dem Masse der Gewissheit, welches Plato der Lehre von der
Wiedererinnerung und der Unsterblichkeit in beiden Dialogen
beilegt, im Verein mit der Art der Beweisführung. Im Meno
sagt Sokrates (p. 86 B): οὐκ ἂν πάνυ ὑπὲρ τοῦ λόγου δισχυρι-
σαίμην, im Phaedo dagegen (p. 92 C. D) heisst es, die Ansicht

von der Seele als Harmonie sei unerwiesen, die Lehre von der Wiedererinnerung dagegen sei auf Grund einer giltigen Voraussetzung erwiesen worden. Ein solcher Uebergang von der zweifelnden Annahme zur vollen Ueberzeugung scheint ein längeres Einleben in den betreffenden Gedankenkreis vorauszusetzen, so dass ein Abstand des Phaedo vom Meno um viele Jahre nicht unwahrscheinlich ist. Was die Rep. betrifft, so unterliegt es keinem begründeten Zweifel, dass sie, der Art der Verknüpfung gemäss, im Ganzen vor dem Tim. geschrieben sei; ob in allen ihren einzelnen Theilen, wird sich schwerlich ausmachen lassen; aus der eschatologischen Partie an ihrem Schlusse ist kein strenger Beweis zu entnehmen, dass das zehnte Buch nach dem Tim. geschrieben sei; übrigens ist die Echtheit dieses Buches wenigstens durch unsere bisherigen Betrachtungen noch nicht in so vollem Masse gesichert, dass sich uns bereits eine auf seine Zeitstelle gerichtete Untersuchung lohnen könnte.

Der Politicus lehrt, gleichwie der Timaeus, die Sterblichkeit der niederen Seelentheile und die Unsterblichkeit des höchsten. Polit. p. 309 C wird unterschieden: τὸ ἀειγενὲς ὂν τῆς ψυχῆς αὐτῶν μέρος und τὸ ζωογενὲς αὐτῶν. Nach der natürlichsten Deutung wird hier der unsterbliche und göttliche Theil der Seele den niederen, thierischen Elementen entgegengesetzt, und so ist die Stelle auch von Schleiermacher (in seiner Uebersetzung), Zeller (Phil. der Gr. II, 1 A. S. 271, Anm. 1, 2. Aufl. S. 538, Anm. 3), Susemihl (Prodromus S. 85) und Anderen verstanden worden. Hierin liegt unmittelbar die Consequenz, dass der Politicus nach dem Phaedrus verfasst sein muss. Steinhart, der den Phaedrus für später hält, sagt daher (IV, S. 172 in den Anm. zur Einleitung zum Phaedrus) zunächst gegen Susemihl: „die Stelle im Politicus enthält gar nichts von einer Theilung des Seelenwesens, sondern die ganze Seele ist dort der unvergängliche Theil der menschlichen Natur im Gegensatze zu dem thierischen und vergänglichen, also dem Leibe". Aber wir sehen uns vergeblich nach Beweisen für diese Behauptung um. In dem Ausdruck ζωογενὲς kann der Beweis nicht liegen, da ja auch das Thier nicht bloss einen Leib hat. Die Möglichkeit zwar ist zunächst vorhanden, jene Worte an sich, abgesehen von ihrem Zusammenhang mit dem Ganzen, grammatisch so zu deuten, wie Steinhart will, allein die Noth-

wendigkeit, sie so zu verstehen, und die Unrichtigkeit der
von Steinhart bestrittenen Deutung ist nicht erwiesen. Vergleichen wir Müller's Uebersetzung (Bd. III, S. 698), so finden
wir dort zwar das Entsprechende: „indem sie zuerst den unver-
gänglichen Theil derselben, ihre Seele, der Verwandtschaft nach,
durch ein göttliches Band in Einklang bringt, nach diesem göttlichen aber auch den thierischen durch menschliche Bande";
aber wir suchen vergeblich nach einer Rechtfertigung dieser Auffassung: es wird von Müller (in Anm. 53) gegen Stallbaum
wiederum nur behauptet, das ἀειγενὲς μέρος, oder, wie es
auch heisst, das δαιμόνιον γένος, sei nicht der edlere Theil der
Seele, sondern die ganze Seele als der edlere Theil des Menschen. Lassen aber die angeführten Worte an sich beide Deutungen zu, so ist dies im Zusammenhang des Ganzen doch
nicht mehr der Fall; dieser lässt auch nicht einmal die Möglichkeit der Müller'schen Uebersetzung bestehen. Das „göttliche" Band nämlich, welches, der Natur dessen, was verbunden werden soll, entsprechend (κατὰ τὸ ξυγγενές), den im-
merdauernden oder dämonischen Theil bindet, ist die wahrhaft
richtige Meinung (mit der Bekräftigung durch gute Gründe);
das „menschliche" Band, welches das ζωογενὲς μέρος bindet, ist
nach p. 316 die richtige Mischung der Gemüthsarten bei der
Schliessung der Ehen: μηδέκοτε ἐᾶν ἀφίστασθαι σώφρονα
ἀπὸ τῶν ἀνδρείων ἤθη. Die richtige Meinung gehört dem erkennenden Theile der Seele an (der Seele, die nach dem Timaeus
im Haupte wohnt) und bedingt die bürgerliche Tugend. Die
Gemeinschaft der Ehe kann als solche zwar bestehen, ohne dass
ein gemeinsames Streben nach Erkenntnis und Tugend stattfindet,
aber nicht, ohne dass die Gemüthsarten im Zusammenleben sich
äussern, die doch der Seele angehören; Plato ist weit davon entfernt, die Ehe als solche für eine bloss somatische Verbindung
zu halten. Die richtige Wahl bei der Schliessung der Ehen soll
die sanften und kräftigen Temperamente einigen. Hierin liegt also
ein „menschliches" Band, welches die niederen Seelentheile bindet,
aber freilich dieselben auf die rechte Weise doch nur dann zu
binden vermag, wenn es zu jenem göttlichen Bande unterstützend
hinzutritt, so dass der muthvolle Sinn, τὸ θυμοειδές, durch Unterwerfung unter die Vernunfteinsicht (mindestens unter die richtige Vorstellung) schon zum tapfern geworden ist, und die Rich-

tung auf den Genuss durch die gleiche Unterwerfung in eine
sanfte, massvolle und besonnene Gesinnung übergegangen ist.
Somit bindet das göttliche Band zunächst den göttlichen Theil
der Seele und nur mittelbar auch die übrigen, das menschliche
aber unmittelbar die niederen Theile der Seele und keineswegs
(wie es in der Consequenz der Müller-Steinhart'schen Deutung liegt) bloss die Leiber. Es ist also ganz unzweifelhaft τὸ
ζωογενές (p. 309 C) auf die Naturseite des psychischen Lebens
mindestens mitzubeziehen, so dass für τὸ ἀειγενὲς ὃν τῆς ψυχῆς
αὐτὸν μέρος nur der höhere, göttliche Theil der Seele übrig
bleibt. Dieser allein wird hier als immerdauernd bezeichnet (mit
vorsichtiger Wahl des Ausdruckes, um den Unterschied von der
über die Zeit erhabenen Ewigkeit der Ideen festzuhalten). Dann
aber folgt eben so unläugbar, dass der Politicus in der Ansicht
über die niederen Seelentheile nicht mit dem Phaedrus, sondern
mit dem Timaeus übereinstimmt, und dass es aller Wahrscheinlichkeit widerstreitet, ihn als vor dem Phaedrus entstanden zu
denken. Fragen wir, ob der Politicus vor oder nach dem Timaeus
entstanden sei, so lässt sich dies aus den angegebenen Prämissen
nicht ganz mit gleicher Sicherheit entscheiden, wohl aber eine
durchaus überwiegende Wahrscheinlichkeit für die Posteriorität
des Polit. gewinnen, sofern wir voraussetzen dürfen, dass Plato in
der Wahl des Ausdruckes τὸ ἀειγενὲς nach allen Seiten hin (auch
in Betreff der Präexistenz) mit strenger Genauigkeit verfahren
sei. Dann nämlich entspricht derselbe nicht dem Standpunct des
Timaeus; er würde dem des Phaedrus gemäss sein, wenn er auf
die ganze Seele bezogen wäre; er kommt am meisten mit dem
des Phaedo überein, und da der Uebergang von dem Standpuncte
des Tim. zu dem des Phaedo durch die Auffindung des (von
Plato selbst für stringent gehaltenen) metaphysischen Argumentes
für das beständige Verknüpftsein der Seele mit der Idee des
Lebens bedingt ist, welches im Phaedo nach der oben erörterten
Andeutung (p. 95 B) ganz in der Weise eines neuentdeckten auftritt, so ergibt sich weiter als wahrscheinlich, dass der Politicus
erst auf den Phaedo gefolgt sei. Dies Letztere trifft übrigens
genau mit demjenigen zusammen, was wir oben aus der Erörterung der Annahme einer κίνησις in den Ideen im Soph., wie
auch aus den betreffenden Stellen bei Aristoteles, und aus den

historischen Beziehungen im Theaet. gefolgert haben, so dass die
auf sehr verschiedenen Wegen gewonnenen Resultate einander
durchaus zur Bestätigung dienen.

Aus der Ethik heben wir insbesondere zwei Puncte hervor,
nämlich die Unterscheidung des Guten von der Lust, und den
Uebergang von der blossen Statuirung des Gegensatzes zwischen
der auf dem Wissen beruhenden Tugend und ihrem Mangel zu
der relativen Anerkennung einer nichtphilosophischen, bürgerlichen Tugend, die auf einer richtigen Vorstellung und Meinung
beruhe, womit die Verschiedenheit des Urtheils über die Rhetorik
und über die Sophisten und Staatsmänner, besonders Athens,
zusammenhängt. Wir beschränken uns dabei auf die Betrachtung einiger Dialoge, deren Zeitordnung sich uns noch nicht aus
anderen Gründen mit genügender Sicherheit ergeben hat.

Der Protagoras lehrt die Einheit der Tugend als der
Erkenntniss des Guten und beweist ihre Lehrbarkeit auf Grund
der Voraussetzung der Identität des Guten und der Lust; unter
den verschiedenen Erscheinungsformen der Tugend wird ausser den
vier Cardinaltugenden der Rep. auch die ὁσιότης besonders genannt, um freilich zunächst als mit der δικαιοσύνη, dann als
mit den sämmtlichen Tugenden wesentlich identisch erwiesen zu
werden. Den Gegensatz zur Weisheit bildet die ἀμαθία, welche
(p. 358 C) dem ψευδῆ ἔχειν δόξαν καὶ ἐψεῦσθαι περὶ τῶν
πραγμάτων τῶν πολλοῦ ἀξίων gleichgesetzt wird. Hier fehlen,
sei es aus didaktischen Gründen, oder, was bei dem Mangel an
bestimmten Andeutungen einer abweichenden eigenen Ansicht
wahrscheinlicher ist, darum, weil Plato noch nicht zu dieser Unterscheidung gelangt war, die Mittelstufen, die in späteren Dialogen den Gegensatz zwischen dem Höchsten und Niedrigsten
vermitteln, und dies stimmt zusammen mit der niedrigeren Fassung der höchsten Stufe selbst, da weder die Idee (trotz der
Anklänge p. 332) von der Erscheinung, noch das Gute von dem
Angenehmen (trotz des bloss hypothetischen Charakters der Iden-
tificirung) sich scharf und bestimmt absondert.

Im Gorgias tritt die Unterscheidung zwischen dem Guten
und Angenehmen scharf und entschieden hervor; von der Möglichkeit einer nichtphilosophischen Tugend ist weder ausdrücklich
die Rede, noch blickt auch nur eine solche Ansicht durch; das

Urtheil über die praktischen Staatsmänner, besonders über Perikles, ist hart und schroff; das Verhältniss des Sokrates zu den Sophisten, welches im Protag. ein ganz leidliches und mehr ein edler Wettkampf, als ein Conflict der Gesinnung ist, wird hier zu einem principiellen ethischen Widerstreit; Sophisten und praktische Staatsmänner kommen ziemlich auf eine Linie zu stehen. Im Phaedrus wird (p. 248 fl.) den gesetzmässig herrschenden Königen und darnach auch den Staatsmännern und guten Bürgern eine hohe Stelle, nämlich jenen die nächste, diesen die zweite nach deu Philosophen zuerkannt, den Sophisten und Demagogen eine sehr tiefe, die Möglichkeit einer nicht philosophischen und doch schon edlen Liebe anerkannt, denen, welche das Gefilde der Wahrheit nicht erreichen, die Meinung oder Vorstellung zur Speise gegeben (τροφῇ δοξαστῇ χρῶνται, p. 248 B), und das Urtheil über Perikles (270 A) trägt einen ganz anderen, milderen Charakter, als das im Gorgias.

Im Meno wird die der richtigen Vorstellung entsprechende Tugend ausdrücklich von der philosophischen unterschieden, und auf ein solches Staatsideal hingedeutet (p. 100 A), wie es die Rep. aufstellt, wo der wahrhaft Weise zugleich der Staatsmann und Herrscher sei. (An Meno 99 C, D schliesst sich, sei es als ein echter oder als ein unechter Dialog, der Io an.)

Ehe wir aber aus diesen Verhältnissen der genannten Dialoge zu einander die Consequenzen hinsichtlich der Abfassungszeit ziehen, sind Zeller's Bemerkungen (Ph. d. Gr., 2. Aufl., S. 345) zu prüfen, welche auf eine Priorität des Phaedrus vor dem Gorgias zielen. Zeller sagt: „Der Phaedrus zeigt p. 260 C ff. noch eingehend, dass die Rhetorik gar keine Kunst, sondern eine τριβὴ ἄτεχνος sei; der Gorg. setzt 463 A ff. eben dieses voraus". Aber die Verwerfung der Rhetorik ist im Gorgias vorwiegend eine ethische, und in dieser Beziehung bleibt sie dort auch nicht ohne Begründung; es wird gezeigt, dass die Redekunst nur eine Fertigkeit im Schmeicheln sei, eine unwürdige Unterwürfigkeit unter die Lust, die doch nicht das Gute sei. Daneben wird (Gorg. p. 465 A) auf dem theoretischen Mangel hingewiesen, dass sie über ihre Objecte nicht begrifflich Rechenschaft zu geben wisse, und hinzugefügt: ἐγὼ δὲ τέχνην οὐ καλῶ, ὃ ἂν ᾗ ἄλογον πρᾶγμα τούτων δὲ πέρι εἰ ἀμφισβητεῖς, ἐθέλω ὑποσχεῖν λόγον. Hierin liegt aber keineswegs nothwendig eine Beziehung auf einen

vorangegangenen Dialog, der die Gründe schon angeführt hätte,
sondern, wenn überhaupt auf einen anderen Dialog, dann weit
eher, in näherem Anschluss an den Wortsinn der Stelle, auf einen
nachfolgenden, der dieselben noch anführen solle. Somit lässt sich
annehmen, dass die Erörterungen im Phaedrus p. 260 E ff. sich
zu denen im Gorgias nicht „als vorbereitende Begründung", sondern als „nachträgliche Ergänzung" (um mit Zeller a. a. O.
S. 306 zu reden) verhalten. Ferner sagt Zeller (S. 345):
„Der Phaedrus lässt die gewöhnliche Vorstellung, als ob die
Aufgabe des Redners nur in der Ueberredung bestünde,
nicht bloss stehen, sondern er geht bei seiner Beweisführung
ausdrücklich von ihr aus, der Gorg. widerlegt sie p. 453 E ff.,
504 D ff. ausführlich, um dem Redner die höhere Aufgabe
der Besserung und Belebrung seiner Zuhörer zu stellen". Aber
diese Bemerkung trifft nicht den Kern der Sache. Der Gorg.
verwirft die blosse, d. h. von der Gerechtigkeit
absehende Ueberredung, und dieser zollt auch der Phaedrus
durchaus keine auch nur relative Anerkennung. Der Gorg. weist
ausserdem auf das Bessere hin, nämlich auf die Gerechtigkeit,
die ihm mit dem echten Wissen eins ist, und weiter auf das
Wissen des Sachverständigen überhaupt. In diesem Sinne setzt
er an den angeführten Stellen das εἰδέναι und διδάσκειν und die
δικαιοσύνη der Rhetorik entgegen, und nennt auch einmal (504 D)
den gerechten Wissenden, sofern er Andere belehrt, den rechten
Redner: ὁ ῥήτωρ ἐκεῖνος, ὁ τεχνικός τε καὶ ἀγαθός, aber ohne
dass irgend diese Kunst der Rede von der Philosophie als eine
besondere, ihr untergeordnete sich abzweigte; dazu fehlte die ethische Verwerthung der Unterscheidung des Wissens und der richtigen Vorstellung. Der Phaedrus führt nun zwar diese Unterscheidung bei weitem nicht mit der vollen Schärfe durch, wie wir dies im
Theaet. und Polit. finden, wo eben darum auch das Verhältniss
der Redekunst zur Philosophie erst zu einer ganz genauen Bestimmung gelangt; aber er erkennt doch schon ausdrücklich die
Mittelstufe an, die theoretisch in der δόξα, praktisch in der ihr
gemässen bürgerlichen Tugend liegt, und so bleibt nach ihm
auch Raum für eine Rhetorik, die als solche freilich nur auf das
πείθειν, nicht auf das διδάσκειν geht, aber ohne darum
nothwendig unsittlich zu sein, die vielmehr in den Dienst der
sittlichen Aufgabe treten kann, und zu der höchsten ihr erreich-

baren Stufe dann gelangt, wenn sie sich auf philosophische Studien basirt und sich von der Philosophie Ziel und Methode vorschreiben lässt. Wir dürfen somit das Verhältniss nicht so auffassen, als sei der Phaedrus noch bei der Volksvorstellung über die Aufgabe der Redekunst stehen geblieben, der Gorg. aber über dieselbe hinausgeschritten; die Abhängigkeit von der Philosophie, welche der Phaedrus fordert, entspricht ja der Volksvorstellung keineswegs; sondern die Sache liegt so, dass der Phaedrus die Anerkennung eines obzwar nur relativen Rechtes der volksmässigen Rhetorik wiedergewonnen hat, während der Gorg. noch bei dem blossen Gegensatze zu ihr stehen bleibt. Der Phaedrus nennt den Wissenden nicht mehr den rechten Redner, ἀγαθὸς καὶ τεχνικὸς ῥήτωρ, gerade darum, weil er für die Rhetorik als solche, sofern sie in den Dienst der höheren Aufgabe treten will, eine berechtigte Stelle neben und unter der Philosophie gefunden hat, und daher auch für den, der das rein philosophische Verfahren übt, eines andern, neuen Namens bedarf, welcher nach den Voraussetzungen des Gorg. noch fehlen konnte; es ist der im Phaedrus gerade als ein neuer eingeführte Terminus: ὁ διαλεκτικός.

Da die relative Anerkennung der Rhetorik im Theaet. (p. 201 A ff.) und im Politicus (p. 304 C) wiederkehrt, also in Dialogen, die (wie auch Zeller, der in anderem Sinne jene Stellen anführt, selbst annimmt) später als der Phaedrus verfasst worden sind, so muss der Gorgias, worin sie fehlt, der früheste von allen diesen Dialogen sein. Ihm ist wiederum der Protag. voranzustellen und mit diesem zugleich sind dies wahrscheinlich auch die kleineren sokratischen Dialoge, insbesondere Hipp. min., Lysis, Laches und Charmides, die wohl noch bei Lebzeiten des Sokrates entstanden sind. Der Meno muss mindestens nach dem Gorg. verfasst worden sein.

Wenn uns durch die vorstehenden Untersuchungen auch nur weniges, dieses aber mit Sicherheit, festzustellen, und fälschlich für wahr Gehaltenes zu widerlegen gelungen ist, so finden wir hierin den befriedigendsten Lohn unserer Arbeit, und dürfen die Worte des Platonischen Sokrates im Theaet. (p. 187 C) uns aneignen: οὐκ ἐν αἰσχρός μισθὸς ὁ τοιοῦτος.

Zusatz
zu Seite 20 und 21.

Veranlasst durch ein Gespräch mit Herrn Professor B r a n d i s, der, obschon an dem Wesentlichen der S c h l e i e r m a c h e r'schen Ansicht festhaltend, mir für meine Forschungen ein sehr warmes und dankenswerthes Interesse bewiesen hat, füge ich folgende Bemerkung bei:

Bei der Anwendung der dargelegten Grundsätze ist der Begriff der ὀνόμωνσις sämmtl auf diejenigen Schriften Plato's zu beziehen, welche die „besten" (Phaedr. p. 278 A) im philosophischen Sinne sind, d. h. auf die am meisten d i a l e k t i s c h gehaltenen, und auch bei diesen mag die „Wiedererinnerung" nach gewissen Seiten hin eine wissenschaftlich erweiternde und vertiefende und künstlerisch verklärende „Verinnerung" gewesen sein. In denjenigen Dialogen aber, bei welchen das künstlerische Element vorwiegt, tritt in eben dem Maasse, wie die Dialektik fortlaufenden Darstellungen weicht, auch der Charakter der ὀνόμωνσις zurück, und es ist somit auch die Beziehung solcher Dialoge auf die Schule eine losere. Niemals aber kann (bei den nach dem Phaedrus geschriebenen Dialogen) diese Beziehung ganz fehlen, schon darum nicht, weil keine Platonische Schrift ganz ohne das dialektische Element sein kann. Mag man auch Plato's Ausspruch, dass die Aufgabe der „besten" Schriften in der ὀνόμωνσις der Wissenden liege, in einem möglichst wenig strengen Sinne zu verstehen geneigt sein, so muss doch mindestens, falls nicht die Worte nichtssagend werden sollen, die Bestimmung der Schriften für die Schule als die hauptsächlichste anerkannt werden, was auch hiernach bleibt noch die Folgerung in Kraft, dass die Erklärung im Phaedrus das Bestehen (mindestens die zukünftige Gründung) der Lehranstalt voraussetze.

Berichtigungen.

S. 11, Z. 5 v. u. l. identificirt st. identifirt.

S. 33, Z. 6 v. o. l. Phileb., st. Phileba.

S. 42, Z. 1 v. u. l. einer st. ein der.

S. 56, Z. 4 v. o. l. seiner st. einer.

S. 77, Z. 15 v. u. soll das Attribut didaktischen vor Anlass stehen.

S. 91, Z. 13 v. o. l. B, ß st. b, 2. Z. 22 v. o. l. 22 st. 27 und 12 st. 10.

S. 107, Z. 13 u. 16 v. o. sind die Worte: im Ganzen und Grossen vor die Worte: von mehr elem. Dial. zu stellen.

S. 110, Z. 12 v. o. l. 2 Bände st. 2. Band.

S. 116, Z. 18 v. o. l. 54 B st. 546; 56 B st. 566.

S. 117, Z. 15 v. o. l. der st. des. (Gemeint: je nachdem entweder das dritte, sechste und achte oder das dritte, fünfte und achte Jahr des Panathenaischen Cyclus Schaltjahre waren).

S. 131, Z. 17 v. u. l. 180 st. 108.

S. 136, Z. 3 v. u. l. mythisch st. mythisch.

S. 144, Z. 13 v. u. l. Artemisia st. Antemisia.

S. 146, Z. 13 v. u. l. und zwar bei dem Erhaltensein einer solchen Schrift mit Aeusserungen st. und zwar mit Aeusserungen.

S. 156, Z. 23 v. o. l. γάρ st. γόρ. Z. 25 v. o. l. ἰόντα st. ἰοντα.

S. 172, Z. 16 v. o. ist hinzuzufügen: (Doch vgl. Protag. p. 358 D, E.)

S. 172, Z. 19 v. o. l. α. st. r.

S. 178, Z. 18 und 19 v. o. l. sich concret dar st. sich dar.

S. 184, Z. 3 v. o. l. Antisthenes st. Antistenes.

S. 204, Z. 11 v. o. l. h.: (Die Bezeichnung derselben als στοιχεῖα ist Platonisch; der Ausdruck ἀρχαί wird dagegen mitunter von Aristoteles gebraucht, ist aber ungenau, vgl. Hermodorus bei Simplicius zur Phys. fol. 54 B und 56 B.)

S. 222, Z. 20 v. u. soll das Wort nämlich am Ende der Zeile stehen. Z. 12 v. u. l. 446—453 st. 446.